I0796182

El fracaso de la República de Weimar

Volker Ullrich

El fracaso de la República de Weimar

Las horas fatídicas de una democracia

Traducción de Miguel Alberti

taurus

Papel certificado por el Forest Stewardship Council®

Título original: *Schicksalsstunden einer Demokratie. Das aufhaltsame Scheitern der Weimarer Republik*

Primera edición: abril de 2025
Primera reimpresión: mayo de 2025

Printed in Spain – Impreso en España

ISBN: 978-84-306-2743-1
Depósito legal: B-2.701-2025

Compuesto en MT Color & Diseño, S. L.
Impreso en Unigraf
Móstoles (Madrid)

TA27431

ÍNDICE

INTRODUCCIÓN

Las democracias son frágiles. Pueden transformarse en dictaduras. Libertades que parecen firmemente conquistadas pueden desaparecer.

Tras el fin de la Guerra Fría, el conocimiento de los peligros que amenazan a la democracia quedó relegado, al principio, a un segundo plano. La afirmación de Francis Fukuyama sobre el «fin de la historia» se refería exactamente a esto: que en el futuro la democracia liberal ya no había de enfrentar ningún desafío serio. Que se había convertido en la única alternativa. Aunque pocos lo proclamaron de manera tan contundente como Fukuyama, la confianza en la superioridad de la democracia se tornó una marca característica de toda una época. La pregunta era, más bien, cuánto tiempo había de transcurrir hasta que estuviese expandida por todo el mundo y cuán obstinada sería la resistencia de algunas dictaduras contrarias al progreso.

Hoy de esta certeza ya no queda tanto. Las democracias están bajo presión interna y externa en el mundo entero. Estados autoritarios como China y Rusia desafían a las democracias occidentales en la lucha por el poder político y las atacan también desde dentro. En Estados Unidos, la primera presidencia de Donald Trump dio un anticipo de lo que podría provocar una segunda. En casi todos los países europeos están en auge los partidos y movimientos populistas de derecha. Y en la República Federal de Alemania, la Alternative für Deutschland [«Alternativa para Alemania»] (AfD), un partido parcialmente de extrema derecha, goza de un apoyo considerable (en los nuevos estados federados en particular, pero para nada solo en ellos). La preocupación por la democracia ha pasado a ser un rasgo característico de una nueva era histórica.

El fracaso de la República de Weimar condujo al Tercer Reich. La primera democracia alemana terminó con el traspaso del poder a Hitler. Nadie que se ocupe de la cuestión de cómo y por qué mueren las democracias puede pasar Weimar por alto. La República alemana constituye una señal de advertencia y un caso modélico al mismo tiempo, para el mundo entero, aunque sobre todo para la República Federal de Alemania, que desde su fundación se vio en el reflejo de su fracasada predecesora y midió la estabilidad de sus condiciones a partir de la comparación con Weimar.[1] *Bonn no es Weimar*. El título de este libro del periodista suizo Fritz René Allemann, del año 1956, se convirtió en un símbolo de la convicción reinante de que la historia no había de repetirse y de que la democracia de la República Federal era estable. Sin embargo, esta visión que la República Federal tenía sobre sí misma ha sido puesta en duda una y otra vez a lo largo de su historia. Lo nuevo no es, por tanto, que se hagan advertencias sobre un posible retorno de las «condiciones de Weimar». Lo nuevo es, más bien, la fragilidad global de la democracia, que recuerda al periodo de entreguerras. Motivo suficiente para rememorar una vez más lo que de hecho aconteció en Weimar.

La historia de la República de Weimar hoy en día sigue siendo fascinante. Entre otras cosas, por las sorprendentes contradicciones que se dieron cita en esta época que solo abarcó catorce años. Fue un periodo de surgimientos, de goce con la experimentación y de inclinación a las innovaciones en múltiples ámbitos, un laboratorio de la modernidad con una vibrante escena cultural, en particular —aunque no solo— en la metrópoli de Berlín; un periodo de disolución de los roles tradicionales de género y de un vínculo más libre con la sexualidad. También fue, sin embargo, el periodo de una sucesión casi interminable de convulsiones críticas que llevaría a la hiperinflación de 1923 y a la crisis económica mundial iniciada entre 1929 y 1930; un periodo de inestabilidad política con frecuentes cambios de gobierno y con un alto grado de violencia y actividad militante, hasta llegar a los enfrentamientos, propios de una guerra civil, que se desataron en la agonía de la República.

Se ha exigido, y es de justicia, que la historia de Weimar no sea abordada solo en función de su fin, como una mera prehistoria de la dictadura nacionalsocialista, y que, en cambio, se la tome como una época por derecho propio, con todas sus ambigüedades y contradicciones.[2] A la vista de las consecuencias catastróficas que acarreó el traspaso del poder a Hitler, la pregunta por los motivos del fracaso de la República sigue siendo ineludible. «Nadie puede pensar en la República de Weimar sin pensar al mismo tiempo en su fracaso», señaló Hagen Schulze.[3] Y, debido a la crisis global de la democracia, la pregunta por las causas de 1933 tiene un interés renovado y urgente. Pero justo por ello mismo es importante destacar el carácter abierto que tenía la situación. Pues de otro modo uno no se pregunta por los márgenes de maniobra y las alternativas que existían, y corre el riesgo además de pasar por alto algo que resulta imprescindible para responder a la pregunta.

Intentos de explicación por parte de los historiadores no han faltado. Se señaló la herencia del Estado autoritario y la continuidad de las élites predemocráticas en la industria pesada, en la posesión de grandes extensiones de tierra al este de Elba, en el ejército, la burocracia y la justicia; élites cuyas históricas posiciones de poder permanecieron intactas, en gran medida, bajo las nuevas condiciones democráticas. Se destacaron las cargas que tuvo que asumir la República como consecuencia de la derrota militar en la Primera Guerra Mundial y las duras condiciones del Tratado de Versalles. Se llamó la atención sobre los defectos estructurales de la Constitución de Weimar, que confería al presidente de la Nación prerrogativas de largo alcance al modo de un «emperador sustituto» y le proporcionaba, con el artículo de emergencia número 48, un instrumento que en tiempos de crisis invitaba al abuso. También se ha responsabilizado a los partidos, que permanecieron atrapados en sus trincheras ideológicas carentes de voluntad de conciliación, una de las causas de la debilidad crónica de la democracia parlamentaria. Sin embargo, por pesadas que hayan sido las cargas heredadas (que eran el resultado, sobre todo, de fallas en la fase fundacional de la República), el experimento de la primera democracia alemana no estaba destinado desde el comienzo a la caída. Había alternativas, y hubo razones por las cuales no fueron aprovechadas o lo fueron de un modo insuficiente. El desenlace era más abierto de lo que sugiere una perspectiva centrada en la caída.

No faltaron oportunidades para encauzarse de otro modo y cambiar el rumbo. En la revolución de 1918-1919, los socialdemócratas gobernantes deberían haber promovido cambios sociales mayores y preservado menos elementos del antiguo régimen. La represión del golpe de Estado de Kapp en marzo de 1920 y la gran ola de solidaridad prorrepublicana tras el asesinato del ministro de Asuntos Exteriores de la Nación, Walther Rathenau, en junio de 1922, ofrecían una oportunidad de pasar a la ofensiva contra el campo enemigo de la República. No se aprovechó.

Durante la hiperinflación de 1923, cuando la República estaba literalmente al borde del abismo, quedó claro que la capacidad de autodefensa de los demócratas era más fuerte de lo que muchos creían. La elección del monárquico convencido Paul von Hindenburg como presidente de la Nación en abril de 1925, sin embargo, fue un punto de inflexión. Una elección que podría haberse evitado si los comunistas hubieran superado sus diferencias. También la ruptura de la gran coalición en marzo de 1930, que marcó el fin de la democracia parlamentaria en los hechos, se podría haber impedido si los partidos hubieran mostrado una mayor voluntad de conciliación. En Turingia nadie obligó a los partidos burgueses a incorporar a los nacionalsocialistas al gobierno estatal en 1930. Lo hicieron por su propia voluntad, y con ello dieron a los nacionalsocialistas la oportunidad de mostrar cómo se imaginaban una toma de poder también a nivel nacional. Presionado por sus asesores, Hindenburg despidió sin ninguna necesidad al canciller de la Nación, Heinrich Brüning, a fines de mayo de 1932, clausurando con ello la fase todavía moderada de los gobiernos presidenciales. Con Brüning en el cargo, el golpe de Estado que orquestó en Prusia su sucesor Franz von Papen en julio de 1932 no podría haber ocurrido. Y así fue derribado uno de los últimos baluartes de la República.

Con todo, incluso en enero de 1933 que Hitler triunfara no era todavía algo inevitable: aún había posibilidades de mantenerlo lejos del poder. Forma parte de la amarga ironía de la historia alemana el hecho de que el *Führer* del NSDAP [Nationalsozialistische Deutsche Arbeiterpartei, el «Partido Nacionalsocialista Obrero Alemán»] lograra asumir la Cancillería de la Nación, gracias a un oscuro juego de intrigas, en un momento en el que su movimiento estaba en declive y muchas personas inteligentes de la época ya lo habían dado por muerto.

La historia siempre está abierta. Lo único que la ciencia histórica puede decir con certeza sobre el futuro es que será diferente de como se lo imaginan las personas del presente. Todo depende de manera decisiva de cómo actúen determinadas personas en situaciones concretas. Esto era así en la época de la República de Weimar y sigue siendo así hoy. Está en nuestras manos que nuestra democracia fracase o sobreviva. Dejarlo claro es el auténtico objetivo de este libro.

Es preciso, para ello, recordar que la República de Weimar no colapsó de golpe, sino después de un proceso gradual de erosión y a causa del socavamiento paulatino de la Constitución y de los procedimientos democráticos. Precisamente una «muerte silenciosa» de este tipo podría convertirse en un caso modelo para analizar la decadencia, incluso, de democracias occidentales con gran tradición, como Estados Unidos, cuya estabilidad durante mucho tiempo pareció inquebrantable.[4] El fracaso de la República de Weimar es una lección vigente sobre el grado de fragilidad de la democracia y la rapidez con la que puede malograrse la libertad cuando las instituciones democráticas fallan y las fuerzas de la sociedad civil son demasiado débiles para poner coto a los detractores de la democracia.

CAPÍTULO I

El encanto de los inicios. La revolución de 1918-1919

9 de noviembre de 1918 en Berlín. En la entrada del cuartel de los Ulanos de la Guardia, los soldados se solidarizan con los trabajadores en huelga [texto del cartel: «¡Hermanos! ¡No disparéis!»].

Es el 9 de noviembre de 1918. En Berlín reina una tensión febril. Hace ya días que la capital del país está en vilo a causa de los rumores sobre un levantamiento de marineros en Kiel y la rápida expansión del movimiento revolucionario. «La nerviosidad y la expectativa de que algo inusual va a suceder son altas en todos los círculos», anota el mecenas y diplomático Harry Kessler.[1] El comandante en jefe de las Marcas, el general Alexander von Linsingen, hace interrumpir las líneas de ferrocarril y solicita tropas adicionales para proteger Berlín de los insurrectos. Sin embargo, en poco tiempo todas las medidas preventivas se muestran inútiles.

En la mañana del 9 de noviembre, los trabajadores de las grandes fábricas de Berlín se declaran en huelga general. La tropa de los Naumburger Jäger, que era tenida por particularmente leal, se solidariza con los huelguistas. Desde los suburbios, largas columnas de manifestantes se dirigen al distrito gubernamental de la Wilhelmstraße con soldados y trabajadores armados a la cabeza. Theodor Wolff, el editor en jefe del periódico liberal *Berliner Tageblatt*, consigna en su diario: «Desde la ventana de la redacción veo que avanzan en columnas por la Leipzigerstraße grandes multitudes con banderas rojas. Mis colegas llegan y cuentan que por todas partes les están arrancando las escarapelas a los oficiales, ya no hay policías, la ciudad ha cambiado por completo de un golpe, el tranvía ha detenido su circulación, la Agencia Telegráfica Wolff está tomada por los revolucionarios y en la Puerta de Brandeburgo ondea la bandera roja».[2]

En incesantes conversaciones telefónicas, el canciller de la Nación, el príncipe Maximiliano de Baden, intenta hasta el último minuto convencer de que abdique al emperador Guillermo II, que se encuentra en el cuartel general belga de Spa, pero no lo logra. Así es que decide actuar bajo su propia responsabilidad. Alrededor de las doce del mediodía hace correr por medio de la Agencia Telegráfica Wolff la noticia de que Guillermo II ha renunciado al trono. Poco tiempo después, transfiere la Cancillería de la Nación al presidente del ala mayoritaria de la socialdemocracia, Friedrich Ebert. Ante la pregunta de si estaba dispuesto a ejercer el cargo «también bajo la Constitución monárquica», Ebert responde con evasivas: «Ayer habría respondido a esta pregunta que sí sin dudarlo; hoy debo consultar primero con mis amigos». Cuando el príncipe Max aborda acto seguido la cuestión de una posible regencia para los Hohenzollern, Ebert responde «Es demasiado tarde», y tras él, el coro de sus compañeros de partido repite: «Demasiado tarde, demasiado tarde».[3]

A las dos de la tarde, el vicepresidente de la Socialdemocracia Mayoritaria, Philipp Scheidemann, pregona el nacimiento de la «República alemana» desde un balcón del Parlamento: «El pueblo alemán triunfó en todos los planos. Se derrumbó lo viejo, lo podrido; ¡se terminó el militarismo! ¡Abdicaron los Hohenzollern!».[4] Apenas dos horas después, Karl Liebknecht anuncia desde el balcón del Palacio Real de Berlín la «República socialista libre de Alemania». El principal líder del Spartakusgruppe [«Grupo Espartaquista»], a quien se le habían abierto las puertas de la prisión de Luckau el 23 de octubre, deja claro en su discurso que la auténtica obra de la transformación revolucionaria está aún por llegar: «Debemos movilizar todas nuestras fuerzas para construir el gobierno de los trabajadores y los soldados y crear un nuevo ordenamiento estatal del proletariado, un ordenamiento de paz, dicha y libertad para nuestros hermanos alemanes y nuestros hermanos del mundo entero».[5]

Esa misma tarde, el historiador Gustav Mayer se dirige hacia el centro de Berlín. «¡Qué imagen tan cambiada se me ofrece! —anota—. Por todas partes soldados sin escarapelas. Personas paradas, paseando, discutiendo (pero ninguna cantando) en Potsdamer Platz. Continuamente llegan camiones y vehículos militares grises llenos (hasta en los techos) de soldados con sus chaquetas desabrochadas y, entre ellos, con su fusil al hombro, numerosos trabajadores y adolescentes. En cada coche hay alguien ondeando la bandera roja».[6] La bandera roja se convierte en el símbolo de la revolución. «Parece que la tela roja es repartida entre los hombres de confianza del movimiento desde algún centro de distribución de modo tal que todos llevan el distintivo del levantamiento, tan mal visto hasta hace poco», señala con asombro el reportero del *Deutsche Zeitung*, portavoz de la Alldeutsche Verband [«Liga Pangermana»], de orientación nacionalista radical.[7]

Por la noche, Theodor Wolff escribe el editorial que aparecerá a la mañana siguiente. Con palabras emotivas, celebra el levantamiento realizado: «La mayor de todas las revoluciones ha derribado, a la manera de un vendaval que se desata de repente, al régimen imperial con todo lo que incluía en sus niveles más altos y en los más bajos. Se la puede llamar la mayor de todas las revoluciones porque jamás había sido tomada en un único intento una Bastilla construida de manera tan firme y rodeada por muros tan sólidos».[8] El conde Harry Kessler llega a la misma conclusión al evaluar, el 10 de noviembre, los acontecimientos del día anterior: «La revolución comenzó en Berlín hace poco más de veinticuatro horas; y ya no queda nada del antiguo orden ni del ejército. Nunca se había desmantelado la estructura interna de una gran potencia de manera tan completa en tan escaso tiempo».[9]

Sin embargo, la revolución no había estallado tan de repente como muchos creyeron. Y había hecho falta más de un intento para lograr que se precipitara el ordenamiento en apariencia tan firmemente ensamblado de la monarquía de los Hohenzollern.

La convulsión de noviembre de 1918 no fue solo consecuencia de la derrota militar y la reacción de conmoción que esta desató en la población alemana. Había ido madurando durante un largo tiempo en el seno de la sociedad guillermina. Detrás del velo de la Burgfrieden [«paz cívica»] que había sido proclamada en agosto de 1914, las tensiones sociales se habían agudizado con muchísima intensidad en el transcurso de la Primera Guerra Mundial. Las condiciones materiales se habían deteriorado de manera drástica no solo para los trabajadores, sino también para los empleados y los funcionarios, mientras que los poderosos de la industria armamentística obtenían ganancias gigantescas.

En particular avivaba el descontento el suministro por completo insuficiente de alimentos. «Todo se reserva para los ricos, para los propietarios. Tan pronto como llega el momento de compartir las privaciones, los señores dejan de querer seguir siendo hermanos y hermanas de la clase trabajadora. Los hermosos discursos sobre el "resistir" valen solo para la clase trabajadora: la clase dominante ya se encuentra bien provista con su bolsa de dinero», se lamentaba una trabajadora de Hamburgo en el invierno de 1916-1917, el cual entró en los libros de historia como el «invierno de los nabos».[10]

Lo que resultaba más provocador y un motivo de amargura mayor incluso que la escasez en sí misma era la injusta distribución. El malestar contenido se expresó, a partir de 1916, en innumerables huelgas y disturbios a causa del hambre. Cuanto más duraba la guerra, tanto más unían fuerzas la indignación por la penuria económica y el anhelo de paz. En este punto resultó inspirador el ejemplo de la Revolución rusa de febrero de 1917. «Es solo cuestión de que hagamos como en Rusia y así pronto las cosas serán diferentes»: manifestaciones de este tipo en boca de mujeres desesperadas eran captadas por los informantes de la Policía Política, que se metían en las colas de los mercados.[11] El Unabhängige Sozialdemokratische Partei Deutschlands [«Partido Socialdemócrata Independiente de Alemania»] (USPD), que se formó en abril de 1917 como una fuerza opositora, se convirtió en el crisol de las protestas contra la guerra, mientras que la corriente mayoritaria de la socialdemocracia, el Mehrheitssozialdemokratische Partei Deutschlands [«Partido Socialdemócrata Mayoritario de Alemania»] (MSPD), seguía apoyando igual que antes los esfuerzos bélicos de la Alemania imperial.

A fines de enero de 1918, cientos de miles de trabajadores de la industria armamentística se declararon en huelga en Berlín y otras ciudades para manifestarse pidiendo «paz, libertad y pan». Si bien las autoridades civiles y militares lograron una vez más abatir el movimiento, se tornó evidente cuán quebradizos eran los cimientos del sistema de gobierno guillermino. «Eran las primeras llamas oscilantes del fuego en ciernes», según el balance hecho por una socialdemócrata de Hamburgo.[12]

En los frentes también se iba acumulando mucho combustible social. «No voy a seguir arriesgando el pellejo por los malditos prusianos y los grandes capitalistas», escribió en agosto de 1917 un soldado de Múnich en una carta desde el frente.[13] No era una voz aislada. «Lo mismo de paga, lo mismo de tragar, ¡y haría tiempo que la guerra podríamos olvidar!» era una consigna popular en las trincheras.[14] En la primavera de 1918, tras el fracaso de la última gran ofensiva alemana en el oeste, empezaron a amontonarse los informes sobre infracciones disciplinarias y desobediencia a las órdenes. Cada vez más soldados intentaban librarse del servicio en el frente, bien fingiendo estar enfermos, bien ocultándose en la retaguardia, bien pasándose al enemigo. «Tres cuartos de las tropas aquí quieren que esto se acabe. Les da lo mismo de qué modo», decía alguien en una carta desde el frente en agosto de 1918.[15]

Los últimos días de septiembre de 1918, el Mando Supremo del Ejército, a cargo de Paul von Hindenburg y Erich Ludendorff, se vio forzado a reconocer que la guerra estaba perdida. Presionaron para que se decidiese de inmediato el cese de hostilidades y, en paralelo, una «parlamentarización» de la Constitución Nacional. Es decir, que, a la vista de la derrota, los hombres clave en la conducción del Imperio estaban dispuestos a conceder lo que hasta entonces habían rechazado de manera terminante: la formación de un gobierno que dependiera ya no de la confianza del monarca sino de una mayoría parlamentaria de la que, teniendo en cuenta las circunstancias, también habrían de formar parte los socialdemócratas, el partido más fuerte del Parlamento desde 1912. El 26 de octubre, el Parlamento aprobó las leyes que sellaron la transición hacia una monarquía parlamentaria. El artículo 15 de la Constitución Nacional fue ampliado con la disposición siguiente: «El canciller de la Nación precisa, para el ejercicio de su cargo, la confianza del Parlamento». Además, el poder de mando imperial quedó sujeto al control parlamentario. De este modo se suprimía la posición especial del ejército, una pieza central del diseño constitucional bismarckiano.[16] La reforma «desde arriba» tenía que anticiparse a la revolución «desde abajo»: esa era la idea fundamental del giro introducido en octubre de 1918.

Pero esta maniobra llegó demasiado tarde. La pérdida de autoridad de los gobernantes empezó a acelerarse a un ritmo verdaderamente vertiginoso. El deseo de poner fin a toda costa y lo más rápido posible a una guerra que había perdido por completo el sentido se difundió, más allá de la clase trabajadora, en amplios sectores de la población. Sin embargo, las respuestas del presidente estadounidense Woodrow Wilson a la oferta de cese de hostilidades del nuevo gobierno de apoyo parlamentario del príncipe Maximiliano de Baden dejaron claro de inmediato que no iba a existir la paz sin la abdicación de Guillermo II. Aun así, al káiser ni le pasaba por la cabeza renunciar al trono por propia voluntad. «Un sucesor de Federico el Grande no abdica», declaró con jactancia, y el 29 de octubre viajó al cuartel general de Spa, en cuya atmósfera de casino se hallaba más a gusto que en la situación cada vez más insegura de la capital de la Nación.[17] Así fue como el movimiento de masas se dirigió por fin también contra el portador de la corona. «Aquí en Berlín los ánimos están mal por encima de toda medida: las masas populares casi no hablan de otra cosa que de la necesaria abdicación del emperador y del príncipe heredero y están entregadas a un frenesí pacifista total», informaba el historiador Friedrich Thimme.[18]

Que prendiera la chispa revolucionaria en los grandes buques de guerra de la Marina imperial no fue ninguna casualidad, puesto que allí, donde las tripulaciones y los oficiales convivían en un espacio reducidísimo, la desigualdad social y la arbitrariedad militar habían alcanzado dimensiones particularmente indignantes. A fines de octubre de 1918, cuando el mando naval dio a la flota de altamar la orden de zarpar para un último combate contra Inglaterra, los marineros se negaron a obedecer.[19] En Kiel, la rebelión se extendió a tierra firme a principios de noviembre y, desde allí, se propagó durante los días siguientes por Alemania entera. Siguiendo el modelo de Kiel, se formaron por todas partes consejos de obreros y soldados. El antiguo orden colapsó casi sin ofrecer resistencia. «Comienza a perfilarse la fisonomía de la revolución —anotó el conde Harry Kessler el 7 de noviembre—. Es una ocupación progresiva, como una mancha de aceite, que parte de los marineros amotinados y avanza desde la costa. Están aislando Berlín, que pronto ya será solo una isla. Al contrario de Francia, la provincia revoluciona a la capital, el mar a la tierra. Estrategia vikinga».[20]

Los principales representantes del MSPD aún creían que podían conservar la monarquía si el emperador abdicaba de inmediato. En caso contrario, como reconoció Friedrich Ebert en una conversación con el canciller de la Nación, entonces era del todo «inevitable la revolución social». Y él en realidad no la deseaba; más bien la odiaba tanto «como al pecado».[21] Es motivo de discusión si Ebert se expresó de veras de un modo tan abierto como lo plasmó el príncipe Max en sus memorias. Lo que sí es seguro, en cambio, es que los deseos del presidente del MSPD ya se veían cumplidos con la transición a una monarquía parlamentaria y que una revolución le resultaba, en esencia, superflua. Al mismo tiempo, no se podía negar que las reformas constitucionales de fines de octubre eran más una promesa que una realidad política. El poder de las fuerzas armadas seguía siendo omnipresente. Hacía falta la acción conjunta de los marineros revolucionarios, los obreros y los soldados para hacer irreversible el cambio de sistema.

El 8 de noviembre aún fracasaron todos los intentos de inducir al emperador a que renunciara de forma voluntaria al trono. Es más, Guillermo II amenazó directamente al canciller de la Nación con ocupar militarmente la capital: «Si no cambian de opinión en Berlín, iré hacia allí con mis tropas después del cese de hostilidades, y, si hace falta, destruiré la ciudad a tiros».[22] Y así, el 9 de noviembre todo aconteció en la capital según se ha relatado.

Los líderes de la Socialdemocracia Mayoritaria se encontraban en una situación difícil. No habían abogado por la revolución (es más: habían hecho lo posible por evitarla), pero después de concretado el levantamiento no podían mantenerse al margen si no querían perder toda incidencia sobre el curso de los acontecimientos. En la tarde del 9 de noviembre, Ebert dio un giro abrupto. Ofreció al USPD formar juntos un gobierno revolucionario integrado, en partes iguales, por representantes de ambos partidos. Y lo hizo sin imponer condiciones personales. A solicitud del diputado del USPD Oskar Cohn, se mostró dispuesto, incluso, a aceptar a Karl Liebknecht, su adversario más acérrimo, si los independientes querían incorporarlo.[23] El USPD planteó sus requisitos para unirse al gobierno. El primer punto, «Alemania debe ser una república social», fue aceptado por la dirección del MSPD aunque con la reserva de que ello debía «decidirlo el pueblo a través de la asamblea constituyente». En cambio, objetaron la segunda demanda —que el conjunto del poder ejecutivo, legislativo y judicial estuviera «exclusivamente en manos de representantes electos de toda la población trabajadora y los soldados»—: «Si con esta exigencia se está planteando la dictadura de una parte de una clase, la cual no está respaldada por la mayoría popular, debemos rechazar la demanda, puesto que contradice nuestros principios democráticos».[24]

Miembros del gobierno de los Comisarios del Pueblo. A la izquierda, de arriba abajo: Hugo Haase, Otto Landsberg, Wilhelm Dittmann. A la derecha, de arriba abajo: Friedrich Ebert, Philipp Scheidemann, Emil Barth. En el centro: Scheidemann proclama la república el 9 de noviembre.

Al mediodía del 10 de noviembre, el acuerdo de coalición estaba cerrado. Un Consejo de Comisarios del Pueblo, como se llamó el nuevo gabinete, se reunió en su sesión constituyente. Estaba formado por tres miembros de los socialdemócratas mayoritarios y tres de los independientes. Friedrich Ebert, Philipp Scheidemann y el abogado y diputado Otto Landsberg representaban al MSPD. El USPD envió al presidente del partido y del bloque parlamentario, Hugo Haase; al secretario del partido, Wilhelm Dittmann, quien había sido condenado a cinco años de prisión por participar en la huelga de enero de 1918; y a Emil Barth, un hombre de confianza de los Revolutionäre Obleute [«Cabecillas Revolucionarios»], quienes tenían una fuerte influencia en las grandes fábricas de Berlín. Karl Liebknecht había rechazado incorporarse al gobierno revolucionario porque no quería colaborar con los líderes de la Socialdemocracia Mayoritaria, a quienes consideraba comprometidos por su postura durante la guerra. Sobre el papel, Ebert y Haase compartían la presidencia; en realidad, sin embargo, Ebert, que el 9 de noviembre se había instalado en el escritorio del canciller de la Nación, asumió desde un primer momento el papel de auténtico jefe de gobierno.[25]

El hecho de que el MSPD y el USPD se hubieran reunido en una coalición no era en absoluto algo que se diera por supuesto: desde la división de la socialdemocracia en la primavera de 1917 se habían intensificado no solo las diferencias concretas sino también las mutuas animosidades personales. Que los camaradas enfrentados se volvieran a reunir hay que atribuirlo más que nada a la presión desde abajo. Tras la caída del régimen de los Hohenzollern se impuso con una fuerza en verdad incontenible el deseo de poner fin a la «lucha fratricida». Esto se evidenció ya en una asamblea que la tarde del 10 de noviembre reunió a cerca de tres mil delegados de los consejos de obreros y soldados de Berlín en el circo Busch. Cuando Karl Liebknecht, la figura simbólica de la resistencia contra la guerra, subió al púlpito y, señalando a los socialdemócratas mayoritarios, advirtió contra quienes «hoy apoyan la revolución y anteayer aún eran enemigos de la revolución», fue interrumpido por gritos tumultuosos: «¡Unidad, unidad!».[26] Esto fue una dura derrota personal para Liebknecht, que a todas luces había sobrevalorado su influencia en las masas.

La asamblea eligió un Consejo Ejecutivo de los consejos de obreros y soldados del Gran Berlín, que se reunió al día siguiente bajo la presidencia de Richard Müller, el portavoz de los Cabecillas Revolucionarios. Estaba compuesto por catorce representantes de los soldados y catorce representantes de los obreros, una vez más de manera pareja, con siete miembros del MSPD y siete del USPD. La tarea del Consejo Ejecutivo debía ser controlar el trabajo del Consejo de Comisarios del Pueblo. Sin embargo, sus competencias no habían sido definidas con claridad, de modo tal que el gobierno podía aspirar a prevalecer, en caso de conflicto, incluso en contra de su voto.[27] Los líderes de la Socialdemocracia Mayoritaria podían estar contentos con el curso de los dos primeros días de la revolución: habían conseguido amoldarse al movimiento revolucionario y ahora se preparaban de manera decidida para expandir, paso a paso, su poder. Jugaba a su favor el hecho de que la mayoría de los consejos de soldados se adherían a sus posiciones y que también entre los consejos de obreros prevalecían opiniones más bien moderadas.

El 12 de noviembre de 1918, el Consejo de Comisarios del Pueblo se dirigió al público con una proclamación que ha sido designada con razón la Carta Magna de la revolución.[28] La oración introductoria decía: «El gobierno surgido de la revolución, cuya dirección política es puramente socialista, se propone la tarea de llevar a la práctica el programa socialista». Se quitaron de un plumazo todos los residuos del estado autoritario de la época de guerra: se levantaron el estado de sitio, las restricciones a los derechos de agrupación y reunión y la censura; se garantizaron la libertad de expresión y la libertad de culto, se les dio amnistía a los presos políticos y la ley del Servicio de Ayuda Patriótica de 1916 fue dejada sin efecto. Además, el gobierno prometió introducir la jornada laboral de ocho horas a partir del primero de enero de 1919 y hacer que todas las elecciones parlamentarias fueran llevadas a cabo, de ahí en adelante, con igual derecho de voto secreto, directo y universal para todos, incorporando a las mujeres a partir de los veinte años de edad. Con ello se satisfacían dos exigencias centrales de la vieja socialdemocracia. Según el nuevo modelo de derecho electoral también debería ser electa la Asamblea Nacional Constituyente, cuya convocatoria se previó para un futuro no muy lejano. De la socialización de los medios de producción no se dijo nada. El gobierno se comprometió, en cambio, a procurar «conservar la producción ordenada» y proteger «la propiedad contra intromisiones».[29] El periódico del MSPD, *Vorwärts*, manifestó su satisfacción: «El programa es sobresaliente; mostrará al mundo que el nuevo poder en Alemania aspira a un ordenamiento basado en la libertad y no a un régimen autoritario ni a la anarquía y el caos».[30] El ejemplo del curso de la Revolución rusa funcionó para el MSPD como una advertencia.

Tras la formación del Consejo de Comisarios del Pueblo y la elección del Consejo Ejecutivo de los consejos de obreros y soldados del Gran Berlín se produjo una cierta calma. El levantamiento había transcurrido en general de modo pacífico. Había dejado apenas unas pocas víctimas. El cese de hostilidades fue firmado por el político líder del Partido del Centro, Matthias Erzberger, el 11 de noviembre en el bosque de Compiègne. El nuevo gobierno parecía decidido a mantener el orden y proteger la propiedad. El *Berliner Volkszeitung* ya había afirmado el 10 de noviembre que no había ocurrido nada de lo que en términos generales se asocia con la palabra «revolución». «Quien no haya temido dar un paseo por las calles en plena nevada habrá vuelto a casa con la impresión de que no se necesitaba para nada la intervención de los agentes verdes de la policía de seguridad para evitar enfrentamientos o disturbios. A los asistentes a las reuniones, armados con paraguas y envueltos en gruesos mantos de lana y pulcros trajes de domingo de invierno, no se les veía que tuvieran ninguna inclinación hacia las granadas de mano o los rifles de infantería».[31] Durante un paseo dominical por el Grunewald el 10 de noviembre, el teólogo y filósofo Ernst Troeltsch advirtió que, si bien el ambiente estaba un poco «apagado», uno también se sentía «tranquilo y cómodo» porque «todo había salido tan bien»: «En todos los rostros se podía leer "los salarios se seguirán pagando"».[32] El escritor Thomas Mann hizo una observación similar en Múnich, donde la revolución ya había triunfado el 7 de noviembre bajo el liderazgo del político de la USPD Kurt Eisner: «Estoy satisfecho con la relativa calma y orden con que, al menos por el momento, todo está aconteciendo. La revolución alemana es precisamente eso, alemana, y no un ebrio éxtasis comunista ruso».[33]

La vida en Berlín volvió a la normalidad con una rapidez sorprendente. Los tranvías pronto circularon de nuevo con regularidad; el teléfono funcionaba, al igual que el suministro de gas, agua y electricidad. Las tiendas permanecieron abiertas y los teatros siguieron ofreciendo sus funciones. El día a día parecía haber sido rozado apenas por los eventos revolucionarios.

«La revolución no provocó nunca más que pequeños remolinos en la vida cotidiana de la ciudad, la cual fluía tranquila por los cauces acostumbrados dejándolos a un costado —anotó el conde Harry Kessler el 12 de noviembre—. La monstruosa conmoción explosiva se escabulló en medio de la vida diaria de Berlín de manera apenas diferente de como ocurriría en una película de detectives».[34] Esto era aún más cierto en las regiones rurales. «Aquí la vida sigue su curso habitual, a pesar de la tremenda erupción volcánica que ha tenido lugar», escribió el 19 de noviembre a sus padres, que vivían en Sudáfrica, Dorothy von Moltke, la esposa del terrateniente de Kreisau en Silesia.[35]

La burguesía, una vez que consiguió recuperarse del *shock* inicial, demostró tener una asombrosa capacidad de adaptación. En poco tiempo, las agrupaciones burguesas adoptaron la forma de organización proletaria de los consejos. «Por todas partes las personas se superan las unas a las otras en la creación de consejos de todo tipo: consejos de agricultores, consejos de ciudadanos, consejos de intelectuales, consejos de artistas, consejos teatrales. El asociacionismo compulsivo alemán fue a buscar amparo en los brazos de la revolución», sostuvo con sarcasmo Karl Hampe, historiador medievalista de Heidelberg, a mediados de noviembre. Para él, como para unos cuantos representantes de la burguesía conservadora leal al emperador, el 9 de noviembre de 1918 fue el «día más desgraciado» de su vida.[36]

¿Cómo había que continuar la historia tras el prometedor comienzo de los primeros días? Los representantes de la Socialdemocracia Mayoritaria seguían una agenda definida con claridad. Para ellos se trataba sobre todo de lidiar con los problemas cotidianos más urgentes: la garantía del suministro de alimentos, el paso de la economía de guerra a la economía de paz, la desmovilización de las tropas, la implementación del cese de hostilidades y los preparativos de las negociaciones de paz. «Nuestras próximas tareas deben ser la rápida gestión de la paz y asegurar nuestra vida económica», declaró Ebert en la Conferencia Nacional del gobierno de los Comisarios del Pueblo con los representantes de los estados el 25 de noviembre.[37] Los consejos de obreros y soldados, a su manera de ver, eran más bien factores de desestabilización, o en el mejor de los casos, recursos de urgencia para un periodo de transición; debían dejar paso lo antes posible a una Asamblea Nacional legitimada por vías democráticas. Todas las decisiones más relevantes sobre el futuro político y social debían permanecer sujetas al arbitrio de este parlamento elegido libremente.

En el USPD no había una posición única en cuanto al futuro nuevo orden. El ala derecha, si bien no tenía nada que objetar a la convocatoria de una Asamblea Nacional, quería posponer la fecha de las elecciones lo más posible para ir construyendo, mientras tanto, una base firme para la democracia parlamentaria a través de reformas sociales estructurales. «La democracia debe estar tan anclada que sea imposible una reacción», reclamaba a mediados de noviembre Rudolf Hilferding, el teórico principal del partido.[38]

Los representantes del ala izquierda del partido, por el contrario, rechazaron la Asamblea Nacional y se pronunciaron en favor de la introducción de un sistema de consejos. En una asamblea plenaria de los consejos de obreros del Gran Berlín en el circo Busch el 19 de noviembre, Richard Müller, el presidente del Consejo Ejecutivo, advirtió que «la Asamblea Nacional es el camino hacia el dominio de la burguesía [...]; el camino hacia la Asamblea Nacional pasa por sobre mi cadáver».[39] Esta expresión le granjearía el apodo de Leichenmüller [«Müller el cadáver»]. Con su riguroso rechazo de la Asamblea Nacional, los independientes de izquierda se acercaron a la Spartakusbund [«Liga Espartaquista»] (así se llamaba el Grupo Espartaquista desde el 11 de noviembre), que formalmente todavía pertenecía al USPD pero que en la práctica llevaba a cabo una política independiente. Bajo la consigna «¡Todo el poder a los consejos!», la Liga desplegó una propaganda activa en pro de la continuación de la revolución. «Scheidemann y Ebert son el gobierno a cargo de la revolución alemana en su estadio actual —escribió Rosa Luxemburgo a mediados de noviembre en *Die Rote Fahne*, cuya dirección editorial había asumido tras ser liberada de la prisión de Breslau y regresar a Berlín el 10 de noviembre—. Pero las revoluciones no se detienen. Su ley vital es un movimiento acelerado hacia adelante, la superación de sí mismas». Quien aboga por la Asamblea Nacional, según ella, retrotrae la revolución «de manera consciente o inconsciente al estadio histórico de las revoluciones burguesas». La alternativa que la historia puso en el orden del día es: «o democracia burguesa o democracia socialista».[40]

Sin embargo, el alcance de la influencia de la Liga Espartaquista era muy limitado. Sus miembros no eran tan numerosos y la organización se encontraba en proceso de gestación. Liebknecht y Luxemburgo «saben muy bien que con los pocos medios de los que se dispone en este momento es imposible construir una república verdaderamente socialista», le comentó a mediados de noviembre el escritor Eduard Fuchs (que se había unido a la Liga Espartaquista) al historiador Gustav Mayer.[41] La izquierda radical no ejercía una influencia decisiva en los consejos de obreros y soldados. En cambio, los representantes del MSPD y del ala moderada del USPD sí tenían allí un peso abrumador. En el otoño de 1918 Alemania estaba muy lejos de una dictadura de consejos según el modelo bolchevique. No obstante, en los círculos burgueses se amplificaba a conciencia el riesgo de que ello sucediera. «Espartaco» se convirtió en una consigna equiparada con «bolchevismo». Eso permitía alimentar el miedo al caos, el terror y la guerra civil.[42]

El grado de eficacia de esta atmósfera de terror se evidencia en el hecho de que incluso un observador tan agudo como Theodor Wolff estuviera convencido, ya el 12 de noviembre, de «que están armados los espartaquistas y mucha gentuza al acecho de una oportunidad para dar un golpe de Estado, y ya no existe una fuerza de protección organizada de manera suficiente».[43] Los temores y los sentimientos de odio se concentraban sobre todo en la persona de Karl Liebknecht. Gustav Mayer tenía la impresión, según lo que anotó el 11 de noviembre, de que el líder espartaquista, «en su ambición monomaniaca», estaba procurando «convertirse en el Lenin de la revolución alemana». Y once días más tarde afirmó en su diario que «solo se oyen voces pesimistas: en Berlín, la victoria del bolchevismo es ya imposible de detener; Liebknecht les paga diez marcos diarios a los soldados que lo siguen».[44] A principios de diciembre de 1918 aparecieron pegados en las columnas de anuncios de Berlín carteles con la exhortación a asesinar a los portavoces de la Liga Espartaquista: «¡Maten a sus líderes! ¡Maten a Liebknecht! Entonces sí tendrán paz, trabajo y pan».[45]

También los líderes de la Socialdemocracia Mayoritaria habían interiorizado en buena medida la imagen antibolchevique del enemigo y no vacilaban a la hora de instrumentalizar los temores asociados a su amenaza en las disputas políticas internas. Para ello podían remitir al lenguaje en extremo agresivo que *Die Rote Fahne* utilizaba para informar, el cual generaba la sensación de que Liebknecht y Luxemburgo promovían una toma violenta del poder. En Ebert y Scheidemann se combinaba una preocupación exagerada por la «situación rusa» con una marcada aversión hacia el desorden y la anarquía. Este «reflejo anticaos» lo compartían con amplios sectores de la burguesía y, sobre todo, con la cúpula militar. Para esta, los dos líderes del MSPD encarnaban «la dirección que todas las personas sensatas deben apoyar con total convicción», como señaló el coronel Ernst van den Bergh, un oficial del Ministerio de Guerra prusiano.[46]

El 10 de noviembre, Wilhelm Groener, el sucesor de Ludendorff en el Mando Supremo del Ejército, había ofrecido a Ebert, en una conversación telefónica, la posibilidad de colaboración afirmando que el cuerpo de oficiales exigía del gobierno el combate del bolchevismo y estaba dispuesto a intervenir para ello. «Ebert aceptó mi propuesta de alianza —informa Groener en sus memorias—, y desde entonces discutimos a diario por las noches sobre las medidas que había que tomar usando una línea secreta entre la Cancillería de la Nación y el Mando Supremo del Ejército. La alianza cumplió su cometido».[47] En realidad, aún no se había sellado una «alianza» formal, pero sí se había acordado una cooperación que había de ser de gran importancia para el desarrollo posterior de la revolución.

El 11 de noviembre, el Consejo de Comisarios del Pueblo, accediendo a una petición de Hindenburg, solicitó en un telegrama al Mando Supremo del Ejército «ordenar a todo el ejército de campaña que mantenga bajo cualquier circunstancia la disciplina militar, la calma y el orden estricto en el ejército». Las órdenes de los superiores había que «obedecerlas sin condiciones» hasta el momento de la desmovilización. Además, los oficiales tendrían permitido conservar sus armas y sus insignias de rango. A los consejos de soldados se les asignó la tarea de apoyar sin reservas a los oficiales en el «sostenimiento de la disciplina y el orden».[48] Con ello quedaba restituida, en lo esencial, la autoridad de mando del cuerpo de oficiales; de manera inesperada, los consejos de soldados se vieron relegados a un papel subordinado.

Para los comisarios del pueblo del MSPD, la consideración determinante en el momento de ofrecer su colaboración al OHL (Mando Supremo del Ejército) fue la de que sin la cooperación de la antigua dirigencia militar sería poco menos que imposible lograr una desmovilización ordenada de los ocho millones de soldados. Confiaban en que el Mando Supremo del Ejército se ubicaría en el contexto de los hechos consumados y se comportaría de forma leal con el gobierno revolucionario. Cuando, el 20 de noviembre, Emil Barth reclamó en el gabinete que se despidiera a Hindenburg para refutar la afirmación de la Entente respecto de la «persistencia del militarismo alemán», Ebert respondió que Hindenburg había «asegurado bajo palabra de honor que apoyaba al nuevo gobierno». Por lo tanto, no había «ningún motivo fundado para perturbar la posición de Hindenburg».[49] La consecuencia de este acto de credulidad fue que el OHL pudo volver a establecerse como un factor de poder en la política interna. Los oficiales empezaron pronto a exhibir incluso

Recepción festiva: el 10 de diciembre de 1918 Friedrich Ebert saluda en la Puerta de Brandeburgo a las tropas de guardia que regresan.

en público una confianza renovada. A mediados de diciembre, cuando fueron recibidas de modo festivo las tropas de guardia que regresaban a Berlín, el conde Harry Kessler observó: «Es notable que ya no se deja ver ninguna bandera roja. Todo es negro, blanco y rojo, o negro y blanco, o, en alguna ocasión, negro, rojo y dorado. La mayor parte de las tropas y los oficiales llevan de nuevo las escarapelas y las charreteras. La diferencia con mediados de noviembre es grande».[50] El escritor Gerhart Hauptmann, por su parte, se mostró encantado: «Cascos de asalto, ametralladoras, cocinas de campaña, banderines. Todo en perfecto orden militar. La arraigada popularidad del ejército se hizo visible una vez más. Tropas espléndidas. Ninguna insignia roja. [...] Grité: "¡Bravo!"».[51]

En lo que respecta a la administración civil, los comisarios del pueblo también evitaban intervenir con rigor porque creían que no podían arreglárselas sin el conocimiento especializado del antiguo cuerpo de funcionarios. Ya en sus primeras convocatorias hicieron un llamamiento a los funcionarios para que se pusieran a su servicio. El 11 de noviembre, Gustav Mayer celebró como un «síntoma tranquilizador» «el hecho de que una gran parte del funcionariado no esté deseando retirarse a llorar por los rincones y que los nuevos hombres estén dispuestos a aceptar de buena gana la colaboración "técnica" de las fuerzas con más experiencia».[52] Los secretarios de Estado en las instituciones gubernamentales nacionales conservaron sus funciones. Si bien se les asignaron dos «asistentes» del MSPD y USPD, el control que podían ejercer estos últimos eran más bien escaso, dado que dependían de la disposición de la burocracia ministerial para proporcionarles las informaciones importantes.[53] También algunos altos funcionarios, como los jefes de distrito de Prusia, permanecieron en sus puestos, aunque no eran ningún secreto sus simpatías por el estado autoritario caído ni su aversión hacia el nuevo orden. No fue despedido un solo alto funcionario del antiguo sistema. En la Conferencia Imperial con los representantes de los distintos estados alemanes, el 25 de noviembre, Ebert justificó de la manera siguiente la falta de renovaciones en el personal: «Tuvimos que ocuparnos, después de haber tomado el poder político, de que la máquina imperial no se derrumbara [...]. No podíamos hacerlo nosotros seis por nuestra cuenta; para ello nos hacía falta la colaboración experimentada de los especialistas».[54]

Los Comisarios del Pueblo del MSPD también mostraron poco arrojo en lo referido a la cuestión de las relaciones de propiedad económica. No se produjo ninguna reforma agraria radical, entre otras cosas por el temor de que pudiera poner en peligro el suministro de alimentos, ya de por sí en una situación difícil. El 11 de noviembre, el Consejo de Comisarios del Pueblo les dio a las partes interesadas del sector agrícola la seguridad de «que el gobierno nacional los protegerá de manera decidida contra cualquier interferencia de personas no autorizadas en sus relaciones de propiedad y de producción».[55] Esta declaración se dirigía sobre todo a los propietarios de señoríos al este de Elba, que ya estaban inquietos sobremanera por la abolición del sufragio prusiano de tres clases y, por lo tanto, por la pérdida de su preponderancia política en el estado federado más grande de Alemania. En la mayoría de los consejos campesinos, cuya creación fue promovida por el Consejo de Comisarios del Pueblo el 21 de noviembre, dominaban los intereses de los grandes terratenientes; dichos consejos desempeñaban un rol más estabilizador que democratizador o revolucionario en el ámbito rural. Se podía considerar un avance el hecho de que con la Ordenanza Provisional del Trabajo Agrícola del 24 de enero de 1919 quedaran sin efecto las regulaciones excepcionales de la época del Imperio para los trabajadores agrícolas, lo cual les permitió organizarse en sindicatos. Sin embargo, pesó más que permaneciera intacto el poder económico de los *Junker* y, con él, un elemento esencial del poderío agrícola conservador de Prusia.[56]

Además de los terratenientes al este de Elba, los empresarios de la industria pesada de Renania-Westfalia eran parte de las élites que, antes de 1918, se habían declarado con la mayor vehemencia en contra de cualquier democratización del sistema y a favor de anexiones territoriales de gran alcance. Tras el levantamiento de noviembre, también ellos temieron la pérdida de la posición de poder que habían tenido hasta entonces, dado que la demanda de socialización de las industrias clave era uno de los puntos centrales del programa socialdemócrata. En el Consejo de Comisarios del Pueblo, los representantes del USPD presionaron para llevar esta demanda a la práctica lo más rápido posible. Sus colegas del MSPD, en cambio, se inclinaban a posponer la cuestión de la socialización para no poner en peligro, con experimentos precipitados, la reconstrucción económica tras la guerra. La resolución adoptada por el gabinete el 18 de noviembre asumía un compromiso: «Las ramas de la industria que, por el desarrollo alcanzado, estén maduras para la socialización», debían «ser socializadas de inmediato». Sin embargo, es evidente que el gobierno no tenía demasiada prisa a la hora de implementar esta resolución, puesto que para hacerlo decidió al mismo tiempo formar «una comisión de economistas de renombre», a la que también se incorporarían «profesionales de las filas de los obreros y empresarios».[57] La comisión no se reunió hasta el 5 de diciembre (bajo la presidencia de Karl Kautsky, el teórico más destacado del SPD antes de 1914, quien durante la guerra se había pasado al USPD), y sus discusiones se extendieron a lo largo de semanas enteras sin arrojar resultados.

De todos modos, ya se había tomado antes una importante decisión preliminar. El 15 de noviembre, empresarios y sindicatos habían firmado un compromiso formal, el Acuerdo Stinnes-Legien, así llamado por los dos hombres que llevaron a cabo las negociaciones: Hugo Stinnes, industrial de la región del Ruhr, y Carl Legien, presidente de la Comisión General de Sindicatos. El acuerdo reconocía los sindicatos como los «representantes designados de la clase trabajadora» y declaraba inadmisible cualquier limitación de la libertad de asociación. La patronal admitió el derecho de los trabajadores que regresaban de la guerra a recuperar su antiguo puesto de trabajo y se manifestó también de acuerdo en fijar la jornada laboral diaria en un máximo de ocho horas con el mismo sueldo. Además, se acordó la regulación de las condiciones laborales mediante convenios colectivos y la formación de comités de trabajadores en todas las empresas con más de cincuenta empleados, así como la implementación de instancias de arbitraje paritarias. La encargada de llevarlo a la práctica fue una «*Zentralarbeitsgemeinschaft der industriellen und gewerblichen Arbeitgeber- und Arbeitnehmerverbände Deutschlands*» [«Comunidad Central de Trabajo de las Asociaciones de Empresarios y Trabajadores Industriales y Comerciales de Alemania»] (ZAG).

Los sindicatos celebraron el acuerdo como un gran éxito, y, en efecto, implicaba un significativo avance sociopolítico en comparación con su situación durante el Imperio. Sin embargo, el mayor beneficio caía del lado de los empresarios, puesto que, al comprometerse los líderes sindicales a mantener el orden económico existente, incluyendo el hecho de que la administración de los medios de producción quedara en manos privadas, se frenó considerablemente la demanda de socialización de las industrias clave. En una circular del 18 de noviembre dirigida a sus miembros, la Verein Deutscher Arbeitgeberverbände [«Asociación de Organizaciones Empresariales Alemanas»] justificó las concesiones a los sindicatos argumentando que aún existía «un gran peligro» de que el gobierno pudiera tomar decisiones destinadas a la socialización de los medios de producción. Razón por la cual «la posición de los sindicatos, que en la actualidad representan al ala moderada del gobierno», debía «ser fortalecida por todos los medios».[58]

Del 16 al 21 de diciembre se celebró en Berlín el Primer Congreso General de Consejos de Obreros y Soldados de toda Alemania, que había sido convocado por el Consejo Ejecutivo el 17 de noviembre. El congreso debía, por un lado, definir la opción entre la Asamblea Nacional y el sistema de consejos, y, por el otro, elegir un Consejo Central como nuevo órgano ejecutivo supremo.[59] Los comisarios del pueblo del MSPD podían estar satisfechos con el resultado de la elección de los delegados. De los 514 delegados que se reunieron en la Casa de Representantes de Prusia durante la mañana del 16 de diciembre, alrededor de trescientos pertenecían al MSPD y apenas unos cien al USPD; de los demás —personas independientes de los partidos y burgueses de izquierda—, un número mínimo representaba a la Liga Espartaquista. Una moción para admitir en calidad de «invitados con voz consultiva» a Karl Liebknecht y Rosa Luxemburgo, «que han rendido un servicio extraordinario a la revolución», fue rechazada de inmediato.[60] Dada la composición del congreso, estaba claro desde el principio cuál iba a ser la decisión respecto de la cuestión más importante: con una amplia mayoría, los participantes desestimaron el «sistema de consejos como base de la constitución de la República socialista» y otorgar a los consejos de obreros y soldados el poder legislativo y ejecutivo de mayor jerarquía. En cambio, se decidió que las elecciones para la Asamblea Nacional se celebraran el 19 de enero de 1919.[61] Era una fecha anterior incluso a la del 16 de febrero que el Consejo de Comisarios del Pueblo había finalmente acordado.

Para el portavoz del ala izquierdista del USPD, Ernst Däumig, la «aprobación entusiasta de la Asamblea Nacional» significaba lo mismo que una «sentencia de muerte» para el sistema de consejos, y acusó a los delegados de haberse convertido en un «club político de suicidas».[62] Sin embargo, la implementación de un sistema de consejos «puro», como se lo imaginaban los independientes de izquierda y los seguidores de la Liga Espartaquista, era una quimera desde el principio, dado que la mayoría de los consejos de obreros y soldados locales no se veían a sí mismos como una alternativa a un Parlamento libremente elegido, sino como órganos provisorios de corta duración que querían contribuir a velar por un estado de cosas ordenado durante el periodo de transición hasta que se convocara la Asamblea Nacional.

En la elección del Consejo Central, los delegados del USPD no fueron leales a la ejecutiva de su partido. El 19 de diciembre presentaron una moción: «El Consejo Central tiene el pleno derecho de aprobar o rechazar leyes antes de su promulgación». Con ello, iban más allá de lo que había propuesto Haase, quien solo había hablado de consulta general para los casos de proyectos de ley importantes. Después de que Ebert se pronunciara de forma enérgica en contra de restringir la libertad de acción del gobierno de una manera tan marcada, la moción del USPD fue rechazada. Los representantes del USPD declararon, a raíz de ello, que no deseaban participar en la elección del Consejo Central. En consecuencia, la comisión de 27 miembros se compuso exclusivamente con representantes de la Socialdemocracia Mayoritaria. El USPD había renunciado por propia voluntad a una parte importante del poder que había conquistado a principios de noviembre.[63]

La satisfacción de Ebert y sus compañeros por el desarrollo del Congreso de Consejos, sin embargo, no era total, puesto que los delegados adoptaron dos resoluciones que no eran para nada compatibles con sus ideas: por un lado, se instó al gobierno a «comenzar de inmediato con la socialización de todas las industrias que estén maduras para ello, en particular la minería».[64] Por el otro, se exigió una reforma militar radical, basada en los «siete puntos» acordados por el Consejo de Soldados de Hamburgo a principios de diciembre: la autoridad superior de comando debía ser ejercida por los comisarios del pueblo bajo el control del Consejo Ejecutivo; todas las insignias de rango debían ser dejadas de lado —«como símbolo de la destrucción del militarismo y de la abolición de la obediencia ciega»—; y los oficiales debían ser elegidos por los soldados.[65]

Ambas resoluciones mostraron que el deseo de reformas estructurales sociales también estaba vivo entre los delegados orientados hacia la Socialdemocracia Mayoritaria. Al mismo tiempo, implicaban una crítica manifiesta al Consejo de Comisarios del Pueblo, que hasta ese momento no había tomado ninguna medida decisiva en esa dirección. La cuestión de la socialización, para empezar, había sido pospuesta de manera indefinida con la creación de una comisión. Y, en lo referido a la política militar, Ebert había apostado desde el primer momento por la colaboración con el Mando Supremo del Ejército.

La protesta de los jefes militares no tardaría en llegar. El 20 de diciembre, en una reunión conjunta del gabinete y el Consejo Central recién electo, Groener advirtió sobre los «graves peligros» que podían derivar de las resoluciones del Congreso de Consejos. Se rompería el vínculo entre las tropas y los oficiales, los oficiales «no querrían involucrarse más» y el resultado sería una «desintegración completa del ejército»: «Veo una época dificilísima para nuestro pueblo en lo sucesivo». Ebert compartía estas preocupaciones: en todo el asunto se había «procedido de un modo algo precipitado y apresurado». Propuso que la resolución del congreso rigiera solo para el ejército en territorio nacional y no para el ejército de campaña, y que antes de implementarla se promulgaran unas «disposiciones de aplicación».[66] Una vez más, los líderes del MSPD rehuyeron un enfrentamiento abierto con el antiguo cuerpo de oficiales aplazando la decisión. En las «disposiciones de aplicación» de los Puntos de Hamburgo emitidas por el Ministerio de Guerra prusiano el 19 de enero de 1919, los dos asuntos más importantes, la cuestión de la autoridad de mando y la de la elección de oficiales, ya no figurarían.

Durante los días de Navidad, la situación en Berlín se agravó. El telón de fondo era el conflicto, latente desde hacía tiempo, entre el comandante de la ciudad, que era el político del MSPD Otto Wels, y la División Naval Popular, una tropa de mil ochocientos marineros con tendencias radicales de izquierda que se había acuartelado en el palacio y las caballerizas de Berlín. Supuestamente, en esas instalaciones se habían llegado a producir saqueos. Wels exigió al líder de la División Naval Popular, Heinrich Dorrenbach, que desalojara el palacio y redujera su tropa a seiscientos hombres. Para presionarlo retuvo los pagos de los sueldos, aunque estos ya habían sido aprobados por el Consejo de Comisarios del Pueblo, lo cual provocó el resentimiento de los marineros. El 23 de diciembre, una unidad armada de la División Naval Popular ocupó de manera transitoria la Cancillería de la Nación y cortó las líneas telefónicas. Otro grupo, al mando del comandante Dorrenbach, se dirigió al palacio de la ciudad y arrestó a Wels.

En la noche del 24 de diciembre, los comisarios del pueblo del MSPD se alarmaron con la noticia de que Wels estaba siendo maltratado y su vida corría peligro. En consecuencia, Ebert solicitó ayuda militar al Ministerio de Guerra prusiano. Esa misma noche se dio la orden al comando Lequis de asaltar el palacio y las caballerizas. La situación estaba ya «madura para una gran decisión», anotó el conde Harry Kessler. «Si el gobierno tiene energía, la usará para expulsar de Berlín a la del todo radicalizada División Naval Popular».[67] Sin embargo, el ataque fracasó porque los marineros recibieron apoyo de las fuerzas de seguridad del presidente de la policía de Berlín, Emil Eichhorn, y de obreros armados. El comando Lequis tuvo que retirarse y al gobierno no le quedó más remedio que resolver el conflicto con la División Naval Popular mediante negociaciones. En total, en los combates por el palacio murieron 11 marineros y 56 soldados del comando Lequis. La culpa del baño de sangre se la atribuyeron las fuerzas radicales de la clase trabajadora de Berlín a los comisarios del pueblo del MSPD. En el entierro de los marineros caídos, los manifestantes llevaban carteles con la inscripción: «Del asesinato de los marineros acusamos a Ebert, a Landsberg y a Scheidemann».[68] El funeral, según lo que observó el conde Harry Kessler, fue «grandioso por encima de toda expectativa». «Hasta donde se podía ver, una multitud inmensa [...]. Al frente, en siete vehículos imperiales conducidos por cocheros de las caballerizas, los siete ataúdes negros y plateados, todos iguales, cada uno con coronas de flores rojas y blancas. [...] Detrás, coronas y flores, todas rojas o rojas mezcladas con blancas, llevadas por delegaciones en una abundancia que nunca había visto».[69]

La consecuencia inmediata de los combates navideños en Berlín fue la ruptura de la coalición gubernamental. Lo que más indignó a los comisarios del pueblo del USPD fue que su par en la coalición ni siquiera les había informado de la decisión de dirigir el ejército contra los marineros. En su opinión, los líderes del MSPD se habían sometido al Mando Supremo del Ejército de manera definitiva. Los acontecimientos mostraban, según la crítica que expresó Wilhelm Dittmann en la reunión del gabinete y el Consejo Central del 28 de diciembre, «lo peligroso que es querer trabajar con un poder militar montado sobre el antiguo generalato y el antiguo ejército». Y Emil Barth preguntó: «¿Puede un gobierno socialista basarse en el poder de las bayonetas? ¿No debe basarse en la confianza del pueblo?».[70] Después de que el Consejo Central contestara de manera afirmativa a la pregunta de los independientes acerca de si respaldaba la instrucción de los tres comisarios del pueblo del MSPD al ministro de Guerra, Haase, Dittmann y Barth anunciaron su retirada del gobierno el 29 de diciembre.

La ejecutiva del MSPD tenía ahora vía libre para imponer sus ideas políticas. «La paralizante duplicidad ha sido superada», decía un comunicado del gobierno, emitido el mismo día.[71] Sustituyeron a los tres comisarios del pueblo del USPD salientes dos representantes del MSPD: el secretario sindical Rudolf Wissell, encargado de Política Social y Económica, y el experto militar Gustav Noske, que asumió el Departamento de Ejército y Marina. Noske había sido enviado a Kiel en los primeros días de noviembre, y allí había trabajado con gran energía para encauzar la revolución hacia aguas más tranquilas. El nuevo hombre debía «tener una piel como la de un rinoceronte», declaró Scheidemann en la reunión nocturna del gabinete y el Consejo Central celebrada entre el 28 y el 29 de diciembre.[72] Noske poseía a todas luces, para sus colegas del MSPD, el perfil deseado.

«El aire como cargado de electricidad; una tensión política sin igual. El suelo de Berlín ardiente. Así terminó el año pasado: en afiebrada exaltación». De este modo describió el corresponsal del *Berliner Tageblatt* los ánimos en la capital del país la noche de Año Nuevo. Sin embargo, también le asombró advertir brotes de un desenfrenado deseo de diversión. «Pero ya el confeti de despreocupados hermanos de Nochevieja forma sus serpentinas, y bailan en el Año Nuevo hombres y mujeres sedientos de vida. La música suena en cientos de locales. Bailes y más bailes, vals, foxtrot, *one-step*, *two-step*, y las piernas se mueven como hechizadas por el salón, vuelan las faldas, se acelera el aliento, salen disparados los corchos de champaña [...]. Nunca se ha bailado tanto ni con tanto frenesí en Berlín».[73]

La fiebre del baile se extendió a la provincia. «Las grandes mayorías tienen poquísima sensibilidad para lo que estamos viviendo. Se empieza a bailar toda la noche, como si nada hubiera pasado», se quejaba Karl Hampe, y, en su diario, la entrada de la noche de Año Nuevo concluía: «Nunca se ha recibido el cambio de año con un ánimo tan sombrío».[74] «Último día de este año terrible —anotó el conde Harry Kessler—. 1918 será probablemente para siempre el año más horroroso de la historia alemana».[75] De igual modo se sentían muchos representantes de la burguesía culta, que no podían aceptar que el viejo estado autoritario monárquico hubiera colapsado tan rápido y sin resistencia, y que aún miraban con escepticismo el nuevo ordenamiento democrático. «Frente a esta inmensa transformación, me siento mitad aturdido, mitad asqueado; no me siento ni remotamente democrático», resumió como balance de fin de año el romanista Victor Klemperer, profesor en Múnich (y a partir de 1920 en Dresde).[76] Similar fue la conclusión del historiador Gustav Mayer, cercano a la Socialdemocracia Mayoritaria: «Este colapso no es para nada solo el colapso de una clase dominante o de un sistema político; es también el colapso moral de todo un pueblo, cuando se tambalean todas sus normas, se sacuden todos sus valores, se ponen en duda todas sus relaciones morales, todas sus obligaciones; vivimos el día después de un terremoto sin precedentes y sin saber si el último golpe fue el más fuerte, si tiene sentido abocarse a la reconstrucción desde las ruinas».[77] Hedwig Pringsheim, la suegra de Thomas Mann, terminaba la anotación de la noche de Año Nuevo de 1918 en su diario: «Entramos en el nuevo año con todos los fundamentos de nuestra existencia sacudidos, inseguros y sin rumbo: después de la guerra perdida, el caos».[78] Del encanto de los inicios había quedado poco.

Rosa Luxemburgo y Karl Liebknecht estaban preparados para volver a empezar. El 30 de diciembre comenzó en el salón de actos de la Cámara de Diputados prusiana el congreso fundacional del Kommunistische Partei Deutschlands [«Partido Comunista de Alemania», KPD]. Se reunieron 127 delegados de 56 lugares del país, de los cuales más de un tercio eran miembros de la Liga Espartaquista y casi un tercio eran miembros de los Internationale Kommunisten Deutschlands [«Comunistas Internacionalistas de Alemania», IKD], que habían surgido del grupo de radicales de izquierda de Hamburgo y Bremen durante la Primera Guerra Mundial.[79] El conjunto de los delegados era bastante heterogéneo. Junto a antiguos funcionarios que provenían de la tradición socialdemócrata de antes de la guerra se sentaban obreros y obreras jóvenes, así como intelectuales que con la experiencia de la guerra y la revolución se habían radicalizado. No les faltaba entusiasmo revolucionario, pero sí una evaluación realista de las posibilidades políticas, que se manifestó ya en la cuestión de si los comunistas habían de participar o no en las elecciones para la Asamblea Nacional el 19 de enero. El ambiente en la asamblea estaba claramente a favor de la no participación.

Rosa Luxemburgo opuso resistencia con toda su autoridad. «Tengo la convicción —les dijo a los delegados— de que ustedes quieren tornar su radicalismo un poco cómodo y rápido». Las masas debían ser educadas antes de que se pudiera pensar en la victoria del socialismo. «Eso hemos de lograrlo a través del parlamentarismo».[80] Su compañera de lucha, Käte Duncker, la apoyó: también debía tenerse en cuenta que la mitad de los votantes eran mujeres que podrían ejercer su derecho al voto por primera vez. «¿Creen ustedes que las mujeres, después de que se les ha dicho durante décadas que deben luchar por este derecho, nos seguirán ahora cuando les digamos que no lo usen?».[81] No sirvió de nada: al final, el congreso decidió, con 62 votos contra 23, rechazar la recomendación de la ejecutiva espartaquista y boicotear las elecciones para la Asamblea Nacional. Su amiga Clara Zetkin, que se mostró horrorizada por la decisión, tranquilizó a Rosa Luxemburgo: «Nuestra "derrota" fue solo el triunfo de un radicalismo algo infantil, inmaduro y lineal. [...] No olvides que los "espartaquistas" son en gran medida una generación nueva, libre de las tradiciones estupidizadas del partido "viejo y conocido", y eso debe ser aceptado, con sus luces y sus sombras».[82]

Karl Liebknecht había dicho de modo premonitorio en el congreso del partido que los días siguientes podían «traer sorpresas» y que los acontecimientos podían «pasar por el costado de los así llamados líderes».[83] Esto fue justo lo que ocurrió con los disturbios de enero de 1919 en Berlín, que han entrado en los libros de historia con el erróneo nombre de Levantamiento Espartaquista.[84] El desencadenante fue la destitución del presidente de la policía de Berlín, Emil Eichhorn, el 4 de enero. Eichhorn pertenecía al ala de izquierda del USPD y ocupaba uno de los últimos puestos que la ejecutiva del MSPD aún no había tomado bajo su control. Se le reprochaba en particular el haber utilizado su fuerza de seguridad para apoyar a la División Naval Popular durante los combates navideños por el palacio de la ciudad. Las fuerzas radicales de la clase trabajadora de Berlín vieron el despido de Eichhorn como una provocación. Juntos, la dirección del USPD, los Delegados Revolucionarios y la ejecutiva del KPD convocaron una manifestación de protesta para el 5 de enero. Asistió más gente de la esperada por los organizadores. *Die Rote Fahne* habló de «la mayor aglomeración de masas que el proletariado berlinés haya logrado movilizar hasta ahora».[85]

Sin embargo, durante la manifestación, los acontecimientos se descontrolaron. Varios grupos de revolucionarios armados ocuparon las imprentas del *Vorwärts* y el *Berliner Tageblatt*, así como las casas editoriales de Mosse, Scherl y Ullstein en el «barrio de la prensa» de Berlín. A esta acción no planificada siguió, por la noche, la formación improvisada de un Comité Revolucionario, cuya presidencia asumieron Georg Ledebour por la izquierda del USPD, Karl Liebknecht por el KPD y Georg Scholze por los Delegados Revolucionarios. Imbuida por el ánimo de este ambiente agitado, una mayoría de los trabajadores de Berlín decidió llamar a una huelga general y avanzar con la lucha hasta derrocar al gobierno. No obstante, respecto de cómo implementar esta decisión reinaba la más absoluta ausencia de claridad. Toda la empresa era una aventura peligrosa, cuyo fracaso se percibía desde un comienzo como indudable.

Disturbios de enero de 1919 en Berlín: los insurgentes se atrincheran en el «barrio de la prensa» detrás de barricadas hechas con rollos de papel y paquetes de periódicos.

Incluso Rosa Luxemburgo, que en principio rechazaba las acciones golpistas, se dejó arrastrar por la euforia y promovió emprender acciones más enérgicas.[86]

El 6 de enero había aún más gente en las calles. Sin embargo, ese día el gobierno había movilizado a sus seguidores, que salieron a manifestarse de forma masiva. Por la noche, cuando se reunió el Comité Revolucionario, el ánimo eufórico del día anterior ya se había desvanecido. Incluso la División Naval Popular había retirado su apoyo. La mayoría de los instigadores del levantamiento ya solo procuraban salir del asunto de manera más o menos indemnes, sin tener que atravesar una confrontación violenta.

Aun así, el gobierno estaba decidido a aceptar el desafío y enfrentarlo con dureza. Esta vez se debía dar un escarmiento y restaurar la «paz y el orden» en Berlín con todos los medios militares a disposición. «¡Por mí, de acuerdo! Alguien debe convertirse en el perro de caza y yo no temo a la responsabilidad»: con estas palabras, Noske asumió la comandancia en jefe de las tropas del gobierno en Berlín y sus alrededores.[87] Estableció su cuartel general en un internado de chicas desocupado en Berlín-Dahlem y allí reunió formaciones de voluntarios, los llamados *Freikorps*, cuya gestación había comenzado el 3 de enero, es decir, antes del inicio del levantamiento. «Estamos creando las fuerzas que basten para el establecimiento del orden», le hizo saber Ebert al gabinete el 7 de enero.[88] El mismo día, algunas personalidades destacadas del USPD, como Karl Kautsky, realizaron un intento de mediación, que fracasó debido a la condición impuesta por los comisarios del pueblo del MSPD, según la cual, antes de cualquier negociación, debían ser desalojadas las casas de prensa ocupadas.

El 11 de enero, las tropas del gobierno comenzaron el asalto al edificio de *Vorwärts*. Cinco de los ocupantes, que quisieron actuar como negociadores para discutir las condiciones de una retirada, fueron arrestados y, junto con otros dos prisioneros, ejecutados (la primera en una serie de atrocidades que quedarían impunes).[89] Ese mismo día, Noske marchó a la cabeza de tres mil soldados por el centro de la ciudad hacia la Wilhelmstraße para demostrar que el gobierno tenía la situación en sus manos. El 12 de enero se recuperaron los restantes edificios ocupados. El levantamiento, iniciado de manera chapucera y llevado a cabo sin tanta convicción, tuvo un sangriento final. «Esta mañana, la Potsdamer Platz parece la de un domingo pacífico —observó el conde Harry Kessler—. No hay ni indicios de una revolución. Berlín despierta de una fiebre agitada e ingresa en la realidad, que es triste».[90]

Después de la represión del levantamiento, Karl Liebknecht y Rosa Luxemburgo temían por su vida. Tuvieron que cambiar una y otra vez de escondite para evitar que los capturasen. El 13 de enero encontraron refugio en casa de una familia amiga, en Berlín-Wilmersdorf. Allí, Rosa Luxemburgo escribió su último artículo, «El orden reina en Berlín», cuyas palabras finales retomaban el himno a la revolución de 1848 de Ferdinand Freiligrath: «¡Esbirros estúpidos! Vuestro orden está edificado sobre arena. La revolución mañana ya se elevará de nuevo con estruendo hacia lo alto y proclamará, para terror vuestro, entre sonido de trompetas: "¡Fui, soy y seré!"».[91]

La noche del 15 de enero, unos miembros de la milicia ciudadana de Wilmersdorf descubrieron el escondite. Rosa Luxemburgo y Karl Liebknecht fueron arrestados y llevados al hotel Eden, en la Kurfürstendamm, donde se habían establecido el capitán Waldemar Pabst y su División de Fusileros de Caballería de la Guardia. Si Pabst llamó a Noske, como afirmó en la década de los sesenta, para que le indicara qué debía hacerse con los detenidos, no hay manera de comprobarlo de manera definitiva. Sí es seguro, en cambio, que Noske no dio una orden de asesinato y que, al mismo tiempo, tampoco hizo nada para contener a la soldadesca sanguinaria. Pabst pudo dar por sentado que el asesinato de los dos prominentes líderes del KPD había de contar con la tolerancia de Noske o hasta incluso con su tácita aprobación.[92] Tras haber padecido brutales maltratos, Karl Liebknecht fue el primero en ser llevado al Tiergarten, donde lo asesinaron disparándole por la espalda. Después, Rosa Luxemburgo fue abatida a golpes mientras

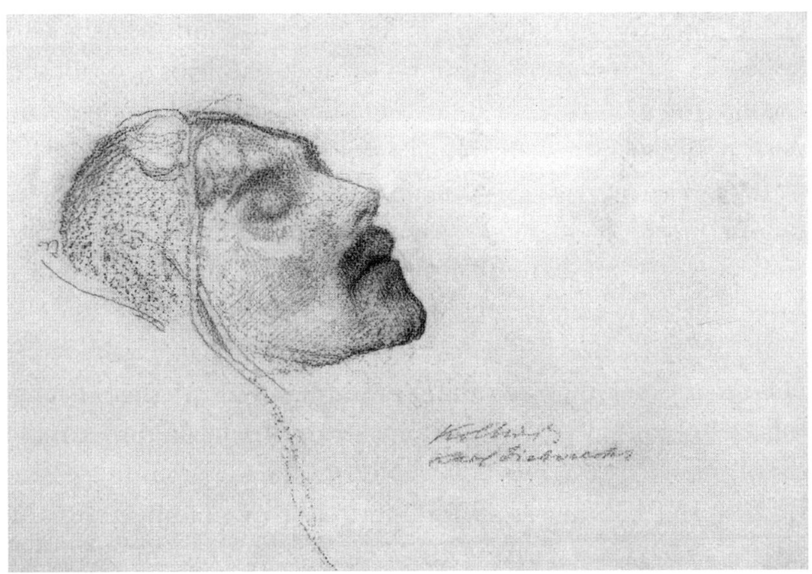

Karl Liebknecht en su lecho de muerte. Dibujo de Käthe Kollwitz.

la sacaban del hotel, la arrastraron hasta un automóvil y la ejecutaron con un disparo en la cabeza. Los asesinos arrojaron su cuerpo al canal Landwehr. «La vieja cerda ya está flotando», dijeron una vez cometido el crimen. Al día siguiente, el *BZ am Mittag* publicó la noticia con el título «Liebknecht asesinado de un tiro mientras huía, Rosa Luxemburgo muerta a manos de la multitud». Muchos periódicos reprodujeron sin verificarla esta información falsa, que provenía directamente del comunicado de prensa de la tropa de Pabst.[93]

La noticia del asesinato de Liebknecht y Luxemburgo provocó en Ebert gran conmoción. «Rara vez lo he visto tan alterado como en aquella mañana del 16 de enero», escribiría Hermann Müller, futuro canciller de la Nación, en sus memorias.[94] Al horror por el crimen se sumó la preocupación de que los dos asesinados, como mártires de su movimiento, pudieran volverse más peligrosos para el gobierno de lo que lo habían sido en vida. El gobierno y el Consejo Central prometieron realizar una «investigación exhaustiva» y aplicar el «castigo más severo» a los culpables.[95] Pero no cumplieron la promesa. El juicio, que se llevó a cabo ante un tribunal militar, terminó en mayo de 1919 con la absolución de algunos de los principales implicados. Dos de los acusados, figuras más bien secundarias, fueron condenados a penas de prisión de una levedad ridícula. El capitán Pabst, personaje clave del complot de asesinato, quedó por completo impune.[96]

Karl Liebknecht fue enterrado, junto con sus compañeros caídos en los combates de enero, en el cementerio central de Friedrichsfelde el 25 de enero de 1919, con gran afluencia de la clase obrera de Berlín. Antes, la pintora y escultora Käthe Kollwitz tuvo ocasión de retratarlo en su cama mortuoria: «Flores rojas colocadas alrededor de su frente destrozada a tiros, el rostro orgulloso, la boca un poco abierta y dolorosamente torcida. Una expresión algo asombrada en el rostro. Las manos descansaban la una junto a la otra en su regazo, y había algunas flores rojas sobre la camisa blanca».[97] El cadáver de Rosa Luxemburgo, ya en avanzado estado de descomposición, fue arrastrado hasta una esclusa del canal Landwehr el 31 de mayo. El 13 de junio la enterraron al lado de Karl Liebknecht.

Rudolf Hilferding calificó los acontecimientos de enero de 1919 como la «batalla del Marne de la revolución alemana».[98] De hecho, significaron un punto de inflexión, puesto que tornaron insalvable la grieta que se había abierto durante la Primera Guerra Mundial entre las fuerzas moderadas y las radicales dentro del movimiento obrero. Para los seguidores del USPD y del KPD estaba claro que la ejecutiva de la Socialdemocracia Mayoritaria (aunque no se pudiera probar su implicación directa) cargaba con la responsabilidad política del asesinato de Luxemburgo y Liebknecht. Lo cual devino una hipoteca difícil de soportar.

El 19 de enero de 1919, las elecciones para la Asamblea Nacional pudieron celebrarse conforme a lo planeado. Frente a los centros electorales se formaron extensas colas. Muchas personas tuvieron que resignarse a largos ratos de espera. También en Berlín las elecciones transcurrieron en buena medida sin interrupciones. «Todo tranquilo y gris sobre gris; ni excitación ni entusiasmo —observó el conde Harry Kessler—. Los repartidores de papeletas de los distintos partidos se ubican a los lados y las pasan a la gente sin mediar palabra. Cocineras, enfermeras, ancianas, familias con padre, madre y sirvienta, incluso con niños pequeños, van llegando y poniéndose en la fila. Todo carente de teatralidad, como un acontecimiento natural, como una llovizna continua».[99] Puesto que se había reducido la edad mínima para votar de veinticinco a veinte años y las mujeres podían votar por primera vez, el electorado se había más que duplicado. En comparación con las últimas elecciones al Parlamento antes de la guerra, en las que habían participado 14,4 millones de personas, el 19 de enero de 1919 votaron 37,4 millones: una expansión de la participación política en verdad revolucionaria.[100]

El claro ganador de las elecciones fue el MSPD, que obtuvo el 37,9 por ciento de los votos. Con respecto a 1912, cuando se convirtió en el partido más fuerte en el Parlamento, esto representaba un nuevo incremento de más de tres puntos porcentuales. Los comisarios del pueblo del MSPD pudieron ver en este voto una validación del curso que habían estado siguiendo hasta el momento. La sangrienta represión del levantamiento de enero, por lo visto, no había dañado su prestigio. Por otro lado, el USPD tuvo que darse por satisfecho con un decepcionante 7,6 por ciento. Entre los partidos burgueses, los dos partidos católicos —el Zentrumspartei [«Partido de Centro»] y el Bayerische Volkspartei [«Partido Popular Bávaro»] (BVP)—, obtuvieron entre ambos el 19,7 por ciento, mientras que el Deutsche Demokratische Partei [«Partido Democrático Alemán»] (DDP), que retomaba la tradición del liberalismo de izquierda del Imperio, no pasó del 18,5 por ciento. Su competencia liberal de derecha, el Deutsche Volkspartei [«Partido Popular Alemán», DVP], que recogía el legado del Nationalliberale Partei [«Partido Nacional Liberal»], llegó, por su parte, apenas al 4,4 por ciento. El partido de la derecha política, el Deutschnationale Volkspartei [«Partido Nacional del Pueblo Alemán»] (DNVP), alcanzó solo el 10,3 por ciento. Era un descenso considerable respecto de los votos que los partidos conservadores y antisemitas habían movilizado antes de 1914. En conjunto, la votación representó un pronunciamiento claro de los electores en favor de la democracia parlamentaria.[101]

El 6 de febrero, la Asamblea Nacional se reunió en el Teatro Nacional de Weimar. Ebert, sobre todo, había promovido que fuera esta ciudad de Turingia la sede del evento, en parte porque las condiciones en Berlín aún se consideraban demasiado inseguras tras los disturbios de enero y en parte porque la ciudad de Goethe y Schiller parecía particularmente adecuada para la constatación del nuevo comienzo político. Será «percibido con agrado en todo el mundo que se asocie el espíritu de Weimar con la construcción de la nueva nación alemana», manifestó en la reunión del gabinete del 14 de enero.[102] En su discurso de apertura, Ebert pidió comprensión por las dificultades con las que habían tenido que lidiar los comisarios del pueblo. Según él, habían sido, «en el más estricto sentido de la palabra, administradores de la quiebra del antiguo régimen», y habían tenido que hacer todo lo necesario «para volver a poner en marcha la vida económica»: «Si el éxito no correspondió a nuestros deseos, deben ser tenidas en cuenta de manera justa las circunstancias que lo impidieron».[103]

En este «día histórico» nada recordaba, según Theodor Wolff, «al brillo exterior del régimen colapsado». Pero fue justo en esa «sencillez» donde residió el encanto del que la ceremonia no estuvo privada. «No resultó muy imponente; fue un poco como un retorno a las costumbres simples y las aspiraciones modestas, pero provocó [...] la impresión que despierta la honradez popular».[104] El conde Harry Kessler, quien por lo general no escatimaba comentarios mordaces, encontró el discurso de Ebert «hermoso y digno».[105]

Dado que el MSPD no había logrado la mayoría absoluta y que el USPD ya estaba descartado como socio tras las experiencias de los meses anteriores, era lógico formar una coalición con los liberales de izquierda y el Partido de Centro, es decir, los partidos con los que los socialdemócratas mayoritarios ya habían colaborado desde julio de 1917 en el Comité Interpartidario del Parlamento y en octubre de 1918 en el gabinete del príncipe

Maximiliano de Baden. El primero de febrero, Ebert y sus compañeros de partido ya habían iniciado conversaciones con el DDP. El 7 de febrero, también el Partido de Centro se manifestó dispuesto a participar en un posible gobierno. De este modo se despejó el camino para la formación de la Coalición de Weimar. En conjunto, los tres partidos contaban con una imponente mayoría de tres cuartas partes. El 11 de febrero, Friedrich Ebert fue elegido el primer presidente de la Nación en la República. Nada podría haber demostrado con más claridad que se estaba ante un nuevo comienzo que el hecho de que un antiguo aprendiz de talabartero, que solo había asistido a la escuela primaria, ocupaba el cargo más elevado del Estado. Lo cual, para las élites sociales que habían conducido el Imperio hasta ese momento, no podía ser sino un motivo de escándalo.[106]

Philipp Scheidemann pasó a ser primer ministro de la Nación (con la Constitución de Weimar se retomó la denominación de «canciller de la Nación»). Además de él, del gobierno de los comisarios del pueblo también fueron incorporados Landsberg (Justicia), Noske (Defensa) y Wissell (Economía). A ellos se sumaron los socialdemócratas mayoritarios Gustav Bauer (Trabajo), Robert Schmidt (Educación) y Eduard David (sin cartera). El Partido de Centro y el DDP aportaron cada uno tres ministros. El Ministerio de Asuntos Exteriores fue asumido por Ulrich Graf von Brockdorff-Rantzau, un diplomático de carrera sin partido que había sido enviado alemán en Copenhague. El presidente de la Nación y el gobierno nacional tuvieron que actuar en un primer momento en el marco de una legislación de carácter provisorio a modo de constitución, la Ley sobre el Poder Temporal en la Nación, del 10 de febrero, que permaneció en vigor hasta la promulgación de la Constitución Nacional en agosto de 1919. La evolución de los hechos parecía entrar ahora en aguas más calmas. «En cualquier caso, se ha dado un enorme paso hacia adelante», comentó el coronel Van den Bergh.[107]

En realidad, sin embargo, la primavera de 1919 señaló el comienzo de una segunda fase, más radical, de la revolución. Fase que, a diferencia de la primera, estuvo marcada por una multitud de revueltas locales, por grandes movimientos huelguistas (en particular en los centros industriales del Rin y el Ruhr y en Alemania central), por experimentos de repúblicas de consejos y por enfrentamientos similares a una guerra civil. Esta nueva ola revolucionaria ya no se enfrentaba, como en noviembre de 1918, al estado monárquico autoritario, sino a la coalición formada para preservar el orden entre la Socialdemocracia Mayoritaria y la burguesía, con el apoyo de los militares. Y por todas partes, los *Freikorps* comandados por Noske se preparaban para imponer el orden con mano de hierro.[108]

En marzo de 1919 se produjeron una vez más enfrentamientos armados en Berlín tras una huelga general. «Fue un *crescendo* de violencia que, en términos de derramamiento de sangre, superó todo lo que había sucedido antes en cualquier ciudad pequeña o grande de Alemania desde el comienzo de la Modernidad», escribe el historiador inglés Mark Jones.[109] Las tropas del gobierno emplearon artillería pesada, morteros, ametralladoras y hasta aviones militares. En algunos barrios del centro y el oeste de Berlín estaba librándose, sin duda, una guerra civil.

El 9 de marzo, el *BZ am Mittag* difundió la noticia de que, en Berlín-Lichtenberg, los espartaquistas habían asesinado a sangre fría a sesenta policías detenidos. Los grandes periódicos liberales líderes de opinión, como el *Berliner Tageblatt* y el *Vossische Zeitung* recogieron la noticia, y también el socialdemócrata *Vorwärts* se plegó al clamor de horror: «La pluma se resiste a describir una vez más los actos aterradores que han sido cometidos aquí por las hordas espartaquistas contra prisioneros indefensos».[110]

Sin embargo, se trataba otra vez de una noticia falsa que había lanzado el capitán Pabst. Necesitó esta mentira descarada sobre el «asesinato de prisioneros en Lichtenberg» para persuadir a Noske de que firmara, el mismo día, una orden con graves consecuencias: «La creciente crueldad y bestialidad de los espartaquistas que luchan contra nosotros me obligan a ordenar lo siguiente: toda persona que sea encontrada luchando arma en mano contra las tropas del gobierno ha de ser fusilada en el acto».[111] Esta «orden de disparar» equivalía de hecho a una licencia para matar, y la soldadesca desatada de Noske hizo uso de ella para perpetrar auténticas masacres en la capital.

Uno de los peores actos de asesinato se cometió el 11 de marzo en el número 32 de la Französische Straße, en la oficina de pagos de la División Naval Popular, que entretanto había sido disuelta. Aquí, el teniente Otto Marloh hizo arrestar a veintinueve miembros de la División Naval Popular y los mandó ejecutar al momento. En el juicio militar en que compareció, Marloh resultó absuelto.[112] Tampoco se procesó al detective de la policía Ernst Tamschick, quien el 10 de marzo mató de un disparo en la nuca a Leo Jogiches, compañero de Rosa Luxemburgo durante muchos años, cuando este ingresaba en la prisión preventiva de Moabit. Dos meses después, Tamschick asesinó de la misma manera a Heinrich Dorrenbach, excomandante de la División Naval Popular.[113] En total, según estimaciones moderadas, perdieron la vida mil doscientas personas, en su gran mayoría civiles, en los combates de marzo en Berlín. Las tropas del gobierno contaron setenta y cinco muertos. «El ejército se siente fuerte y vuelve a alzarse; la población debe saberlo —fue el balance del conde Harry Kessler—. Poco a poco se fortalece un núcleo de poder militar, en torno al cual pueden congregarse las clases potentadas y las desprotegidas. El gobierno se está quedando cada vez más atrás frente a este poder».[114]

A comienzos de mayo de 1919, Múnich también se convirtió en escenario de unos excesos de violencia nunca vistos. El 21 de febrero, el conde Anton Graf Arco auf Valley, un joven teniente, asesinó a Kurt Eisner, primer ministro bávaro del USPD, en plena calle. Eisner se había convertido en el blanco de intensos ataques antisemitas desde que el 7 de noviembre de 1918 derrocó a la dinastía de los Wittelsbach y proclamó el Estado Libre de Baviera. Había sentado mal sobre todo que hubiera publicado documentos del archivo del Ministerio de Asuntos Exteriores bávaro que probaban el papel decisivo que la dirigencia del Estado alemán había tenido en el estallido de la Primera Guerra Mundial.[115]

Después del atentado contra Eisner se radicalizó el movimiento revolucionario en Múnich. La noche del 6 al 7 de abril se declaró disuelto el Parlamento estatal y se proclamó una primera República de Consejos, que luego sería reemplazada por una segunda, cuya conducción quedaría a cargo de los comunistas de Múnich. Los miembros del gobierno dirigido por el primer ministro Johannes Hoffmann, del MSPD, huyeron a Bamberg. Tras fracasar en su intento de recuperar el poder mediante una Guardia Republicana de Soldados bajo su mando, a mediados de abril el gobierno de Berlín ordenó, contra la República de Consejos, una «intervención federal». Se puso al frente de las operaciones militares el teniente general prusiano Ernst von Oven, a quien se unieron unidades de *Freikorps* bajo el mando del coronel bávaro Franz Ritter von Epp. Contra las tropas del gobierno, que contaban con treinta mil hombres, los defensores, con las unidades del Ejército Rojo montadas a toda prisa, no tenían nada que hacer.

A fines de abril, el cerco alrededor de Múnich se había cerrado. Los intentos de última hora de evitar el derramamiento de sangre fracasaron. El 30 de abril, diez rehenes que se encontraban retenidos en el patio del colegio Luitpold (entre ellos, varios miembros de la sociedad Thule, de extrema derecha) fueron asesinados por seguidores de la República de Consejos como represalia por la ejecución de hombres del Ejército Rojo a manos de soldados del gobierno en las afueras de Múnich. Este «asesinato de rehenes», que provocó espanto a la burguesía, sirvió de pretexto a las tropas invasoras para cometer entonces ellos mismos numerosas atrocidades.[116]

El 2 de mayo, Victor Klemperer informó de que el júbilo con el que los ciudadanos de Múnich habían recibido a los soldados en un primer momento se había ido aguando. «Porque desde la tarde y a lo largo de toda la noche [...] se desata sin interrupción el combate más amargo, y, casi sin pausa, los impactos de minas y granadas sacuden y ahogan el salvaje traqueteo de las ametralladoras y el estallido de los disparos. Corre muchísima sangre en el centro de la ciudad, donde los espartaquistas resisten en estado de desesperación, ya que no pueden contar, pareciera, con ninguna esperanza de rendición».[117] En total, durante esos días de terror perdieron la vida más de seiscientas personas, entre las que había, una vez más, numerosos civiles.

Después de su entrada en la ciudad, los esbirros se lanzaron a la caza de los principales representantes de la primera y la segunda República de Consejos. El escritor Gustav Landauer, socialista sin partido, fue asesinado de un modo brutal por unos soldados de los *Freikorps* el 2 de mayo, cuando lo llevaban a la prisión de Stadelheim. Un día después, el comandante en jefe del Ejército Rojo, el marinero Rudolf Egelhofer, fue ejecutado en el patio interior de la Residencia. El comunista Eugen Leviné fue arrestado el 13 de mayo, condenado a muerte tras una breve farsa judicial y ejecutado el 5 de junio. El escritor Ernst Toller, que había desempeñado un papel destacado en la primera República de Consejos, logró permanecer oculto hasta el 4 de junio, lo cual le salvó la vida; fue condenado a cinco años de prisión. El 7 de mayo, el anarquista muniqués Erich Mühsam, que había sido condenado a quince años de prisión, escribió en su celda: «Uno mira alrededor con la mente: puros muertos, puros asesinados [...]. Esta es la revolución que defendía a gritos. Pasado medio año es un charco de sangre: me aterroriza».[118] Múnich se convirtió en lo sucesivo en un bastión de la contrarrevolución. No es casual que comenzara su carrera en esta ciudad el desconocido cabo de la Primera Guerra Mundial Adolf Hitler.

El 7 de mayo de 1919, en Versalles, las potencias vencedoras aliadas presentaron sus condiciones de paz a la delegación alemana. Con ello terminaba, como escribió Ernst Troeltsch un tiempo después, «el mundo de sueños del periodo del armisticio, donde cada uno podía imaginarse el futuro (de manera fantástica, pesimista o heroica) sin tener en cuenta las condiciones y consecuencias materiales concretas de la inminente paz».[119] Amplios sectores de la población alemana se habían dejado llevar por la ilusión de que iban a poder escapar de la situación con una «paz de Wilson», es decir, con un acuerdo de paz inspirado en el espíritu de entendimiento y conciliación que el presidente estadounidense Woodrow Wilson había infundido a sus Catorce Puntos en enero de 1918. Lo que se dio a conocer, en cambio, golpeó como un mazazo al gobierno, a los partidos y al público en general. Con la firma del tratado, la nación alemana pasaría a ser una «colonia explotada de manera brutal», se lamentaba el historiador de Heidelberg Gerhard Ritter, que había ido a la guerra como voluntario en 1914.[120] En el *Berliner Tageblatt*, Theodor Wolff criticó el borrador del tratado calificándolo de «un documento de la más inveterada política de subyugación, por completo ajena a toda idea de una sociedad de naciones, no rozada siquiera apenas por un espíritu nuevo, una política que sustituye el derecho por la fuerza. [...] Si lo que queda es algo así o similar, como pareciera ser hoy el caso, solo se puede decir una palabra: ¡No!».[121]

Las disposiciones territoriales le hicieron perder a Alemania una octava parte de su territorio estatal y una décima parte de su población. Alsacia-Lorena, anexionada en 1871, debía ser devuelta a Francia. La Alta Silesia y grandes extensiones de las provincias prusianas de Posen y Prusia Occidental tenían que cederse a Polonia. Dánzig debía convertirse en una «ciudad libre» bajo el mandato de la recién creada Sociedad de Naciones, y la región de Memel sería administrada por los Aliados. El futuro del Sarre había de ser decidido por medio de un plebiscito una vez transcurridos quince años. Para los territorios a la izquierda del Rin, el tratado estableció una ocupación escalonada en tres zonas, con una duración máxima de quince años. Alemania tuvo que renunciar a todas sus colonias, y se le prohibió de manera expresa unirse con la Austria alemana. El ejército nacional debía limitarse a cien mil hombres. Además, Alemania tuvo que comprometerse a pagar reparaciones por todos los daños y pérdidas de guerra. Esto se justificó con el artículo 231, el cual establecía que Alemania y sus aliados habían sido los causantes de la guerra.[122]

Este «parágrafo sobre la culpabilidad de la guerra» provocó una gran indignación. Significaba pagar el precio de que el gobierno revolucionario no hubiera explicado a la población de manera contundente la fatal política de riesgos alemana en la crisis de julio de 1914. Aunque el Consejo de Comisarios del Pueblo había decidido en noviembre de 1918 hacer públicos los documentos más importantes sobre el estallido de la guerra, tarea que encargó a Karl Kautsky, en abril de 1919 el gabinete de Scheidemann decidió no dar a conocer los documentos porque estos, como los publicados por Eisner, dejaban claro que la dirigencia del Estado alemán había presionado a Austria-Hungría para que declarara la guerra a Serbia, de modo que cargaba con una responsabilidad fundamental por el estallido de la guerra. Se temía que la divulgación de este hallazgo debilitara la posición alemana en la conferencia de paz.[123]

Poco después del anuncio de las condiciones de la paz se formó un amplio frente de resistencia. El 12 de mayo, en una sesión de la Asamblea Nacional que se había trasladado al aula magna de la Universidad de Berlín, el primer ministro de la nación, Philipp Scheidemann, declaró que el tratado era inaceptable: «¿Qué mano no se secaría al momento de ponerse y ponernos estas cadenas?». Todos los partidos, desde los nacionalistas alemanes hasta el MSPD, estaban de acuerdo en posicionarse contra el borrador del tratado. Incluso el portavoz del USPD, Hugo Haase, pronunció unas duras palabras de crítica, aunque admitió que al final tendrían que firmar de todos modos.[124] Tampoco el presidente de la Nación, Ebert, mantuvo en secreto su rechazo. «Seríamos deshonrosos y despreciables si no empleáramos todas nuestras fuerzas contra la humillación con la que se nos amenaza», exclamó en una asamblea de protesta en Berlín el 18 de mayo.[125]

La indignación pública era una cosa; otra cosa era la pregunta de cómo había que proceder si los Aliados mantenían su dura posición. En caso de rechazar la propuesta, se debía dar por sentado el fin del armisticio y la reanudación de las hostilidades. El general Groener hizo saber al gobierno que el ejército alemán apenas podría oponer resistencia a un ataque y que la población tampoco manifestaba ninguna inclinación a continuar la guerra.[126] Entretanto, la delegación alemana en Versalles procuraba envolver a los Aliados en una auténtica «guerra de notas», con una avalancha de memorandos, para ganar tiempo y quizá lograr aún, a pesar de todo, algunas mejoras puntuales. En particular se concentraba en hacer caer el artículo 231.[127]

Sin embargo, los estadistas aliados no se dejaron impresionar. Al contrario, el tono altanero con el que el ministro Brockdorff-Rantzau, de Asuntos Exteriores, negó cualquier culpabilidad en la guerra les hizo endurecer sus posiciones. El 16 de junio, el secretario de la conferencia de paz entregó a la delegación alemana el texto final del tratado. Excepto por unas pocas concesiones —por ejemplo, en la Alta Silesia se decidiría entre el dominio de Alemania o de Polonia mediante un plebiscito—, las propuestas alemanas fueron rechazadas. Se les dio a los alemanes un plazo de cinco días para firmar, que luego se extendió otros dos días. La delegación alemana regresó a Weimar la noche del 16 de junio. «Todo esto parece una nueva guerra —anotó el conde Harry Kessler—. Es como 1914. Y con un tiempo de calor y sol tan opresivo como el de ese entonces, a fines de julio».[128]

Siguió una semana de deliberaciones frenéticas en el gobierno y las distintas facciones. Bajo la impresión del ultimátum comenzó a resquebrajarse el frente de los partidarios de rechazar el tratado. El 18 de junio se votó en el gabinete, con el resultado de siete ministros a favor de aceptarlo y siete en contra, entre ellos Scheidemann. A pesar de la amenaza del jefe de gobierno de dimitir si la facción le negaba su apoyo, el 19 de junio, 75 diputados del MSPD votaron a favor de la firma y solo 39 en contra. La facción del DDP ya se había decidido antes por el rechazo; la facción del Partido de Centro, por su parte, decidió el 19 de junio aprobar también el tratado «bajo ciertas condiciones y bajo protesta». Así, a Scheidemann, que se había pronunciado por un no, no le quedó más remedio que presentar su dimisión. Brockdorff-Rantzau siguió su ejemplo. El 21 de junio, Ebert nombró como sucesor de Scheidemann a Gustav Bauer, quien había sido hasta entonces ministro de Trabajo. El Ministerio de Asuntos Exteriores lo asumió Hermann Müller, elegido presidente del MSPD unos días antes. El ministro de Finanzas pasó a ser Matthias Erzberger, quien, de los miembros de su Partido de Centro, había sido el que con mayor vehemencia se había pronunciado en favor de la aceptación del tratado.[129]

El 22 de junio, la Asamblea Nacional aprobó la firma del tratado con 237 votos a favor y 138 en contra (además de cinco abstenciones y un voto nulo), aunque con la salvedad de que Alemania no se consideraba «causante de la guerra» ni se veía obligada a entregar «criminales de guerra». Los Aliados rechazaron de inmediato esta reserva e insistieron en la aceptación incondicional del tratado dentro del plazo establecido. Al final, después de otras febriles deliberaciones, la tarde del 23 de junio, la Asamblea Nacional, «con una gran mayoría», autorizó al gobierno a firmar el tratado de paz. El 28 de junio, en el quinto aniversario del atentado de Sarajevo, el ministro de Asuntos Exteriores, Hermann Müller, y el ministro de Transportes, Johannes Bell (Partido de Centro), firmaron el tratado en el Salón de los Espejos de Versalles.[130]

Sin duda, el Tratado de Versalles fue una paz impuesta. Pero no era un tratado duro en exceso, al menos en comparación con lo que un Imperio alemán victorioso habría exigido a sus enemigos. Una muestra de ello ya la había brindado en marzo de 1918 la paz de Brest-Litovsk que Alemania le había impuesto a la Rusia revolucionaria. Sin embargo, la mayoría de los alemanes percibieron el tratado como una enorme indignidad, como una «humillación» nacional a la que había que oponer resistencia. La idea de revancha permaneció muy viva como un motivo fundamental en los círculos nacionalistas y militares. La «mentira sobre la inocencia en el origen de la guerra» se combinó con la «leyenda de la puñalada por la espalda» —es decir, la afirmación de que el ejército alemán había sido traicionado y privado de su victoria por la labor subversiva de la izquierda y los judíos—, formando una mezcla perniciosa que envenenó durante mucho tiempo la atmósfera política. No obstante, el tratado contenía sin duda puntos de contacto de los que Alemania, con una política exterior paciente y orientada hacia el entendimiento, podía sacar provecho. «Para liberar nuestros hombros de lo que el día de hoy nos trae —advertía Theodor Wolff el 28 de junio— debemos llevar a cabo una política que pueda granjearnos confianza y amistades».[131] Y Hedwig Pringsheim anotó el 30 de junio: «"Paz vergonzosa" o no, dura y cruel desde luego que sí, pero ¡es la paz! Y, a pesar de todo, se nos abre una leve posibilidad y esperanza de tiempos mejores».[132]

Cuando el 24 de febrero de 1919 la Asamblea Nacional de Weimar inició las deliberaciones en torno a la Constitución, ya habían sido tomadas importantes decisiones preliminares. La dirigencia de la Socialdemocracia Mayoritaria nunca había dejado lugar a dudas de que apuntaba a una democracia parlamentaria representativa. Con la reforma de octubre de 1918, la proclamación de la República el 9 de noviembre y la promulgación del sufragio universal e igualitario el 12 de noviembre, se habían establecido las bases para ello. Otro paso en esta dirección había sido el nombramiento del jurista Hugo Preuß como secretario de Estado del Interior el 15 de noviembre de 1918, con el encargo explícito de elaborar un borrador de la Constitución. Este intelectual liberal de izquierda defendía un programa de cooperación entre las partes de disposición democrática de la burguesía y las fuerzas moderadas del movimiento obrero, y justo por ello era, según Ebert, alguien particularmente adecuado para la nueva tarea.[133]

Preuß se puso manos a la obra en el acto. Del 9 al 12 de diciembre de 1918, se convocó una conferencia en el Ministerio del Interior en la que, además de representantes del gobierno y oradores de los ministerios, participaron algunos académicos, entre ellos el economista político y sociólogo Max Weber. El 3 de enero, Preuß resumió el resultado en un primer borrador que contenía 68 artículos. El punto de partida era el reconocimiento del principio de soberanía popular. Sin embargo, debía añadirse a modo de «contrapeso» indispensable, junto a la fuerte posición que tendría la representación popular del Parlamento, un presidente de la Nación dotado de amplias competencias. El orden federal existente hasta entonces en el país debía ser modificado en una dirección unitaria.[134]

El 14 de enero de 1919 se discutió el borrador de la Constitución en el Consejo de Comisarios del Pueblo, que lo aprobó en líneas generales, aunque con dos restricciones. Por un lado exigió —Ebert lo hizo con especial firmeza— que se incluyeran los derechos fundamentales en la Constitución. Por otro lado, se eliminaron las propuestas concretas para la nueva división de los estados; en su lugar, se redactó una cláusula general que no descartaba un cambio posterior en la estructura federativa del país.[135] El 21 de febrero, el borrador de la Constitución fue presentado a la Asamblea Nacional y, tras una primera lectura entre el 24 de febrero y el 3 de marzo, se remitió a un comité de 28 miembros en el que estaban representadas todas las facciones. La presidencia la cedieron los socialdemócratas mayoritarios a Conrad Haußmann, diputado del DDP de Wurtemberg.[136]

En un primer momento, las deliberaciones se concentraron en la relación entre la Nación y los estados. Aunque Preuß se había encontrado con una fuerte resistencia a su concepción unitaria, esperaba ahora que el comité pusiera freno a las ambiciones de los estados individuales. De hecho, se logró ampliar las competencias de la Nación en las áreas de la administración financiera, el ejército, el correo y el transporte. El Reichsrat [«Consejo Nacional»], como fue llamado a partir de entonces el consejo destinado a la representación de los estados, recibió una posición mucho más débil que la que tenía el Bundesrat [«Consejo Federal»] del Imperio. El artículo 18 contemplaba la posibilidad de una nueva división de los estados, pero no se aplicó en ningún momento. Así, permaneció sin resolver un problema central, a saber, el predominio de Prusia, el estado más grande, con gran diferencia, donde vivían tres quintas partes de la población.[137]

La cuestión de la posición y la función del presidente de la Nación fue aún más controvertida. Crear un cargo de presidente dotado de bastante poder, la configuración favorecida por Hugo Preuß y Max Weber, fue la postura más aceptada entre los partidos burgueses, ya que pensaban que así al menos se podría frenar el «absolutismo parlamentario» y sobre todo el peligro de una mayoría socialista en el Parlamento. En la facción del MSPD, en cambio, la propuesta despertó oposición. Durante la primera lectura del 28 de febrero, el portavoz del MSPD, Richard Fischer, hizo esta advertencia: «Debemos tener presente el hecho de que algún día podría ocupar este puesto un hombre de otro partido, tal vez de un partido reaccionario y deseoso de dar un golpe de Estado. Debemos prevenirnos contra tales casos».[138]

Sin embargo, con los combates casi de guerra civil de la primavera de 1919 como telón de fondo, también en el MSPD crecía la disposición a ceder en esta cuestión, sobre todo considerando que uno de los suyos, Friedrich Ebert, ostentaba el cargo más alto del Estado. Aunque el Parlamento, elegido cada cuatro años por representación proporcional, seguía siendo el órgano constitucional más importante —le correspondía la legislación, decidía sobre la guerra y la paz, el gobierno dependía de su confianza y podía destituir al canciller de la nación mediante un voto de desconfianza—, la Constitución también dejaba establecida la posición destacada del presidente de la nación. Era elegido por el pueblo para un plazo de siete años, nombraba y destituía a los miembros del gobierno nacional, podía disolver el Parlamento, tenía la comandancia en jefe militar. Con todo, lo más importante era que el artículo 48 le otorgaba facultades extraordinarias al habilitarlo para tomar «las medidas necesarias» en caso de que «la seguridad y el orden públicos sean perturbados o puestos en peligro de manera considerable», es decir, para dejar sin efecto de manera provisoria determinados derechos fundamentales y, llegado el caso, intervenir con medios militares. Gracias a la combinación de este «artículo de decretos de emergencia» con la elección popular, el largo periodo de mandato y el derecho a disolver el Parlamento, el presidente de la nación poseía un poder considerable, que podía usar en tiempos de crisis para proteger el orden constitucional. Con este espíritu, Paul Löbe, el vicepresidente de la Asamblea Nacional, del MSPD, justificaba el apoyo de su partido al artículo 48 en tanto en cuanto se trataba, para él, de «un arma para la defensa de la República democrática y de sus ciudadanos contra ataques violentos».[139]

Por otro lado, se mantuvieron largas discusiones en torno a cuál debía ser el canon de derechos fundamentales. A instancias de los Comisarios del Pueblo, Preuß había incluido en su borrador disposiciones inspiradas en los clásicos derechos fundamentales liberales de la Constitución de Frankfurt de 1848. En la comisión constitucional, el gran veterano liberal Friedrich Naumann, diputado del DDP, propuso ampliar este catálogo con «derechos fundamentales populares» que darían cuenta de las cambiantes condiciones económicas y sociales. Esto impulsó a los diversos grupos y partidos a presentar sus propias demandas e intereses particulares. Así, el Partido de Centro consiguió incorporar artículos sobre la iglesia y la escuela, mientras que, por otro lado, se buscaba satisfacer a la clase obrera recogiendo en la Constitución la posibilidad de una transferencia «a propiedad pública de empresas económicas privadas que fueran adecuadas para ello» y el establecimiento de consejos empresariales (artículo 165).[140]

Por último, también generó disputas la «cuestión de la bandera». Los socialdemócratas mayoritarios, en consonancia con la tradición de la Revolución de 1848-1849, se decantaban por que los colores nacionales fueran una combinación de negro, rojo y dorado. «Para Alemania, negro, rojo y dorado son los colores por los que la democracia ha luchado desde siempre», declaró el diputado Hermann Molkenbuhr, del MSPD, en la Asamblea Nacional. Los partidos de derecha, en cambio, al igual que una mayoría del DDP y una minoría del Partido de Centro, querían los antiguos colores del Imperio: negro, blanco y rojo. Al final se llegó a un acuerdo cuestionable: además de la serie negro, rojo y dorado como bandera nacional, la marina mercante adoptaría los colores negro, blanco y rojo con un cantón negro, rojo y dorado en la esquina superior del lado del mástil.[141]

El 31 de julio de 1919, la Asamblea Nacional aprobó la Constitución con 262 votos a favor y 75 en contra. Para el *Vorwärts*, fue un día de la «mayor relevancia histórica», dado que a partir de entonces «toda la vida de la nación alemana» se había establecido «sobre una base nueva y por fin segura». Y el *Frankfurter Zeitung* celebró las palabras de Eduard David, el ministro del Interior por la Socialdemocracia Mayoritaria, quien veía en la Constitución la concreción de «la democracia más democrática del mundo».[142]

El 11 de agosto, Ebert firmó la Constitución en Schwarzburg, Turingia, la sede de sus vacaciones. Este acto memorable se realizó sin ningún ceremonial, con la actitud rutinaria de un trámite. Lo mismo ocurrió el 21 de agosto con el juramento de Ebert sobre la Constitución en el Teatro Nacional de Weimar. «Todo muy decente, pero sin entusiasmo, como en una confirmación en una buena casa burguesa —observó el conde Harry Kessler—. La República debía proceder sin ceremonias; esta forma de gobierno no se adecua a ellas».[143] El comienzo poco espectacular no le quitaba valor a lo que los creadores de la Constitución habían logrado en Weimar con su tenaz trabajo en las más adversas condiciones internas y externas. A pesar de sus concesiones y a pesar de sus debilidades, en particular las referidas a la distribución de poderes entre el Parlamento y el presidente de la nación, la Constitución presentaba un conjunto de reglas que, puesto en las manos adecuadas, podía contribuir a la consolidación y la expansión de la democracia de Weimar. Lo decisivo fue cómo se usaron sus instrucciones y sus posibilidades. Porque, según señaló Hugo Preuß pocos años más tarde, ni siquiera «la mejor constitución» sirve para algo «si es llevada a la práctica por sus ejecutantes de manera falsa o chapucera».[144]

En las memorias que escribió en el exilio después de 1933, Wilhelm Dittmann, uno de los tres comisarios del pueblo del USPD, consideraba noviembre de 1918 un «momento histórico excepcionalmente favorable para impulsar con gran fuerza el desarrollo político, económico y social».[145] La socialización de la minería carbonera; una reforma agraria en la Elbia oriental; la destitución de altos funcionarios imperiales junto con una democratización de la administración; la creación de una fuerza armada leal a la República: todo ello habría sido posible en las primeras semanas después del 9 de noviembre, cuando las antiguas élites funcionales imperiales aún no habían recobrado sus fuerzas. Sin embargo, los líderes de la Socialdemocracia Mayoritaria se tenían más por administradores de la bancarrota del Imperio que por decididos renovadores. Se arredraban ante las reformas estructurales. Su principal preocupación era la legitimación democrática de las nuevas condiciones, es decir, la convocatoria de una Asamblea Nacional y la aprobación de una constitución. La consideración de que la democracia que se estaba buscando también requería cambios sociales para estar provista de un fundamento sólido cumplía, en comparación, un rol secundario en el mejor de los casos. Incluso si se concede que los márgenes de maniobra de los comisarios del pueblo eran limitados, teniendo en cuenta las difíciles condiciones con las que tenían que lidiar, sigue conservando toda su validez el juicio del historiador Heinrich August Winkler: «Con una mayor vocación de transformación, los socialdemócratas mayoritarios habrían podido cambiar más y habrían tenido que preservar menos».[146] Sin embargo, muchos enemigos de la democracia permanecieron en posiciones de poder desde las cuales podían presentar un contraataque contra el nuevo orden.

No obstante, no deberían caer en el olvido los resultados y los logros de la revolución. Hizo irreversible el cambio de sistema de la monarquía a la república y estableció por primera vez en la historia alemana un orden estatal creado de manera democrática. «Este proceso extraordinario en la historia de la democracia otorga a la Revolución de Noviembre el rango de hecho histórico», según el balance del historiador Alexander Gallus.[147] Las conquistas más importantes ya habían sido anunciadas con la proclamación del Consejo de Comisarios del Pueblo del 12 de noviembre: la garantía de la libertad de expresión y de reunión, la abolición de la censura y de la ordenanza de servidumbre, el sufragio universal también para las mujeres y la introducción de la jornada laboral de ocho horas. La Constitución de agosto de 1919 fijaba los derechos de libertad de la tradición burguesa liberal y los fundamentos de un estado social moderno. Asimismo, entre los logros de los comisarios del pueblo se cuenta, sin duda, el haber conseguido en poco tiempo volver a integrar en el proceso productivo a una gran parte de los soldados y el haber puesto en marcha con éxito la transición de la economía de guerra a la economía de paz.

A pesar de todas sus deficiencias e inconvenientes, la revolución de 1918-1919 no había decidido todavía el fracaso de la democracia de Weimar. La cuestión de si el fundamento sobre el cual esta se había erigido sería resistente estaba aún abierta. Resultaría determinante cómo se desarrollase en el futuro la alianza entre el ala moderada del movimiento obrero y los sectores de orientación democrática de la burguesía, la cual era de gran significación para el funcionamiento de la democracia parlamentaria. También era importante saber si el nuevo orden estatal lograría conquistar de manera duradera a la mayoría de la población. Y si se podría mantener a raya a los detractores de la democracia.

En el primer aniversario de la Revolución de Noviembre, a la que había saludado con tanto entusiasmo, Theodor Wolff tuvo que admitir que en la República de Weimar se había conservado «todavía gran parte del espíritu del estado monárquico»: «Pero quien haya creído que un pueblo adiestrado en una larga tradición monárquica, que apenas si es consciente de su independencia y está abarrotado de conceptos petrificados, podría transformarse en un solo día de revolución, como se transforma un oso en el novio en un cuento de hadas, tiene una visión histórica peculiar y no sabe nada de la psicología de los pueblos». La República alemana había de perdurar si lograba «convertir a las escuelas y universidades en sus pregoneras y educar a las generaciones por venir en el sentimiento democrático. No es hoy, sino dentro de veinte años, cuando debería hacerse la pregunta de si todavía queda mucho en pie del antiguo espíritu».[148] Tanto tiempo, sin embargo, no había de serle concedido a la República de Weimar.

CAPÍTULO II

La marcha sobre Berlín. El golpe de Kapp-Lüttwitz

La esvástica en el casco: los soldados de la Brigada Ehrhardt ocupan Berlín el 13 de marzo de 1920 y reparten volantes.

En las últimas horas de la noche del 12 de marzo de 1920, una noticia alarma a la capital nacional: la Brigada de Marina Ehrhardt marcha hacia Berlín. Su objetivo: el derrocar el gobierno de coalición en funciones a cargo del canciller de la nación, el socialdemócrata Gustav Bauer, y la supresión de la República alemana tras apenas unos meses de existencia. Una hora pasada la medianoche, el ministro de Defensa, Gustav Noske (SPD), reúne a los principales mandos militares en la Bendlerstraße. Su afirmación de que a la violencia solo puede responderse con violencia únicamente la comparte el jefe del Mando Supremo del Ejército, el general Walther Reinhardt. Todos los demás altos oficiales rechazan una avanzada armada contra los golpistas. A la luz del afán por combatir de la Brigada de Marina y de la mínima predisposición de las fuerzas armadas y de la policía de seguridad a enfrentarse a ella, cualquier resistencia habría de colapsar en muy poco tiempo. «Tropa no dispara contra tropa —declaró, al parecer, el jefe de la Oficina de Tropa, el general Hans von Seeckt, y añadió—: ¿Tiene usted, señor ministro, la intención de permitir una batalla frente a la Puerta de Brandeburgo?». Es motivo de discusión si estas palabras fueron dichas de este modo. Lo que está claro es que a Seeckt le interesa dejar a las fuerzas armadas al margen de los enfrentamientos que se avecinan y mantenerlas en una posición neutral. En realidad, con ello niega la debida obediencia a un superior. «¿O sea que estoy abandonado por completo?», exclama el desesperado ministro de Defensa, mirando en derredor.[1]

El contrarrevolucionario: el capitán de corbeta Hermann Ehrhardt (izquierda) con algunos de sus oficiales.

Una vez terminada la reunión con los oficiales, Noske le pide a Bauer, canciller de la Nación, que convoque al gabinete. Alrededor de las cuatro de la madrugada comienza la sesión, en la que participan, además de los ministros, el presidente de la nación, Ebert, y algunos miembros del gobierno prusiano. Tras reafirmar Seeckt que la resistencia solo provocaría un inútil derramamiento de sangre, el gabinete decide renunciar a la resistencia armada y dar orden a las tropas, que ya han sido movilizadas para asegurar el distrito gubernamental, de retirarse hacia los cuarteles. A continuación, el general Reinhardt, que se ha manifestado otra vez con vehemencia en contra de una rendición sin lucha, le pide a Noske que lo releve de su cargo como jefe del Mando Supremo del Ejército.

Se desata un encendido debate sobre si los miembros del gobierno deben quedarse o no en Berlín. Al final se llega a un acuerdo: Ebert, Bauer y la mayoría de los ministros deben dirigirse a Dresde porque, según Noske, el general Georg Maercker, que tiene el mando allí, es de fiar. Pero el vicecanciller, el ministro de Justicia Schiffer, del Partido Democrático Alemán (DDP), debe permanecer en Berlín con dos ministros más.[2]

A las seis y cuarto de la mañana, Ebert sale de su residencia oficial en automóvil, acompañado por Hermann Müller, ministro de Asuntos Exteriores, y Otto Meissner, secretario de Estado y su principal asistente. Cuando Meissner manifiesta su asombro por haber tenido que partir de una manera tan precipitada y sin ropa de viaje, Hermann Müller responde, medio en broma: «A esta revolución la dejamos atrás con una sola camisa», y tiene razón.[3] Bauer viaja con Noske y su ayudante, el mayor Erich von Gilsa. Justo a tiempo, puesto que apenas diez minutos después las tropas golpistas entran en la Wilhelmstraße. El ministro del Interior, Erich Koch-Weser (DDP), que toma el tren a Dresde a las ocho de la mañana junto con el ministro de Correos, Johann Giesberts, del Partido de Centro, escucha lo que dicen dos obreros en un quiosco de periódicos: «Primero vienen ellos, pero ¡después nos toca a nosotros!».[4]

En realidad, el intento de golpe no llegó por sorpresa. La derecha política venía intensificando su lucha contra la República desde que se firmó el Tratado de Versalles el 28 de junio de 1919. «Lo que está en marcha en este momento es la contrarrevolución, detrás de la cual ya se vislumbra con claridad a la monarquía», anotó el conde Harry Kessler a principios de septiembre de 1919.[5] Y en diciembre, Ernst Troeltsch, un observador de los acontecimientos tan atento como Kessler, advirtió una «oleada de derecha», sobre todo en las universidades: «Hace un año, si uno hablaba ante estudiantes tenía que estar dispuesto a oír objeciones salvajes, pacifistas, revolucionarias o incluso idealistas-bolcheviques; hoy hay que estar preparado para oír manifestaciones antisemitas, nacionalistas, antirrevolucionarias. En algunos colegios jurídicos se percibe el descontento cuando alguien menciona la expresión "Constitución Nacional"».[6] El hecho de que la mayoría de los estudiantes, ante la falta de oportunidades económicas y ante unas perspectivas laborales desalentadoras, fueran tomando distancia de la República se convertiría en una de las gravosas hipotecas de la democracia de Weimar.

También el cuerpo de oficiales estaba convulsionado. Especialmente angustiosa les resultaba a los militares la posibilidad de que el gobierno cumpliera con su obligación derivada del Tratado de Versalles y redujera el ejército a cien mil hombres. Muchos oficiales estaban preocupados por la pérdida de su posición en términos materiales y del prestigio social asociado a ella. En la tropa reinaba una gran inquietud, según informó al ministro de Defensa, en julio de 1919, el barón Walther von Lüttwitz, general comandante del 1.er Comando de Grupo de las Fuerzas Armadas en Berlín, «porque en todas las cabezas está rondando la pregunta, justificada, "¿Cuándo seré yo quien quede en la calle?"».[7] En una reunión que tuvieron en agosto con el presidente Ebert, Lüttwitz y el general Maercker, que lo acompañaba, calificaron de «urgentemente deseable» la posibilidad de llegar a un acuerdo con la Entente, en el que se dejara claro «en qué medida y por cuánto tiempo las Fuerzas Armadas podrían mantenerse por encima del contingente de cien mil hombres establecido en el Tratado de Paz».[8] En enero de 1920, las Fuerzas Armadas todavía contaban con alrededor de doscientos cincuenta mil hombres. En las negociaciones con los Aliados, el gobierno alemán solo consiguió que la reducción de tropas pudiera no estar aún completa para el 31 de marzo de 1920 pero sí para el 10 de julio de ese año, si bien en dos fases. Con ello al menos se ganaban tres meses.[9]

Sobre todo los *Freikorps* se resistieron a su disolución. Entre ellos se encontraban los llamados *Baltikumer*, cuerpos de voluntarios que habían luchado contra el «bolchevismo» en Estonia y Letonia y que solo por presión de los Aliados habían sido repatriados a Alemania a partir de octubre de 1919. Parte de ellos se unió a la Brigada de Marina llamada Ehrhardt por su comandante, el capitán de corbeta Hermann Ehrhardt, brigada que Noske había desplegado durante los disturbios en Alemania Central en la primavera de 1919. Se trataba de una tropa combativa de unos cinco mil hombres. En enero de 1920 fue trasladada a Döberitz, a 25 kilómetros de Berlín. La brigada no mantenía para nada en secreto su odio hacia la República, rechazaba los colores negro, rojo y dorado y llevaba, como un claro signo de sus simpatías con los círculos etnonacionalistas de ultraderecha, la esvástica en el casco.[10]

Las aspiraciones antidemocráticas encontraron un fuerte apoyo en los antiguos bastiones conservadores de Prusia. Los terratenientes del este del Elba habían resistido con éxito el cambio en las relaciones de propiedad durante la revolución de 1918-1919, pero habían perdido la posición de privilegio indiscutida en el Estado y la sociedad que poseían durante el Imperio. En su rechazo al «sistema» de Weimar y su anhelo por restaurar la monarquía, los *Junker* se encontraron en el mismo lado que gran parte del cuerpo de oficiales.

No fue casualidad, pues, que un hombre del este del Elba, el director general de distrito de Prusia Oriental, Wolfgang Kapp, llegara a ser una de las figuras clave del golpe de Estado de marzo de 1920. En septiembre de 1917, Kapp había fundado, junto con el gran almirante Alfred von Tirpitz, el Deutsche Vaterlandspartei [«Partido Alemán de la Patria»], un movimiento de masas prefascista que hacía campaña en favor de una «paz victoriosa» y de amplias anexiones territoriales. Después de 1918 pasó a ser el presidente de la asociación regional del recién fundado Deutschnationale Volkspartei [«Partido Nacional del Pueblo Alemán»] (DNVP) en Prusia Oriental y, al mismo tiempo, se integró en la dirección general del partido en Berlín. Pertenecía al consejo de administración del Deutsche Bank y mantenía estrechas relaciones con, entre otros, Hugo Stinnes, un industrial de la región del Ruhr.[11]

Desde el verano de 1919, Kapp intentaba poner en marcha el plan de una «contrarrevolución de derecha» para la cual, como le confió en una carta al coronel Wilhelm Heye, jefe del Estado Mayor del Comando Supremo de Protección Fronteriza del Norte, «solo puede pensarse en el Este como punto de partida». Las oportunidades para un emprendimiento semejante serían buenas, según él, «si los líderes militares están dispuestos a apoyar este movimiento con todas sus fuerzas y a hacerse cargo de su conducción».[12]

El 8 de julio de 1919, Kapp se reunió en su apartamento dc Berlín con los generales Otto von Below y Friedrich Karl von Loßberg. También estuvo presente Erich Ludendorff, así como Paul von Hindenburg, jefe del Mando Supremo del Ejército y dictador militar en la sombra durante los últimos dos años de la Primera Guerra Mundial, que a fines de febrero de 1919 había regresado de su exilio en Suecia. «La mayor estupidez de los revolucionarios —escribió a su esposa de entonces, Margarethe— fue dejarnos con vida. En fin, una vez que yo vuelva al poder, no habrá compasión. Con la conciencia tranquila haré que a Ebert, Scheidemann y compañía se los pueda ver colgados y bamboleándose».[13]

Con Ludendorff apareció en escena el hombre que debía mover los hilos en la preparación del golpe de Estado sin exponerse demasiado. En la reunión del 8 de julio, el general Von Below recomendó esperar dos años más antes de iniciar el ataque: «Las tropas aún no están suficientemente bajo el control de sus comandantes y el pueblo está en contra de nosotros».[14] Sin embargo, Kapp y Ludendorff siguieron planificando con determinación el derrocamiento del gobierno y la instauración de una dictadura. En un memorándum de septiembre de 1919, Kapp expuso por qué, según su opinión, debía elegirse el momento más temprano posible para ello: «En un corto periodo de once meses se han hecho enormes progresos hacia la ruina total del orden estatal y económico. Fuera, la ruina completa de la reputación alemana, los párrafos de la deshonra y un persistente trato vergonzoso en lugar de la prometida paz de reconciliación. Es bajísimo el valor de la moneda alemana en el extranjero. Dentro, el colapso de la autoridad estatal, la incapacidad de la ley para enfrentarse a criminales de toda suerte, la escasez de carbón y el desempleo. En resumen: el bolchevismo está tocando a la puerta [...]. Si este proceso ha de ser frenado con mano firme, el último momento para hacerlo es hoy».[15]

La Unión Nacional fundada en octubre de 1919 con el patrocinio de Ludendorff, con sede en el número 1 de la Schellingstraße de Berlín, se convirtió en la central de la conspiración. Su gerencia la compartían el coronel Max Bauer, mano derecha de Ludendorff ya durante la Primera Guerra Mundial, y el capitán Waldemar Pabst, el principal instigador del asesinato de Rosa Luxemburgo y Karl Liebknecht en enero de 1919. Pabst ya había acometido un intento de golpe de Estado con su División de Fusileros de Caballería de la Guardia el 21 de julio de 1919, pero fracasó y tuvo que retirarse de las Fuerzas Armadas.[16]

La Unión Nacional fue financiada con generosidad por algunos representantes de la gran industria, como Hugo Stinnes, quien, sin embargo, veía con mucho escepticismo las posibilidades de éxito de un golpe. «Considera cualquier revolución violenta de derecha del todo inviable y desastrosa y cree que los obreros harán frente al golpe con firmeza», anotó el vicealmirante Albert Hopman después de una conversación con el industrial del Ruhr en agosto de 1919.[17]

El objetivo de la Unión Nacional era lograr la concentración de las fuerzas de derecha dispuestas a la acción y la preparación concreta del golpe. Además de hacer intensa propaganda en contra de la República y sus principales representantes, se dedicó sobre todo a reclutar agrupaciones armadas de confianza. Antiguos soldados de los *Freikorps* fueron alojados en fincas de Pomerania y el distrito de Uckermark, donde, disfrazados de trabajadores agrícolas, esperaban listos para entrar en acción.[18]

La bola empezó a rodar más rápido de lo que los conspiradores esperaban. En febrero de 1920, los Aliados exigieron la disolución de la Brigada de Marina Ehrhardt y de otra brigada de marina bajo el mando de Wilfried von Loewenfeld. Ninguna de las dos estaba incorporada a la marina nacional, sino que ambas dependían del 1.er Comando de Grupo de las Fuerzas Armadas a cargo del general Lüttwitz. El 29 de febrero, Noske ordenó su disolución para el 10 de marzo. Sin embargo, Lüttwitz, quien se consideraba el protector de los *Freikorps* y en particular de la Brigada Ehrhardt, rechazó la orden: «No voy a permitir que me destruyan una tropa tan fundamental en tiempos tan tormentosos», exclamó el primero de marzo de 1920 en el campo de entrenamiento de tropas de Döberitz, donde la Brigada Ehrhardt celebraba su primer aniversario con una misa de campaña y un gran desfile.[19] Fue una declaración abierta de guerra al gobierno.

No obstante, Noske vacilaba en destituir al general, quien gozaba de gran reputación entre las tropas. Al fin intentó lograr un entendimiento amistoso con él. Lüttwitz, sin embargo, se mantuvo firme en su negativa, y no se dejó persuadir ni siquiera cuando su jefe del Estado Mayor, el general Martin von Oldershausen, y su yerno, el mayor Kurt von Hammerstein, le aconsejaron enérgicamente que no permitiera que el conflicto siguiera escalando. Fue entonces cuando Noske tomó la decisión, por una sugerencia que le hicieran Seeckt y Reinhardt la tarde del 10 de marzo, de retirarle a Lüttwitz el mando sobre las dos brigadas de marina y dejar a ambas en manos del jefe del almirantazgo, el vicealmirante Adolf von Trotha.[20]

En las primeras horas de la tarde del 10 de marzo, el presidente de la Nación recibió a Lüttwitz para tener con él una conversación, a la que se añadió Noske por solicitud propia. El ambiente fue tenso desde el principio. Con ánimo sin duda provocativo, el general no solo exigió la revocación de la orden de disolución, sino también la disolución inmediata de la Asamblea Nacional y una nueva convocatoria de elecciones parlamentarias, la designación de «ministros especialistas» para los ministerios de Asuntos Exteriores y Economía y Finanzas y la destitución del general Reinhardt, leal al gobierno; además, puso la guinda pidiendo su propia designación (la de Lüttwitz) como comandante en jefe de las Fuerzas Armadas.

Ebert rechazó estas pretensiones con tanta calma como determinación. Noske, en cambio, reaccionó con más vehemencia: las demandas del general tenían el carácter de un ultimátum y eso no se podía tolerar de ninguna manera. Al final, el ministro de Defensa puso a Lüttwitz al tanto de que le había retirado el poder sobre las dos brigadas de marina y le hizo advertencias sobre posibles acciones irreflexivas de parte suya. Un golpe militar podía provocar consecuencias de la mayor gravedad: generaría una grieta en las Fuerzas Armadas e impulsaría a la clase obrera a una huelga general. Lüttwitz, de todos modos, permaneció inmutable y ambos se separaron enfurecidos.[21]

En lugar de hacer arrestar de inmediato al general amotinado, Ebert y Noske solo le sugirieron que presentara su renuncia, con lo cual mostraron una vez más demasiada cautela a la hora de enfrentarse con determinación a los opositores de derecha de la democracia: un error táctico que había de costarles caro. Al mediodía del 11 de marzo, sin haber recibido todavía la solicitud de renuncia, Noske mandó informar a Lüttwitz de que lo había suspendido. Ya sin trabas, el general estuvo en condiciones de ir al encuentro de la Brigada de Marina Ehrhardt en Döberitz para definir allí los siguientes pasos. El capitán Ehrhardt acordó poner a su tropa en marcha hacia Berlín la noche del 12 de marzo; para la mañana siguiente estarían junto a la Puerta de Brandeburgo.[22] El avance precipitado de Lüttwitz obligó al círculo conspirador de Kapp y Ludendorff a ponerse en movimiento. Tenían previsto intervenir a fines de marzo o principios de abril, pero ahora se veían forzados a entrar en acción sin haber concluido los preparativos.[23]

A Noske le llegaban advertencias de distintos lados. El 8 de marzo de 1920, el comisario estatal de supervisión del orden público prusiano, Herbert Ritter von Berger, le llamó la atención sobre el hecho de que «en círculos de extrema derecha, sobre todo en las Fuerzas Armadas y entre los miembros del antiguo ejército, se observa una fuerte agitación» y sostuvo que ese movimiento debía tomarse «sin dudas muy en serio». Su informe no contenía, sin embargo, ninguna información concreta sobre un golpe de Estado inminente.[24] Pero sí llegó a manos del ministro de Defensa una información en ese sentido la tarde del 11 de marzo. Entonces emitió las órdenes de arresto contra los principales implicados: Kapp, Bauer y Pabst. Pero los conspiradores fueron avisados desde la jefatura de policía, de modo que pudieron evitar ser apresados.[25]

La tarde del 12 de marzo, Noske comunicó al gabinete que, según información fiable, «desde hace algún tiempo se han estado celebrando con regularidad reuniones en un círculo cerrado [...] con el objetivo de provocar una reestructuración del gobierno nacional». Que estas actividades habían sido instigadas por el director general de distrito de Prusia Oriental, Kapp, y el capitán Pabst. Que por ello había ordenado que se los arrestara. Que, además, circulaban rumores de que la Brigada de Marina Ehrhardt planeaba atacar esa noche. Y que, como medida de precaución, se había declarado el estado de alerta y decretado la vigilancia intensificada del distrito gubernamental.[26]

Sin embargo, no parece que Noske y sus colegas del gabinete se tomaran muy en serio la amenaza, puesto que cuando el ministro del Interior prusiano, Wolfgang Heine, interrumpió el cierre de la reunión con la noticia de que la Brigada Ehrhardt estaba preparando su marcha, el ministro de Defensa quiso calmar los ánimos diciendo que era «una falsa alarma, como ya sucedió más de una vez» y que había enviado al vicealmirante Von Trotha a Döberitz para hacer entrar en razón a Ehrhardt.[27]

El jefe del almirantazgo, que simpatizaba en secreto con los conspiradores, le adelantó por teléfono a Ehrhardt la visita que iba a recibir para darle tiempo de ocultar la marcha que estaba planeando. Cuando Trotha llegó a Döberitz acompañado por el teniente de navío Wilhelm Canaris, encontró el campamento «en completa calma». Es más, en una conversación a solas con Ehrhardt, el enviado de Noske evitó hacer preguntas demasiado comprometedoras. A su regreso, alrededor de las 20.30 horas del 12 de marzo, Trotha informó de que no había detectado nada sospechoso. Tampoco podía garantizar, no obstante, que a pesar de todo la Brigada Ehrhardt no marchara esa noche, ya que de parte de los hombres de Ehrhardt podía esperarse «cualquier disparate».[28]

Noske pudo tranquilizarse por el momento. Poco tiempo después, sin embargo, llegó el amargo despertar. Alrededor de las once de la noche, el 1.er Comando de Grupo de las Fuerzas Armadas recibió la noticia de que la Brigada Ehrhardt se había puesto en marcha. Cuando lo supo, Noske aún hizo un último intento para disuadir a Ehrhardt de su empresa: envió al jefe del

Situación alarmante: frente a la Puerta de Brandeburgo, los golpistas despliegan sus cañones.

Estado Mayor de Lüttwitz, el general Von Oldershausen, y al teniente general Burghard von Oven a Döberitz. En el camino, los dos enviados se encontraron con los soldados de la Marina marchando con su equipo de asalto completo y ondeando las banderas de color negro, blanco y rojo. Entretanto, su jefe se había echado a dormir y hubo que despertarlo. Oldershausen y Oven le señalaron con insistencia las consecuencias de sus acciones: en Berlín, las tropas de las Fuerzas Armadas y la policía de seguridad estaban listas y puestas a disposición del gobierno, por lo que el derramamiento de sangre sería inevitable. Ehrhardt se escudó en la orden del general Von Lüttwitz, que no podía incumplir. De todos modos, sí aceptó redactar por escrito sus condiciones para posibles negociaciones. Estas condiciones se correspondían en gran medida al catálogo de demandas que Lüttwitz había presentado en la dramática reunión con Ebert y Noske. En realidad, Ehrhardt añadió por su cuenta la exigencia de una amnistía para todos los involucrados en el golpe de Estado. Declaró que esperaría hasta las siete de la mañana en la Columna de la Victoria de Berlín una respuesta del gobierno y que, en caso de rechazo, daría la orden de ocupar la capital.

En la reunión de oficiales, una hora después de la medianoche, los generales que habían regresado abogaron por negociar con Ehrhardt, pero Noske y Reinhardt se opusieron con firmeza. Pero, por otra parte, tampoco pudieron imponer, como ya se ha descrito, su demanda de una resistencia armada.[29]

Apenas pasadas las cinco de la mañana, el coronel Von Thaysen, encargado de la protección del distrito gubernamental, recibió la orden de retirarse al cuartel de Moabit con su regimiento. Poco después, la Brigada Ehrhardt entró en Berlín acompañada por música militar. En los barrios occidentales, los soldados fueron recibidos con júbilo por un público en mayor medida burgués. Jóvenes mujeres les entregaban flores y en muchas casas se izaban banderas negras, blancas y rojas. «La calle estaba de nuevo llena de uniformes. ¿De dónde habían salido tan de repente todas esas cruces de órdenes colgadas del cuello y medio olvidadas?», se preguntaba un transeúnte.[30] En el distrito obrero berlinés de Prenzlauer Berg, Käthe Kollwitz observó: «Ahora comenzó la contrarrevolución. [...] La gente se agrupa en las calles, todos parecen como estupefactos. Ahora ¿cómo sigue todo?».[31]

Kapp y Lüttwitz presidían el desfile en la Puerta de Brandeburgo. Aunque de civil, apareció también Ludendorff, que de ningún modo era un simple «paseante matutino», como afirmaría más tarde. Ehrhardt saludó a Kapp con las palabras: «Ahora, pues, usted asume el gobierno: comience también a gobernar».[32] La ocupación del distrito gubernamental se llevó a cabo sin dificultades. Alrededor de las siete de la mañana, Kapp entró en la Cancillería de la Nación acompañado por el antiguo presidente de la policía de Berlín, designado ministro del Interior —Traugott von Jagow—, y por el antiguo subsecretario de Estado en el Ministerio de Agricultura —el barón Friedrich von Falkenhausen—. En el *hall* se les acercó el subsecretario de Estado Heinrich Albert. Al preguntarles qué deseaban los señores, Kapp respondió: «Tomamos el poder del gobierno». Y al preguntarles a continuación sobre la base de qué legitimidad lo hacían, Kapp solo dijo: «Con el derecho del 9 de noviembre de 1918». Cuando Albert les pidió a los intrusos que abandonaran de inmediato el edificio, Kapp señaló con un gesto de la mano al ejército reunido en la Wilhelmstraße, indicando que ahí residía ahora el poder y que cualquier resistencia sería inútil.

Kapp quiso hablar entonces con el vicecanciller Schiffer. Cuando este, veinte minutos más tarde, entró con Albert en la sala de la biblioteca, en el piso superior de la Cancillería de la Nación, los nuevos señores ya se habían instalado allí y estaban en medio de una intensa actividad. Entre Kapp y Schiffer se produjo un intercambio verbal acalorado, que culminó con la exigencia al vicecanciller y al subsecretario de Estado de que abandonaran la Cancillería de la Nación en el acto, so pena de ser echados por la fuerza. Más tarde, Schiffer fue puesto bajo arresto domiciliario de forma preventiva; tras dar su palabra de honor de que no tenía intención de abandonar la casa, se le levantó la vigilancia unas horas después.[33]

Mientras Kapp y su séquito comenzaban a gobernar, Lüttwitz, junto con el coronel Bauer y el Estado Mayor de la brigada, tomó posesión del Ministerio de Defensa, en la Bendlerstraße. Allí también apareció Ludendorff, que anunció ante todos los que quisieron escucharlo: «Vamos a completar la tarea hasta el final».[34]

En su primera proclamación del 13 de marzo, Kapp declaró destituido al gobierno nacional existente hasta entonces. Al mismo tiempo, se nombró a sí mismo canciller de la Nación y primer ministro de Prusia, y a Lüttwitz, ministro de Defensa y comandante en jefe. En un segundo llamamiento prometió formar una «autoridad estatal fuerte», terminar con el «gobierno partidista despótico», reprimir «sin miramientos» las huelgas y sabotajes y combatir «con determinación inmisericorde cualquier resistencia al nuevo orden». El estado de excepción impuesto desde el comienzo del golpe de Estado se extendió a todo el territorio nacional por orden del general Von Lüttwitz. La Asamblea Nacional fue declarada disuelta bajo el argumento de haber faltado al espíritu de la Constitución con el aplazamiento de las nuevas elecciones. Siguió la prohibición de las reuniones y procesiones y también la prohibición transitoria de todos los periódicos. A los redactores que difundieran «rumores falsos» sobre el nuevo gobierno se los amenazó con la prisión preventiva, una especie de acusación de *fake news avant la lettre*.[35]

En una reunión con representantes del Partido Popular Alemán (DVP) en la tarde del 13 de marzo, Kapp se mostró llamativamente moderado. Según él, los golpistas eran «buenos republicanos» y no había nada más alejado de sus intenciones que restaurar la monarquía. La dictadura sería introducida «por supuesto, solo de manera transitoria», y se restablecería el Estado constitucional «tan pronto como fuera posible». Con este fin pronto se convocarían elecciones de nuevo. Kapp lamentó en esa ocasión la introducción del sufragio femenino, aunque consideró innecesario abolirlo, ya que, según él, las mujeres pronto perderían el interés por votar. Para finalizar, destacó el deseo de su gobierno de mantener un «buen entendimiento con los partidos de derecha», es decir, con el DNVP y el DVP.[36]

En una conferencia de prensa convocada con urgencia la mañana del 14 de marzo, Kapp apeló a los representantes de la prensa de derecha allí presentes para que apoyaran al gobierno en la tarea de superar las «enormes dificultades» a las que se veía enfrentado. Negó con insistencia que el golpe de Estado fuera el «brote de un impulso reaccionario y oscuro». Afirmó una vez más que consideraban la forma republicana de gobierno un hecho consumado al que había que adaptarse y que, después de un periodo de transición dictatorial, quería regresar a las condiciones constitucionales. Como nuevo jefe de la Cancillería de la Nación, Kapp presentó al barón Von Falkenhausen, con quien tenía una amistad personal.[37]

Sin embargo, en muy poco tiempo se evidenció lo mal preparada que estaba la toma del gobierno. El autoproclamado canciller de la Nación ni siquiera tenía hecha una lista de gabinete y le costó trabajo ocupar los ministerios con su propia gente. Dos de sus colaboradores cercanos, Georg Wilhelm Schiele, consejero de Sanidad, y Gottfried Traub, pastor y diputado nacional por el DNVP, rechazaron, respectivamente, los ministerios de Economía y de Cultura que se les ofrecían, señalando que carecían de idoneidad. El consejero superior de Finanzas Paul Bang, por su parte, aceptó hacerse cargo del Ministerio de Finanzas de la Nación, pero enseguida retiró su aceptación al caer en la cuenta de lo inestable que era el suelo sobre el que reposaba toda la empresa.[38]

Aún más grave resultaba que no lograran arrestar a los miembros del antiguo gobierno según lo previsto en el plan de acción de los golpistas. Kapp le recriminó con dureza a Ehrhardt la fuga del presidente de la Nación y de gran parte de los ministros nacionales. Lo que más le habría gustado, le dijo entre quejas a Falkenhausen, era «dejar todo el asunto en manos de la gente».[39] La coexistencia del gobierno anterior y el nuevo, según hizo constar en acta unos meses más tarde, había provocado un «dualismo desafortunado» que «brindaba un punto de reunión a los seguidores del antiguo gobierno y daba tiempo a todos los elementos poco fiables y a los llamados "simpatizantes" para esperar a ver cómo seguía el desarrollo de los acontecimientos».[40] De hecho, se estableció una especie de doble poder, lo que pudo motivar a los indecisos a abstenerse de tomar partido por un lado o el otro.

Algo determinante para el éxito del golpe de Estado era que los golpistas pudieran extender su poder más allá de la capital, hacia las restantes partes del país, y, al mismo tiempo, ganarse la adhesión de importantes grupos sociales. Donde despertó mayor entusiasmo el golpe, como no podía ser de otra manera, fue en el ámbito conservador de las provincias de Prusia Oriental. «Tal vez sea la batalla final de una Prusia que ha caído en malas manos: las de Cagliostros políticos, condotieros ávidos de botín y salteadores orientales de todo tipo», anotó el conde Harry Kessler, quien seguía el desarrollo de los acontecimientos desde la ciudad suiza de Berna.[41] Numerosos jefes de distrito y hasta el presidente provincial socialdemócrata de Prusia Oriental, August Winnig, quien llevaba tiempo distanciado interiormente de su partido, celebraron el golpe de Estado. El 13 de marzo, en una declaración conjunta con el comandante del primer distrito militar, el teniente general Ludwig von Estorff, Winnig reconoció al gobierno de Kapp como «poseedor del poder real»: «Nosotros, los prusianos orientales, rodeados de vecinos hostiles, debemos dar la bienvenida a cualquier proceso que prometa paz y oportunidades de acción para nuestra provincia».[42]

No solo en Prusia Oriental, sino también en Pomerania, Silesia, Mecklemburgo, Schleswig-Holstein, Hamburgo, Turingia y Sajonia, los generales comandantes de los distritos militares respaldaron al nuevo régimen y retiraron de sus cargos a funcionarios leales a la Constitución. En Baviera, el comandante del 4.º Comando de Grupo de las Fuerzas Armadas, el general Arnold von Möhl, logró derrocar al gobierno estatal socialdemócrata del primer ministro Johannes Hoffmann y hacer comisario del gobierno y nuevo hombre fuerte al presidente de distrito de Alta Baviera, Gustav Ritter von Kahr.[43]

Muchos oficiales de las Fuerzas Armadas adoptaron una postura entre oscilante y expectante. Sin embargo, algunos de ellos abrigaban claras reservas hacia los nuevos señores. En un discurso ante los oficiales de la Oficina de Equipamiento, en el Ministerio de Defensa, el mediodía del 13 de marzo, el coronel Hans von Feldmann indicó que cada quien debería decidir por su cuenta cuál sería su postura respecto del golpe de Estado. De todos modos, no escondió su convicción de que no podría haberse emprendido «nada más insensato» que este golpe, puesto que los cambios que había que hacer en cuanto a las condiciones políticas también se podrían haber implementado por la vía constitucional. Decía que seguía sintiéndose comprometido con su juramento e inclinado a obedecer cualquier indicación del presidente de la Nación.[44] Los usurpadores, según comentó el general Von Seeckt en una conversación con el vicecanciller Schiffer el 14 de marzo, tenían «algunas cualidades», pero eran «soñadores políticamente confusos, aventureros ciegos y diletantes autocomplacientes». No serían capaces, por ende, de consolidar su «éxito inicial», sino que «al final tendrán que retirarse del escenario».[45]

Paul von Hindenburg, el antiguo jefe del Mando Supremo del Ejército, simpatizaba con los objetivos de los golpistas, pero el camino elegido le parecía errado: «Todo lo mucho que estaba a favor con mi corazón era lo poco que podía estarlo con mi razón», escribió en una carta en abril de 1920. Cuando su antiguo compañero en la guerra, el general Wilhelm Groener, le suplicó en un telegrama que se pronunciara públicamente en contra del golpe de Estado —bastaría «una palabra suya para llevar a las Fuerzas Armadas a un terreno constitucional»—, guardó silencio.[46]

Asimismo, el escepticismo reinaba también entre la mayoría de los industriales, si bien estos se negaron de igual modo a pronunciarse contra Kapp en público. Hugo Stinnes consideraba que el golpe era una aventura peligrosa, ya que podría provocar graves perturbaciones económicas, pero en un primer momento evitó condenar de manera explícita a los principales responsables: seguían sintiéndose comprometidos, según una resolución del 14 de marzo, con los objetivos y principios acordados entre la Asociación de Trabajo de Minería y los sindicatos, «más allá de la actual y cualquier futura agitación». Un día después, Stinnes aprobó una resolución con modificaciones, que rechazaba cualquier intento de «cambio gubernamental y constitucional por medio del uso de la fuerza» y comunicaba y advertía que el Sindicato del Carbón no acataría ninguna orden del gobierno de Kapp.[47]

Los industriales químicos fueron los más decididos a la hora de distanciarse: «Ahora todo ha sido puesto en juego por parte de un pequeño grupo ajeno por completo a la vida industrial y a la psicología de los trabajadores», escribió Julius Bueb, miembro de la junta directiva de la Fábrica Badense de Soda y Anilina de Ludwigshafen, el 15 de marzo. La desconfianza siempre latente de los trabajadores hacia los empresarios recibía un «nuevo impulso», y en el extranjero los eventos habían de provocar un efecto «directamente devastador». Los enemigos de Alemania tendrían razón si decían que el «militarismo prusiano» no había sido superado en absoluto, sino que todavía podía «en un abrir y cerrar de ojos mandar al diablo al gobierno socialista».[48] En una declaración del mismo día, los industriales químicos se mostraron «sin reservas solidarios con la clase trabajadora en la defensa contra el ataque dirigido al orden estatal y económico».[49]

Además, un amplio sector del funcionariado al comienzo prefirió esperar, por tener clara conciencia de que la situación aún no estaba decidida y que un posicionamiento prematuro quizá les haría correr el riesgo de quedar comprometidos o de perder su estatus. Sin embargo, el 14 de marzo, los subsecretarios de los ministerios de la Nación tomaron la decisión formal de cumplir solo las instrucciones del gobierno constitucional. Los funcionarios ministeriales de la Nación y de Prusia casi sin excepción siguieron su ejemplo y dejaron caer en el vacío las órdenes de Kapp y su gente.[50]

La postura de los partidos fue muy diversa. En las agrupaciones distritales y estatales del Partido Nacional del Pueblo Alemán [DNVP] y en su prensa había mucha simpatía con los golpistas. Kapp, sin embargo, aunque era miembro de la dirección general del DNVP, no había permitido que los líderes del partido conocieran sus planes; es más: había desoído las advertencias del presidente del partido, Oskar Hergt, en contra de la toma de decisiones violentas. En consecuencia, la declaración de la dirección del partido el 13 de marzo fue bastante cautelosa. En ella se daba por sentado como algo evidente que el «nuevo gobierno» también tenía el objetivo de restaurar «de inmediato el orden constitucional» y convocar nuevas elecciones en el plazo estipulado de sesenta días. Hasta ese momento, el DNVP estaba dispuesto a «colaborar para garantizar la paz y el orden, la libertad y la dignidad nacional, reuniendo todas las fuerzas del pueblo alemán».[51]

A la dirigencia del Partido Popular Alemán [DVP] la tomaron completamente por sorpresa los acontecimientos del 13 de marzo. En su reunión de la tarde de ese día, intentaron encontrar un término medio entre el apoyo y el rechazo al golpe de Estado. Hacía falta «buscar una línea que no cause problemas al nuevo gobierno pero que, al mismo tiempo, nos permita ser mediadores entre Dresde y Berlín», manifestó el presidente del partido, Gustav Stresemann, quien, por un lado, se mostraba en contra de «apoyar a fondo sin condiciones al nuevo gobierno», pero, por el otro lado, abogaba por reconocer el «nuevo estado de cosas» generado por el golpe. Coincidió con esto la resolución que se aprobó al final de la reunión. En ella se achacaba al «gobierno anterior» haber provocado el levantamiento aplazando la convocatoria de elecciones, se exigía la «más rápida transición del actual gobierno provisional a uno acorde a la legislación» y se pedía, por último, «elecciones para los cuerpos legislativos basadas en el derecho electoral liberal existente».[52]

En cambio, el Partido Democrático Alemán [DDP] y el católico Partido de Centro, los dos que formaban la coalición de gobierno con el SPD, adoptaron una postura de rechazo total. Los diputados del Partido de Centro en la Asamblea Nacional y en la Asamblea Estatal de Prusia condenaron el intento de golpe de Estado como «un crimen contra el pueblo alemán» que podía activar «el peligro de una guerra civil». La dirección general del DDP y sus facciones denunciaron a los conspiradores como «los paladines del punto de vista de la más rancia aristocracia y de la reacción ultraconservadora de los señores al este del Elba». Se trataba de «representantes de una pequeña minoría de la población» que todavía cargaba con «una gran responsabilidad desde los tiempos de la guerra». Al final de la declaración se afirmaba, con autosuficiencia: «Nos mantenemos firmes sobre el suelo de nuestra Constitución, sobre el suelo del derecho. Apoyamos a las autoridades legales [...]. Esperamos que el gobierno y la Asamblea Nacional actúen de manera rápida y enérgica».[53]

A pesar de la variedad de posiciones, el régimen de Kapp podría haber prevalecido si no se hubiera encontrado con la decidida resistencia de la clase trabajadora. La mañana del 13 de marzo se distribuyó en Berlín un llamamiento firmado por el presidente de la Nación, los miembros socialdemócratas del gobierno y el presidente del SPD, Otto Wels. En él se condenaba el «golpe militar» en los términos más tajantes y se convocaba a una «huelga general en todos los frentes»: «No hicimos la revolución para someternos hoy de nuevo a un régimen sangriento de mercenarios [...]. Por lo tanto, son precisas las más enérgicas medidas para protegernos. ¡No debe funcionar ninguna fábrica mientras dure la dictadura militar de los ludendorffistas! Así que ¡basta de trabajar! ¡Hagan huelga! ¡Córtenle el aire a esta camarilla reaccionaria! ¡Luchen con todos los medios por la preservación de la República! [...] ¡Proletarios, únanse! ¡Abajo la contrarrevolución!».[54] Con ello, la dirección del SPD realizaba, en apariencia, un drástico cambio de rumbo, ya que desde fines de 1918 y comienzos de 1919 había mandado aplastar todos los movimientos huelguistas con la ayuda del ejército bajo el mando de Noske.

Cómo surgió el llamamiento nunca quedó del todo claro. Lo único seguro es que el texto lo redactó el jefe de prensa de la Cancillería de la Nación, el director ministerial Ulrich Rauscher, y que los firmantes no lo rubricaron en persona. Parece, sin embargo, que Noske y el canciller de la Nación, Bauer, leyeron el borrador y le dieron su consentimiento en silencio. La mañana del 13 de marzo, cuando los miembros del gobierno ya estaban camino de Dresde, Wels y el presidente del distrito berlinés del SPD, Franz Krüger, leyeron el llamamiento por teléfono a las veinte organizaciones distritales del SPD. El propio Rauscher entregó el texto en la Cancillería de la Nación al consejero ministerial Arnold Brecht, quien lo transmitió acto seguido a la prensa.[55]

Apenas llegaron a Dresde, los ministros se distanciaron del llamamiento ante el general Maercker: decían que sus firmas habían sido consignadas sin su intervención. En un segundo llamamiento «¡Al pueblo alemán!», publicado el 14 de marzo, ya no se decía nada de una huelga general. Lo que estaba ocurriendo en Berlín, aseguraba el texto, era «una köpenickiada a gran escala». Se emplazaba a los funcionarios a cumplir las órdenes del gobierno legítimo de la Nación, manteniéndose leales a su juramento de la Constitución. Quien sirviera a los usurpadores sería destituido. Ebert y Noske también apelaron a los soldados de las Fuerzas Armadas para que protegieran la Constitución Nacional y «permanecieran fieles al antiguo gobierno, el legítimo»: «Que nadie busque ahora volverse cómplice de esta locura criminal».[56]

Sin embargo, la consigna de la huelga general ya estaba en circulación y los sindicatos la adoptaron. Aún en el transcurso de la mañana del 13 de marzo, la junta directiva de la Allgemeiner Deutscher Gewerkschaftsbund [«Federación General de Sindicatos Alemanes»] (ADGB) se reunió con los presidentes del SPD y el USPD. Los esfuerzos por emitir una proclamación conjunta fracasaron debido a la postura de los representantes del USPD, que consideraban al gobierno de Bauer responsable del golpe. Así, el llamamiento a la huelga general lo firmaron solo la ADGB y la Arbeitsgemeinschaft der freien Angestelltenverbände [«Asociación de Agrupaciones Libres de Empleados»] (AfA): «La lucha defensiva de la clase trabajadora —decía la convocatoria— debe volverse enérgica y aplastante. Por esa razón, ninguna profesión ni grupo debe quedar fuera. Que cada quien cumpla con su deber. La reacción debe fracasar ante la resistencia unida del pueblo».[57] A los dirigentes de la huelga, la ADGB y la AfA, se unió la Deutscher Beamtenbund [«Federación Alemana de Funcionarios»].

El USPD formó su propia «dirigencia central de la huelga del Gran Berlín». En un primer momento, el aún pequeño Partido Comunista de Alemania (KPD) se negó a participar —no iban a «mover un dedo por el gobierno hundido en la deshonra y la ignominia, el de los asesinos de Karl Liebknecht y Rosa Luxemburgo»—, pero poco después corrigió su postura al darse cuenta de que con esta actitud quedaría aislado de las masas proletarias.[58]

El domingo, 14 de marzo, y el lunes ya con toda la intensidad, comenzó el mayor movimiento huelguístico que Alemania hubiera atravesado hasta entonces. En la mayoría de las fábricas se frenó la actividad; muchos negocios cerraron. El transporte se paralizó casi por completo; los periódicos no se publicaron porque hicieron huelga los tipógrafos. «Estamos aquí sin luz eléctrica, sin gas, sin conexión ferroviaria, sin ningún periódico, y solo nos enteramos por teléfono de rumores sobre lo que se cuenta que está sucediendo», le escribió el 15 de marzo Gustav Mayer, historiador berlinés y biógrafo de Friedrich Engels, a su colega Hermann Oncken.[59] El crítico teatral Alfred Kerr recordaba a fines de marzo lo que había sucedido en esos días críticos en Berlín, que pasó sentado «sin luz, sin calefacción y sin saber qué sería de la sorprendida Alemania, engripado, aquí, en la oscuridad»: «No había siquiera conexión telefónica con el mundo exterior. Fuera no se alcanzaba a ver la mano frente a los ojos. Una semana encantadora».[60] También el suministro de agua funcionaba de manera esporádica. «Cada vez que el agua fluye, volvemos a llenar la bañera y cualquier recipiente», anotó el coronel Ernst van den Bergh, jefe de la división de asistencia social del Ministerio de Defensa. «Por la noche, todas las calles están oscuras, en las casas se ven las luces oscilantes de las velas. Luego, de repente, todos los ambientes están iluminados de nuevo con una corriente eléctrica parcial, como de luz de luna».[61] El servicio de ayuda de emergencia procuró en vano mantener en funcionamiento las plantas de electricidad, gas y agua: sus miembros eran frenados una y otra vez por los trabajadores en huelga.[62]

El 14 de marzo, Kapp aún se mostraba optimista. Le hizo saber a una delegación del DVP que estaba «decidido a actuar sin contemplaciones» y que no dudaba «ni por un instante del éxito», ya que las Fuerzas Armadas se pondrían «en poco tiempo» por completo de su lado.[63] Los golpistas, sin embargo, fueron alcanzados por el impacto abrumador de la huelga general, a la que se sumó el boicot de la burocracia ministerial, que los tomó por completo desprevenidos. Acuclillados a la luz de las velas en la Cancillería de la Nación, cada vez estaban más aislados del mundo exterior. En semejantes circunstancias era imposible mantener una actividad gubernamental más o menos ordenada. Además, el Reichsbank se negó a realizar pagos, de modo que los nuevos dueños del poder se quedaron sin recursos también en el plano financiero. Cuanto más inseguros se sentían, tanto más draconianas eran las medidas que tomaban para intentar salvar lo que aún quedaba por salvar. El 15 de marzo, Kapp emitió una disposición que amenazaba con la pena de muerte a quienes lideraban la huelga y a los que hacían los piquetes. Hasta que la intervención telefónica de Hugo Stinnes logró convencer a Kapp de revocar el decreto.[64]

Mientras los trabajadores demostraban su poder y paralizaban con sus acciones todo un país, el gobierno nacional, que se había trasladado a Dresde a toda prisa, se mostraba de entrada incapaz de actuar. «Bauer casi quebrado. Incluso Ebert apático», anotó el ministro del Interior, Koch-Weser.[65] En las primeras horas de la tarde del 13 de marzo, Ebert se reunió por primera vez con Maercker. El general informó de que había recibido la orden de Lüttwitz de poner en prisión preventiva al presidente de la Nación y a los ministros, pero que había interpretado dicha orden, al menos de momento, como una instrucción para velar por su seguridad. No estaba en condiciones, de todos modos, de manifestar con claridad su apoyo a la Constitución Nacional y su lealtad al gobierno legítimo. Una vez más, Noske se había equivocado al anticipar la postura de un alto mando militar.

Dado que la lealtad del general resultó dudosa, la noche del 13 de marzo el gobierno decidió trasladarse a Stuttgart el lunes 15 de marzo y convocar allí también a la Asamblea Nacional. Pero cuando el 14 de marzo Maercker anunció que planeaba viajar a Berlín para negociar con Lüttwitz, Ebert temió que pudiera pasarse una vez más al bando de Kapp y ordenar la detención de los miembros del gobierno. Así que se adelantó la partida a Stuttgart a la tarde del 14 de marzo. El comandante de distrito de Württemberg, el general Walter von Bergmann, se había comprometido a brindar protección y ayuda.[66]

El viaje a Stuttgart sufrió complicaciones. Los vehículos de Ebert y los ministros fueron detenidos varias veces en controles de los comités de trabajadores. Antes de llegar a Chemnitz se quedaron sin gasolina y tuvieron que continuar en tren el viaje a Stuttgart, adonde no llegaron hasta el 15 de marzo. Allí, por la tarde, los recibió el presidente del estado de Württemberg, Wilhelm Blos, quien expresó su esperanza de «que pronto se podrá lograr derrotar el golpe criminal de los kappistas y restaurar la paz y el orden que tanta falta le hacen al país».[67]

Para entonces ya iba cobrando forma el fracaso del golpe. «Aquí se ve la situación mejor que en Berlín. El gobierno de Kapp está colapsando», anotó Koch-Weser la noche del 15 de marzo.[68] Por eso mismo, el gobierno, que desde Stuttgart se mostraba de nuevo envalentonado, rechazó incluso todo intento de mediación. «Negociar con Kapp es inútil —escribió el ministro del Interior al vicecanciller Schiffer en Berlín—. Lo fortalece a él, nos desacredita a nosotros y solo prolonga la crisis. Kapp debe dimitir o su causa debe extinguirse».[69]

Cuando el 16 de marzo el general Maercker llegó a Stuttgart mandado por Kapp para negociar los términos de un acuerdo, el presidente de la Nación, los ministros y el presidente de la Asamblea Nacional, Constantin Fehrenbach, le respondieron con una negativa contundente. Esta respuesta se debía en parte al temor de que cualquier forma de arreglo con los rebeldes tuviera como consecuencia una radicalización aún mayor de la clase trabajadora y fomentara tendencias separatistas. «Si negociamos, nos exponemos al bolchevismo y a la fragmentación del sur y el oeste de Alemania», sostuvo Ebert en la reunión del gabinete del 16 de marzo, en la que también participó Maercker. El gobierno no estaba dispuesto a considerar más que la completa rendición de los golpistas. Las condiciones planteadas por Noske las transmitió Maercker a Berlín por teléfono la noche del 16 de marzo. Exigían, entre otras cosas, la inmediata dimisión de Kapp y Lüttwitz y la subordinación de las tropas al mando del general Seeckt o de otro general que no hubiera estado involucrado en la revuelta, así como la inmediata retirada y disolución de la Brigada Ehrhardt, que quedaría bajo las órdenes de un nuevo comandante. Pabst, a quien Lüttwitz en el ínterin había ascendido a mayor, rechazó las condiciones de inmediato por considerarlas inaceptables.[70]

Mientras tanto, en Berlín se hacían esfuerzos para llegar a una mediación con el gobierno de Kapp. La mayor actividad en este sentido la desarrolló el DVP. Fiel a su máxima de permanecer en condiciones de negociar con ambas partes, Stresemann presentó una propuesta de acuerdo: la renuncia de los miembros de ambos gobiernos y la formación de un gabinete de transición que había de ser nombrado por el presidente de la Nación. Sin embargo, la propuesta no encontró ninguna aceptación por parte de los representantes del SPD y las otras dos facciones que formaban el gobierno, el Partido de Centro y el DDP, declararon que no podían negociar sin su socio de coalición. Stresemann, entonces, decidió cambiar de rumbo y centrarse en la dimisión de Kapp y Lüttwitz, ofreciéndoles una «salida honrosa» mediante una amnistía de amplio alcance.

Después de ser informado por Stresemann de que Kapp y Lüttwitz estaban dispuestos a dimitir si las condiciones eran las adecuadas, la noche del 16 de marzo el vicecanciller Schiffer, a pesar de la advertencia recibida desde Stuttgart, inició negociaciones con el mayor Pabst, de las que también participaron el primer ministro prusiano, Paul Hirsch, del SPD, y su colega de partido, el ministro de Finanzas prusiano, Albert Südekum. Tras largas horas de debate, se acordaron los siguientes puntos: «Kapp dimite, Lüttwitz deja la comandancia en jefe; el gobierno nacional nombra a otro comandante en jefe. El sustituto del canciller de la Nación presentará a las autoridades correspondientes las propuestas siguientes: recomendación a la Asamblea Nacional de disolverse a más tardar cuatro semanas después de su reunión; elección del presidente de la Nación a cargo del pueblo; reestructuración a toda prisa del gabinete. El ministro de Justicia de la Nación abogará ante la Asamblea Nacional por la consecución de una amnistía general».[71]

Aun así, los usurpadores no se daban por vencidos. Sin embargo, conforme empezaban a acumularse noticias acerca de enfrentamientos armados entre trabajadores en huelga y soldados, el desarme de varias unidades militares y la desobediencia de las órdenes, iba aumentando la presión sobre Kapp y Lüttwitz para que aceptaran las consecuencias de su fracaso. En su respuesta a las propuestas de Schiffer transmitidas por Pabst la mañana del 17 de marzo, Kapp fue el primero en mostrarse dispuesto a dimitir de su cargo como canciller de la Nación. No obstante, intentó presentar este paso como voluntario, solo motivado por el deseo de no entorpecer una acción conjunta en contra del «peligro de la izquierda»: «Dejo el poder ejecutivo en manos del comandante en jefe militar para garantizar la fusión unitaria de todas las fuerzas disponibles en la lucha decisiva contra el bolchevismo en aras de la salvación de nuestra cultura».[72]

Lüttwitz precisó un poco más de tiempo para despedirse. Tras la dimisión de Kapp, se vio a sí mismo como un «dictador militar» y en un primer momento se negó a renunciar a su puesto de comandante en jefe de las tropas. Esto le dio motivos a Schiffer para retractarse de las promesas hechas a Pabst y distanciarse de la que a los ojos de sus colegas en Stuttgart era una comprometedora relación con el gobierno golpista.

La tarde del 17 de marzo, una delegación de oficiales se dirigió a Lüttwitz en la Cancillería de la Nación. Su portavoz, el coronel Wilhelm Heye, fue directo al grano: si bien habían tenido «pleno entendimiento» para con el golpe, debía aceptarse el hecho de que la empresa había fracasado y Lüttwitz debía dimitir. «Lüttwitz se puso muy furioso, me golpeó con su sable y amenazó con hacerme arrestar»: así recordó Heye la escena años más tarde.[73] Tras una nueva reunión con comandantes berlineses, en la que también participó Ludendorff, Lüttwitz tuvo que reconocer que había perdido la confianza de las tropas y dimitió.

La noche del 17 de marzo, después de consultar por teléfono a Ebert, Schiffer nombró al general Von Seeckt sucesor de Lüttwitz y lo colocó en su anterior posición como comandante del

1.er Comando de Grupo de las Fuerzas Armadas. Durante el anuncio del cambio se produjo un incidente: un diputado del SPD, que no sabía que Seeckt se encontraba en la sala, exclamó en voz alta: «¡En ese mal bicho no confío!», a causa de lo cual toda la compañía, el general incluido, estalló en una «tormentosa carcajada».[74] El socialdemócrata, en efecto, solo había manifestado lo que muchos de sus correligionarios pensaban, ya que Seeckt había adoptado una postura ambigua al comienzo del golpe y había evitado en todos los casos reconocer de manera inequívoca al gobierno legítimo.

El 18 de marzo, la brigada Ehrhardt se retiró al son del himno de Alemania. En la Puerta de Brandeburgo, una multitud enfurecida la cubrió de burlas e insultos, y entonces los soldados abrieron fuego. Hubo doce muertos y treinta heridos.[75]

«Nunca una banda de usurpadores había sido barrida tan rápido como ocurrió con la de Kapp y compañía. Nunca una consigna popular había tenido un efecto tan rápido y potente como el llamamiento a la huelga», resumió Carl von Ossietzky en el *Berliner Volkszeitung*.[76] En el *Berliner Tageblatt*, Theodor Wolff habló de una «victoria del pueblo». Ya nadie podría seguir afirmando que «la democracia alemana es un débil espejismo»: «En el momento en que se intentó hundir a Alemania en lo más profundo, se levantó ante los ojos del mundo [...]. Se ha lamentado que la historia del nacimiento de la República alemana careció de grandes momentos simbólicos; pues bien: esto fue, más o menos, nuestra toma de la Bastilla».[77]

Sin embargo, el fin del golpe de Estado no implicó el fin de la huelga general. En ese momento, los sindicatos, que podían adjudicarse el mérito principal en la defensa de la República, pasaron la factura. Exigieron no solo la dimisión de Noske, a quien hacían responsable, con razón, de las andanzas reaccionarias en las Fuerzas Armadas, sino también tener una «participación determinante en la reestructuración de la situación». Sus ideas las consignaron en un programa de nueve puntos, cuyas principales demandas eran las siguientes: el castigo de todas las personas involucradas en el golpe de Estado; la depuración a fondo y la democratización de las administraciones; la socialización inmediata de la minería; la disolución de todas las formaciones militares contrarrevolucionarias y la asunción del servicio de seguridad por parte de la clase trabajadora.[78]

El hecho de que, después de lo que había pasado, Noske, el ministro de Defensa, no iba a poder permanecer en el cargo era indiscutible desde el principio para muchos de los implicados. Ya durante el viaje a Dresde del 13 de marzo, el ministro del Interior, Koch-Weser, anotó en su diario: «¿Quién tiene que reemplazar a Noske, que, después de este acto de ingenuidad, no ha de sostenerse?».[79] El coronel Van den Bergh estaba igualmente convencido de que Noske había «fallado» por completo: pensaba que había tenido «demasiada confianza en los altos oficiales» y que no había sabido «romper [...] la ola militar siempre en aumento».[80] El 18 de marzo, el antiguo primer ministro de la Nación, Philipp Scheidemann, del SPD, lanzó fuertes ataques contra la política militar de Noske en la Asamblea Nacional reunida en Stuttgart: «Quien no haya cerrado a propósito los ojos y los oídos tiene que haber visto venir lo que hemos experimentado con asco y enojo en los últimos días». Antes de terminar la sesión, Noske redactó su carta de dimisión, y cuando Koch-Weser le pidió que no se apresurara respondió: «Ni una hora más».[81] Pero Ebert no quería dejar ir a Noske bajo ninguna circunstancia porque seguía viendo en él un garante para cooperar de forma exitosa con las Fuerzas Armadas. Y para ello contaba, de momento, con el respaldo de la mayoría de la facción del SPD, que no quería ofender al presidente de la Nación.

El canciller de la Nación, Bauer, y parte de los ministros habían regresado a la capital el 19 de marzo, mientras que Ebert y Koch-Weser permanecieron en Stuttgart hasta la noche del día siguiente. En la primera reunión del gabinete en Berlín, la tarde del 20 de marzo, el presidente del SPD, Otto Wels, puso de inmediato sobre el tapete la cuestión de la destitución de Noske: la confianza en el ministro de Defensa se había perdido y él era «ya políticamente insostenible». El general Von Seeckt, que había sido invitado a la discusión, intentó defender a Noske contra viento y marea —según él, «en la tropa se había destacado tanto en el plano personal como en el militar»—, pero no pudo cambiar el ánimo reinante en el gabinete. Heinrich Schulz, subsecretario de Estado del Ministerio del Interior, del SPD, respondió que, por más que apreciaba, según dijo, «la actitud caballeresca» con la que Seeckt se había puesto del lado de Noske, «políticamente, sin embargo, Noske ya no es viable, puesto que su nombre se identifica con un programa determinado».[82]

Aun así, Ebert se resistía a aceptar la destitución; es más, llegó a amenazar con su propia renuncia en caso de que su partido y los sindicatos insistieran en la dimisión de Noske. El 22 de marzo, Otto Wels y el presidente de la ADGB, Carl Legien, una vez más insistieron ante el presidente de la Nación en la necesidad de realizar un cambio en el Ministerio de Defensa, puesto que de ello dependía que se levantara la huelga general. Bajo esta inmensa presión, Ebert finalmente cedió y aceptó la renuncia de Noske.[83]

A partir del 18 de marzo, los sindicatos empezaron a negociar tanto con representantes de los partidos mayoritarios como con el gobierno nacional y el prusiano. Los sindicatos no consiguieron imponer su demanda sobre la participación política determinante. No fueron solo los compañeros de coalición burgueses del SPD, sino también el presidente Ebert, quienes plantearon serias objeciones. De hecho, llevar a la práctica estas exigencias habría vuelto a la República un «Estado sindical», el fantasma más temido desde siempre por los conservadores críticos con el acuerdo de Estado social alcanzado en 1918. Tampoco tuvo ninguna posibilidad de concretarse la idea aportada por Legien de reemplazar el gabinete de Bauer por un «gobierno obrero» compuesto por el SPD y el USPD. Ambos partidos carecían de la voluntad para crear una nueva versión de la coalición que durante un corto tiempo había existido en el Consejo de Comisarios del Pueblo en 1918. Tampoco el Partido de Centro ni el DDP sentían ninguna inclinación a tolerar una coalición que ni siquiera disponía de mayoría en el Parlamento. De todos modos, el gobierno por lo menos se mostró dispuesto a hacer alguna que otra concesión a los sindicatos, de manera que la huelga general pudiera ser declarada por terminada el 22 de marzo.[84]

Entre los efectos políticos del golpe de Estado se encontraban la reestructuración del gobierno nacional y del de Prusia. El 27 de marzo, Ebert nombró al hasta entonces ministro de Asuntos Exteriores, Hermann Müller, uno de los dos presidentes del SPD junto a Otto Wels, como sucesor de Bauer, a quien su propio partido reprochaba la falta de liderazgo. El ministro de Justicia y vicecanciller Schiffer tuvo que abandonar su puesto porque había quedado desacreditado a causa de sus negociaciones con los golpistas. Para suceder a Noske se habló primero de Wels, pero, tras su rechazo, ningún socialdemócrata destacado se encontraba dispuesto a hacerse cargo del impopular puesto. En consecuencia, Ebert acabó por nombrar a un político del ala derecha del DDP, el antiguo alcalde de Núremberg, Otto Geßler. Con ello, el SPD había cedido sin necesidad un departamento clave. En cuanto a la orientación del gabinete en su conjunto, no fue mucho lo que cambió.[85]

En Prusia ocurrió todo de otro modo. Allí, el gris primer ministro Paul Hirsch fue reemplazado por el hasta entonces ministro de Agricultura, el muy enérgico Otto Braun, originario de Prusia Oriental. El nuevo ministro del Interior prusiano fue Carl Severing, otro peso pesado de la política. Bajo la égida de Braun y Severing, se avanzó con determinación en la democratización de la administración. Prusia se fue convirtiendo con el tiempo en un «baluarte» de la República, muy en contraste con Baviera, que bajo la gestión de Kahr y sus sucesores se transformó en un bastión de las fuerzas antirrepublicanas.[86] «Aquí andamos profundamente inmersos en la actitud reaccionaria, el antisemitismo, el agotamiento de la nación y otros vicios similares», escribió Hedwig Pringsheim a principios de mayo de 1920 a Maximilian Harden, un periodista amigo suyo.[87]

«Si la República de Alemania, despertada por el golpe militar, retoma lo que dejó sin hacer en noviembre de 1918, entonces no habrá sido en vano el golpe», escribió Kurt Tucholsky en *Die Weltbühne*.[88] Pero esta oportunidad no se aprovechó. De una renovación radical de las Fuerzas Armadas no cabe hablar para nada. Para suceder a Reinhardt como jefe del Mando Supremo del Ejército se nombró precisamente al general Von Seeckt, quien había dado muestras claras de su carácter poco fiable en el momento del golpe. Bajo su jefatura se profundizó la grieta entre la sociedad civil y el ejército y las Fuerzas Armadas de la República de Weimar se convirtieron en un «Estado dentro del Estado».[89]

La promesa que hiciera el canciller Bauer a los sindicatos de no atacar a los trabajadores armados, en particular en la región del Ruhr, fue incumplida. En esa zona se había formado, a partir de la movilización masiva para contrarrestar el golpe de Estado, un Ejército Rojo del Ruhr que contaba con unos cincuenta mil combatientes armados, sobre todo simpatizantes del USPD y el KPD. Una vez que los intentos de encontrar una solución pacífica para el conflicto fracasaron, la nueva gestión, a cargo de Hermann Müller, ordenó a principios de abril de 1920 el despliegue de tropas. Como parte de estas fuerzas también entraron en acción algunas unidades de los *Freikorps*, como la Brigada de Marina Loewenfeld, que, de hecho, en su momento habían apoyado el golpe militar. El combate se libró con una crueldad extrema. Más de mil miembros del Ejército Rojo fueron asesinados, la mayoría de ellos después de haber sido apresados. Carl von Ossietzky dio en el clavo con su crítica: «La soldadesca que ha sido traspasada de Lüttwitz a Seeckt sigue operando con total normalidad. Los abusos de la peor clase están a la orden del día. Los obreros que se alzaron en armas en defensa de la República son arrastrados ante cortes marciales por las tropas "republicanas" de Seeckt».[90]

De igual modo fue incumplida la promesa de hacer rendir cuentas a los responsables del golpe de Estado. La mayoría de los conspiradores logró evitar el arresto. Kapp huyó a Asa, en

Suecia, donde tuvo una amable acogida en la residencia vacacional de Hugo Stinnes. Lo arrestaron cuando regresó de Suecia, en marzo de 1922, pero murió en prisión preventiva en junio de 1922, antes de que pudiera iniciarse el juicio en su contra. Lüttwitz huyó a Hungría; Pabst, tras una escala en Múnich, a Austria. Ludendorff, Bauer y Ehrhardt se trasladaron a Baviera, cuyo gobierno de derecha los mantuvo bajo su protección. Solo fue condenado por alta traición uno de los implicados, el ministro del Interior de Kapp, Traugott von Jagow. De su pena de cinco años de prisión tuvo que cumplir solo tres. En agosto de 1925, el Parlamento aprobó una ley de amnistía.[91]

Contra Ludendorff, el artífice del golpe de Estado, ni siquiera se formuló una acusación. Así, en noviembre de 1923 pudo intentar desde Múnich una segunda marcha sobre Berlín, esta vez aliado con el ascendente mandamás local de la derecha, Adolf Hitler. Este último ya había volado a Berlín en marzo de 1920 con la esperanza de ofrecerse a los nuevos líderes para colaborar con la propaganda. Pero llegó demasiado tarde: el colapso del golpe era inminente. «Así como usted se ve y así como habla, la gente se reirá de usted», parece que fueron las palabras con que Pabst sermoneó al demagogo de la cervecería.[92] La subestimación de Hitler: un rasgo que acompañó su carrera funesta desde el principio.

En lugar de provocar el fortalecimiento de la República, el golpe de Kapp-Lüttwitz produjo un giro hacia la derecha en la burguesía y un giro hacia la izquierda en la clase trabajadora. En las elecciones parlamentarias nacionales del 6 de junio de 1920, los socialdemócratas y los liberales de izquierda sufrieron un fuerte descalabro. La bancada del SPD retrocedió del 37,9 al 21,7 por ciento, mientras que el USPD consiguió pasar del 7,6 al 17,9 por ciento, con lo que llegaba a tener casi el mismo poder que el SPD. Todo ello era reflejo tanto de la decepción de gran parte de la clase trabajadora con los resultados de la revolución como de la indignación por los violentos excesos de los *Freikorps* empleados por Noske. El KPD obtuvo solo un 2,1 por ciento (no se convirtió en un partido de masas hasta que el

USPD se dividió, en octubre de 1920, y su ala izquierda, la más fuerte en términos numéricos, se unió al KPD). El DDP quedó reducido literalmente a la mitad, bajando del 18,6 al 8,3 por ciento, mientras que el Partido de Centro se mantuvo más o menos estable. El DVP, en lugar de ser castigado por su postura oscilante frente al golpe de Estado, fue recompensado y consiguió aumentar del 4,4 al 13,9 por ciento, y el DNVP también logró mejorar, pasando del 10,3 al 15,1 por ciento. La coalición de Weimar había perdido su mayoría, y ya no la recuperaría en todo el periodo que duró la República. A fines de junio de 1920, Friedrich Ebert nombró al presidente de la Asamblea Nacional, el político del Partido de Centro Constantin Fehrenbach, canciller de la Nación, al frente de un gabinete minoritario burgués compuesto por el Partido de Centro, el DDP y el DVP. Era el primer gobierno desde la revolución de 1918 en el que el SPD no tenía representación.[93]

«Hasta donde la Revolución de Noviembre había intentado constituir una democracia bajo la dirección de la clase trabajadora socialista, hasta allí llegó su fracaso, ya definitivo, en el verano de 1920», según el balance de Arthur Rosenberg, historiador socialista de izquierda.[94]

CAPÍTULO III

«El enemigo está a la derecha». El asesinato de Walther Rathenau

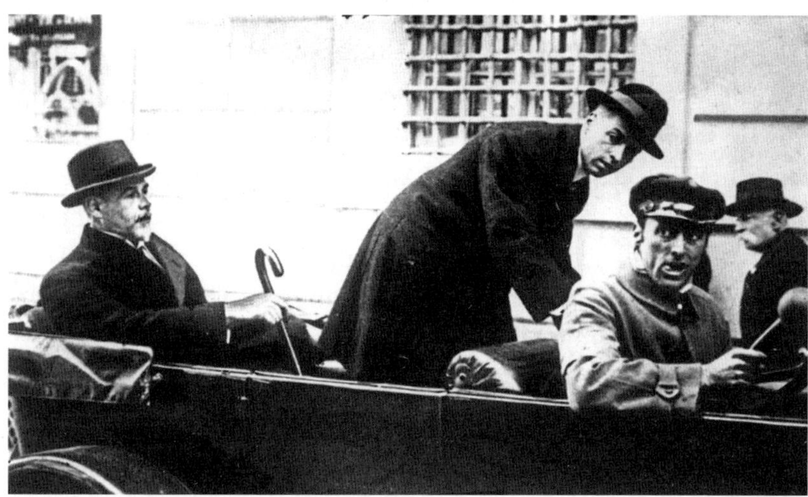

El ministro de Asuntos Exteriores de la Nación Walther Rathenau en el coche en el que había de ser asesinado el 24 de junio de 1922.

El 24 de junio de 1922, poco antes de las once de la mañana, Walther Rathenau, ministro de Asuntos Exteriores de la Nación, sale de su villa, en el barrio berlinés de Grunewald, para dirigirse al Ministerio de Asuntos Exteriores, situado en la Wilhelmstraße. Aunque el día es lluvioso y frío, el techo de su cabriolé permanece replegado. En la Königsallee, el chófer disminuye la velocidad para tomar una curva prolongada. En ese momento los adelanta un gran Mercedes de motor potente en cuyo asiento trasero descubierto van sentados dos hombres con abrigos de cuero. Lo que sucede a continuación lo relata un testigo, Walther Krischbin, que es albañil en una obra de la Königsallee, para el periódico *Vossische Zeitung*: «Cuando el coche grande pasó al otro por más o menos medio automóvil [...], uno de los señores vestidos con abrigo elegante de cuero se inclinó hacia adelante, agarró una pistola larga, apoyó la culata en la axila y apuntó al señor del otro coche. No necesitaba ni calcular, de lo cerca que estaba. [...] Y ahí mismo sonaron los disparos, muy rápidos, tan rápidos como los de una ametralladora».[1]

Con cinco heridas de bala, Rathenau se desploma. Entonces, el segundo hombre salta y arroja una granada de mano a su coche. La explosión lanza el cuerpo del ministro de Asuntos Exteriores por los aires. Mientras el coche de los atacantes se aleja a toda velocidad, los transeúntes acuden al lugar del ataque, entre ellos la enfermera Helene Kaiser, que esperaba en una parada de tranvía. Dos días después declaró: «A causa del esta-

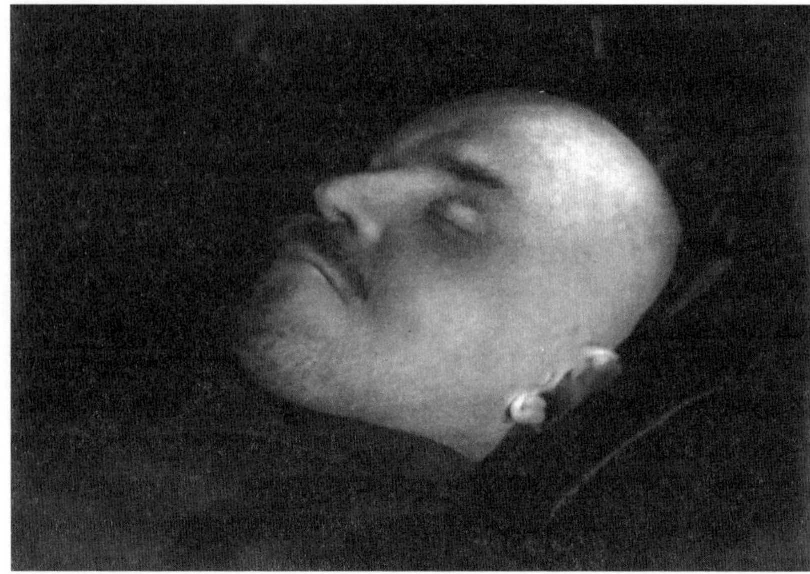

«Su expresión era tan indescriptiblemente pacífica»: el cadáver embalsamado de Rathenau en su villa en Berlín-Grunewald.

llido, me estremecí aterrada, salté y vi en el coche detenido al ocupante colgando inclinado hacia un lado y supuse que estaba herido por la explosión. Fui deprisa hacia él para brindarle ayuda como enfermera. Cuando me acerqué vi que el señor sangraba mucho por la cara y por las extremidades inferiores y que en el coche había un gran charco de sangre. Además, el tapizado estaba ardiendo. Apagué el fuego y subí, me presenté al chófer como enfermera y le dije que quería asistirlo».[2]

El chófer da la vuelta y regresa con el moribundo a la villa. Allí, el médico solo puede confirmar la muerte. Rathenau es colocado en una sala velatoria organizada en su dormitorio, en el primer piso. Allí lo ve su hermana Edith Andreae, que ha llegado a toda prisa de Colonia: «La expresión de Walther era tan indescriptiblemente pacífica, de una seriedad tan solemne. Sentí mi ánimo tan ceremonioso —le escribe a un amigo—. [...] Tenía el rostro indulgente de alguien que dice "pobres seres humanos, os perdono"».[3]

Que Walther Rathenau fuera blanco de un atentado no lo determinó ninguna casualidad. Había sufrido una campaña de odio por parte de los círculos etnonacionalistas y nacionalistas alemanes desde que a fines de mayo de 1921 ingresó como ministro de Reconstrucción en el gabinete del canciller de la nación Joseph Wirth, del Partido de Centro, y más aún desde que asumió el Ministerio de Asuntos Exteriores en enero de 1922. La derecha política veía en Rathenau a un representante de todo lo que detestaba: era judío y, además, un ferviente defensor de la República; no era solo un empresario, heredero del gran grupo empresarial eléctrico AEG [*Allgemeine Elektricitäts-Gesellschaft*, es decir, Compañía General de Electricidad], sino también un escritor talentoso, un intelectual que, a este respecto, superaba en mucho a la mayoría de sus colegas de gabinete.

Desde la primavera de 1922, después de la conferencia de reparaciones de Génova y la firma del Tratado de Rapallo en abril, los actos de odio escalaron hasta volverse abiertas amenazas de muerte. El intento de Rathenau de llegar a un entendimiento con las potencias vencedoras respecto de las reparaciones fue difamado como «política de cumplimiento», y sus esfuerzos por alcanzar una conciliación con la Unión Soviética fueron impugnados como un signo de complicidad secreta con los bolcheviques. El *Völkischer Beobachter*, el órgano central del NSDAP, lo consideraba el prototipo de «judío bolsista y soviético».[4] En la edición de junio de los *Konservativen Monatshefte*, Wilhelm Henning, diputado nacional por el DNVP, en un texto titulado «La verdadera cara del Tratado de Rapallo» escribió: «Apenas el honor alemán cae en manos del judío internacionalista Rathenau, desaparece de la vista. [...] ¡El honor alemán no es una mercancía para transacciones internacionales judías! [...] El honor alemán ha de ser vengado. Usted, señor Rathenau, y sus cómplices tendrán que rendir cuentas ante el pueblo alemán».[5] Lo mismo decía aún más abiertamente una canción que se cantaba entonces para fomentar el odio en las mesas redondas etnonacionalistas antisemitas: «A Walther Rathenau mátenlo a tiros, a ese maldito cerdo judío».[6]

Rathenau no fue el primer político que cayó víctima del terror derechista. Después de Rosa Luxemburgo, Karl Liebknecht y

Leo Jogiches, y después de Kurt Eisner y Gustav Landauer, le tocó a Hans Paasche, antiguo oficial naval y colonial del Imperio alemán que se había convertido en un pacifista y republicano convencido. El 21 de mayo de 1920 fue asesinado en su finca Waldfrieden, en Neumark, por varios soldados de un regimiento de fusileros de las Fuerzas Armadas. «Acribillado en la fuga»; así rezaba, como ya era común en estos casos, el resultado de la investigación. «En la actualidad, la seguridad para los indeseables políticos en Alemania es menor que en la república sudamericana más desacreditada o en la Roma de los Borgia», comentó el conde Harry Kessler.[7] Y Kurt Tucholsky hizo estas rimas para *Die Weltbühne*: «*Wieder Einer. Das ist im Reich / Gewohnheit schon. Es gilt ihnen gleich. / So geht das alle, alle Tage. / Hierzulande löst die soziale Frage / ein Leutnant, zehn Mann. Pazifist ist der Hund? / Schießt ihm nicht erst die Knochen wund! / Die Kugel ins Herz! Und die Dienststellen logen: / Er hat sich seiner Verhaftung entzogen. / Leitartikel. Dementi. Geschrei. / Und in vierzehn Tagen ist alles vorbei*» [Otro más. Ya en el país / se hizo costumbre. Les da igual. / Así con todo, todos los días. / Aquí la cuestión social la resuelve / un teniente, diez hombres. ¿El tipo es pacifista? / ¡No le tiren primero a las piernas! / ¡La bala al corazón! Y las mentiras de las autoridades: / «Se escapaba del arresto». / Notas editoriales. Desmentidos. Griteríos. / Y en catorce días habrá pasado todo].[8]

Los asesinatos políticos estuvieron a la orden del día en los primeros años de la República de Weimar, y una y otra vez los rastros de los perpetradores conducían a los mismos círculos: los grupos etnonacionalistas de ultraderecha y las unidades de los *Freikorps*, cuyos miembros no habían conseguido reincorporarse, terminada la guerra, a la vida civil. La que más dio que hablar fue la sociedad secreta llamada Organización Cónsul, abreviada O. C. Era una sucesora directa de la Brigada de Marina Ehrhardt, que había sido disuelta debido a su participación en el golpe de Estado de Kapp de marzo de 1920. Sus miembros estaban obligados a la «obediencia incondicional» de la dirección y a mantener el «silencio más estricto» para con los extraños. «Los traidores van a parar a la Santa Vehme», decía el párrafo 11 del estatuto.[9]

No era una coincidencia que la central de la organización secreta se encontrase en Múnich. La metrópoli bávara se había ido tornando, tras la represión de la República de Consejos en mayo de 1919, un centro de la contrarrevolución y un refugio para los derechistas enemigos de la República. A pesar de estar buscado por vía requisitoria, el capitán de corbeta Ehrhardt podía moverse allí sin problemas, generosamente provisto de pasaportes falsos por el jefe de policía Ernst Pöhner. La red de la organización secreta se extendía por toda Alemania, mantenía estrechas relaciones con las Fuerzas Armadas (lo cual le permitía acceder a depósitos de armas) y elaboraba listas negras de personalidades a las que planeaba asesinar.

El objetivo era provocar, mediante una serie de acciones terroristas, un levantamiento de la izquierda cuya represión ofrecería la posibilidad de anular la República y pasar a un gobierno de derecha. La Organización Cónsul había estado involucrada no solo en el atentado contra Rathenau, sino también en los anteriores ataques contra Matthias Erzberger, antiguo ministro de Finanzas de la nación, y Philipp Scheidemann, primer jefe de gobierno de la República.

Erzberger, como iniciador de la Resolución de Paz de julio de 1917, líder de la delegación alemana para el cese de hostilidades de noviembre de 1918 y creador de una reforma financiera entre 1919 y 1920 que gravaba a los potentados, se había ido volviendo alguien especialmente odiado por la derecha. El 26 de agosto de 1921, él y su acompañante, el diputado del Partido de Centro Carl Diez, fueron atacados por dos hombres mientras paseaban cerca de Bad Griesbach, en la Selva Negra. Erzberger recibió siete disparos mortales; Diez logró escapar herido de gravedad. Los investigadores de Baden pudieron identificar enseguida a los atacantes: se trataba del alférez de navío Heinrich Tillessen y el antiguo teniente Heinrich Schulz. Ambos estaban registrados en la dirección «Múnich: Maximilianstraße» y tenían vínculos con la Bayerische Holzverwertungsgesellschaft m. b. H. [«Sociedad Maderera Bávara SRL»], una fachada de la O. C. Antes de que la policía lograra atraparlos, los responsables del atentado consiguieron huir a Hungría. Por su parte, Manfred Killinger, el teniente de navío en la reserva que los había instruido antes del crimen, fue absuelto el 13 de junio de 1922 del cargo de complicidad en el asesinato.[10]

Apenas nueve días antes, el Domingo de Pentecostés de 1922, se había producido un atentado contra Philipp Scheidemann, quien proclamó la República el 9 de noviembre de 1918 y por aquel entonces, cumplido su mandato en el gobierno, era alcalde de Kassel. Durante un paseo por el bosque con su hija y su nieta cerca de Wilhelmshöhe, dos hombres lo emboscaron. Uno de ellos, que se había disfrazado de excursionista, pasó al lado de Scheidemann, sacó una jeringa de goma del bolsillo y roció a su víctima en la cara tres veces con ácido prúsico. Antes de caer inconsciente, Scheidemann consiguió disparar dos veces al agresor en fuga. Sobrevivió gracias a la feliz casualidad de que el fuerte viento que corría ese día redujo los efectos del veneno. Los dos atacantes, el antiguo teniente Karl Oehlschläger y su compañero Hans Hustert, formaban parte de la plantilla de activistas de la O. C. encargados de «tareas especiales». Los arrestaron en agosto de 1922 en la Alta Silesia, donde habían encontrado refugio en una finca como trabajadores forestales.[11]

Rathenau sabía que su vida corría peligro. El 20 de marzo de 1922, en una conversación con el conde Harry Kessler, se quejó de que el peso que recaía en él a causa de su cargo ya le resultaba físicamente insoportable a largo plazo. «Pero lo peor, de todos modos, es la enemistad maliciosa dentro de Alemania. Cada día recibo no solo cartas con amenazas, sino también inquietantes notificaciones policiales».[12] Aun así, prescindió de las medidas especiales de protección que le recomendaba la policía. Casi parecía como si se hubiera entregado a su destino fatal. «Pero ¿qué quiere que haga? —le respondió al periodista liberal de izquierda Hellmuth von Gerlach—. Uno no puede protegerse contra eso a menos que acepte convertirse a sí mismo en prisionero, encerrarse o estar de continuo vigilado por la policía. Cuando asumí mi cargo sabía el riesgo que afrontaba. Ahora toca esperar a ver qué pasa».[13] Y a Lore Karrenbrock, redactora del *Vorwärts*, con quien mantenía una amistad por correspondencia, le escribió: «No debe estar preocupada por mi integridad. Si ha de terminar una vida que no fue desperdiciada, no sucede por capricho, sino porque ha llegado a término. Estoy agradecido por cada hora en la que me es concedido actuar y no corresponde preguntar qué frase o qué pincelada será la última de la obra».[14]

La noticia del asesinato del ministro de Asuntos Exteriores de la nación se difundió de inmediato la mañana del 24 de junio. El pintor berlinés Max Liebermann recordó: «No puedo olvidar el horrible día en que mi vecino de Wannsee [...] llegó llorando a mi jardín. Eran las once de la mañana. Yo estaba por allí fuera, donde tengo el caballete. "Han matado a Walther", gritó».[15] El crítico teatral Alfred Kerr, que acababa de regresar de Estados Unidos, estaba planeando seguir el viaje por Inglaterra cuando una pariente de su esposa irrumpió donde estaba e informó «temblando de exaltación» de que «han disparado a Rathenau, está tirado ahí afuera».[16] La residencia de Kerr en la Höhmannstraße distaba apenas unos cientos de metros de la villa de Rathenau. A las once y media, el secretario privado de Kessler llegó con la noticia de que Carl von Ossietzky acababa de llamar por teléfono para decir que Rathenau había sido asesinado. «El impacto me dejó atónito», escribió Kessler en su diario.[17] Esa mañana, el historiador Erich Marcks estaba en el Ministerio de Asuntos Exteriores, donde debía examinar a unos diplomáticos en formación: «Un cuchicheo de espanto recorrió la sala y nos enviaron a casa: Rathenau había sido asesinado de camino hacia donde estábamos nosotros».[18] El escritor praguense Franz Kafka recibió la espantosa novedad de su amigo Max Brod. Reaccionó con cínica amargura: «Incomprensible que lo hayan dejado vivir tanto tiempo, ya hace dos meses que circulaba en Praga el rumor de que había sido asesinado». El ataque al ministro de Asuntos Exteriores correspondía «tanto al destino judío y al alemán» que era algo casi de esperar.[19]

Ebert, el presidente de la nación, se encontraba en su residencia vacacional de Freudenstadt, en la Selva Negra, cuando recibió la noticia. Acto seguido telegrafió a Berlín diciendo que el «cobarde asesinato» había privado al gobierno de un miembro altamente capacitado, «de cuya opinión experta resultará particularmente duro tener que prescindir en estos tiempos». El asesinato conmocionó a Ebert a punto tal que sufrió un doloroso cólico biliar. En contra del consejo de su médico, se encaminó esa misma noche hacia la capital nacional.[20]

Theodor Wolff expresó su sobresalto y su espanto en su editorial para el *Berliner Tageblatt*. «Conmoción por el hecho de que este hombre de dotes espléndidas, sobresaliente muy por encima de lo normal y lleno de un cálido aprecio por su país, haya sido asesinado también, como tantos otros, por alguien enviado por la conspiración que se oculta en las sombras. Un profundo horror por las indecibles condiciones en que vivimos y bajo las cuales hay que gobernar hoy». Wolff apuntó además a los responsables del asesinato: «Con una bajeza sin límites, con una vileza sin fondo, Rathenau ha sido difamado y mancillado en las asambleas nacionalistas y etnonacionalistas alemanas y en la mayoría de los periódicos con estas orientaciones, y fue esta preparación espiritual la que volvió este hecho posible, la que lo volvió inevitable».[21] Asimismo, el escritor Stefan Zweig, según lo que le contó por carta a su amigo, el francés Romain Rolland, bajo la impresión inmediata del atentado, veía en el asesinato de Rathenau un complot a gran escala destinado a «asesinar a todos los valientes y a todos los verdaderos líderes de los partidos pacifistas o revolucionarios [...] para hacerse con el poder».[22] En una nota titulada «¿Quién protege a la República?», Georg Bernhard, redactor jefe del *Vossische Zeitung*, hacía la advertencia siguiente: «Los disparos que esta mañana quitaron la vida a Walther Rathenau en Grunewald son disparos de alarma. Una alarma que debería despertar todos los instintos sanos del pueblo alemán y reunir a la masa de aquellos que todavía son de la opinión de que también en la política la decencia y la razón deben mantener contenidas a las pasiones. Ahora, por fin, la

República debe conseguir alzarse para proteger a los hombres que se esfuerzan en aras de la reconstrucción de Alemania para servirla. Porque la propia República está en peligro».[23]

La tarde del 24 de junio, a las tres, el Parlamento se reunió en una sesión extraordinaria, donde se vivieron escenas nunca vistas. Cuando Karl Helfferich, presidente del DNVP y uno de los críticos más severos de Rathenau, cuya «política de cumplimiento» había condenado el día anterior, entró en la sala y se dirigió a su asiento, se desató un ruido ensordecedor. Erich Dombrowski, jefe de la sección política del *Vossische Zeitung*, informó de esta manera: «Socialdemócratas, independientes y comunistas formaron casi una falange cerrada en dirección a su asiento mientras gesticulaban agitados y le gritaban, cientos de veces, "Es este el asesino". [...] La situación se iba intensificando a cada segundo y parecía que podían llegar a las manos. [...] Todos los diputados se habían levantado de sus asientos y seguían con gran tensión este choque entre la derecha y la izquierda. Los socialistas apretaban los puños y lanzaban una y otra vez amenazas contra Helfferich».[24] En vano hacía sonar la campana el presidente del Parlamento, Paul Löbe. Hasta que no amenazó con levantar la sesión no se calmaron los ánimos. El canciller de la Nación Wirth anunció medidas severas contra la banda de asesinos y sus cómplices. Su discurso, según observó el conde Harry Kessler, fue «interrumpido repetidas veces por estruendosos aplausos de la izquierda y de entre los demócratas y el Partido de Centro. Incluso las tribunas se sumaron aplaudiendo. En un momento, la mitad de la sala se levantó y gritó atronadoramente tres veces "¡Viva la República!"».[25] Esa misma noche, en una segunda sesión del Parlamento, Wirth dio lectura al decreto que el presidente de la Nación había promulgado haciendo uso de las facultades que le otorgaba el artículo 48 de la Constitución: por medio de este decreto quedaban prohibidas las agrupaciones y reuniones destinadas a combatir el sistema de gobierno republicano y se establecían castigos para quienes insultaran a la República y a sus representantes. Con este fin, había de crearse un Tribunal Estatal para la Protección de la República en Leipzig. (Un segundo decreto del 29 de junio impondría la pena de muerte a quienes participaran de reuniones que tuvieran como objetivo el asesinato de miembros del gobierno nacional y de los gobiernos de los estados).[26]

Los sindicatos convocaron una manifestación en el Lustgarten de Berlín para el domingo 25 de junio. Desde primera hora de la mañana hasta la noche, cientos de miles de personas marcharon en silencio por las calles de Berlín bajo la bandera negra, roja y dorada. La izquierda dividida parecía volver a unirse. Una ola de simpatía por la República recorrió el país. «La indignación contra los asesinos de Rathenau es profunda y genuina, al igual que la firme voluntad en pro de la República, que está asentada mucho más hondo que el "patriotismo" monárquico de antes de la guerra», observó el conde Harry Kessler.[27]

A las doce, el Parlamento volvió a reunirse para debatir los decretos de emergencia. El canciller Wirth aprovechó la ocasión para recordar con emotivas palabras al fallecido y acusar a los enemigos de la República. Su improvisado discurso culminó con estas frases: «Ahí está el enemigo, vertiendo su veneno en

25 de junio de 1922: el canciller de la Nación Joseph Wirth pronuncia un gran panegírico en honor a Rathenau en el Parlamento.

las heridas de un pueblo. Ahí está el enemigo, y no hay dudas: ese enemigo está a la derecha». El protocolo parlamentario registró en ese momento: «Ovación efusiva y prolongada y aplausos en el centro y a la izquierda y en todas las tribunas. Conmoción grande y duradera».[28] La sesión del Parlamento dejó en todos los presentes «una profunda impresión», según escribió Georg Bernhard: «El discurso del canciller de la Nación fue el mejor de los que ha pronunciado y quizá la mejor actuación oratoria que haya resonado en el edificio Wallot hasta ahora».[29]

La ceremonia oficial del entierro de Rathenau se celebró el 27 de junio en la sala de sesiones del Parlamento. «El ataúd estaba dispuesto en altura detrás del estrado, bajo un enorme baldaquín negro que colgaba del techo. La sala estaba cubierta de negro y adornada con un verdadero mar de flores y plantas —observó el conde Harry Kessler desde la tribuna—. A las doce, el canciller de la Nación condujo a la anciana madre (de Rathenau) al palco imperial [...]. La anciana señora estaba pálida como la cera y dura como una roca, como esculpida debajo de sus velos. Por lo que se veía, autocontrol total. Su rostro lívido, velado y blanqueado por el dolor fue lo que más me impactó».[30] En su panegírico, el presidente Ebert, afligido, sostuvo: «El infame acto no alcanza solo a la persona de Rathenau: alcanza a Alemania entera. La acción sangrienta estuvo dirigida contra la República Alemana y contra el pensar democrático [...], es un ataque a la Nación».[31] Cuando sonó la marcha fúnebre de *El ocaso de los dioses* de Wagner hubo gente que perdió la compostura. «A mi alrededor, muchas personas lloraban, el carácter histórico de esta muerte cargada de destino flotaba con la música hacia las almas», relata el conde Harry Kessler.[32] Una inmensa multitud llenaba las calles a pesar de la lluvia mientras el ataúd de Rathenau era llevado a la cripta familiar, en Berlín-Oberschöneweide.

A partir de las doce del mediodía se suspendió en toda Alemania la actividad laboral. Inmensas manifestaciones avanzaron por casi todas las grandes ciudades, y los ciudadanos liberales marchaban en armonía junto a los socialdemócratas y los comunistas. «El director de una de las mayores empresas capitalistas del mundo había sido asesinado; los obreros comunistas lloraban junto a su tumba y maldecían a los asesinos», recuerda Friedrich Stampfer, editor jefe del *Vorwärts*.[33] Casi daba la impresión de que la República iba a encontrar el apoyo de una amplia mayoría de la población que hasta entonces le había faltado. La conmoción por el crimen alcanzó incluso a la burguesía conservadora. «El repugnante y pérfido asesinato me ha empujado mucho hacia la izquierda», anotó Victor Klemperer.[34] En el verano de 1922, Thomas Mann, aún impactado, escribió su discurso «Sobre la República alemana», en el que se distanciaba con más claridad que hasta entonces de las posiciones que había adoptado en sus *Consideraciones de un apolítico* y se declaraba a favor de la nueva forma de gobierno. El discurso, que pronunciaría el 13 de octubre de ese año en la sala Beethoven de Berlín, se cerraba con el grito: «¡Viva la República!».[35]

La tristeza, de todos modos, no era tan general como podrían hacer pensar las numerosas manifestaciones. La exaltación provocada por el asesinato levantaba por todas partes «olas inmensas [...], excepto en Múnich», según observó Hedwig Pringsheim.[36] En los círculos nacionalistas alemanes hubo mucha alegría sigilosa por la muerte de Rathenau. Aunque el jefe del Mando Supremo del Ejército, el general Von Seeckt, se defendió en una orden a las tropas contra la acusación de simpatizar con los asesinos de Rathenau, en no pocos cuarteles se realizaron celebraciones y bacanales cuando se supo del asesinato. Algunos oficiales de las Fuerzas Armadas se negaron a participar en los actos fúnebres o a izar la bandera negra, roja y dorada en los edificios oficiales.[37] Algo parecido se repitió en las universidades, en donde los profesores y estudiantes antisemitas llevaban la voz cantante. En Heidelberg, por ejemplo, el premio Nobel de Física Philipp Lenard se negó a cerrar por la tarde el instituto de física que dirigía y a izar la bandera a media asta con motivo del entierro de Rathenau. Los estudiantes republicanos que protestaron contra esta provocación, entre ellos Carlo Mierendorff, futuro político prominente del SPD y combatiente de la resistencia contra Hitler, fueron llamados al orden, y en cambio se descartó un procedimiento disciplinario contra Lenard.[38]

La persecución de los asesinos de Rathenau quedó en manos de la división política de la jefatura de policía de Berlín. La dirigió Bernhard Weiß, que también había sido víctima, como judío, de ataques antisemitas.[39] Precisamente por ello, Weiß encaró la investigación del crimen con particular determinación. Gracias a un indicio proveniente del entorno de la extrema derecha, la policía logró confiscar el coche de los atacantes y arrestar al conductor, el estudiante Ernst Werner Techow, de veintiún años. Los dos perpetradores principales, Erwin Kern, un estudiante de derecho de Kiel de veintitrés años, y Hermann Fischer, un ingeniero mecánico de Chemnitz de veintiséis, fueron capturados en el castillo de Saaleck, cerca de Kösen, en Turingia, tras una persecución que duró varias semanas. Kern cayó muerto en un tiroteo con agentes de policía; su cómplice se mató de un disparo.[40] A partir de 1933, los nacionalsocialistas reinterpretaron el final de estos asesinos como una epopeya heroica; plantaron un monumento conmemorativo en honor de los «mártires del movimiento», como empezaron a llamarlos. El castillo de Saaleck se convirtió en un centro de peregrinación para los partidarios de la derecha.[41]

En octubre de 1922 se inició, ante el recién formado Tribunal Estatal para la Protección de la República, el proceso judicial contra los cómplices y conocedores del atentado, entre ellos el antiguo soldado de los *Freikorps* y posterior escritor Ernst von Salomon, que había recibido la tarea de conseguir un chófer para el coche, y Karl Tillessen, hermano del asesino de Erzberger. La mayoría de los diecisiete acusados eran aún muy jóvenes, muchos de ellos, estudiantes universitarios y de secundaria. Todos provenían de, por así decirlo, «buenas familias». Los tiempos turbulentos de la guerra y la posguerra los habían apartado del camino acostumbrado. Desorientados e inseguros, la mayoría de ellos había buscado refugio en organizaciones nacionalistas y de extrema derecha. Algunos habían sido miembros de la Brigada Ehrhardt, habían participado de manera activa en el golpe de Estado de Kapp y más tarde habían ingresado en la Organización Cónsul. «Estas personas aman lo "nacional" y tienen en la cabeza el fusil; militan a favor de la "causa nacional" y tienen la cabeza preparada para cometer un asesinato», afirmó el escritor Joseph Roth, que cubrió el juicio para el *Neue Berliner Zeitung*.[42]

El tribunal impuso duras penas: Ernst Werner Techow fue condenado a quince años de reclusión por complicidad en el asesinato; Ernst von Salomon, a cinco años de reclusión. A quienes se pudo comprobar que habían omitido el deber de denunciar el crimen planeado se los castigó con privaciones de libertad de hasta tres años. El reproche que se le hace a la justicia de Weimar, por lo general con razón, de haber permitido que reinara una benignidad excesiva con los violentos de derecha sería injustificado en este caso. Y lo sería también respecto a los dos responsables del atentado contra Scheidemann, que en diciembre de 1922 fueron condenados a diez años de reclusión.

Sin embargo, el resultado del juicio fue insatisfactorio. Porque el Tribunal Estatal no investigó hasta aclarar quiénes eran los autores intelectuales del crimen. En su alegato, el fiscal general del Estado, Ludwig Ebermayer, declaró: «Los hilos que salen del asesinato de Rathenau y de los perpetradores en las direcciones más diversas están demasiado enredados para poder desenmarañarlos hoy».[43] En 1922 había ya suficientes indicios que apuntaban a la Organización Cónsul como la instigadora de este atentado y de los ataques contra Erzberger y Scheidemann. Hasta octubre de 1924, más de dos años después del asesinato de Rathenau, no se inició un procedimiento judicial ante el Tribunal Estatal contra dicha organización. El juicio devino en farsa. Los jueces ni siquiera se tomaron el trabajo de ocultar sus simpatías por los terroristas de derecha, a quienes el mismo fiscal general del Estado, Ebermayer, describió como «hombres honorables, patriotas y valientes». Dieciséis de los veintiséis acusados fueron condenados por «asociación clandestina» a penas de prisión ridículamente reducidas, de entre tres y ocho meses. El juicio no aportó nada que esclareciese la responsabilidad de la organización de Ehrhardt en los atentados contra políticos de la República de Weimar.[44]

A fines de junio de 1922, Kurt Tucholsky hizo un llamamiento, en *Die Weltbühne*, a proceder por fin de manera enérgica contra los enemigos de la República: «¡Ponte en pie de una vez! Golpea con el puño. / ¡No vuelvas a dormirte después de catorce días! / Fuera tus jueces monarquistas, / los oficiales y la gentuza / que vive de ti y te sabotea, / que garabatea esvásticas en tu casa. / […] ¡Golpea! ¡Golpea! ¡Dales su merecido!».[45] Sin embargo, la oportunidad de aprovechar la intensa movilización prorrepublicana que se había despertado tras el asesinato para lograr estabilizar de forma duradera la democracia se echó a perder. Si bien en julio de 1922 la mayoría de los partidos todavía consiguió ponerse de acuerdo para aprobar una ley destinada a la protección de la República, el gobierno de Baviera se negó a adoptarla. Mientras en Prusia se prohibieron las organizaciones de extrema derecha, en Baviera se les permitía operar sin obstáculos. Un año más tarde, Hitler y Ludendorff intentarían dar un golpe de Estado en Múnich.

El discurso de cierre de la tragedia lo pronunció la madre de Rathenau. Durante los procedimientos ante el Tribunal Estatal, en el otoño de 1922, el abogado defensor de Ernst Werner Techow leyó una carta que ella le había escrito a la madre del asesino: «Con un dolor indescriptible le tiendo la mano a usted, la más pobre de todas las mujeres. Dígale a su hijo que, en nombre del asesinado y con su espíritu, lo perdono, y que Dios lo perdone, si hace una confesión completa y abierta ante la justicia terrenal y se arrepiente ante la divina. Si hubiera conocido a mi hijo, la persona más noble que haya pisado la Tierra, habría dirigido el arma homicida contra sí mismo antes que contra él. Espero que estas palabras le den paz a su alma».[46] Este testimonio de humana magnanimidad fue poco correspondido por la destinataria: la señora Techow se limitó a enviar a Mathilde Rathenau un frío acuse de recibo por medio de su abogado.

CAPÍTULO IV

Tiempos de locura. La ocupación del Ruhr y la hiperinflación

Inicio de la lucha del Ruhr: el 11 de enero de 1923 las tropas francesas ocupan Essen.

El enviado especial del *Berliner Tageblatt* en Essen apenas puede entender lo que observa en las primeras horas de la tarde del 11 de enero de 1923: «Alrededor de las dos de la tarde entraron los franceses en la ciudad —informa—. Al frente iban algunos motociclistas, seguidos de la infantería y unos miles de hombres de caballería al trote. Tres vehículos blindados pasaron traqueteando lentamente por las calles; tras ellos, más infantería y la artillería; también se veían ametralladoras. El final de la columna estaba formado por varios camiones llevando tropas. Todos los edificios públicos y la estación de trenes fueron ocupados, al igual que todos los cruces de calles, por guardias con bayonetas caladas».[1]

Ese mismo día, el comandante de las tropas francesas de ocupación, el general Jean-Marie Degoutte, impone el estado de sitio. En el transcurso de unas pocas jornadas, el ejército ocupa también Gelsenkirchen, Bochum, Recklinghausen, Hattingen, Dortmund y otras localidades de la región del Ruhr. Hasta marzo de 1923 se estacionarían allí entre setenta y cien mil soldados. El contingente belga, relativamente pequeño, de ocho mil hombres, se pone también bajo el alto mando de Degoutte.

No resultaba del todo sorprendente esta espectacular acción. En los últimos años, las potencias vencedoras aliadas habían amenazado con aplicar sanciones en caso de que el gobierno alemán no cumpliera con sus obligaciones de reparación. Después de que la reunión sobre reparaciones celebrada en París el 4 de enero concluyera sin que se alcanzaran resultados, la situación se agravó con rapidez. «La entrada de los franceses, habiendo fracasado la reunión sobre reparaciones, es inminente», anotó Victor Klemperer el 5 de enero en su diario.[2]

Desde el final de la guerra, la disputa en torno a las reparaciones había ido tensionando las relaciones ya emponzoñadas entre la Alemania derrotada y los Aliados. En el Tratado de Versalles se fundamentaba el derecho a la indemnización con el artículo 231, que afirmaba la responsabilidad exclusiva del Imperio alemán y sus socios por el estallido de la guerra y los hacía culpables de todas las pérdidas y daños. En una reunión del Consejo Supremo de los Aliados en París, en enero de 1921, británicos y franceses pasaron su cuenta. Según esta, Alemania debía pagar, en total, 226 mil millones de marcos de oro en el término de cuarenta y dos años; las cuotas anuales debían empezar siendo de dos mil millones de marcos de oro y aumentar progresivamente hasta los seis mil millones de marcos de oro. La demanda era una desagradable sorpresa para la opinión pública alemana. Solo los «tontos» podían creer que «lo peor ya ha pasado», según confió en una carta el presidente de la Nación, Friedrich Ebert.[3]

El gobierno de Berlín rechazó el plan de pagos formulado por París: afirmaba que sobrepasaba en mucho la capacidad económica de Alemania. A fines de abril de 1921, la comisión aliada dedicada a la cuestión de las reparaciones hizo una nueva propuesta: en lugar de 226 mil millones, se exigían solo 132 mil millones de marcos de oro. Aun así, el gobierno alemán a cargo de Joseph Wirth, del Partido de Centro, no se declaró dispuesto a aceptar hasta que no recibió un ultimátum, y ello con la intención de probar, precisamente, con una demostración de buena voluntad, que cumplir la demanda era imposible y de ir recortándola, por medio de negociaciones, a una medida tolerable para Alemania.

Desde principios de 1922, las perspectivas de acuerdo se fueron deteriorando. El nuevo primer ministro francés, Raymond

Poincaré, adoptó una postura severa en cuanto a la cuestión de las reparaciones. Convencido de la falta de voluntad de pago de Berlín, se puso a buscar «prendas productivas». Así, su mirada se dirigió hacia los ricos yacimientos de carbón de la región del Ruhr. Si lograba ponerlas bajo control francés, Alemania quedaría debilitada de un modo tan duradero que dejaría de suponer una amenaza.

A fines de noviembre, el consejo de ministros francés tomó la decisión de ocupar el Ruhr. Poincaré solo necesitaba una excusa para dar el golpe planeado. Dicha excusa llegó a través de la comisión que se ocupaba de las reparaciones. El 26 de diciembre, esta comisión determinó que Alemania se había retrasado en la entrega de madera aserrada y postes de telégrafo. Siguió, el 9 de enero de 1923, la condena a Alemania por sus entregas insuficientes de carbón. Dos días después, tropas francesas y belgas invadieron la región del Ruhr.

La invasión desató en la opinión pública alemana un grito de indignación y una fuerte ola de solidaridad nacional. A algunos observadores les trajo a la memoria el estado de ánimo de agosto de 1914, cuando entre los partidos y grupos de interés que hasta entonces se habían estado enfrentando con ferocidad se produjo una «paz social». «De momento, el odio de clase de los empleados contra los empleadores ha sido completamente barrido por la ola patriótica. Todo el país parece haberse fusionado en una unidad», observó el embajador británico en Berlín, lord Edgar Vincent D'Abernon.[4] En la región del Ruhr, «la situación está tensa y al borde de la ruptura», informó el corresponsal del *Vossische Zeitung* en Essen. Para él era inminente «una catástrofe de dimensiones inimaginables [...], si no ocurre un milagro».[5] En toda la República, las emociones antifrancesas estaban al rojo vivo. El 1 de febrero, Gerhart Hauptmann anotó: «Alemania tiembla de agitación interna. [...] El odio, la furia por el ataque de Francia en tiempos de paz no podrían ser más grandes. Se formó poco menos que una unidad alemana en este odio, en esta furia, cuyo estallido, si hubiera armas a mano, sería desastroso para los franceses».[6]

Sin embargo, los recursos de las Fuerzas Armadas, reducidas a cien mil hombres, no alcanzaban para una respuesta militar. En su lugar, el gobierno a cargo del antiguo director general de Hapag, el independiente Wilhelm Cuno, que en noviembre de 1922 había sucedido a Wirth como canciller de la Nación, proclamó la resistencia pasiva. El día mismo de la invasión se ordenó a los propietarios de minas de la región del Ruhr que suspendieran todas las entregas de carbón a Francia y a Bélgica. El 13 de enero, el gobierno les prohibió a todos los funcionarios cumplir las órdenes de la potencia ocupante. Esto se aplicaba tanto al personal del ferrocarril nacional como a los empleados del servicio postal y de la administración de telégrafos.[7]

Al principio, esta estrategia dio resultado. En las primeras semanas de lucha en el Ruhr parecía que el intento de Poincaré de tomar posesión de las minas de carbón como «prendas productivas» iba a fracasar. Tras un mes de aventura en el Ruhr, Francia no había logrado obtener «ninguna ganancia, y en cambio tiene que cargar con los gastos, de dimensiones aún desconocidas, de sus operaciones militares», según escribió Friedrich Stampfer, el redactor jefe del socialdemócrata *Vorwärts*.[8]

Todo hacía pensar que el gobierno francés había subestimado la intensidad de la resistencia alemana. No obstante, nada estaba más lejos de su pensamiento que una retirada. Para romper la resistencia pasiva, los ocupantes implementaron una serie de sanciones, drásticas algunas de ellas. El 29 de enero, el general Degoutte declaró el «estado de sitio intensificado»: cualquier tentativa de sabotaje sería respondido con el uso de armas y cualquier manifestación sería reprimida con el mismo rigor. Los empresarios que desobedecieran las órdenes francesas debían contar con que se les impusieran severas multas. Muchos de los funcionarios que se negaron a colaborar con los ocupantes fueron arrestados y en numerosos casos, deportados fuera de la región ocupada junto con sus familias.

Tuvo un efecto particularmente marcado la imposición de una frontera aduanera entre la región ocupada y la no ocupada. A fines de enero se prohibió la exportación de carbón a Alemania. Como los ferroviarios se negaron a trabajar para los ocupantes, estos se adueñaron de los ferrocarriles, y así pudieron llevarse las reservas de carbón almacenadas. Con ello quebraron un punto crucial de la resistencia pasiva, tan eficaz en un comienzo. Los ocupantes iban tomando el control de cada vez más empresas, dejando en la calle al personal alemán y contratando trabajadores extranjeros, entre ellos mineros polacos.

Mientras tanto, la situación en la región ocupada se agravaba. Los ocupantes respondieron con gran dureza a las violaciones de sus órdenes. El incidente más grave se produjo el 31 de marzo, un día antes de Pascua, cuando el ejército francés contestó con un baño de sangre a los trabajadores de la empresa Krupp en Essen. Hubo trece muertos y numerosos heridos. En el funeral, el 10 de abril, cientos de miles de personas llenaron las calles. «Nunca había visto suelo alemán un entierro semejante —informó el *Kölnische Zeitung*—. Patrones y trabajadores, funcionarios y empleados, todos los partidos políticos entre la derecha y la izquierda portando coronas con cintas de luto de color negro, blanco y rojo y de los colores de Moscú, marcharon juntos detrás de los muertos».[9]

Cuanto más riguroso era el proceder del ejército contra la población civil, tanto más se envalentonaban aquellas fuerzas que solo esperaban pasar de la resistencia pasiva a la activa. En marzo y abril, varios comandos de sabotaje emprendieron una guerra de guerrillas en la región ocupada. Hicieron estallar vías férreas y puentes para bloquear el transporte de carbón a Francia, realizaron atentados contra instalaciones de la potencia ocupante y atacaron a miembros aislados de las tropas extranjeras. Uno de estos terroristas, el antiguo combatiente de *Freikorps* Albert Leo Schlageter, fue arrestado a principios de abril en Essen, y en mayo un tribunal militar francés lo condenó a muerte y lo ejecutó.

La derecha política, desde los nacionalistas alemanes hasta los nacionalsocialistas, no fue la única que elevó a Schlageter a icono de la resistencia. En un llamativo discurso, Karl Radek, el experto en Alemania de la Internacional Comunista, celebró al ejecutado como un «mártir del nacionalismo alemán» que merecía ser «honrado con honestidad varonil por nosotros, soldados de la revolución». Era un intento descarado de ganarse simpatías en los círculos de extrema derecha.[10]

Durante la primavera se hizo evidente que la resistencia pasiva no podía prolongarse de manera indefinida. Cada vez con más insistencia se le exigía al canciller Cuno que entablara negociaciones con las potencias ocupantes. Sobre todo, los sindicatos instaban a aprovechar el tiempo mientras la resistencia de los trabajadores aún no se hubiera quebrado. El gobierno, sin embargo, no dio, de momento, muestras de ceder ante las presiones. Temía que cualquier concesión fuera leída como un signo de debilidad. Por otro lado, Poincaré dejaba claro de manera inequívoca que no se iba a hablar en absoluto de ninguna negociación mientras Alemania no abandonara la resistencia pasiva.

De hecho, el tiempo jugaba a favor de Francia, mientras que la resistencia pasiva se revelaba como un pozo sin fondo para Alemania, pues generaba costos enormes. A los funcionarios expulsados había que mantenerlos, y los salarios de los trabajadores de las fábricas paralizadas había que seguir pagándolos. Las empresas, en especial las de la industria pesada, recibían generosos créditos a modo de compensación por las pérdidas de producción y beneficios. Al mismo tiempo, los ingresos fiscales provenientes de la región ocupada se desplomaron. Y no se disponía del carbón de la región del Ruhr, lo cual forzaba al gobierno alemán a realizar caras importaciones desde Inglaterra. La creciente necesidad de financiamiento se cubría mediante una emisión descontrolada de billetes. La deuda nacional se disparó y, con ella, se aceleró también la caída de la divisa alemana.

La inflación ya se había puesto en marcha durante la Primera Guerra Mundial. El Estado alemán no había financiado la guerra mediante un aumento de los impuestos, sino más que nada a través de préstamos internos, con la errada convicción de que se iba a poder imponer al enemigo derrotado el reembolso. Y los gobiernos democráticos de posguerra no habían hecho ningún esfuerzo por volver a equilibrar el presupuesto. La laxa política monetaria ofrecía varias ventajas. Por un lado, un marco barato favorecía las exportaciones. A diferencia de los grandes países industrializados de Occidente, Alemania experimentó, entre los años 1920 y 1922, una coyuntura particular, con un desempleo muy bajo. Por otro lado, de este modo se podían financiar las cargas residuales de la guerra y los servicios sociales adicionales. La paz social les pareció más importante a los políticos democráticos que la estabilidad de los precios. Por último, dejar que la inflación siguiera su curso también era un modo eficaz de hacer ver a los Aliados que sus demandas de reparación eran impracticables. La sospecha, sobre todo de parte del gobierno francés, de que los alemanes estaban dejando caer el valor de su moneda a propósito, para escapar de sus obligaciones, no se podía descartar sin más.[11]

La devaluación del marco avanzó primero a paso lento y luego a un ritmo cada vez más veloz. Después del asesinato del ministro de Asuntos Exteriores de la nación, Walther Rathenau, el 24 de junio de 1922, la confianza internacional en la divisa alemana se desvaneció. «Al igual que la curva de la fiebre de un enfermo grave, la cotización del dólar muestra a diario el progreso de nuestra decadencia», observó el conde Harry Kessler a principios de noviembre de 1922, cuando ya había que pagar 9.000 marcos por un dólar.[12] Entre febrero y abril de 1923, el Reichsbank logró estabilizar el valor externo de la divisa alemana alrededor de los 21.000 marcos por dólar. Luego, sin embargo, se desató la caída en picado. A fines de julio, el dólar ya cotizaba por encima del millón de marcos.[13] «El marco dejó por completo de merecer el nombre de divisa; se transformó en una mera ilusión —según recordaba el banquero hamburgués Max Warburg—. Dominaban el mercado pedazos de papel sin valor, cada uno de los cuales representaba en teoría un millón de marcos, apretujados en bolsos inmensos».[14]

En paralelo, los precios subían ya no a diario, sino cada hora. A principios de agosto de 1923, Victor Klemperer registró un episodio elocuente. Al regresar de sus vacaciones en el mar Báltico, su esposa pidió un café en una sala de espera: «La tabla de precios indicaba 6.000 marcos. Mientras ella bebía, la tabla desapareció. Al cobrar, el camarero pidió 12.000 marcos. Ella objetó que antes allí decía 6.000. "Ah, ¿usted ya estaba aquí con el precio anterior? ¡Entonces paga 6000!"».[15]

La hiperinflación afectó de modos diferentes a los distintos grupos sociales. Entre los perdedores se encontraban, sobre todo, los ahorradores y aquellos ciudadanos que habían suscrito bonos de guerra, a quienes ahora les tocaba ver como sus fortunas se diluían literalmente en la nada. También sufrieron mucho los jubilados y los beneficiarios de la asistencia pública, puesto que los pagos siempre se ajustaban con retraso y de manera insuficiente a la devaluación galopante del dinero. Lo mismo ocurría con los funcionarios, empleados y trabajadores que percibían sueldos fijos mensuales. Por el contrario, quienes se vieron a todas luces privilegiados fueron los propietarios de activos tangibles, cuyo patrimonio en bienes raíces y propiedades inmobiliarias permaneció intacto, así como aquellos que habían contraído deudas y ahora podían saldarlas con dinero sin valor.[16]

Entre los ganadores de la inflación se encontraban, sobre todo, las grandes empresas industriales. Con sus activos fijos estables, obtuvieron créditos baratos que les permitieron adquirir instalaciones fabriles, propiedades inmobiliarias y firmas enteras a precios ridículos. Con especial falta de escrúpulos procedió el industrial Hugo Stinnes, del Ruhr. Compró todo lo que se podía comprar: empresas, fincas, barcos, hoteles, periódicos. Así se creó un inmenso imperio económico de proporciones todavía desconocidas en Alemania. No había en todo el país otra persona, escribió *Die Weltbühne* en marzo de 1922, que «tuviera tanto poder concentrado en sus manos como Hugo Stinnes».[17] En marzo de 1923, Stinnes llegó a la portada de *Time Magazine* bajo el titular «El nuevo emperador de Alemania».[18]

Los extranjeros que disponían de divisas también se beneficiaron de la devaluación monetaria. Para ellos, la Alemania de la época de la inflación era una especie de país de Jauja en el que se podía vivir la buena vida. En particular la capital, Berlín, se convirtió en uno de los destinos favoritos de los estadounidenses. Estos abarrotaban los establecimientos de la industria del entretenimiento, eran huéspedes mimados en los hoteles lujosos y podían adquirir como gangas valiosos objetos en tiendas de antigüedades o subastas de arte. El contraste con la creciente miseria de los alemanes no podía pasarse por alto y despertaba ánimos xenófobos. Por ejemplo, un lector anónimo se mostró indignado en *Die Weltbühne* por la ostentosa vida de los diplomáticos extranjeros en Berlín: mientras estos parecían sentirse en un «paraíso terrenal», muchas personas del país pasaban hambre, y la clase media se estaba desmoronando «física y moralmente».[19]

No solo el dinero perdió su valor como medio de intercambio; también las normas y valores vigentes hasta entonces experimentaron una profunda devaluación. Virtudes burguesas como la rectitud, la decencia y el sentido de comunidad perdieron su significado; la falta de escrúpulos, el cinismo y el egoísmo se expandieron. Después del trauma de la guerra y la revolución, ahora había que presenciar «el espectáculo diario del colapso de todas las reglas de vida y la bancarrota de la vejez y la experiencia», según el recuerdo que tenía el periodista Sebastian Haffner del año 1923, que vivió en Berlín cuando tenía dieciséis años, siendo estudiante.[20] Todo ello debilitó la confianza en el orden existente. ¿En qué se podía confiar, si es que se podía confiar en algo? Esta era la pregunta que se planteaba, igual que muchos de su generación, Klaus Mann, el hijo mayor de Thomas Mann, por aquel entonces un joven de diecisiete años: «Puesto que a nuestro alrededor todo se rompía y se tambaleaba, ¿a qué podíamos aferrarnos, por qué leyes debíamos guiarnos? [...] Nos familiarizamos pronto con estados de ánimo apocalípticos y adquirimos experiencia en excesos y aventuras de toda suerte».[21]

Un efecto colateral de la sensación de derrumbe alimentada por la catástrofe de la divisa fue el surgimiento de los llamados «santos de la inflación», predicadores itinerantes con un *look* a lo Jesús, que atravesaban el país prometiendo al público la liberación de todo mal. «A los redentores modernos, con sus largas cabelleras y sus atrevidas fantasías, afluye todo el mundo, en particular las personas de naturaleza débil que no pueden vivir sin apoyo. Para el estado espiritual de la Alemania de hoy, este profetismo es un síntoma peligroso», advertía el *Kölnische Volkszeitung* en septiembre de 1922.[22]

La veloz devaluación del marco dominaba las conversaciones cotidianas. «El tema de las condiciones de vida y el dinero se impone de manera ineluctable en cualquier conversación social», escribió el filósofo y crítico cultural Walter Benjamin en su comentario «Viaje por la inflación alemana».[23] Cuanto más deprisa avanzaba la caída de la moneda, tanto más se iba propagando una especie de mentalidad inflacionaria. Apenas unos meses antes, tener que pagar 100.000 marcos por un dólar habría sido «una idea escalofriante», según la observación que Georg Bernhard, el redactor jefe del *Vossische Zeitung*, hizo a fines de julio de 1923. Para entonces, no obstante, uno ya se había «acostumbrado a los ceros, y que haya unos cuantos más o menos delante ha dejado de inquietar a la mayoría».[24]

En busca de una inversión pretendidamente segura, a cada vez más personas se les iba ocurriendo la idea de comprar acciones. Había mucha actividad en las bolsas y las ventanillas de los bancos, y no eran solo inversores profesionales quienes probaban suerte allí. «Desde los rentistas medio muertos de hambre hasta los cocheros, están todos de vuelta aquí —observaba *Die Weltbühne*—. La fiebre del juego triunfa».[25] También Victor Klemperer se dejó atrapar por el entusiasmo especulativo. En mayo de 1923 invirtió por primera vez dinero en acciones y ya no lo abandonó nunca la emoción del juego en la bolsa. «Así es que el pensamiento especulativo llena ahora todas las mentes y todas las horas [...]. La época está demasiado fuera de quicio».[26]

Nadie encarnó tanto el mundo fuera de quicio como los traficantes o *Raffkes* [«usureros»], según los llamaba la jerga berlinesa. La mayoría eran personas más bien jóvenes que, a través de especulaciones bursátiles arriesgadas, se habían enriquecido con rapidez y no conocían escrúpulos a la hora de pasar por alto las convenciones y reglas habituales del juego. Conducían coches potentes, fumaban cigarros caros, comían en restaurantes de lujo y se rodeaban de mujeres atractivas. «A los jóvenes y avispados les iba bien —recordaba Sebastian Haffner—. De la noche a la mañana pasaron a ser libres, ricos, independientes. [...] El director de banco de veintiún años se comportaba igual que el estudiante de último curso de secundaria que seguía los consejos bursátiles de sus amigos un poco mayores. Llevaba corbatas al estilo de Oscar Wilde, organizaba fiestas con champán y mantenía a su avergonzado padre».[27]

La caída al abismo de la divisa se resistía a cualquier explicación racional. Dejó a todo el mundo desconcertado por completo. En esa época, al pintor George Grosz todo lo que veía y experimentaba a menudo le parecía «un sueño fantástico», según escribió en su autobiografía *Un pequeño sí y un gran no*, y añadió: «Pero algo curioso: cuanto más subían los precios, tanto más subían las ganas de vivir. ¡Vaya, que era hermosa la vida!».[28] Este era el paradójico revés de la miseria inflacionaria. Se había desatado un irrefrenable deseo de distracción, de aturdimientos de toda suerte. La industria del entretenimiento tuvo un *boom* sin precedentes. Los bares y clubes nocturnos brotaban como setas. Igual que había sucedido en los meses de la revolución de 1918-1919, se desató una auténtica fiebre del baile. Klaus Mann, que en el verano de 1923 visitó Berlín por primera vez con su hermana Erika, observaba la escena desenfrenada a veces con fascinación, a veces irritado: «Se baila foxtrot, *shimmy*, tango, el antiguo vals y el elegante baile de San Vito. Se baila hambre e histeria, miedo y codicia, pánico y horror [...]. Un pueblo golpeado, empobrecido y desmoralizado busca olvido en el baile».[29]

La desnudez se dejaba ver con una liberalidad desconocida hasta entonces. En Berlín, la bailarina Anita Berber, que actuaba desnuda, causaba sensación. Con su maquillaje estridente y su inclinación al alcohol y las drogas, esta joven delgada y de aspecto amuchachado se convirtió en símbolo de una vida a caballo entre el glamour y el vicio.[30] Además de la vida nocturna desenfrenada, el entusiasmo por el deporte brindó distracción y entretenimiento durante los años de la inflación. Junto con las carreras de seis días en el Sportpalast de Berlín, el boxeo gozaba de una popularidad en ascenso. En los palcos y alrededor del ring se agolpaba lo más selecto de la sociedad, vestida con traje de etiqueta; en medio, numerosas celebridades del cine y el teatro.

Con sus cines, teatros, cabarets y periódicos, Berlín se convirtió en un imán que atraía a un gran número de artistas, escritores y periodistas. «Berlín valía más de una misa —recordó el dramaturgo Carl Zuckmayer—. Esta ciudad devoraba talentos y energías humanas con una voracidad sin precedentes, para luego digerirlos, masticarlos y escupirlos con idéntica rapidez. Lo que fuera que tendiese hacia arriba en Alemania, ella lo chupaba con la fuerza de un tornado (lo auténtico y lo falso, los fracasos y los éxitos) y a todo le daba primero la espalda».[31]

El lujo y la avidez de diversión de los beneficiarios de la inflación contrastaban duramente con la miseria en la que habían caído amplias capas de la población por la pérdida repentina de sus ahorros. Se volvió de una importancia vital utilizar el poco dinero del que se disponía con la mayor rapidez posible, antes de que perdiera por completo su valor. En los tiempos en que la inflación fue más rápida llegaron a realizarse compras en un verdadero estado de pánico. En este sentido, el *Berliner Illustrierte Zeitung* informaba, en agosto de 1923, con el titular «Nervios sobreexcitados», de que «No hay mucho que agregar. Es algo que impacta a diario sobre los nervios. La locura de los números, el futuro incierto, el hoy y el mañana que durante la noche pasaron a estar de nuevo en duda. Epidemia de miedo, de la necesidad más desnuda: vuelve a haber en las tiendas colas de compradores, a las que hace mucho tiempo la vista se había desacostumbrado».[32]

En muchos lugares, los ciudadanos empobrecidos recurrieron al saqueo de verdulerías y panaderías para subsistir. Otros salían al campo con mochilas para acaparar víveres. En lugar del cada vez más inútil marco de papel, los agricultores exigían bienes materiales: joyas, pinturas, alfombras, porcelana. Quien no tenía nada de eso para ofrecer, buscaba procurarse lo necesario robando en los campos. Al igual que las nociones morales de siempre, también se disolvía el tradicional concepto burgués de propiedad. Los delitos criminales aumentaban al mismo ritmo en que el valor del marco se desplomaba. En el torbellino de la hiperinflación, mandaba el sálvese quien pueda. La consecuencia fue una «especie de anarquismo cotidiano», una lucha de todos contra todos.[33]

En el verano de 1923, las tensiones sociales se intensificaron. La «paz social» que había prevalecido en el plano sociopolítico al comienzo de la lucha en el Ruhr se había roto hacía tiempo. Los salarios y sueldos estaban muy atrasados respecto al aumento de los precios, sobre todo los de los alimentos. Al mismo tiempo, el desempleo se disparó. En amplios sectores de la población reinaba «una gran agitación y una profunda amargura», afirmó Eduard Hamm, secretario de Estado en la Cancillería de la Nación a mediados de junio.[34] Una serie de huelgas sacudió el país. El 27 de julio, el diario berlinés del Partido de Centro, *Germania*, en un editorial titulado «En extrema necesidad», atacó de frente al gobierno. Afirmaba que este último había supuesto una «decepción total» y dudaba que aún fuera capaz de animarse a tomar medidas radicales.[35] El artículo cayó como una bomba. La prensa capitalina liberal de más predicamento se sumó a la crítica. La posición de Cuno se volvió insostenible. El 12 de agosto, el canciller presentó su renuncia.

Para sucederlo, el presidente Ebert nombró el 13 de agosto a Gustav Stresemann, líder del Partido Popular Alemán (DVP), de tendencia liberal de derecha. Este parlamentario de brillante retórica y agilidad táctica, quien durante la Primera Guerra Mundial había sido uno de los partidarios de ponerse objetivos bélicos ambiciosos, después de 1918 había pasado de ser un «monárquico de corazón» a ser un «republicano de razón», y se había ocupado de que su partido estuviera dispuesto a colaborar en la democracia parlamentaria. Formó un gabinete de gran coalición con miembros del DVP, el Partido Democrático Alemán (DDP), de tendencia liberal de derecha, el católico Partido de Centro y el SPD.

«Ningún gobierno había tomado posesión en un momento más difícil que el actual», informó el enviado austriaco en Berlín, Richard Riedl.[36] En efecto, los problemas a los que se enfrentaban Stresemann y su gabinete eran abrumadores: la hiperinflación avanzaba todos los días imparable y el estado de las finanzas del país era desastroso. Al mismo tiempo, los extremistas de derecha e izquierda se movilizaban en contra de la República y en las regiones del margen izquierdo del Rin se alzaban con fuerza movimientos separatistas. Si no se recuperaba la divisa, la recuperación económica era impensable. Pero ello había que poner fin a la subvención de la lucha del Ruhr.

Stresemann fue valiente: el 26 de septiembre anunció la impopular decisión de dar por terminada la resistencia pasiva. La derecha nacionalista desató a partir de entonces una malintencionada campaña contra él. Lo acusó de «traición» a la causa nacional y de «capitulación» ante los franceses. El *Rheinisch-Westfälische Zeitung* de Essen, un periódico cercano a los empresarios de la industria pesada, llegó a exigir que se llevara al canciller ante el Tribunal Estatal.[37]

Ese mismo día, el gobierno bávaro declaró el estado de excepción y nombró Comisario General del Estado con amplios poderes al presidente del gobierno de la Alta Baviera, Gustav Ritter von Kahr. El nombramiento constituía un acto de insurrección contra el gobierno de la nación. Este último, por su parte, declaró el estado de excepción a nivel nacional el 27 de septiembre y confió el poder ejecutivo al ministro de Defensa, Otto Geßler. Sin embargo, Stresemann evitó una confrontación abierta con la renegada Baviera, porque no podía estar seguro de la lealtad de las Fuerzas Armadas.[38]

No era solo el conflicto latente con Baviera lo que dificultaba el trabajo de la gran coalición. En el otoño de 1923, en Moscú se

Un cargo difícil en tiempos difíciles: Gustav Stresemann poco después de su nombramiento como canciller de la Nación y ministro de Asuntos Exteriores de la Gran Coalición, agosto de 1923.

consideraba que la situación estaba madura para un levantamiento armado en Alemania, para un «octubre alemán» que extendería la revolución proletaria y liberaría a la Unión Soviética de su aislamiento. La plataforma que lo facilitara debía proveerla la entrada de los comunistas en los gobiernos regionales de Sajonia y Turingia, dirigidos por socialdemócratas. El

10 de octubre, el SPD y el KPD acordaron formar un gobierno conjunto en Sajonia y seis días después se constituyó un gobierno de frente único también en Turingia. Sin embargo, los consejos fabriles reunidos en Chemnitz el 21 de octubre se dieron cuenta de que el Comité Ejecutivo de la Internacional Comunista y la dirigencia del KPD habían sobreestimado la disposición de la clase obrera para la lucha. Con una amplia mayoría rechazaron la propuesta de entrar en la huelga general que debía dar la señal para el levantamiento.[39]

La decisión de anular el octubre alemán fue cumplida en todas partes, con una sola excepción: Hamburgo. Cómo se llegó a este punto, nunca quedó del todo claro. Una de las explicaciones supone que hubo un fallo y la instrucción de la central del KPD no se comunicó a tiempo a Hamburgo a causa de una serie de circunstancias desafortunadas; otra sostiene que la dirección del partido en Hamburgo, a cargo de Ernst Thälmann, decidió ignorar a conciencia la orden de Chemnitz para dar un ejemplo que fomentara el levantamiento revolucionario en todo el país. Como sea, la mañana del 23 de octubre los insurgentes tomaron por asalto varias comisarías. Los combates más encarnizados se produjeron en Barmbek, el barrio «rojo» por tradición. «Las barricadas brotaban de la tierra y se multiplicaban con una rapidez increíble», escribió la revolucionaria rusa Larissa Reissner en su reportaje sobre los sucesos de Hamburgo.[40] Pero al día siguiente los combatientes tuvieron que ceder ante las fuerzas de la policía, que eran superiores. Veinticuatro comunistas y diecisiete policías pagaron por esta acción fallida con sus vidas.

Mientras que ante las provocaciones de Múnich el gobierno nacional mostró un sorprendente grado de indulgencia, contra los gobiernos de frente único en Sajonia y Turingia procedió con una severidad tanto mayor. El 22 de octubre, varios trenes llenos de tropas de las Fuerzas Armadas procedentes de todas partes de Alemania cruzaron la frontera sajona. «Sajonia está inundada por las Fuerzas Armadas; en incontables grupos de entre seis y ocho hombres, soldados fuertemente armados que han sido llamados a filas desde Württemberg y Mecklemburgo, patrullan por las calles», observó en Dresde Thea Sternheim, la esposa del dramaturgo Carl Sternheim.[41]

Después de que Erich Zeigner, el primer ministro sajón de izquierda, del SPD, y su gabinete se negaran a dimitir, el 29 de octubre comenzó formalmente la intervención federal. Se designó a un comisionado de la Nación, que destituyó de inmediato a los miembros del gobierno de Zeigner. En protesta por el trato desigual que recibían Sajonia y Baviera, los ministros del SPD abandonaron el gobierno de gran coalición el 2 de noviembre. A partir de entonces, Stresemann lideró un gobierno burgués de minoría. Cuatro días después de la ruptura de la gran coalición, tropas de las Fuerzas Armadas entraron en Turingia y forzaron también el fin del gobierno del SPD y el KPD.[42]

No solo la extrema izquierda urdía planes revolucionarios en el otoño de 1923. La derecha radical intuía igualmente una oportunidad. Cada vez resonaba con más fuerza en estos círculos el clamor por un «hombre fuerte» que con mano de hierro trajera orden al caos y liberara a Alemania de las cadenas del Tratado de Versalles. Las esperanzas estaban depositadas sobre todo en el jefe del Mando Supremo del Ejército, Hans von Seeckt. Desde mediados de septiembre, el general fue acosado por representantes influyentes de la Liga Rural Nacional —el poderoso *lobby* de los grandes terratenientes al este del Elba—, del Partido Nacional del Pueblo Alemán y de la Liga Pangermana, de extrema derecha, para que se ofreciera como «canciller militar» para facilitar una solución autoritaria a la crisis. Seeckt no se mostró reacio. Imaginaba, para el caso de que el gobierno de Stresemann perdiera su respaldo parlamentario, la creación de un directorio de tres hombres, en el que él había de cumplir un rol destacado.[43] También Hugo Stinnes, en septiembre, se pronunció ante el embajador de Estados Unidos en Berlín, Alanson Houghton, en favor de la investidura de un dictador que, entre otras cosas, se ocupara de terminar con la jornada laboral de ocho horas, la mayor conquista sociopolítica de la Revolución de Noviembre.[44]

En donde más avanzaron los planes para implantar una «dictadura nacional» fue en Baviera. Aquí fue sobre todo el Partido Nacionalsocialista Obrero Alemán (NSDAP) el que se vio beneficiado por la catastrófica situación económica. Desde enero de 1923 registró un fuerte crecimiento; el número de afiliados se multiplicó varias veces hasta llegar, en noviembre, a más de cincuenta y cinco mil.[45] La mayor atracción era el presidente del partido, Adolf Hitler, quien en julio de 1921 había impuesto su voluntad de liderazgo absoluto frente a todos los competidores internos. Con sus instigadores discursos en contra de los «criminales de noviembre», la «vergonzosa paz de Versalles» y el «capital financiero judío», atraía al público semana tras semana a los mayores centros de convenciones de Múnich. Stefan Großmann, uno de los dos editores de la revista liberal de izquierda *Das Tage-Buch*, que vio en directo al orador, advirtió enseguida que no había que subestimar el peligro que emanaba de Hitler: «En el circo (Krone), en donde le ha dado por hablar en los últimos tiempos, domina el inmenso espacio con un *pathos* nacional que le viene de dentro; arrastra a la gente hacia él; sabe a la perfección cuándo los muniqueses se cansan de la seriedad, cuándo debe hablar en dialecto bávaro-alto austriaco, y cuándo, como último recurso, debe hacer humoradas imitando a los judíos».[46] Los raptos de exaltación en los que Hitler acostumbraba a sumir a su público fortalecían su confianza en sí mismo y hacían crecer en él la convicción de haber sido escogido para una misión histórica especial. Se veía cada vez más en el papel de *Führer* [«guía»], destinado a liberar a Alemania de la «deshonra y la miseria» y devolverla a su antigua grandeza.

Los rumores sobre un inminente golpe de Estado por parte de los nacionalsocialistas corrían desde el verano de 1923. A principios de septiembre, durante un Día Alemán en Núremberg, llegaron a un acuerdo de cooperación Hitler y Ludendorff, quien, tras el fallido golpe de Kapp, se había trasladado a Múnich y había continuado sus intentos contrarrevolucionarios desde allí.

Con el exgeneral como aliado, el *Führer* del NSDAP podía aspirar a ganarse a las Fuerzas Armadas para sus planes de levantamiento. A fines de septiembre, Hitler asumió la dirección política de la Deutscher Kampfbund [«Liga Alemana de Combate»], una coalición de varios grupos paramilitares, entre ellos la Sturmabteilung (SA) [«Unidad de Asalto»], comandada por Hermann Göring.

En Baviera eran a la vez aliados y adversarios de Hitler los miembros del llamado «Triunvirato»: el comisario estatal general Von Kahr, el teniente general Otto Lossow —jefe de las Fuerzas Armadas en Baviera destituido en octubre por desobedecer las órdenes de Geßler pero al que Kahr restituyó en su puesto acto seguido—, y por último el coronel Hans von Seißer, jefe de la policía estatal bávara. Estos tres hombres también abogaban por una «dictadura nacional», pero para ellos la iniciativa debía provenir de la dirigencia de las Fuerzas Armadas en Berlín. Conocían los planes del directorio de Seeckt y querían sumarse a sus esfuerzos.

Hitler, en cambio, deseaba proclamar la dictadura en Múnich y desde allí, siguiendo el ejemplo de la marcha sobre Roma de Benito Mussolini en octubre de 1922, marchar hacia Berlín. El 30 de octubre de 1923, en un discurso en el circo Krone, declaró sin tapujos sus intenciones: «Baviera tiene hoy una gran misión. [...] Debemos llevar la lucha hacia fuera, dar el golpe en el corazón [...]. Para mí, la cuestión alemana solo se resolverá cuando la bandera negra, blanca y roja con la esvástica ondee en el Palacio de Berlín».[47]

Mientras el Triunvirato trataba de ganar tiempo, Hitler, después de sus grandilocuentes anuncios, ya no podía esperar más. El 6 de noviembre se decidió a lanzarse. La idea original era llevar a cabo el golpe el 11 de noviembre, el quinto aniversario del cese de hostilidades. Sin embargo, la fecha se adelantó al 8 de noviembre cuando se supo que esa noche Kahr pensaba pronunciar un discurso en la cervecería Bürgerbräukeller que iba a ser presenciado por todo el mundo político de Múnich. La ocupación del local ofrecía una oportunidad única de tomar como rehenes a las más destacadas personalidades de la capital estatal y, al mismo tiempo, de dar el primer paso del golpe de Estado. Kahr, Lossow y Seißer se verían frente a hechos consumados y forzados a colaborar.

Al principio, el plan de Hitler pareció funcionar. Junto con Ludendorff, arrancó por la fuerza a los tres hombres la promesa de secundar su golpe de Estado. El público de la Bürgerbräukeller celebró con entusiasmo el acuerdo que parecía haberse logrado. Sin embargo, apenas el Triunvirato logró salir del local empezó a tomar impulso para contraatacar. Aquella misma noche enviaron un telegrama a todas las estaciones de radio alemanas: «El comisario estatal general Von Kahr, el coronel Von Seißer y el general Von Lossow rechazan el golpe de Estado de Hitler. La declaración obtenida a mano armada en la asamblea de Bürgerbräu no tiene validez».[48] Las Fuerzas Armadas y la policía estatal bávara se pusieron en contra de los golpistas, y con ello, en realidad, la empresa ya había fracasado. El intento de Hitler y Ludendorff de revertir la situación con una demostración por el centro de Múnich terminó en una lluvia de balas frente a la Feldherrnhalle. Catorce golpistas y cuatro policías perdieron la vida. Hitler huyó a la casa de vacaciones de su seguidor Ernst Hanfstaengl en Uffing am Staffelsee. Allí fue arrestado dos días después y encerrado en la prisión de Landsberg am Lech ese mismo día.[49]

Por muy *amateur* que fuera la puesta en escena del golpe y por muy grotesca que resultara la representación de la Bürgerbräukeller, lo que aconteció la noche del 9 de noviembre en Múnich era algo que debía ser tomado con extremada seriedad. Durante algunas horas, las tropas de asalto de Hitler se creyeron en posesión del poder y acto seguido comenzaron a aterrorizar y arrestar a miembros de la izquierda política y a ciudadanos judíos. El rápido colapso del golpe de Estado evitó hechos peores. Aun así, los eventos arrojaban algo de luz sobre lo que había de suceder diez años más tarde en toda Alemania, tras el nombramiento de Hitler como canciller de la nación.[50]

También era un presagio sombrío de lo que estaba por venir el incidente que había ocurrido el 5 de noviembre, tres días antes del golpe de Estado de Hitler, en el Scheunenviertel [«barrio de los graneros»] de Berlín, una zona residencial popular donde vivían muchos judíos inmigrantes del este. Una multitud instigada por agitadores antisemitas saqueó negocios y viviendas judías y agredió a judíos en plena calle. «Berlín ha tenido su pogromo judío. Berlín ha sido deshonrada. Una vergüenza para un pueblo que se cree parte de los civilizados», escribió el socialdemócrata *Vorwärts*.[51]

Con el fracaso del golpe en la Bürgerbräukeller, los planes dictatoriales de la derecha quedaron, de momento, desacreditados. «El lema de la dictadura nacional ha sido desenmascarado en su vacío», comentó el periodista Ernst Feder en el *Berliner Tageblatt*.[52] Sin querer, Hitler y Ludendorff habían contribuido a fortalecer a su odiada República de Weimar. Después de cuatro años de un ascenso en apariencia imparable como político populista de derecha, el demagogo de la cervecería de Múnich estaba ahora a punto de caer en la insignificancia política. «El golpe de Estado de Múnich marca el inevitable final de Hitler y sus seguidores», profetizaba el *New York Times*.[53] Sin embargo, en el juicio ante el Primer Tribunal Popular de Múnich en la primavera de 1924, el presidente del NSDAP solo fue condenado a una pena mínima de cinco años de prisión, con posibilidad de salir en libertad condicional pasados unos pocos meses. Así, en diciembre de 1924 pudo abandonar la prisión de Landsberg e iniciar una segunda carrera. Se había desperdiciado una oportunidad única de sacarlo de circulación por largo tiempo y evitar su regreso político.[54]

Al recibir la noticia del golpe, esa misma noche del 9 de noviembre, el presidente de la Nación, Ebert, transfirió al general Von Seeckt el poder ejecutivo, que desde el 26 de septiembre había estado en manos de Geßler, el ministro de Defensa. Dada la posición poco clara que había adoptado el jefe del Mando Supremo del Ejército en las semanas anteriores, la decisión les pareció un paso arriesgado a algunos observadores. En realidad, Ebert hizo una jugada inteligente que desbarataba las esperanzas que los enemigos de la República tenían depositadas en el general. Porque al poner a Seeckt directamente bajo su autoridad, al mismo tiempo lo vinculaba y lo comprometía con la defensa del orden constitucional existente. De esta manera, los planes de formar un directorio también quedaban descartados.[55]

A comienzos de noviembre de 1923, la hiperinflación alcanzó su insólito punto culminante. «Mil millones es ahora nuestro valor más pequeño: a partir del lunes, el precio del sello postal nacional —informó Dorothy von Moltke a sus padres—. Ay, es en verdad espantoso. Y toda la gente que no puede permitirse ni siquiera pan duro».[56] El 14 de noviembre, el tipo de cambio del dólar superó por primera vez el billón, y un día después estaba en 2,52 billones.[57] Ese día se introdujo una nueva moneda, el marco de renta, cuya creación la gran coalición aún existente había acordado a mediados de octubre junto con la del Rentenbank [«Banco de Renta»]. Su valor de compra estaba garantizado por hipotecas y bonos a costa de la industria y la agricultura. El 20 de noviembre se pudo estabilizar el tipo de cambio del dólar en 4,2 billones. El Reichsbank estableció una relación de cambio de un billón de marcos de papel por cada marco de renta. Ello significaba, de hecho, un retorno al tipo de cambio del dólar anterior a la guerra de 4,20 marcos.[58] A fines de noviembre, Victor Klemperer recibió su primer salario en marcos de renta y su ánimo mejoró momentáneamente: «El miedo a la repentina devaluación del dinero, la necesidad de ir a comprar a toda prisa, se han terminado por ahora».[59] También en la hacienda de la familia Von Moltke, en Kreisau, se miraba de nuevo al futuro con optimismo: «Pero es un gran alivio para todos nosotros volver a tratar con importes pequeños y precios estables. Por lo menos uno sabe a qué atenerse».[60]

El «milagro del marco de renta», del que ya se hablaba entonces, no ocurrió de la noche a la mañana. Pasó un tiempo hasta que el público adquirió confianza en el nuevo medio de pago. A principios de diciembre, de todos modos, ya se podían percibir signos de mejora. «Se ven de nuevo compradoras alegres

En el punto culminante de la hiperinflación: unos niños juegan con los billetes que han dejado de tener valor.

en las tiendas de comestibles. Un primer rayo de esperanza atraviesa la oscuridad», observó el conde Harry Kessler en Berlín.[61]

En medio de la fase de estabilización, Stresemann fue derrocado. Anticipándose a una moción de censura del SPD, el 23 de noviembre planteó una cuestión de confianza en el Parlamento y la perdió. «Lo que a ustedes los motiva a derrocar al canciller será olvidado en seis semanas, pero las consecuencias de su estupidez las sentirán durante diez años», les echó en cara Ebert a sus amigos de partido.[62] De hecho, el SPD había de permanecer casi cinco años excluido de la responsabilidad gubernamental en la nación. La cancillería de Stresemann había durado apenas alrededor de cien días. Y aun así se habían obtenido notables logros. Con el levantamiento de la resistencia pasiva en el Ruhr, Stresemann había sentado las bases para un entendimiento con Francia (entendimiento que perseguiría con determinación los años siguientes, como ministro de Asuntos Exteriores). La inflación había sido contenida, con lo cual se habían generado las condiciones necesarias para la recuperación económica. Y, por si fuera poco, Stresemann se había enfrentado con éxito a los sectores de las Fuerzas Armadas, la economía y la política que estaban a favor de soluciones dictatoriales y había defendido con éxito el orden constitucional.

El sucesor de Stresemann fue Wilhelm Marx, el presidente del partido y de la facción del Centro. El 30 de noviembre, Marx armó un gobierno minoritario burgués compuesto por el Partido de Centro, el DVP, el DDP y el Partido Popular Bávaro (BVP). Con la ayuda de una ley habilitante aprobada por el Parlamento el 6 de diciembre, el gabinete siguió avanzando con determinación en las políticas de estabilización ya iniciadas. Mediante una reducción de personal en el servicio público y un recorte de los salarios de los funcionarios, se disminuyeron de manera rigurosa los gastos, y, por otro lado, por medio de una serie de decretos fiscales de emergencia, se incrementaron notablemente los ingresos, de modo que después de mucho tiempo el gobierno pudo volver a presentar un presupuesto equilibrado.[63]

«Llega ahora a su fin el año de crisis», anotó el embajador británico D'Abernon el 31 de diciembre de 1923. Mirando hacia atrás se daba cuenta de «cuán cerca estuvo este país del abismo». El diplomático atribuía en gran medida a los políticos democráticos el hecho de que la catástrofe no hubiera llegado a producirse: «Los líderes políticos en Alemania no están acostumbrados a que la opinión pública les otorgue laureles, pero quienes condujeron al país a través de estos peligros merecerían más reconocimiento del que recibirán».[64]

El escritor Stefan Zweig, al reflexionar al cabo del tiempo sobre el año 1923 en su autobiografía *El mundo de ayer*, afirmó que se consideraba un profundo conocedor de la historia y, que él supiera, esta «nunca produjo otros tiempos de locura similares, de proporciones tan gigantescas». Dijo que nada había vuelto al pueblo alemán —y esto no debería dejar de recordarse— un pueblo «tan amargado, tan lleno de odio, tan listo para Hitler como lo volvió la inflación».[65] Sebastian Haffner llegó a una conclusión similar en su *Historia de un alemán*, escrita en 1939 durante su exilio en Inglaterra: «Ningún pueblo en el mundo» había experimentado, según él, «algo comparable a las vivencias de los alemanes en 1923». Vivencias que dejaron a Alemania lista «no para el nazismo en particular, pero sí en general para cualquier aventura fantástica».[66] Thomas Mann también reconoció en sus *Recuerdos de la inflación alemana*, escritos en 1942 cuando estaba exiliado en California, que los eventos de 1923 fueron un preludio de lo que vendría más tarde: «Hay un camino recto que lleva del delirio de la inflación alemana al delirio del Tercer Reich».[67]

De hecho, los excesos del periodo de la inflación calaron hondo en la memoria colectiva de los alemanes. Que todo se tambaleaba, que ya no había certezas y que no se podía contar con nada: ese fue el sentimiento esencial durante aquel año. Para muchos alemanes, la expropiación repentina de sus bienes y ahorros —que fue, a juicio de Arthur Rosenberg, «uno de los mayores robos de la historia mundial»—[68] conllevó una experiencia traumática de la que nunca habían de recuperarse del todo. Sobre todo en la clase media quedó latente una profunda amargura debajo de la superficie. Al mirar con nostalgia hacia atrás, las décadas anteriores a 1914 parecían «aquellos viejos buenos tiempos», una época de estabilidad y seguridad burguesa.

Sin embargo, no existe ningún camino recto que lleve de 1923 a 1933. La República de Weimar había estado al borde del abismo, pero se había mantenido firme frente a todos los desafíos y había demostrado tener una asombrosa capacidad de supervivencia. No salió debilitada de su crisis más grave hasta entonces, sino fortalecida. Durante el año 1924 siguió avanzando la consolidación política interna y externa. Después de superar la fiebre de la inflación, la economía se recuperó con una notable rapidez. En febrero de 1924 se pudo levantar el estado de excepción militar. En la Conferencia de Londres, entre julio y agosto, Francia aceptó liberar la región del Ruhr en el plazo de un año. A fines de agosto, con la adopción del llamado Plan Dawes por parte del Parlamento, se encontró una solución provisional al problema de las reparaciones que resultaba aceptable para todos los involucrados. El día de la firma del Acuerdo de Londres, el 30 de agosto, el marco de renta fue sustituido por el marco federal, que debía estar respaldado en un 40 por ciento por oro o divisas canjeables por oro. Se produjo un fuerte flujo de capital extranjero, en particular estadounidense. El periodo de posguerra, con ello, había terminado de manera definitiva y Alemania tenía el camino libre para regresar a la comunidad internacional como un miembro con iguales derechos. Bajo la condición de una coyuntura internacional favorable sostenida en el tiempo, no se veían mal tampoco las perspectivas de un crecimiento económico constante.

Si realmente, a partir de la autoafirmación de la República, iba a estabilizarse de forma duradera el orden parlamentario-democrático o no, eso estaba aún por verse. El hecho de que la democracia de Weimar hubiera sobrevivido a la crisis fundamental de 1923 también tenía que ver con que en la posición más alta del Estado estaba un hombre como el presidente de la nación Friedrich Ebert, quien se había mostrado decidido a explotar todas las posibilidades constitucionales de su cargo, incluidas las facultades de emergencia del artículo 48, para sostener la República y defenderla de los embates de sus enemigos. Pero ¿cómo actuaría quien lo sucediera?

CAPÍTULO V

El giro conservador. La muerte de Ebert y la elección de Hindenburg

El último adiós a un gran patriota: el ataúd de Friedrich Ebert fue trasladado el 4 de marzo de 1925 desde la estación de tren de Potsdam en Berlín hasta Heidelberg, su ciudad natal.

Desde que comenzó el año 1925 el presidente de la nación, Friedrich Ebert, se siente enfermo. Se queja de agotamiento y dolencias de toda suerte. Su médico de cabecera, Arnold Freudenthal, le recomienda que se cuide. Los asuntos acuciantes del día a día, sin embargo, no le permiten tomarse un descanso prolongado. En febrero de 1925, el estado del paciente parece mejorar, hasta tal punto que el día 21, Ebert recibe al ministro de Asuntos Exteriores, Gustav Stresemann, para tener con él una larga conversación. La mañana siguiente debe guardar cama debido a fuertes dolores. En un primer momento, Freudenthal diagnostica un cólico biliar —Ebert ha estado sufriendo cólicos desde hace algunos años— y prescribe compresas calientes. Como los dolores no disminuyen, manda llamar al cirujano August Bier. Este ordena trasladar al presidente de la nación al Hospital del Oeste, en Charlottenburg, en donde lo opera de inmediato. Pero es demasiado tarde: la supuración del apéndice ya ha penetrado en la cavidad intestinal. El 28 de febrero, a las 10.12 de la mañana, Friedrich Ebert, de cincuenta y cuatro años, muere sin haber recuperado la conciencia.[1] El informe de la autopsia establece como causa inmediata de la muerte la apendicitis aguda y la peritonitis. Sin embargo, para la familia de Ebert y sus colaboradores más cercanos no cabe duda de que la resistencia del presidente de la nación se había ido debilitando a causa de las numerosas afrentas padecidas en los últimos años.

Después de que la Asamblea Nacional de Weimar lo eligiera presidente de la Nación en febrero de 1919, Ebert estuvo expuesto a la más vil campaña de difamación que jamás sufrió cualquier otro político de la joven República. Las élites que gobernaron antes de 1918 no podían soportar que un hombre de origen humilde —sastre de formación y socialdemócrata— ostentara el cargo más alto del Estado. Abundaban los chistes sobre «Fritze Ebert»; los caricaturistas de la prensa enemiga de la República lo hicieron objeto de sus comentarios maliciosos. Fue motivo de burlas una foto de agosto de 1919 que mostraba a Ebert y al ministro de Defensa Gustav Noske en traje de baño en Haffkrug, el balneario del mar Báltico. La foto sirvió de pretexto para muchos insultos con los que se buscaba socavar la reputación no solo del jefe del Estado en sí, sino también del nuevo orden democrático que él encarnaba. Aun cuando Ebert no renunció al estilo más bien pequeñoburgués de su vida privada, ni siquiera siendo presidente de la Nación, no se salvó de que lo acusaran de corrupción y enriquecimiento personal. Ebert reaccionó con reserva ante las numerosas injurias y difamaciones durante el primer año de su mandato, pero cambió después de los intentos de asesinato de Erzberger en 1921 y de Rathenau en 1922. En total, Ebert presentó unas doscientas demandas hasta fines de 1924. Con ellas procuraba defender, además de su propia persona, la dignidad y el prestigio de la República.[2]

Lo que afectó de la peor manera a Ebert fue la acusación de «traición a la patria». Esta se remontaba a su papel en la gran huelga de los trabajadores del sector armamentístico en Berlín a fines de enero de 1918. En aquel entonces, siendo presidente del SPD, se involucró en el liderazgo de la huelga, aunque no con la intención de apoyar el movimiento, sino con la de terminarla lo antes posible para evitar perjudicar los esfuerzos bélicos de la Alemania imperial. En junio de 1922, con ocasión de una visita a Múnich, el químico Emil Gansser, uno de los primeros promotores de Hitler, había difamado al jefe del Estado en plena calle, llamándolo «traidor a la patria». Ebert presentó una denuncia penal, pero la retiró por consejo de su defensor y compañero de partido, el abogado Wolfgang Heine, para no exponerse a una audiencia en un tribunal de Múnich. Gansser se creció y, en una carta abierta al presidente, lo instó a que renunciara, puesto que era «una prueba de carga demasiado peligrosa» para la República «que permaneciera en su cima un hombre que tolera [...] la acusación de traición a la patria».[3]

Un periódico de provincia de tendencia nacionalista alemana, la *Mitteldeutsche Presse* de Staßfurt, cerca de Magdeburgo, recogió a fines de febrero de 1924 la afrenta de Gansser y le añadió la orden: «¡Demuestre, pues, señor Ebert, que no es un traidor a la patria!». Entonces Ebert presentó una denuncia penal contra el editor del periódico, Erwin Rothardt, un joven de veinticinco años con antecedentes penales por delitos periodísticos. Lo que comenzó como un caso de difamación se convirtió en un proceso político en el que la derecha encontró la oportunidad de poner en tela de juicio la política entera de la socialdemocracia durante la Primera Guerra Mundial y dañar de manera irreparable la reputación de su líder de entonces. En el transcurso de las investigaciones preliminares, la defensa presentó un conjunto de testigos muy cuestionables, y el presidente del Tribunal Regional de Magdeburgo, el juez Gustav Bewersdorff, le dio la libertad de hacerlo. El juicio principal comenzó el 9 de diciembre de 1924 y terminó el 23 de aquel mes con una sentencia escandalosa: aunque Rothardt fue condenado a tres meses de prisión por la difamación del presidente de la nación, el tribunal estableció al mismo tiempo que Ebert había «cumplido en términos objetivos y subjetivos con el acto de traición a la patria [...] por su participación en el liderazgo de la huelga y por ciertas acciones en esa situación».[4]

El fallo desató indignación en los círculos republicanos. Juristas, políticos y artistas de renombre hicieron declaraciones en defensa del jefe del Estado. Ebert, de todos modos, quedó muy afectado. Justo él, que había perdido a dos hijos en la Primera Guerra Mundial y tenía una actitud patriótica fuera de toda

El presidente de la Nación Friedrich Ebert y el ministro de Defensa Gustav Noske en Haffkrug, el balneario del mar Báltico, en agosto de 1919. Los enemigos de la República utilizaron la foto en traje de baño para injuriar al jefe de Estado. La postal está enmarcada por fotos de Guillermo II y Hindenburg en uniformes de gala para destacar la diferencia entre el esplendor del Imperio y la República presuntamente carente de estilo.

duda, debía vivir con la mancha de haber «traicionado a la patria». En octubre de 1922, el Parlamento había decidido por una mayoría de dos tercios prolongar su mandato hasta el 30 de junio de 1925. Sin embargo, Ebert ya no deseaba presentarse a la elección convocada para escoger el presidente de la nación, la cual había de decidirse, por primera vez, mediante voto popular. A sus allegados les hizo saber que se sentía cansado y quería descansar. En febrero de 1925 apeló el fallo del tribunal de Magdeburgo. La preparación para las nuevas audiencias le requería mucho tiempo y contribuyó a que descuidara su enfermedad. El proceso de apelación, que había de comenzar en marzo, no llegaría a presenciarlo.[5]

En los obituarios sobre Ebert se reflejó la aguda polarización existente entre opositores y defensores de la democracia de Weimar. Quienes antes habían difamado al muerto no se contuvieron tampoco entonces. Entre los partidarios de la República, en cambio, la muerte de Ebert provocó gran tristeza y consternación. Para Stresemann, ministro de Asuntos Exteriores, fue un golpe duro, puesto que había cogido un especial aprecio al presidente de la nación durante su mandato como canciller en la dramática crisis del otoño de 1923. En su obituario para *Die Zeit*, que ocupaba toda la portada enmarcada de negro, destacó que Ebert «en su desempeño como estadista [...] se mantuvo muy por encima de los dogmas y de cualquier dependencia de creencias partidistas». Y que gobernó, a pesar de provenir de un contexto humilde, con una «dignidad innata» sin «cometer jamás un error de falta de tacto».[6] En el *Vossische Zeitung*, el redactor jefe Georg Bernhard recordó que Ebert, durante las turbulencias de la revolución, había sido «un refugio en medio de la tormenta»: «alguien que se mantenía imperturbable junto al timón y que, a pesar de todos los ataques y recelos que caían repiqueteando sobre él, se esmeraba, entre duros combates, por conducir el barco de la nación al puerto de la democracia».[7] En el *Berliner Tageblatt*, el editor político principal, Erich Dombrowski, rindió homenaje al «gran patriota» que «siempre siguió siendo un hombre del pueblo», «simple, sincero y de carácter íntegro».[8]

En el SPD se intentó dejar caer en el olvido los antiguos conflictos con el presidente de la nación. El partido había criticado con dureza sobre todo la postura de Ebert después de la intervención federal contra Sajonia en octubre de 1923. A pesar de la imparcialidad con la que desempeñó su cargo, el presidente habría seguido siendo «un socialdemócrata de pensamiento y de corazón», según se dijo en el *Vorwärts*: «Después de los grandes teóricos y los grandes agitadores, Ebert fue el primer gran estadista del movimiento obrero alemán. [...] El cual se honra a sí mismo si honra a Friedrich Ebert».[9]

En la noche del primero de marzo, el ataúd con los restos de Ebert fue trasladado al Palacio del Presidente de la Nación. Allí tuvo lugar el velatorio oficial la tarde del 4 de marzo. El discurso conmemorativo lo pronunció el canciller de la Nación, Hans Luther, quien desde enero de 1925 encabezaba un gobierno del bloque burgués en el que, por primera vez en la historia de la República, tenía representación el Partido Nacional del Pueblo Alemán (DNVP). También él alabó a Ebert como un estadista que había protegido la unidad de la nación «más allá de todas las barreras partidistas y fisuras políticas». Desde la Wilhelmstraße, el cortejo fúnebre fue por Unter den Linden, pasando por la Puerta de Brandemburgo, hasta el edificio del Parlamento, donde el ataúd fue dispuesto, una última vez, junto a la escalinata de la entrada principal. Una inmensa multitud llenó las calles; miles de personas acompañaron la procesión hasta la estación de Potsdam. «Fue muy conmovedor ver que, por la noche, cuando ya todo había terminado, la gente permanecía de pie, como un muro, sobre los puentes de altos arcos que atraviesan el canal para ver pasar a Ebert por última vez en el tren especial que cruzó el puente ferroviario», escribió Katia Mann a su esposo Thomas.[10] De madrugada, el tren especial viajó con el ataúd hacia Heidelberg, la ciudad natal de Ebert. En todas las estaciones importantes hubo miembros de la milicia Reichsbanner Schwarz-Rot-Gold que rindieron su último homenaje al fallecido. Los restos de Ebert fueron inhumados en el cementerio Bergfriedhof de Heidelberg, con una nutrida presencia, una vez más, de la población.[11]

¿Quién sería el sucesor de Ebert? La pregunta tenía una gran importancia, dado que, como ya se mencionó, la Constitución Nacional de Weimar de agosto de 1919 otorgaba al presidente de la nación una posición fuerte que iba más allá de la mera función representativa y lo ubicaba como contrapeso del Parlamento. Los socialdemócratas, después de la resistencia inicial, se habían resignado a aceptar esta disposición porque era uno de los suyos, Friedrich Ebert, quien ocupaba el cargo más alto del Estado, de modo que parecía poder darse por descartado que se produjera un abuso de poder. Pero ¿qué sucedería si las amplias facultades presidenciales quedaban en manos de un enemigo declarado de la República, que podría utilizar su poder para malograr la Constitución?[12]

De acuerdo con las normativas legales, para ganar una primera vuelta electoral se exigía una mayoría absoluta. En caso de que ningún candidato alcanzara esa mayoría, debía realizarse una segunda vuelta, en la que bastaba con una mayoría relativa. El Parlamento, por sugerencia del gobierno, dispuso el 29 de marzo como fecha para la primera vuelta y el 26 de abril para una posible segunda vuelta.[13]

En los círculos de la derecha política ya había estado manifestándose el propósito de arrebatarle a la socialdemocracia el cargo de presidente de la nación, lo cual presuponía una candidatura conjunta que también integrara a los partidos del centro burgués. El motor que impulsaba esta idea era el presidente del Consejo de Ciudadanos de la Nación, el antiguo ministro del Interior prusiano, Friedrich Wilhelm von Loebell, quien había creado, en diciembre de 1924, antes de la muerte de Ebert, un comité del que formaban parte representantes de todos los partidos burgueses, a excepción del DDP. La búsqueda de un candidato adecuado, no obstante, se reveló dificultosa, en particular desde que, poco después, el Partido de Centro y el Partido Popular Bávaro (BVP) se apartaron del grupo. Por un tiempo se pensó en el jefe del Mando Supremo del Ejército, el general Hans von Seeckt, pero este no aceptó porque se creía con pocas posibilidades de ser elegido. El 7 de marzo, el comité de Loebell acordó por fin presentar como candidato a Karl Jarres, alcalde de Duisburgo y antiguo ministro del Interior de la nación, que era miembro del partido de Stresemann, el cual lo apoyaba con firmeza.[14]

El SPD estaba decidido, desde el principio, a presentar un candidato de sus propias filas para la primera vuelta electoral. Pero aquí la junta directiva del partido también tuvo que enfrentar dificultades inesperadas. El presidente del Parlamento, Paul Löbe, en quien se pensó en primer lugar, descartó con vehemencia su nominación. También el prusiano oriental Otto Braun, quizá el político más popular del SPD, rechazó el llamamiento del partido y se resistió con dureza, pero después acabó por ceder. Braun había renunciado a su cargo como primer ministro de Prusia el 23 de enero de 1925, cuando los dos ministros del DVP que había en su gabinete abandonaron la coalición, una condición que había impuesto el DNVP para incorporarse al gobierno de Luther. Con ello se había desencadenado en Prusia una prolongada crisis gubernamental. El antiguo canciller de la nación, Wilhelm Marx, intentó en dos ocasiones formar un nuevo gobierno (en febrero y en marzo de 1925) y fracasó en ambas.[15]

El 7 de marzo, la junta directiva del SPD anunció la nominación de Braun. El *Vossische* Zeitung criticó la decisión con dureza, ya que con ella se tornaba «imposible un frente único de los partidos republicanos para la primera vuelta electoral».[16] Ante el avance de los socialdemócratas, el Partido de Centro se vio en la obligación de actuar. En un primer momento se barajó el nombre del antiguo ministro de Bienestar Público prusiano y presidente de los sindicatos cristianos, Adam Stegerwald. Pero en una reunión de las facciones del Partido de Centro del Parlamento nacional y del Parlamento prusiano, celebrada el 8 de marzo, se constató que Stegerwald no contaba con suficiente apoyo. Por eso, la noche del 10 de marzo la junta directiva del

Partido de Centro resolvió recomendar la nominación de Wilhelm Marx al comité nacional del partido.[17]

Antes de que el grupo tomara una decisión, el 11 de marzo se presentó una nueva propuesta para una candidatura burguesa conjunta. Otto Geßler, ministro de Defensa en funciones desde marzo de 1920, había manifestado su disposición a subir al ring. Como miembro del DDP tenía asegurado el respaldo de los liberales, y además era un político experimentado que contaba con simpatías en los demás partidos burgueses. De entrada, el comité de Loebell pareció inclinado a aceptar la candidatura de Geßler siempre que el Partido de Centro también diera su aprobación.[18]

Sin embargo, fue nada menos que Stresemann quien se opuso. Su rechazo lo motivaban sobre todo razones de política exterior. A principios de febrero de 1925 había tenido la iniciativa de proponer al gobierno francés, para garantizar la seguridad, un pacto que debía incluir el reconocimiento definitivo de la frontera occidental y la renuncia de ambas partes al uso de la fuerza; la propuesta fue un paso audaz que había de conducir a los Tratados de Locarno en octubre de 1925. La candidatura del ministro de Defensa, según le hizo saber a Geßler el 11 de marzo, podía comprometer seriamente las relaciones francoalemanas, pues en Francia estaba extendida la idea de que Seeckt, el jefe del Mando Supremo del Ejército, era «el verdadero dictador en Alemania» y el ministro de Defensa estaba «del todo de acuerdo con él». Si sucedía que Geßler se postulaba con éxito a la presidencia de la nación se fortalecería la percepción de la opinión pública francesa de que «con ello en cierta medida la dirección política pasaba a quedar en manos de las Fuerzas Armadas».[19]

La noche del 12 de marzo, el comité de Loebell proclamó de manera oficial a Karl Jarres como candidato del Bloque Nacional, como se llamó al bloque de las fuerzas políticas que lo apoyaban. Al mismo tiempo, el comité nacional del Partido de Centro votó por Wilhelm Marx de manera unánime. El fracaso de una candidatura burguesa unitaria tuvo como consecuencia que, además de Jarres, Braun y Marx, se presentaran otros cuatro candidatos más para la primera vuelta. El DDP nominó al presidente estatal de Baden, Willy Hellpach, que había sido ministro de Educación de Baden entre 1922 y 1925. Su candidatura fue respaldada en particular por los principales periódicos liberales de Berlín. En él se combinaban «dos cosas: un claro sentimiento democrático y la cultura más refinada», según la alabanza de Theodor Wolff, el editor jefe del *Berliner Tageblatt*.[20]

El Partido Popular Bávaro (BVP) propuso asimismo un candidato propio: Heinrich Held, su presidente y primer ministro de Baviera. Fue él quien a fines de febrero de 1925 le había permitido a Hitler volver a fundar en Múnich el NSDAP después de haber estado prohibido, con lo que le brindó una segunda oportunidad. Por su parte, los nacionalsocialistas presentaron al coautor del golpe de noviembre de 1923, Erich Ludendorff. Hitler había apoyado esta candidatura con la convicción de que, al obtener los malos resultados esperados, el exgeneral perdería prestigio y de ese modo él se libraría de un competidor incómodo en el ámbito de la derecha etnonacionalista.[21] Tampoco el KPD se privó de presentar un candidato propio, su presidente Ernst Thälmann, aunque cabía suponer que se trataba de una postulación puramente simbólica.[22]

Como era de esperar, el 29 de marzo Karl Jarres obtuvo en primera vuelta la mayoría, con 10,4 millones de votos (38,8 por ciento), aunque estuvo lejos de conseguir la mayoría absoluta. En segundo lugar lo siguió el candidato socialdemócrata Otto Braun, quien, con 7,8 millones de votos (29 por ciento) obtuvo un mejor resultado que el SPD en las últimas elecciones al Parlamento nacional del 7 de diciembre de 1924. En tercer lugar quedó el candidato del Partido de Centro, Wilhelm Marx, que llegó a 3,9 millones de votos (14,5 por ciento). Los demás candidatos obtuvieron porcentajes de un solo dígito: Thälmann, 1,9 millones de votos (el 7 por ciento); Hellpach, 1,6 millones (5,8 por ciento); Held, un millón (3,7 por ciento); y Ludendorff 186.000 votos (1,1 por ciento). La participación electoral, del

68,9 por ciento, fue más baja que en todas las elecciones anteriores al Parlamento de la Nación.

Lo más llamativo fue el mal resultado de los partidos de los extremos: Thälmann obtuvo 800.000 votos menos que el KPD en la última elección del Parlamento nacional y Ludendorff, 600.000 menos que lo que los nacionalsocialistas y etnonacionalistas habían alcanzado en diciembre de 1924. Se perfilaba una «tendencia hacia la desradicalización» que debía atribuirse sobre todo a la recuperación económica iniciada en 1924.[23] Hitler se mostró muy satisfecho con la derrota de Ludendorff. «Muy bien, pues, ahora por fin nos hemos librado de él», comentó en el círculo de su gente de confianza. De hecho, la caída de Ludendorff en la insignificancia política se produjo con una velocidad asombrosa.[24]

Los partidos de la coalición de Weimar —el SPD, el Partido de Centro y el DDP— habían obtenido, en conjunto, el 49,3 por ciento de los votos. Por ende podían contar con que en la segunda vuelta, en la que alcanzaba con una mayoría simple, iban a salir victoriosos si conseguían acordar un candidato común. Esta vez fue el Partido de Centro el que tomó la iniciativa: el 31 de marzo, la junta directiva del partido propuso a Marx como candidato conjunto. Aunque el popular Otto Braun había logrado un resultado mucho mejor en la primera vuelta que el más bien insulso candidato del Partido de Centro, los socialdemócratas se declararon dispuestos a apoyar a Marx el 2 de abril porque ya sabían, por las experiencias de la época de preguerra, que las recomendaciones a favor de un candidato socialdemócrata para una segunda vuelta no serían bien recibidas por muchos votantes burgueses. No obstante, la junta directiva del SPD condicionó su apoyo a que el Partido de Centro se comprometiera, a cambio, a apoyar la reelección de Braun como jefe de gobierno en Prusia. Así fue. El 3 de abril, el Parlamento estatal prusiano eligió a Braun como primer ministro de Prusia con 216 votos a favor de un total de 430. La crisis de gobierno en el estado más grande de Alemania se había cerrado por fin.[25]

El 4 de abril, las tres fuerzas políticas ahora unidas en el Bloque Popular acordaron presentar a Marx como candidato conjunto de las fuerzas republicanas. Las resistencias iniciales dentro del DDP las había sabido disipar su presidente, Erich Koch-Weser, al señalar que no existía ninguna alternativa a Marx capaz de alcanzar una mayoría: si se lograba llevarlo al cargo de presidente de la nación, se habría dado un significativo paso en vistas a que «Alemania se convierta en una república no solo de nombre, sino también de corazón».[26]

En el Bloque Nacional podían contar con que Jarres difícilmente saldría vencedor frente al candidato conjunto de la coalición de Weimar. Resultaba recomendable, por tanto, buscar un candidato que estuviera en condiciones de atraer a nuevos grupos de votantes más allá del entorno conservador. Podía tratarse, de acuerdo con la normativa vigente, de una personalidad que no hubiera participado en la primera vuelta. El Partido Nacional del Pueblo Alemán vio en Paul von Hindenburg a un candidato con ese atractivo. El mariscal de campo, que tenía setenta y siete años en aquel entonces y vivía en Hannover como pensionado desde que había dejado su puesto como jefe del Mando Supremo del Ejército en julio de 1919, seguía estando imbuido del aura del «vencedor de Tannenberg», aquella batalla con la que Prusia Oriental se había liberado en agosto de 1914 de la invasión rusa. A pesar del papel poco honroso que tuvo al final de la guerra, su nombre poseía un brillo que se extendía incluso por círculos republicanos.[27]

En el verano de 1919, el DNVP y el DVP ya habían recurrido al célebre líder militar para que fuera candidato en la primera elección popular. En un primer momento, Hindenburg se había mostrado reticente ante la posibilidad de postularse, pero al final había dado su consentimiento, no sin antes haber obtenido el beneplácito del antiguo emperador Guillermo II, que vivía entonces exiliado en Doorn. Sin embargo, el golpe de Kapp de marzo de 1920, que también desacreditó a los dos partidos de derecha, había desbaratado los planes y llevó a Hindenburg a desdecirse.[28]

Antes de la primera vuelta electoral del 29 de marzo de 1925, Hindenburg había exhortado a su antiguo compañero Ludendorff a retirar su candidatura, puesto que, a su juicio, era «inútil» y con ella solo conseguiría «hacer el ridículo»: «En lugar de unir, que es lo que tanto necesitamos, usted vuelve a dividir en esta hora decisiva a las fuerzas nacionales, reunidas con mucho esfuerzo».[29] El mismo Hindenburg había dejado entrever, de todos modos, que podía perfectamente imaginar una candidatura propia para el más alto cargo en la decisiva segunda vuelta.

No obstante, ello provocó resistencias, sobre todo en círculos del DVP en los que había personas decididas a sostener la candidatura de Jarres. Las inquietudes respecto a la política exterior con las que Stresemann había impedido la candidatura de Geßler tenían aún más sentido cuando se trataba de Hindenburg, cuyo nombre figuraba en los primeros puestos de la lista aliada de criminales de guerra alemanes de 1919 y era un hombre considerado en el extranjero la encarnación del odiado militarismo prusiano.[30] Así, la nominación de Hindenburg se convirtió en una verdadera carrera de obstáculos, mientras el potencial candidato mantenía una actitud reservada. De todas maneras, el 1 de abril, cuando una primera delegación del DNVP llamó a su puerta, en Hannover, dejó entrever su disposición, en principio, a postularse. Tres días después, otros dos enviados del DNVP volvieron a insistirle y lograron obtener de él un compromiso firme, aunque con la condición de que el Bloque Nacional propusiera su candidatura de manera unánime.

Aun así, el 6 de abril Hindenburg empezó a dudar. Dos políticos del DVP a los que conocía en persona, el diputado estatal Wilhelm Spiekernagel y el alcalde de Hannover, Heinrich Tramm, fueron a ver al mariscal de campo por encargo de Stresemann para disuadirlo de postularse, dado que si seguía adelante, según ellos, sería arrastrado sin remedio a una campaña electoral llena de encono que podía dañar su imagen. Estas inquietudes produjeron su impacto en Hindenburg: al día siguiente envió un telegrama al despacho central del DVP en el que explicaba que no podría, debido a su avanzada edad, aceptar la tarea que se le había propuesto: «Mantengo firme mi apoyo a la candidatura de Jarres y les hago a todos aquellos para quienes la patria se ubica por encima del partido el pedido urgente de que se unan a mí y prevengan con ello una fatal fragmentación».[31]

Los nacionalistas alemanes, sin embargo, no se dieron por vencidos. Decididos a imponer a Hindenburg a toda costa, jugaron su triunfo: el gran almirante Alfred von Tirpitz, creador de la flota de combate alemana en el Imperio, cofundador del Partido Alemán de la Patria en 1917 y miembro de la facción de los nacionalistas alemanes en el Parlamento. La noche del 7 de abril este logró, junto con su compañero de facción Walter von Keudell, convencer al indeciso de dar marcha atrás: en caso de que el Bloque Nacional lo nominara por unanimidad, Hindenburg no rechazaría la candidatura. El 8 de abril el comité de Loebell tomó la decisión: una vez que Jarres desistió de modo definitivo de su candidatura, Hindenburg fue proclamado oficialmente candidato del Bloque Nacional. A los representantes del DVP, a quienes tomó por sorpresa, no les quedó más remedio que poner al mal tiempo buena cara. La dirección del partido dio la instrucción a las organizaciones de los distritos electorales de trabajar «con todas sus fuerzas» por la victoria de Hindenburg.[32]

Incluso el partido hermano del Centro en Baviera, el BVP, se manifestó a favor del anciano mariscal de campo. La aversión hacia Marx, el católico renano apoyado por el SPD, era más fuerte que cualquier reserva que pudieran tener contra Hindenburg, un protestante de la Alemania del norte. Y entre los católicos de la Alemania del sur podía esperar tener más éxito que su predecesor Jarres.[33] De la izquierda radical, por otro lado, Marx no podía contar con ningún apoyo. El 11 de abril, la dirigencia del KPD decidió, oponiéndose a la recomendación del comité ejecutivo de la Internacional Comunista (EKKI), respaldar la candidatura de Thälmann: «No es tarea del proletariado seleccionar al más hábil representante de los intereses de la burguesía y elegir el mal menor entre el dictador civil Marx y el dictador militar Hindenburg. [...] ¡Todo obrero con conciencia de clase vota contra Hindenburg y Marx y a favor de Thälmann!», afirmaba el llamamiento de la central del KPD.[34] El hecho de que con ello pudieran estar facilitando la elección de un monárquico convencido y enemigo de la democracia parlamentaria fue asumido a conciencia por la dirección del partido.

En el extranjero, la nominación de Hindenburg fue vista como lo que era en realidad: una provocación. Las repercusiones en la prensa estadounidense, británica y francesa fueron desastrosas.[35] Pero en Alemania tampoco escasearon las voces preocupadas. «¡Republicanos, la República está en peligro! —advirtió la junta directiva del SPD el 11 de abril—. ¡La candidatura de Hindenburg es un peligro para la paz! Su elección acarrearía una desgracia sin límites a todo el pueblo alemán».[36] En un llamamiento titulado «¡Salven a la democracia!», que apareció en varios periódicos, entre ellos el *Berliner Tageblatt*, Thomas Mann alertó sobre las «nefastas consecuencias» de la candidatura de Hindenburg. Porque su elección «devolvería al país a un estado de inquietud, inseguridad y luchas internas que parecía felizmente superado». El pueblo alemán haría bien en «renunciar a elegir como líder a un guerrero de tiempos pasados».[37] El *Vossische Zeitung* habló de «tragedia»: la nominación de Hindenburg significaba «un golpe en la cara del ministro de Asuntos Exteriores»: «¿Podrá el doctor Stresemann permanecer en silencio cuando, en un momento en el que quizá se esté decidiendo hacia qué lado se inclinará la balanza las próximas décadas, se le imponga a la política exterior alemana soportar la carga de un mariscal de campo cuyo mero nombre basta para proporcionar material durante meses a la propaganda antialemana de todo el mundo?».[38]

Stresemann se encontraba entre la espada y la pared: por un lado, también él veía en la candidatura de Hindenburg una gravosa hipoteca para su política exterior; por el otro, no podía criticar abiertamente la decisión del comité de Loebell sin desautorizar a sus propios representantes en ese organismo. El 19 de abril, conversando con el conde Harry Kessler, le reveló su dilema: había luchado «hasta el último momento» contra la nominación de Hindenburg, pero había sido vencido por la intriga de los nacionalistas alemanes. «Se han destruido dos años de trabajo». Ante la presión de Kessler para que «instruya a la opinión pública sobre los peligros de esta candidatura», Stresemann respondió que hacerlo «fácilmente podría tener el efecto contrario» y «llevar a personas que rechazan la intromisión extranjera en nuestros asuntos internos a votar ahora, precisamente, por Hindenburg». «Cuanto más tiempo pasábamos hablando, tanto más sombrío se iba volviendo», anotó Kessler. Al final, el ministro de Asuntos Exteriores se consoló con la esperanza de que tal vez Hindenburg no saldría electo a pesar de todo.[39]

En su diario, Stresemann habló de la «situación casi imposible» a la que habían ido a parar él y su partido.[40] En un artículo publicado en *Die Zeit* el 19 de abril, en lugar de pronunciarse con claridad en contra de la elección de Hindenburg, trató de dispersar las inquietudes tanto nacionales como extranjeras: dijo que no se trataba de elegir entre la monarquía y la república y que estaba convencido de que Hindenburg, «como presidente de la Nación alemán, libre de toda influencia indebida, solo tendrá como objetivos el bienestar de la patria y el cuidado de sus instituciones constitucionales».[41]

La campaña electoral se desarrolló con una pasión que la República no había experimentado hasta entonces. Los partidarios del Bloque Popular y los del Bloque Nacional se enfrentaron con una enemistad encarnizada. «La campaña electoral está desenfrenada: ¡Aquí está Hindenburg! ¡Aquí está Marx! Cuál vaya a ser el final no puede preverse —anotó Max von Stockhausen, secretario de Estado en la Cancillería de la Nación, el 15 de abril—. Alemania está dividida en dos mitades; lo peor es que, sea quien sea el elegido, estará obligado a gobernar con una mitad en contra de la otra».[42] Al alimentar las emociones anticatólicas, la propaganda electoral de los nacionalistas alemanes generó un cierto ánimo de *Kulturkampf*. En un volante de las Asociaciones y Partidos Patrióticos, Marx era demonizado como «el representante de la reacción más negra» y como «amigo de los ultramontanos aquellos que, con la ayuda de los jesuitas, llevaron a cabo desde 1918 la más enérgica campaña aniquiladora en contra de la iglesia evangélica». En la católica Baviera, en cambio, a Marx se lo acusaba de haberse comprometido con «la peor enemiga del cristianismo, la socialdemocracia». Georg Heim, del BVP, cerró un volante con el siguiente llamamiento: «Si no quieren destrozar la cultura cristiana, si no quieren dejar la escuela cristiana en manos de los nuevos paganos, ¡ni un voto para Marx!».[43]

Por el contrario, a Hindenburg se lo presentaba como una figura carismática nacional elegida para llevar a Alemania del hundimiento y el caos a una nueva grandeza. Por todas partes, en las columnas de anuncios se destacaba un cartel electoral con la cabeza prominente de Hindenburg y el texto en rojo sangre: «¡El salvador!». Pero ¿de qué debía salvar el mariscal de campo al país?, se preguntaba el *Vossische Zeitung*: «El hecho de que Alemania se esté recuperando paso a paso, que vuelva a haber una situación de equilibrio en el país y se estén abriendo perspectivas favorables para el futuro se lo debemos a todos los hombres que, desde noviembre de 1918, en lucha constante con la así llamada oposición "nacional", y siendo despreciados, calumniados y perseguidos por los nacionalistas alemanes, llevaron a cabo una política realista fría y sobria y evitaron involucrar al país en salvajes aventuras».[44]

Muy a conciencia se mantuvo Hindenburg al margen del alboroto de la campaña electoral. Permaneció todo el tiempo en su residencia de Hannover y desempeñó el papel que los estrategas de la campaña habían escrito para él: el de una figura paterna supra-partidaria. El 12 de abril, en una declaración programática ante el público, marcó la pauta de toda su campaña: «Extiendo la mano a cada alemán que piense en términos de la nación, que defienda la dignidad del nombre alemán tanto respecto del interior como del exterior y que desee la paz confesional y social». Solo una vez, el 19 de abril, apareció Hindenburg en público, en el Stadthalle de Hannover, ante una gran multitud de representantes de la prensa nacional e internacional. De nuevo en esa ocasión recalcó «la importancia de la voluntad de unidad, que nada tiene que ver con la política partidaria, sino que corresponde a un saludable sentir nacional del pueblo alemán».[45]

Por el contrario, Wilhelm Marx se sometió a una agotadora gira que comenzó el 14 de abril en Prusia Oriental y terminó el 23 de abril en Stuttgart. En sus discursos evitó cualquier ataque personal contra Hindenburg; es más: llegó incluso a manifestar su respeto por el mariscal de campo. Al mismo tiempo, se mostraba él también como un garante de la unidad nacional que deseaba superar las divisiones y allanar el camino hacia una «verdadera comunidad nacional».[46] El punto culminante, y el cierre de la campaña electoral, fue el 24 de abril, cuando Hindenburg y, después, Marx se dirigieron por primera vez al público por radio. «El viernes por la noche [...] escuchamos en la radio el discurso del abuelo Hindenburg en Hannover y el de Marx en Núremberg —le contó Betty Scholem en una carta a su hijo Gershom—. Este hecho técnico fue mucho más interesante por sí mismo que las frases de los candidatos».[47]

En la víspera de la segunda vuelta, el filósofo de la cultura Theodor Lessing, que daba clases en la Universidad Técnica de Hannover, publicó en el *Prager Tageblatt* un psicograma de Hindenburg que concluía con las siguientes palabras: «Según Platón, los filósofos deberían ser los líderes del pueblo. No sería precisamente un filósofo el que estaría subiendo al trono con Hindenburg. Más bien sería solo un símbolo representativo, un signo de interrogación, un cero. Uno podría decir: "Mejor un cero que un Nerón". La historia muestra, por desgracia, que siempre detrás de un cero se oculta un Nerón».[48] Fueron palabras proféticas. Los estudiantes nacionalistas de Hannover desencadenaron una feroz campaña difamatoria contra el erudito judío. Se le retiró la licencia para enseñar y en febrero de 1933 caería víctima de un atentado a manos de los nacionalsocialistas.

El domingo de las elecciones, el 26 de abril, llovía en Berlín. Algunos observadores republicanos vieron en ello un mal presagio. El conde Harry Kessler fue por la mañana al colegio electoral de la Linkstraße: «Cae una fina lluvia, haciendo que se vacíen las calles. En la Potsdamer Platz solo hay algunos muchachos de los de las esvásticas, con robustos garrotes, rubios y tontos como jóvenes terneros. En esta zona hay pocas banderas y las pocas que hay están repartidas de manera bastante equilibrada entre las negras, blancas y rojas y las negras, rojas y doradas. Pasé todo el día con el ánimo inquieto». Kessler daba por descontado que sería una competencia cabeza a cabeza y que en el mejor de los casos la mayoría en favor de Marx sería de entre quinientos mil y un millón de votos.[49]

También esta predicción iba a resultar demasiado optimista. Cuando a medianoche se conoció el resultado, quedó claro que Hindenburg había ganado las elecciones con un margen considerable. Había obtenido novecientos mil votos más que Marx. Logró 14,6 millones de votos (el 48,3 por ciento); Marx, 13,7 millones (el 45,3 por ciento). A favor de Thälmann hubo 1,9 millones de votos (6,4 por ciento). Si bien el candidato del Bloque Popular había recibido casi medio millón de votos más que Braun, Marx y Hellpach juntos en la primera vuelta, el candidato del Bloque Nacional superó en casi tres millones de votos el resultado del 29 de marzo de Jarres, Held y Ludendorff, los tres postulantes de derecha.[50]

«¡Hindenburg, gracias a Thälmann!», fue el titular del *Vorwärts* el 27 de abril, mientras que el católico *Germania* habló de las «muletas» que el «camarada Thälmann» le había «colocado oportunamente bajo las axilas cansadas» al mariscal de campo.[51] De hecho, los votos que fueron para Thälmann habrían bastado para facilitar la victoria de Marx, pero en realidad nadie contaba con un cambio de posición por parte del electorado comunista. Al menos en esta medida la responsabilidad por la victoria de Hindenburg recayó en el BVP, la gran mayoría de cuyos votantes habituales había seguido la recomendación de optar por Hindenburg. Mientras que Hindenburg obtuvo resultados especialmente buenos en las regiones protestantes del norte y el este de Alemania, no pocos votantes católicos también fuera de Baviera le habían negado el apoyo a Marx, bien por aversión a la alianza con los socialdemócratas bien por respeto al mariscal de campo. Además, el Bloque Nacional había logrado movilizar a votantes que no participaron en las elecciones anteriores. La participación electoral se incrementó del 68,9 por ciento de la primera vuelta al 77,6 por ciento en la segunda. A todas luces, este aumento había beneficiado sobre todo a Hindenburg.[52]

La victoria de Hindenburg provocó júbilo en la derecha. «¿Quién hubiera creído posible hace dos años que Hindenburg podría convertirse en presidente de la Nación? —se preguntaba exultante en su diario el consejero forestal Georg Escherich, fundador de las milicias ciudadanas bávaras—. Ahora volvemos a tener al mando a un hombre por completo impecable y sensato».[53] El *Berliner Börsen-Zeitung* se mostró satisfecho de que hubiera triunfado «el sentir nacional llevando el nombre de Hindenburg como estandarte»: «Nuestra esperanza de que el pueblo alemán había de apartarse del pacifismo, el internacionalismo y el marxismo no nos ha traicionado». Sin embargo, la victoria de Hindenburg era «solo una batalla que se ha ganado, pero no se ha ganado aún la campaña completa»: «Y esta campaña, la lucha por el alma de nuestro pueblo, continúa ininterrumpida, sin un segundo de descanso».[54]

Para Stresemann, quien tuvo que guardar cama el día de las elecciones debido a una angina severa, el resultado fue una sorpresa a pesar de todas las malas predicciones. «Todo dependerá —anotó— de cómo se plante Hindenburg en su nuevo cargo y de si se producen las consecuencias que el extranjero en parte teme y en parte ansía».[55]

Para la opinión pública republicana, el triunfo de Hindenburg fue un *shock*. Theodor Wolff manifestó en su editorial un «sentimiento de vergüenza» que muchos compartían: «Nos da vergüenza la inmadurez política de tantos millones de personas, exhibida ahora de nuevo ante los ojos del mundo, que se encoge de hombros». El auténtico peligro, según el editor jefe del *Berliner Tageblatt*, no residía en la persona de Hindenburg, sino en la «alevosía» de la pandilla de asesores que lo rodeaban, quienes habían de aprovechar «la inexperiencia política del presidente de la Nación, formado al modo militar y militar de pensamiento», para hacerse con el control de los asuntos del Estado.[56] La preocupación por la influencia que podía tener la camarilla de Hindenburg resultaría estar, como quedó demostrado en los últimos años de la República, del todo justificada.

La primera reacción del conde Harry Kessler fue de horror puro: lo que seguiría «podría ser uno de los capítulos más oscuros de la historia alemana».[57] Cuando Thea Sternheim, la esposa del dramaturgo Carl Sternheim, recibió la noticia en Suiza experimentó «la misma sensación de terror e impotencia» que el primero de agosto de 1914. «Ya se oye retumbar de nuevo el alud de locura nacional y, por el momento, solo queda el consuelo de no tener que ver, estando fuera de Alemania, las muecas de los vencedores».[58] También Victor Klemperer, que se encontraba entonces en París, se sintió transportado al comienzo de la Primera Guerra Mundial: «Tengo la impresión de que ha sucedido algo similar a lo del 28 de junio de 1914, cuando asesinaron al heredero al trono austriaco. ¿Qué va a pasar en Alemania?».[59] En *Die Weltbühne*, Kurt Tucholsky respondió a la pregunta «¿Y ahora qué?» con una cuota considerable de sarcasmo: «Ahora, una enseñanza amarga, terrorífica, sangrienta. Merecida una y mil veces». Tucholsky veía una de las causas más profundas de la derrota de los republicanos en el hecho de que no se atrevieron a enfrentarse en serio a la persona de Hindenburg durante la campaña electoral: «porque una y otra vez en todos sus discursos y escritos destacaron la alta estima y el amor que sentían por este ídolo de la masculinidad prusiana, porque vitorearon al anciano, lo miraron con respeto, le tributaron adoración... Y luego recomendaron votar por Marx».[60]

En Francia, la elección de Hindenburg fue recibida con particular consternación. El editorialista del diario parisino *Le Temps* escribió: «Alemania se quitó la máscara con la que pretendía hacer creer en la sinceridad de sus sentimientos democráticos y ahora se ve su viejo rostro, en el que se manifiestan su instinto beligerante y su compulsión por la dominación».[61]

Dos días después de las elecciones, el canciller de la Nación, Luther, visitó a Hindenburg en Groß-Schwülper, la hacienda de la suegra de su hijo Oskar ubicada cerca de Braunschweig. «En la escalera del caserón [...] nos recibe el mariscal de campo, de físico bastante vigoroso y carácter fresco y claro a pesar de sus setenta y siete años», anotó en su diario el secretario de Estado Von Stockhausen.[62] Durante dos horas, el canciller instruyó al presidente de la Nación recién electo sobre la situación política. A su regreso, informó al ministro de Asuntos Exteriores de que había tenido la clara impresión de que Hindenburg iba a «gobernar de manera del todo constitucional» y que no albergaba intención de cambiar nada en la composición del gabinete.[63] En realidad, no cabía esperar otra cosa, dado que Luther, al fin y al cabo, encabezaba un gobierno burgués de derecha del que también formaban parte, como ya se mencionó, ministros del Partido Nacional del Pueblo Alemán, que era un

Entrada en Berlín: el presidente de la Nación recién electo, Paul von Hindenburg, es recibido el 11 de mayo de 1925 por una multitud entusiasta [texto en la imagen: «Entrada del presidente de la Nación Hindenburg en Berlín. Recepción en la estación Heerstraße»].

partido con el que Hindenburg sentía afinidad en términos políticos.

El 11 de mayo, Hindenburg partió de Hannover en tren hacia la capital nacional. El viaje se convirtió en una marcha triunfal. En cada estación, los entusiastas seguidores del nuevo jefe del Estado lo homenajeaban. Por la tarde, Hindenburg llegó a la estación de Heerstraße, en donde fue recibido por el canciller y todo el gabinete. En un coche descubierto se dirigió, rodeado por el júbilo de los miles de berlineses que poblaban las calles, hacia la Cancillería de la Nación, en la Wilhelmstraße, pasando por el Tiergarten. Allí Hindenburg ocupó la antigua residencia de Bismarck antes de trasladarse al Palacio del Presidente de la Nación.[64]

Al día siguiente se llevó a cabo la jura formal en la sala plenaria del Parlamento. «Las tribunas del Parlamento ya estaban llenas a las once, una hora antes de la ceremonia del juramento —anotó el conde Harry Kessler—. Por suerte tenía un asiento numerado desde el cual podía ver bien. [...] La sala estaba decorada de manera bastante austera. El estandarte negro, rojo y dorado del presidente de la Nación colocado en la pared tapizada de detrás del sillón presidencial y una bandera de lienzo de los mismos colores sobre la mesa del presidente, flanqueada por hortensias azules: eso era todo [...]. A las doce en punto, sin ceremonia, Hindenburg y Löbe, ambos con levita negra, entraron por una de las pequeñas puertas que hay detrás del sillón presidencial y ya estaban allí; apenas si se notó. De repente, sin embargo, se escuchan vítores desde la extrema izquierda. Los comunistas dan vivas a la República Soviética y salen de la sala marchando en fila india».[65] El hecho de que su partido, al insistir en la candidatura de Thälmann, hubiera contribuido a encumbrar a Hindenburg no parece que perturbara demasiado a los diputados del KPD.

Con voz un poco insegura y entrecortada, Hindenburg leyó la fórmula prescrita para el juramento: «Juro por Dios omnipotente y omnisciente que dedicaré mi fuerza al bienestar del pueblo alemán, aumentaré su beneficio, impediré su daño, protegeré la

Constitución y las leyes nacionales, cumpliré mis deberes con conciencia y ejerceré justicia para con todos. Que Dios me ayude». Después de un breve discurso de Löbe como presidente del Parlamento, Hindenburg tomó de nuevo la palabra y reafirmó su mensaje central: que él, como presidente de la Nación, quería «servir a la unión supra-partidaria de todas las fuerzas de nuestro pueblo capacitadas para trabajar y construir».[66]

La ceremonia de toma de posesión del cargo causó una gran impresión en todos los presentes. Un conocido del conde Harry Kessler le gritó al salir del Parlamento: «Acabamos de presenciar el nacimiento de la República alemana». El mismo Kessler, que el día de la elección de Hindenburg había predicho una catástrofe, ahora conseguía encontrarle algo positivo al evento: con el nuevo presidente de la Nación, la República se volvería «presentable con el negro, rojo y dorado incluido, que ahora aparecerá por todas partes al lado de Hindenburg como su color de estandarte personal»: «si los republicanos no desisten de su vigilancia y su unidad, la elección de Hindenburg puede resultar incluso muy útil para la República y la paz».[67]

Stresemann también quedó impresionado: el 12 de mayo escribió en su diario que no tenía «por el momento la sensación de que Hindenburg vaya a estar bajo la influencia de cualquier camarilla política, o al menos no a conciencia». Si esta impresión se mantenía, la elección podía «ser un plus, porque cabe decir que detrás de la política gubernamental está todo el pueblo, tanto la derecha como la izquierda».[68]

De hecho, en un primer momento los temores con los que la opinión pública democrática de Alemania y del extranjero occidental había reaccionado a la nominación y elección de Hindenburg parecían no confirmarse. En cualquier caso, el presidente de la Nación decepcionó las expectativas de todos aquellos que habían esperado de él un giro decidido a la derecha, incluso en la política de personal. El secretario de Estado Otto Meissner, que ya había servido a Ebert, mantuvo, junto con su equipo, su puesto en la dirección de la oficina del presidente de la Nación. «Cuando me hago cargo de una compañía como capitán, ¡no echo al sargento!», se dice que les respondió Hindenburg a sus amigos nacionalistas alemanes ante su insistencia para que despidiera de una vez a Meissner.[69]

En cuanto a la política exterior, las señales parecían asimismo indicar una continuidad. El 19 de mayo, Stresemann tuvo la primera larga conversación con Hindenburg sobre cuestiones de política exterior. En esa ocasión comprobó que el presidente de la Nación estaba mejor orientado de lo que había supuesto y que también se mostraba receptivo respecto al proyecto del pacto con Francia para garantizar la seguridad. La «ominosa consigna "¡Renuncia a Alsacia-Lorena!"» no había salido de sus labios. En general, de este encuentro Stresemann salió con la impresión de haber tratado con un hombre «que ha crecido en la tradición conservadora y no pretende ocultarlo [...], pero piensa en términos constitucionales y al menos tiene la voluntad de cooperar con la gestión gubernamental de manera honesta y sin segundas intenciones». Ahora todo dependía de que «no cayera bajo el influjo de personas incontrolables». Después de una segunda conversación, el 9 de junio, el juicio de Stresemann ya era menos favorable: señaló que «discutir con el presidente de la Nación sobre el campo enmarañado de la política exterior es una tarea de una dificultad extraordinaria porque está atado a determinados puntos de vista que son por naturaleza unilaterales».[70] De hecho, Hindenburg aún había de ponerle algunas piedras en el camino a la política exterior de Stresemann.

La elección de Hindenburg como presidente de la Nación representó, sin duda, un punto de inflexión en la historia de la República de Weimar. Para las élites dominantes de antes de la democracia, entre los terratenientes al este del Elba y los miembros de las Fuerzas Armadas, era de gran importancia contar de nuevo en la cima del Estado con un hombre por medio del cual tuvieran acceso directo al poder y al que, por efecto del artículo 48 de la Constitución Nacional, le tocaría cumplir, en tiempos de crisis, un rol decisivo. Por cierto, un presidente fuerte e independiente de los partidos, como enseñaba el ejemplo de Estados Unidos, no tenía por qué implicar en sí mismo una amenaza. Y los plenos poderes otorgados por el artículo 48, de los cuales, en realidad, ya había hecho uso Ebert, no comportaban forzosamente que la democracia de partidos de Weimar tuviera que transformarse en un régimen presidencial autoritario.[71] Hindenburg había jurado por la Constitución y por lo visto se sentía comprometido con ese juramento. Sin embargo, el hecho de que para él la democracia parlamentaria no era una cuestión fundamental, a diferencia de lo que pensaba Ebert, lo dejó claro, por ejemplo, en sendas conversaciones con el primer ministro bávaro Held y el príncipe heredero bávaro Rupprecht durante las vacaciones de verano de 1925: habría dicho que la Constitución de Weimar «está ahí» y «la tiene que respetar», pero añadiendo que «no la considera un dogma y contempla su desmantelamiento gradual».[72] Desde el principio, Hindenburg estaba decidido a aprovechar al máximo las posibilidades constitucionales de su cargo para desplazar el poder de la representación popular hacia el ejecutivo. Lo que ocurrió en la primavera de 1925, por ende, fue, como lo formuló Heinrich August Winkler con agudeza, «nada menos que un cambio constitucional silencioso, una reorganización conservadora de la República».[73]

La elección de Hindenburg no era para nada inevitable. Si Stresemann no hubiera torpedeado la candidatura conjunta de Geßler, quizá el ministro de Defensa habría conseguido obtener la mayoría absoluta en la primera vuelta de las elecciones. Y si la dirección del KPD hubiera suspendido sus reservas y hubiera inducido a sus seguidores a votar por Marx en la segunda vuelta, tal vez este al final habría podido ganar, a pesar de todo. La historia alemana habría seguido un curso diferente. Sin embargo, la realidad es que, con la victoria del mariscal general de campo del Imperio, la República democrática de Weimar había sufrido una dolorosa derrota.

CAPÍTULO VI

Un día negro. La ruptura de la última gran coalición

El gabinete de la Gran Coalición, junio de 1928. Sentados de izquierda a derecha: Erich Koch-Weser (Justicia), Hermann Müller (canciller), Wilhelm Groener (Defensa), Rudolf Wissell (Trabajo). De pie de izquierda a derecha: Hermann Dietrich (Alimentación), Rudolf Hilferding (Finanzas), Julius Curtius (Economía), Carl Severing (Interior), Theodor von Guérard (Transporte y territorios ocupados), Georg Schätzel (Correos). Falta el ministro de Asuntos Exteriores Gustav Stresemann, quien se encontraba en ese momento haciendo una cura cerca de Baden-Baden.

La noche del día después de Navidad de 1929 se celebra en Charlottenburg, en el apartamento del barón Friedrich Wilhelm von Willisen, antiguo oficial del Estado Mayor, un encuentro conspirativo que habría de tener una importancia decisiva para la historia de la República de Weimar. Se hallan allí reunidos el general Wilhelm Groener, que relevó a Otto Geßler como ministro de Defensa en enero de 1928; su colaborador más cercano, el coronel Kurt von Schleicher, nombrado jefe de la oficina ministerial recién creada en el Ministerio de Defensa en marzo de 1929; el secretario de Estado Otto Meissner, jefe del despacho del presidente de la Nación; y el político Heinrich Brüning, del Partido de Centro, quien pocas semanas antes, a principios de diciembre de 1929, ha sido electo presidente de la facción de su partido en el Parlamento. Después de la cena, Schleicher y Meissner van directos al grano: presionan a Brüning para que, cuando llegue el previsible fin de la gran coalición liderada por el canciller de la Nación, el socialdemócrata Hermann Müller, asuma el liderazgo de un gobierno presidencial basado en el artículo 48. El presidente Hindenburg, según su explicación, no está dispuesto «bajo ninguna circunstancia» a mantener en su cargo a los miembros del gabinete de Müller y espera de Brüning que no se resista a aceptar su llamado.

En principio, Brüning no rechaza la exigencia, pero pide que no se precipite la situación: cree que se debería dejar que la gran coalición gobierne hasta el otoño de 1930. No obstante, sus interlocutores le hacen saber que no queda tanto tiempo. Si bien todavía no se llega a ningún pacto concreto, la trama ha sido urdida y Groener acuerda con Brüning un paseo clandestino por los bosques de Potsdam para discutir el desarrollo futuro.[1]

En el transcurso de esta conversación, el ministro de Defensa deja claro una vez más que ya no espera nada del gabinete en funciones de Müller y que todo apunta a un gobierno presidencial liderado por Brüning. Y le recuerda que el presidente de la nación no se dejará disuadir de su decisión de hacerlo su canciller. En este contexto, Groener hace una promesa solemne: «Yo estaré a su lado, contra viento y marea». Si bien Brüning sigue siendo escéptico respecto al final inmediato de la gran coalición, asegura que «nunca escapará de una situación difícil para la patria». Para dirigir las Fuerzas Armadas no hay duda de que, llegado el caso de que se rompa la gran coalición, pueden contar con el hombre del Partido de Centro.[2]

También Hindenburg se siente ahora cerca de alcanzar el objetivo que persiguió desde su asunción: limitar la influencia de los partidos y el Parlamento y aprovechar al máximo las posibilidades constitucionales de su cargo. El primero de marzo de 1930 mantiene una conversación confidencial con el presidente de la facción del Partido de Centro y le plantea la pregunta de «si el Partido de Centro está dispuesto a brindar su apoyo también a otra gestión». Brüning responde que su partido está interesado en «mantener la coalición actual durante un tiempo más» para pasar aún por el Parlamento algunas reformas. Sin embargo, reitera su disposición a no rechazar «ningún llamado surgido de una convicción patriótica».[3] En la primavera de 1930, pues, parece estar marcado el rumbo hacia un régimen presidencial. Se está produciendo un giro decisivo en la historia de la República de Weimar.

En las elecciones parlamentarias del 20 de mayo de 1928, los socialdemócratas, ante la sorpresa general, se habían alzado como claros vencedores. Consiguieron aumentar su porcentaje de votos al 29,8 por ciento —un incremento del 3,8 por ciento respecto de las elecciones de diciembre de 1924— e ingresaron en el nuevo Parlamento como la facción más fuerte, con 152 diputados. El DNVP, por el contrario, cayó derrotado de manera espectacular. Si bien se mantuvo como el segundo partido más fuerte, con 73 escaños, su porcentaje cayó del 20,5 al 14,3 por ciento. Los partidos de centro tradicionales sufrieron pérdidas leves: el Partido de Centro obtuvo el 12,1 por ciento (frente al 13,6); el DVP, el 8,7 por ciento (frente al 10,1); el DDP, el 4,9 por ciento (frente al 6,3); y el BVP, el 3,1 por ciento (frente al 3,7). También en los extremos políticos hubo desplazamientos: mientras que el KPD logró aumentar su porcentaje, con un 10,6 por ciento (frente al 9,0), la extrema derecha, el NSDAP, solo obtuvo el 2,8 por ciento (frente al 3) y envió apenas doce diputados al Parlamento.

El debilitamiento de los partidos burgueses de centro fue aprovechado sobre todo por una serie de partidos minoritarios con intereses particulares, como el Reichspartei des Deutschen Mittelstandes [«Partido Nacional de las Clases Medias Alemanas»] (conocido como Wirtschaftspartei [«Partido Económico»]) y el Christlich-Nationale Bauern- und Landvolkpartei [«Partido Cristiano-Nacional de los Campesinos y Agricultores»], entre otros, que en total lograron reunir el 14,7 por ciento de los votos. La inclinación hacia los partidos que defendían intereses particulares, así como la baja participación electoral, del 76,6 por ciento, era una señal de alarma. Se estaba articulando un malestar burgués generalizado con el «estado de partidos» de Weimar.[4] De todos modos, el campo democrático, en particular el SPD, podía estar contento con el resultado. Los años transcurridos con más o menos «normalidad» desde 1924 habían dado fruto. El *Berliner Tageblatt* vio en el sentido del voto el «profundo alejamiento del pueblo alemán de la demagogia y la ambivalencia de los nacionalistas alemanes y el compromiso con la República alemana, cuyos enemigos han sido totalmente derrotados».[5] Cabía esperar, siempre que se mantuviera el buen desarrollo económico, que la República continuara estabilizándose y se pudiera seguir conteniendo a las opuestas fuerzas radicales de derecha e izquierda.

En su diario, Victor Klemperer lamentó el mal resultado del DDP, al que habían dado el voto él y su esposa. Las elecciones cambiaban «en verdad tan poco las circunstancias».[6] En realidad, sin embargo, el resultado suponía un inequívoco mandato de liderazgo para el SPD, y el partido estaba decidido a volver a asumir la responsabilidad de gobernar de la que había sido apartada en el otoño de 1923. Pero ¿a quién deberían proponer como candidato a canciller? Por un tiempo se pensó en el popular primer ministro de Prusia, Otto Braun, que había ganado las elecciones estatales de Prusia, celebradas el mismo 20 de mayo, de manera aún más contundente que sus compañeros de partido a nivel nacional. Al unir en una sola persona los dos cargos más altos, tal vez fuera posible superar el «dualismo» entre la nación y el estado más grande de Alemania, que permaneció siempre latente mientras duró la República. Braun, sin embargo, era consciente de que Hindenburg apenas si aceptaría semejante concentración de poder en sus manos. Por otro lado, su delicado estado de salud le hacía dudar de asumir una carga adicional.[7]

Finalmente, la elección acabó recayendo en el presidente del SPD, Hermann Müller, que ya había sido canciller de la Nación durante algunos meses tras el golpe de Estado de Kapp en marzo de 1920. Müller no era un político carismático ni mucho menos un orador apasionante, pero gozaba de un gran respeto dentro de su partido y su facción gracias a su competencia y a su temperamento conciliador. Aun así, él no aspiraba al cargo. En una carta al canciller nacional austriaco, Karl Renner, le comentó que habría preferido que se hubiera postulado Otto Braun. Él habría «podido, en ese caso, brindar un mejor servicio a la gestión como líder de su facción».[8]

El 12 de junio, Müller recibió de Hindenburg el encargo de formar un gobierno «sobre la base más amplia posible». Dado que los partidos de la Coalición de Weimar —el SPD, el Partido de Centro y el DDP— no poseían la mayoría, la única alternativa que se ofrecía era una gran coalición como la que ya había existido bajo la dirección de Stresemann entre agosto y noviembre de 1923. Sin embargo, durante las negociaciones sobre la formación del gobierno surgieron dificultades inesperadas, ya que el DVP supeditó su apoyo a que al mismo tiempo se le diera participación en el gobierno de Prusia. Otto Braun no tenía intención alguna de poner en riesgo la estabilidad de su gabinete de la Coalición de Weimar, con el que había implementado una exitosa política de reformas democráticas, por incorporar al DVP, de notoria inestabilidad. Enfrentó la exigencia de un acuerdo doble respecto de la formación de los gobiernos de la Nación y de Prusia con una táctica dilatoria y, al mismo tiempo, con la vaga promesa de considerar en su momento la ampliación de su gobierno.[9]

Los partidos tampoco lograron ponerse de acuerdo en cuestiones de fondo, como el impuesto adicional sobre el patrimonio que exigía el SPD. Resultó así que las negociaciones, apenas iniciadas, habían llegado, al parecer, a un punto muerto. La noche del 22 de junio de 1928, Müller informó al presidente de la Nación del fracaso de su intento de formar una gran coalición. Hindenburg lo autorizó de inmediato a continuar las negociaciones sobre la base de una «coalición más pequeña», es decir, la Coalición de Weimar. Como esta no poseía la mayoría, lo más probable es que la nueva autorización solo constituyera una maniobra táctica para presionar a los partidos y llegar a un acuerdo.[10]

En esta embrollada situación intervino el presidente del DVP y ministro de Asuntos Exteriores, Stresemann, que se encontraba haciendo una cura en el sanatorio de Bühlerhöhe, cerca de Baden-Baden. En una conversación telefónica que tuvo con Müller el 23 de junio, cuyo contenido se conoció por un telegrama publicado inmediatamente después, afirmó que seguía considerando la gran coalición como «la mejor posibilidad práctica para crear condiciones de gobierno en alguna medida estables». En lugar de intentar «proceder a partir de un programa aprobado de antemano por las facciones», distintas «personalidades de las facciones de la gran coalición» debían resolver por separado un programa con el que luego comparecer ante el Parlamento y ganar o perder con él. «Formar gabinete así se corresponde también con el espíritu de la Constitución nacional alemana, que solo conoce la responsabilidad personal de los ministros de la Nación, y no la responsabilidad de las facciones».[11]

La intervención de Stresemann causó bastante revuelo. En la prensa se habló de un «disparo desde Bühlerhöhe». Que el presidente del partido hubiera puesto a su facción, en la práctica, ante hechos consumados provocó un gran disgusto. El presidente de la facción del DVP, Ernst Scholz, que ya estaba en malos términos con Stresemann, se sintió ofendido y quiso impedir, en un primer momento, que Julius Curtius entrara como ministro en el gabinete de Müller junto con Stresemann. Al final retiró esta objeción, pero con el requisito de que la facción no se viera «en modo alguno» obligada, por la participación de sus dos ministros en el gabinete, a votar a favor del gobierno en mociones de confianza o desconfianza. Además, la facción sostuvo, en otra resolución, que una dirección adecuada del partido «presupone un contacto permanente entre todos los involucrados en las decisiones políticas y el líder de la facción». Era un reproche apenas disimulado a Stresemann, el presidente del partido.[12]

No solo el DVP se distanció del nuevo gobierno, también lo hizo el Partido de Centro. Este, al no conseguir que el antiguo canciller Joseph Wirth fuera nombrado para el puesto de vicepresidente ni tampoco obtener una dependencia importante como el Ministerio de Interior, envió a la gestión a su presidente de facción, Theodor von Guérard, como mero «observador».[13] El 29 de junio, Hermann Müller pudo por fin presentar la lista de su gabinete. Además de Stresemann y Curtius como ministros de Asuntos Exteriores y Economía y de Guérard como ministro de Transporte y Territorios Ocupados, formaban parte del gobierno tres socialdemócratas: el ministro del Interior, Carl Severing, que había dirigido antes la misma oficina en Prusia; el ministro de Finanzas, Rudolf Hilferding, que ya había ocupado el cargo en la primera gran coalición bajo la dirección de Stresemann en 1923; y el ministro de Trabajo, Rudolf Wissell. El DDP aportó dos ministros: Erich Koch-Weser, que había sido ministro del Interior de 1919 a 1921, asumió el de Justicia, y Hermann Dietrich, el Ministerio de Alimentación. El BVP estuvo representado por el ministro de Correos de la Nación, Georg Schätzel, y el Ministerio de Defensa permaneció a cargo del independiente Wilhelm Groener.[14]

El «gabinete de personalidades» fue débil desde el primer momento. Como no se había alcanzado un acuerdo formal de coalición y las facciones del DVP, el Partido de Centro y la BVP habían declarado incluso que no estaban obligadas a brindar apoyo al gabinete, pendía sobre el gobierno «permanentemente la espada de Damocles de la pérdida de confianza».[15] De ahí que Hermann Müller, tras su declaración gubernamental del 3 de julio, también renunciara de manera expresa a exigir un voto de confianza. Se conformó con una moción conjunta de las facciones representadas en el gabinete: «El Parlamento aprueba la declaración del gobierno nacional y pasa, dejando de lado todas las mociones, a los puntos del orden del día». Esta moción fue aprobada el 5 de julio con 261 votos a favor, 134 en contra y 28 abstenciones, y el gobierno pudo comenzar su actividad.[16] Sin embargo, no se percibía ningún espíritu de renovación.

Pocas semanas más tarde, el gabinete ya se vio enfrentado a un serio conflicto de política interior: la controversia sobre el buque acorazado A. El anterior gobierno del «bloque burgués» liderado por Wilhelm Marx había aprobado, poco antes del final de su mandato, la construcción de este buque de guerra que, según la dirección de la Marina, era imprescindible para proteger la costa del Báltico. Sin embargo, a fines de marzo de 1928, el Consejo Nacional logró que no se comenzara la construcción hasta el otoño, tras haber revisado la situación presupuestaria. Durante su campaña electoral, el SPD había atacado con fuerza los planes de la Marina con la consigna «Comida para los niños en lugar de cruceros acorazados».[17]

En la reunión de gabinete del 10 de agosto de 1928, el ministro de Defensa, Groener, anunció que el ministro de Finanzas no había expresado objeciones a que se iniciara la construcción del acorazado, como estaba previsto, el día 1 de septiembre, lo cual fue confirmado por Hilferding cuando el canciller le preguntó. Los ministros socialdemócratas eran conscientes de que un rechazo podía comportar la dimisión de Groener y desatar una crisis de gabinete. Por esa razón votaron a favor de poner en marcha la construcción del buque.[18]

La decisión del gabinete desató una ola de indignación entre los seguidores del SPD. Impulsada por las bases del partido, el 31 de octubre la facción socialdemócrata presentó una moción en el Parlamento para suspender la construcción del buque acorazado y destinar los fondos liberados a la alimentación infantil, con lo cual puso al canciller en un serio aprieto. El 14 de noviembre, Müller comunicó al gabinete que el presidente de la Nación se había manifestado, como él, «incondicionalmente a favor, por motivos vinculados con políticas de Estado, de que se siguiera construyendo el acorazado y había discutido seriamente la posibilidad de dimitir en caso de que el Parlamento rechazara continuar la construcción».[19]

La facción no estaba dispuesta, sin embargo, a tener en consideración la difícil situación del gobierno. Ese mismo día se negó a abstenerse en la votación en el Parlamento, como deseaba Müller, e impuso la disciplina de voto para todos los diputados, incluyendo al canciller y los ministros.[20] Y así sucedió el 16 de noviembre en el Parlamento: si bien la moción del SPD fue rechazada por mayoría, Müller y los tres ministros socialdemócratas votaron a favor, con lo cual se imponían «en cierto modo a sí mismos una moción de censura».[21] Fue una humillación pública y supuso un duro golpe para la credibilidad del partido más fuerte del gobierno y para la reputación del Parlamento. A la dirigencia de las Fuerzas Armadas, a los grandes terratenientes y a los partidos de derecha que ya se estaban planteando un alejamiento de la democracia parlamentaria, el vergonzoso espectáculo les brindó leña para echar al fuego. Stresemann, ministro de Asuntos Exteriores, no pensaba solo en su partido cuando, en el gran discurso que dio ante el comité central de su formación en febrero de 1929, se lamentó de este modo: «¿Qué manera grotesca de ver es esta, según la cual *de facto* tenemos, por el régimen parlamentario, un gobierno de partidos, pero al mismo tiempo creemos sin cesar que se le puede hacer oposición al gobierno surgido de los partidos?».[22] En este caso seguía manifestándose una pauta de comportamiento de la época del Imperio: los partidos no advertían que en una democracia parlamentaria la línea divisoria principal no pasaba entre el gobierno y el Parlamento, como en una monarquía constitucional, sino entre el bloque gubernamental y la oposición.[23]

La discusión a propósito del crucero acorazado A no había terminado todavía cuando la gran coalición tuvo que enfrentarse a un nuevo choque serio: el «conflicto del hierro del Ruhr» [*Ruhreisenstreit*]. En el marco de un ajuste general de los salarios, los sindicatos habían rescindido el acuerdo salarial con el grupo nororiental de la industria del hierro a partir del primero de noviembre de 1928 y exigían un aumento de 15 centavos por hora. Los empleadores, sin embargo, rechazaron cualquier aumento salarial y, después de que todos los intentos de conciliación fracasaran, despidieron a los trabajadores el 13 de octubre con efecto a partir del 1 de noviembre. El 26 de octubre, el mediador, el consejero del Tribunal Regional Superior Eugen Joetten, presidente de la Cámara de Conciliación de Düsseldorf, emitió su sentencia arbitral: un aumento de seis centavos por hora para los trabajadores fijos y un suplemento de dos centavos por hora para los trabajadores a destajo. Los trabajadores metalúrgicos aceptaron la sentencia, pero los empleadores no. Luego, el 31 de octubre, el ministro de Trabajo Wissell la declaró vinculante. Aun así, los empresarios se mantuvieron firmes en su rechazo y dejaron a 230.000 trabajadores en la calle a partir del primero de noviembre. Este fue el punto de partida del conflicto laboral más serio de la República de Weimar.[24]

Es evidente que los empleadores querían sentar un precedente y derribar el instrumento de la conciliación obligatoria estatal tal como había sido regulado en octubre de 1923. La Asociación de Federaciones de Empleadores y la Federación Industrial de la Nación se pusieron del lado de los dueños de la industria pesada y les prometieron su respaldo. La opinión pública, sin embargo, criticó con fuerza el duro proceder de los empresarios. El *Frankfurter Zeitung* escribió: «Hay que decir con total claridad que el sabotaje de una sentencia vinculante mediante la paralización se dirige no solo contra los trabajadores, sino también contra una institución estatal y por ende contra el Estado, y constituye, por ello, una especie de acto revolucionario».[25] La pobreza de los trabajadores dejados en la calle, que no tenían derecho a recibir seguro de desempleo, despertó compasión y buena predisposición hacia ellos. El 17 de noviembre, el Parlamento decidió, con una gran mayoría, asignar fondos para los trabajadores suspendidos.

Bajo la presión de la opinión pública, al final los dueños de la industria pesada se vieron obligados a ceder. En la reunión de gabinete del 28 de noviembre, el ministro de Asuntos Exteriores, Stresemann, sugirió que empleadores y trabajadores debían ponerse de acuerdo en «una acción definitiva de mediación» a cargo de una «personalidad de la mayor autoridad posible». Siguiendo una propuesta del ministro de Economía, Curtius, se le encomendó al ministro del Interior, Severing, la tarea de actuar como mediador especial.[26] Los empresarios aceptaron de antemano la decisión de Severing, mientras que los sindicatos tardaron en levantar su reticencia. El 3 de diciembre de 1928 se puso fin al cierre patronal. El 21 de diciembre, Severing emitió su sentencia: fue un acuerdo clásico. Los sindicatos tuvieron que aceptar recortes significativos en sus demandas salariales, pero obtuvieron a cambio mejoras en las regulaciones sobre el tiempo de trabajo.

El asunto tuvo una secuela judicial: el 21 de enero de 1929, el Tribunal Laboral de la Nación decidió que la disposición del reglamento de mediación de 1923 que autorizaba al presidente de los comités de mediación a dictar sentencias arbitrales por su cuenta no era lícito. La sentencia que había emitido Joetten en octubre fue declarada nula de manera retroactiva. Los empresarios habían alcanzado un éxito parcial y el ministro de Trabajo de la Nación había sufrido una derrota. No obstante, la importancia del conflicto del hierro del Ruhr fue más allá: en la lucha contra la mediación estatal, la industria pesada de Renania-Westfalia había buscado la confrontación abierta y con ello había cuestionado el acuerdo sobre el estado de bienestar de Weimar, lo cual significaba un punto de inflexión en el ámbito de los conflictos sociopolíticos y no prometía nada bueno para el futuro. Además, el éxito del SPD en las elecciones parlamentarias de 1928 había despertado en el sector empresarial el temor de que se produjera una expansión del «Estado sindical» y que de ese modo recayeran sobre él cargas mayores. En los círculos de la gran industria empezaron incluso a discutirse ideas sobre cómo expulsar a los socialdemócratas del gabinete e instalar un gobierno que no estuviera atado al Parlamento.[27]

No solo en el sector empresario, sino también en el interior de los partidos burgueses se perfilaba un giro hacia la derecha, al cual pudieron contribuir tanto el espíritu general de la época como las disputas dentro del gobierno y la mala imagen pública que estas daban. En el Partido Nacional Alemán, el ala derecha, que había participado a regañadientes en los gobiernos anteriores del «bloque burgués», ganó terreno tras la derrota electoral de mayo de 1928, entre otras cosas porque era claro que la política moderada del partido no había dado fruto. En octubre de 1928, el magnate de los medios de comunicación Alfred Hugenberg, exponente de un nacionalismo extremo, fue elegido presidente para sustituir al conde Kuno Westarp. Condujo al partido de nuevo hacia una postura de oposición intransigente contra el «sistema» de Weimar. De su imperio mediático formaban parte no solo la editorial berlinesa Scherl, con sus diarios *Der Tag* y *Berliner Lokal-Anzeiger*, sino también varias otras empresas, desde la agencia de noticias Telegraphen-Union

(TU) y la Allgemeine Anzeigen GmbH (AlA) hasta el Universum-Film AG (Ufa). A través de sus servicios de distribución de contenidos preparados, proporcionaba a la prensa provincial páginas listas para ser publicadas en sus periódicos, lo que le permitía influir también en cabeceras que no pertenecían a su grupo. En su discurso inaugural declaró la guerra a la República democrática: «Llegará el día en que este pueblo se levante para sacudirse de encima toda esta basura. Pero antes, como partido, debemos sacudirnos nosotros de encima toda la basura que el sistema actual ha arrojado sobre nosotros».[28]

También el Partido de Centro, el partido burgués moderado que era imprescindible para mantener la estabilidad de la democracia parlamentaria, se corrió hacia la derecha. Era algo que se veía venir desde que la dirección del partido retiró del gobierno al reconocido experto en temas sociales Heinrich Brauns, a quien Hermann Müller le habría gustado mantener como ministro de Trabajo. En el congreso del partido, celebrado en Colonia el 8 de diciembre de 1928, se eligió al prelado y canonista de Tréveris Ludwig Kaas como sucesor de Wilhelm Marx en la presidencia de la formación. Esta elección reflejaba la creciente influencia del clero conservador en el partido. A qué corriente era afín lo dejó claro Kaas en su discurso del Congreso Católico de Friburgo de agosto de 1929, cuando abogó por un «liderazgo de gran estilo» y afirmó que el gobierno debía independizarse de las «incertidumbres impredecibles de los vaivenes parlamentarios».[29]

Al giro a la derecha del DNVP y el Partido de Centro le correspondió un rumbo más escorado a la izquierda en el KPD. En el Sexto Congreso Mundial de la Internacional Comunista, celebrado en septiembre de 1928 en Moscú, se estableció la nueva «línea general»: según ella, se estaba ante el comienzo de un periodo caracterizado por una «crisis final» del capitalismo que habilitaría nuevas perspectivas para la revolución proletaria. El «enemigo principal» era la socialdemocracia, que, según se decía, estaba sirviendo de «última reserva de la burguesía» y mostrando «muchos puntos de contacto con la ideología del fascismo».[30] El «giro ultraizquierdista» fue provocado, entre otras cosas, por las luchas internas de poder en el gobierno de la Unión Soviética entre Iósif Stalin y la oposición «derechista» liderada por Nikolái Bujarin. El secretario general del PCUS, Stalin, se apoyó en esta coyuntura en el respaldo de los demás partidos de la Internacional Comunista. Uno de sus seguidores incondicionales en Alemania era Ernst Thälmann. En septiembre de 1928, Thälmann fue destituido de su cargo como presidente del KPD por un caso de corrupción, pero fue restituido en su puesto gracias a la intervención de Stalin. Bajo su dirección, el KPD se entregó por completo a Stalin y su línea.[31]

El éxito electoral del KPD en las elecciones de mayo de 1928, aparejado con la retórica marcial del partido, bastó para sembrar en la burguesía el temor de un levantamiento. A partir del otoño de 1928 fueron volviéndose habituales los enfrentamientos entre la Liga de Combatientes del Frente Rojo, comunista, y la Reichsbanner Schwarz-Rot-Gold, socialdemócrata. A raíz de ello, el presidente de la policía de Berlín, Karl Friedrich Zörgiebel, miembro del SPD, prohibió en diciembre cualquier reunión y manifestación.

A pesar de la prohibición, el 1.º de mayo de 1929 los partidarios del KPD se reunieron en Berlín, convocados por la dirección del partido, para conmemorar el tradicional día de lucha de la clase trabajadora. En los enfrentamientos, que duraron tres días, la policía actuó con gran brutalidad contra los manifestantes. El resultado: 33 muertos; 198 heridos, algunos de ellos de gravedad; y 1.228 arrestados. El Mayo Sangriento de 1929 en Berlín fue uno de los eventos decisivos de la República de Weimar. Profundizó la grieta entre los trabajadores comunistas y socialdemócratas. El término «socialfascismo», pensado para denunciar al SPD como promotora del fascismo en Alemania, había tenido hasta ese momento poca aceptación entre los miembros del KPD, pero los sucesos de mayo parecían brindar una prueba de su precisión. En la historia futura de la República, la división del movimiento obrero había de resultar funesta, puesto que con ella se vieron debilitadas las fuerzas comunes de resis-

El «Mayo Sangriento» de Berlín en 1929: después de una prohibición de realizar manifestaciones se producen graves abusos de la policía contra los trabajadores comunistas. Aquí, los agentes desalojan una calle en Neukölln.

tencia contra los verdaderos representantes del fascismo, la derecha alemana en alianza con el movimiento nacionalsocialista.[32]

Desde fines de 1928, el canciller de la Nación, Hermann Müller, intentaba transformar su «gabinete de personalidades» en una gran coalición formal. «Si no logramos afianzar condiciones de gobernabilidad en el país se producirá en la Nación la quiebra del parlamentarismo basado en la Constitución de Weimar», le advirtió en una carta al presidente del SPD, Otto Wels.[33] Sin embargo, fueron necesarias varias crisis gubernamentales más —como cuando en febrero de 1929 el Partido de Centro retiró del gabinete al ministro de Transporte, Guérard, para reforzar su exigencia de redistribución de los ministerios— antes de que quedara despejado el camino hacia un acuerdo de coalición. Una vez que las facciones, después de agotadoras negociaciones, llegaron a un acuerdo respecto del presupuesto de 1929, el 11 de abril de 1929, Koch-Weser entregó el Ministerio de Justicia a Guérard. Con él entraron en el gabinete sus compañeros Adam

Stegerwald, presidente de los sindicatos cristianos, como ministro de Transporte, y el excanciller Joseph Wirth como ministro de los Territorios Ocupados. El gobierno esperaba de las facciones que apoyaran su trabajo y que «las propuestas de importancia decisiva se plantearan y se llevaran adelante siempre mediando una mutua consulta», tal como se afirmaba en una declaración redactada por el secretario de Estado de la Cancillería de la Nación, Hermann Pünder, la cual fue aprobada por todos los partidos que conformaban el gobierno.[34] Fue entonces cuando la gran coalición alcanzó su perfección. No obstante, muy poco después quedaría al descubierto el alto grado de fragilidad de la alianza gubernamental.

El tema dominante de la política exterior alemana durante el año 1929 fue la nueva regulación de las reparaciones. El Acuerdo Dawes de 1924 había renunciado a llegar a una solución definitiva. En su informe de enero de 1928, el agente estadounidense dedicado a las reparaciones, Parker Gilbert, había recomendado establecer el monto total de las reparaciones y transferir a los alemanes la plena responsabilidad de reunir y realizar los pagos, «sin supervisión extranjera ni protección de transferencias».[35] El gobierno alemán recibió esta propuesta con los brazos abiertos porque entre 1928 y 1929 se debía pagar por primera vez la cuota anual completa acordada en el Plan Dawes, cuyo monto ascendía a 2.500 millones de marcos federales. Dada la coyuntura de desaceleración económica y la tensa situación presupuestaria, la posibilidad de reducir las cargas interesaba mucho en Berlín. Además, resolver el problema de las reparaciones haría posible una evacuación anticipada de Renania, que era uno de los objetivos prioritarios de Stresemann.

En septiembre de 1928, en una reunión de los estados miembros de la Sociedad de Naciones en Ginebra, a la que Hermann Müller asistió en representación del ministro de Asuntos Exteriores, que estaba enfermo, se decidió formar una comisión de expertos que debería elaborar propuestas para un acuerdo definitivo. A comienzos de enero de 1929, el presidente del Reichsbank, Hjalmar Schacht, fue nombrado jefe de la delegación alemana. Junto con el entonces ministro de Finanzas, Hans Luther, Schacht había estabilizado la moneda alemana en el otoño de 1923, y desde entonces gozaba de gran reputación en los círculos financieros locales y extranjeros. Era uno de los cofundadores del DDP, pero en 1926 había abandonado el partido y se había acercado cada vez más a las posiciones de los nacionalistas alemanes.[36] Como delegado lo acompañaba el director general de la Vereinigte Stahlwerke, Albert Vögler, un influyente miembro del ala derecha del DVP. Los delegados suplentes eran el banquero de Hamburgo Carl Melchior, del Bankhaus Warburg, y el gerente de la Reichsverband der Deutschen Industrie [«Asociación Nacional de la Industria Alemana»] (RDI) Ludwig Kastl. La composición de la delegación alemana permitía ver el interés del gobierno en incluir a los representantes de la industria y los bancos en el proceso de negociación para blindar el resultado que se alcanzara contra posibles críticas desde la derecha.

El 9 de febrero de 1929 comenzaron las negociaciones de los expertos en París. La presidencia estuvo a cargo del estadounidense Owen D. Young, presidente del consejo administrativo de la General Electric Company, quien ya había participado como representante de Estados Unidos en la Conferencia de Reparaciones de París en 1924. A diferencia de entonces, la delegación alemana ahora se sentaba en la mesa de conferencias como un socio de pleno derecho. El gabinete de Müller había renunciado a darle instrucciones específicas, y Schacht aprovechó su margen de maniobra para ligar su propuesta de pagos de reparaciones con aspiraciones políticas a propósito de la revisión de la frontera oriental de Alemania y la devolución de las colonias alemanas. A mediados de abril de 1929, las negociaciones estuvieron a punto de fracasar cuando Schacht respondió a la oferta presentada por los Estados acreedores con una contrapropuesta que se encontraba muy por debajo de las sumas sugeridas. A raíz de ello, los inversores extranjeros retiraron una gran cantidad de capital de Alemania. La crisis crediticia que siguió a la crisis de la conferencia le mostró con claridad al gobierno alemán que no podía permitirse fracasar en el acuerdo sobre las reparaciones y obligó a Schacht a ceder. El segundo delegado principal alemán, Albert Vögler, renunció el 23 de mayo porque, según declaró, consideraba que las demandas aliadas eran inviables en términos económicos.[37]

El 7 de junio de 1929, los expertos firmaron por fin el Plan Young. Este pautaba que Alemania pagara reparaciones hasta 1988. Las anualidades debían ir aumentando de 1,7 a 2,4 mil millones de marcos federales hasta 1966, para luego volver a disminuir. El control extranjero sobre las finanzas alemanas fue eliminado. La responsabilidad de las transferencias ya no recaería en el agente ocupado de las reparaciones, sino en el gobierno nacional. Para liquidar los pagos se creó una nueva institución, el Banco de Pagos Internacionales, en Basilea. En caso de dificultades para pagar, Alemania podría dirigirse a un comité internacional de expertos, que haría propuestas para la revisión del plan de pagos.

Con el Plan Young, Alemania recuperó su plena soberanía en el ámbito de la política económica. En comparación con el Acuerdo Dawes, este ofrecía además la ventaja de que las primeras anualidades eran mucho más bajas y por ende representaban un alivio financiero. Por supuesto, la perspectiva de tener que pagar reparaciones durante cincuenta y ocho años era desalentadora.[38] No obstante, en el gabinete de Müller casi nadie creía que eso realmente llegara a suceder. En la recepción de los expertos alemanes el 14 de junio, el canciller de la Nación declaró que nadie podía prever cómo serían las circunstancias pasados diez o quince años. Se podía esperar que en el futuro prevaleciera «la sensatez económica mundial». Entre tanto, debía hacerse «lo más posible» por «cumplir con lealtad el nuevo plan».[39]

En la conferencia de La Haya, en agosto de 1929, las potencias acreedoras aprobaron el informe de los expertos, si bien solicitaron aún algunas correcciones en cuestiones de detalle, de modo que todavía no era posible solucionar por completo la cuestión de las reparaciones. Sin embargo, gracias a su aprobación del Plan Young, la delegación alemana, bajo el liderazgo de Stresemann, se agenció una gran victoria: el 30 de agosto se firmó un acuerdo para la evacuación anticipada de Renania. Cuando se hubieran retirado las tropas aliadas de la primera zona en el invierno de 1925-1926, la segunda zona debía ser evacuada antes del 30 de noviembre de 1929 y la tercera y última zona, antes del 30 de junio de 1930, es decir, cinco años antes del plazo estipulado en el Tratado de Versalles. Stresemann podía considerar este acuerdo como un éxito por completo personal. Le escribió al presidente del Parlamento, Paul Löbe, diciendo que con la conferencia de La Haya llegaba a su fin una «etapa de la política exterior» y tendrían la posibilidad de «llevar a cabo en el futuro una vasta política de entendimiento libre e independiente de las luchas eternas sobre la cuestión de las reparaciones y los territorios ocupados».[40]

Como temía el gobierno, la derecha nacionalista se movilizó en contra del Plan Young. La larga duración de las cargas y los todavía elevados pagos anuales le brindaban oportunos motivos de ataque. El 9 de julio de 1929, a instancias de Alfred Hugenberg sobre todo, se constituyó un Comité Nacional para el Referéndum Alemán que reunía a todos los opositores de derecha de la República: desde el Stahlhelm, la Liga Pangermana, el DNVP y la Liga Rural Nacional hasta el NSDAP. Hitler se sumó a la iniciativa cuando se acordó que la campaña no solo se dirigiría contra el Plan Young, sino también contra la llamada «mentira de la culpa de guerra». Por primera vez desde el fallido golpe de Estado de 1923 y el pésimo resultado en las elecciones de mayo de 1928, pudo volver a desempeñar un papel importante en la vida política y entrar en escena como un socio de pleno derecho junto al líder regional del Stahlhelm, Franz Seldte, el presidente del DNVP, Hugenberg, y el jurista Heinrich Claß, de la Liga Pangermana.[41]

A mediados de septiembre de 1929, el Comité Nacional presentó el texto del referéndum en forma de una «Ley contra la esclavización del pueblo alemán», titulada por los iniciadores como «Ley de la libertad». Los primeros dos párrafos se oponían al «reconocimiento forzado de la culpa de guerra» y exigían además que el gobierno dejara sin efecto los artículos correspondientes del Tratado de Versalles y trabajara por la evacuación inmediata e incondicional de todos los territorios ocupados. Según el párrafo 3, se debía prohibir al gobierno asumir «nuevas cargas y obligaciones» basadas en la «mentira de la culpa de guerra». Esto también apuntaba a los resultados alcanzados en la Conferencia de Expertos de París, con lo cual habría quedado invalidado el Plan Young. El punto culminante de la demagogia se encontraba en el párrafo 4, que amenazaba con penas de prisión no menores a dos años, por traidores a la patria, a «cancilleres de la Nación, ministros de la Nación y representantes autorizados de la Nación» que firmaran acuerdos semejantes. Dado que Seldte, el presidente de la Nación, que era miembro honorario del Stahlhelm, estaba entre los «representantes autorizados de la Nación», se vio a sí mismo en una situación embarazosa. Para excluir al menos a Hindenburg, la versión final se reformuló como «cancilleres de la Nación, ministros de la Nación y sus representantes autorizados».[42] El presidente de la Nación le comunicó por escrito al canciller de la Nación que consideraba el párrafo 4 «un ataque personal e infundado, que lamentaba y condenaba».[43]

El 21 de septiembre, el Comité Nacional presentó la solicitud de autorización para el referéndum y el ministro del Interior, Severing, la aprobó. Para que el proceso continuara, según la Constitución, al menos una décima parte de los votantes registrados debía inscribirse en las listas. A pesar de la descarada agitación por parte de la prensa de Hugenberg, los iniciadores consiguieron apenas alcanzar el cuórum necesario, con el 10,2 por ciento de los votantes registrados.

En la última semana de noviembre, el Parlamento debatió la «Ley de la libertad». Como todo el mundo suponía, se rechazó. Lo que causó revuelo fue la división dentro de la facción de los nacionalistas alemanes durante la votación: de sus 73 diputados, solo 53 votaron a favor. Era una advertencia inequívoca a Hu-

Campaña demagógica: la derecha nacionalista se moviliza en contra del Plan Young de junio de 1929. Al final, fracasa con el plebiscito del 22 de diciembre de 1929. (Cartel de octubre de 1929) [texto en la imagen: «¡Tendrán que trabajar hasta la tercera generación! ¡Defiéndanse! Vayan al referéndum. Inscríbanse en las listas del referéndum, que estarán disponibles del 16 al 29 de octubre»].

genberg para que no exagerara con su línea dura. A principios de diciembre, doce diputados abandonaron el partido, entre ellos algunos parlamentarios destacados, como el antiguo ministro de la Nación Walter von Keudell, el terrateniente Hans Schlange-Schöningen, el gerente de la Asociación de Empleados de Comercio, Walter Lambach, el teniente de navío retirado Gottfried Treviranus y el historiador Otto Hoetzsch. Estos fundaron una Comunidad de Trabajo Nacionalista Alemana, de la cual, en enero de 1930, surgió, tras la alianza con el Partido Paisano, la Asociación Conservadora Popular. El conde

Westarp renunció a su cargo como presidente de la facción del DNVP.[44]

Tras el rechazo del Parlamento, se celebró el plebiscito. Para la aprobación de la ley habría sido necesaria una participación electoral de más del 50 por ciento (21 millones de votos), y que, además, hubiera una mayoría de votos a favor. En la votación del 22 de diciembre de 1929, sin embargo, solo 5,8 millones de personas (el 13,8 por ciento del padrón) votaron a favor del proyecto. Fue un fracaso evidente y «un chasco absolutamente atroz para el señor Hugenberg», como anotó el secretario de Estado Pünder.[45] La derecha no había logrado convertir el rechazo al Plan Young en un tema de disputa capaz de movilizar a las masas de votantes descontentos. Para Hitler, sin embargo, el esfuerzo había valido la pena. El líder del NSDAP se había convertido en alguien presentable en los círculos conservadores de derecha, y, gracias al apoyo de la prensa de Hugenberg, había logrado hacerse notar a nivel nacional. «El apóstol del golpe de Estado de Múnich registra su primer auténtico éxito», escribió el periódico *Vorwärts*. «Los ha enganchado [al DNVP] a su carro y a golpes de látigo conduce el carro negro, blanco y rojo hacia sus próximos objetivos».[46] Durante la campaña, el NSDAP había logrado perfilarse como el partido de protesta de la derecha y había demostrado ser muy superior a sus aliados conservadores en lo tocante a organización y a disposición a actuar.

El hecho de que los nacionalsocialistas estaban en ascenso se evidenció ya en las elecciones estatales del otoño de 1929. En Baden alcanzaron el 7 por ciento el 27 de octubre y en Turingia, hasta el 11,3 por ciento el 8 de diciembre. Aquí formaron en enero de 1930 una coalición con el DVP y el DNVP, y con Wilhelm Frick —uno de los principales implicados en el golpe de Estado de Hitler de noviembre de 1923— como ministro del Interior y de Educación Popular, ocuparon una posición clave en el gobierno estatal.[47]

Mientras aún continuaba la campaña contra el Plan Young falleció el hombre cuyo nombre representaba más que ningún otro la conciliación y la reconciliación con los antiguos adversarios de guerra: Gustav Stresemann. Había agotado su ya frágil salud en la lucha contra sus oponentes en su propio partido y contra los adversarios de su política de entendimiento, tanto dentro como fuera del Parlamento. En la noche del 3 de octubre sufrió un primer derrame cerebral, seguido por el segundo, mortal, de madrugada. «Es una pérdida irreparable cuyas consecuencias no se pueden prever —anotó el conde Harry Kessler, que se encontraba en París en ese momento y describió la reacción de los franceses—. Todo el mundo habla de ello: los peluqueros, los camareros de los restaurantes, los chóferes, las vendedoras de periódicos [...]. Todo París vive su muerte como una especie de tragedia nacional [...]. Es casi como si hubiera fallecido el más grande estadista francés. El duelo es universal y auténtico».[48] ¿Quién habría creído posible una reacción semejante en 1923?

De manera similar lo vivió también el campo democrático en Alemania. Theodor Wolff elogió a Stresemann en el *Berliner Tageblatt* como un «estadista alemán», un «realista valiente e inteligente» que había sacado a Alemania de su aislamiento en cuanto a política exterior para devolverla «al lugar elevado que le correspondía entre las naciones».[49] Carl von Ossietzky le reconoció en *Die Weltbühne* «un talento único en Alemania». Por eso, según él, «se elevó, alto como una torre, por encima de los pomposos héroes de pacotilla de las facciones» y pudo enfrentarse en la mesa internacional de negociaciones a «las mejores mentes diplomáticas del presente».[50] En su sepelio, el 6 de octubre, cientos de miles de berlineses le rindieron su último homenaje. «Todo el domingo estuvo marcado por la impresión del entierro de Stresemann —escribió Betty Scholem a su hijo Gershom, emigrado a Palestina—. Alemania tiene mucha mala suerte con sus estadistas; ahora había uno que hacía bien las cosas y muere a los cincuenta años».[51] Es difícil decir cómo se habrían desarrollado las cosas si Stresemann hubiera vivido más tiempo. En cualquier caso, a su muerte, el gobierno de Hermann Müller se debilitó notablemente.

Como defensor decidido de la gran coalición, Stresemann había logrado mantener unidas las fuerzas divergentes en la alianza gubernamental. Con él, el canciller del SPD perdía su principal apoyo, a alguien que había sabido manejar con virtuosismo la actividad parlamentaria. También para el DVP fue una pérdida irreparable la muerte de su presidente. Había conducido al partido de ser oposición a la República a asumir la responsabilidad gubernamental. En sus últimos años, no obstante, le había resultado cada vez más difícil comprometer a la facción parlamentaria con su política de centro. Por momentos había barajado la idea de fundar un nuevo partido burgués de centro con Erich Koch-Weser, del DDP. Tras su fallecimiento adquirió el predominio de manera definitiva el ala derecha del DVP que estaba bajo el influjo de los intereses de la industria pesada y que le había hecho tan difícil la vida a Stresemann. Esto también se reflejó en la elección de Ernst Scholz como su sucesor en la presidencia del partido. El Ministerio de Asuntos Exteriores fue asumido por el ministro de Economía, Curtius, y el puesto de ministro de Economía lo ocupó el catedrático de Colonia Paul Moldenhauer, profesor de administración de seguros y miembro de la comisión directiva de I. G. Farben. Era miembro del Parlamento desde 1920, aunque había pasado más bien desapercibido.[52]

Tres semanas después de la muerte de Stresemann, el 24 de octubre de 1929, el Viernes Negro (que en realidad fue un jueves), se desplomó el mercado de valores en la Bolsa de Nueva York, lo que desencadenó una crisis económica mundial. Alemania se vio especialmente afectada. El auge económico de los supuestos «años dorados» de la República se había financiado en gran medida con préstamos extranjeros, sobre todo estadounidenses. Después del colapso de la bolsa, los bancos de Estados Unidos se vieron forzados a reclamar sus préstamos a corto plazo, lo cual aceleró la caída de la economía alemana.

Ya en la segunda mitad de 1928 la coyuntura se mostraba confusa. Las ganancias empresariales disminuían, las inversiones se reducían y los concursos de acreedores aumentaban de manera visible. Tras un crudo invierno, en febrero de 1929, el número de desempleados superó por primera vez los tres millones y, si bien en julio bajó a 1,25 millones, seguía siendo relativamente alto.[53]

Con el aumento del desempleo, la Oficina Nacional de Empleo y Seguro de Desempleo tuvo que enfrentar una difícil situación. Esta oficina había sido creada en julio de 1927 como una importante ampliación y complemento del sistema de seguridad social alemán. Los afiliados al seguro obligatorio tenían derecho legal a recibir asistencia por desempleo. Las contribuciones al seguro de desempleo no podían superar el 3 por ciento del salario básico y debían ser cubiertas a partes iguales por empleadores y trabajadores. Los ingresos por estas contribuciones eran suficientes para mantener a un promedio de ochocientos mil desempleados, y, en meses de crisis, a otros seiscientos mil con un «fondo de emergencia». Si los fondos propios no eran suficientes para cubrir las necesidades, el Estado nacional estaba obligado a intervenir brindando préstamos de monto ilimitado.[54]

Con el aumento repentino del desempleo en el invierno de 1928-1929, esta regulación se convirtió en un problema con grandes posibilidades de tornarse explosivo en términos políticos, puesto que, con la disminución de los ingresos fiscales provocada por la incipiente recesión económica, la situación financiera del país se iba volviendo cada vez más precaria. En marzo de 1929, el ministro de Finanzas, Hilferding, tuvo que esforzarse para lograr reunir, con la ayuda de un consorcio bancario, los montos necesarios para la Oficina Nacional.

Sin una reforma del seguro de desempleo no podía caber ninguna duda de que sería imposible sanear las finanzas del país. Las opiniones divergían, sin embargo, respecto de qué camino seguir. Mientras los empresarios abogaban por reducir impuestos y disminuir el gasto social, los sindicatos se oponían a cualquier recorte de las prestaciones y apoyaban un aumento de las contribuciones al seguro de desempleo. Era inevitable que el conflicto, que había pasado enseguida a ser una cuestión de principios, afectara también al gobierno de la gran coalición. El DVP defendió las demandas de los empresarios, mientras que el SPD, junto con los sindicatos, se negó a ellas con rigor.[55] Pronto quedó claro que estas contradicciones apenas si podrían resolverse dentro del marco de la gran coalición, si bien eran un incentivo para que las fuerzas hostiles a la República en los círculos industriales, los partidos de derecha y las Fuerzas Armadas empezaran a buscar con más determinación la vía para gobernar sin mayorías parlamentarias.

El 6 de mayo de 1929, el gabinete trató por primera vez el problema del seguro de desempleo. Las posiciones enfrentadas chocaron con dureza. Wissell, el ministro de Trabajo, exigió un aumento inmediato de las contribuciones del 3 al 4 por ciento. Estaba convencido de que una «reforma sistemática del seguro de desempleo» solo podría ser emprendida una vez que se hubiera recopilado suficiente material por medio de una investigación oficial. Por otro lado, Curtius, el ministro de Economía, se opuso a aumentar las contribuciones. Para él, en cambio, era necesario establecer primero un programa urgente de reforma y luego definir la cuestión de «qué recursos serían necesarios para financiar el seguro en su versión reformada».[56]

En junio de 1929, el gabinete aprobó, a petición de Wissell, que se creara una comisión de expertos para mediar entre las posturas opuestas. Sin embargo, el intento de tender puentes no dio resultado. Al contrario, las posiciones se endurecieron. El gabinete de Müller se vio enfrentado a una creciente presión por parte de los empresarios. A fines de agosto de 1929, la Asociación de Federaciones de Empleadores Alemanes declaró que un aumento de las contribuciones por encima del 3 por ciento era «incompatible con la situación actual de la economía y el país». Más bien había que sanear la Oficina Nacional aplicando medidas de ajuste. Un mes después se sumó la Asociación Nacional de la Industria Alemana: la reforma del seguro de desempleo debía llevarse a cabo de manera que «excluya cualquier carga para el presupuesto nacional». «Si en casos especiales es inevitable un préstamo, el gobierno nacional debe garantizar, mediante la reducción de las prestaciones, que el préstamo esté cubierto».[57]

A principios de octubre de 1929, después de arduas negociaciones con las facciones, el gobierno presentó por fin una ley de modificación del seguro de desempleo que estaba destinada a eliminar las demandas abusivas, pero que también dejaba de lado la polémica cuestión del aumento de las contribuciones. El día antes de morir, Stresemann había logrado convencer a su facción, en un último esfuerzo, de que se abstuviera en la votación en el Parlamento. La ley fue aprobada el 3 de octubre con 237 votos a favor y 155 en contra (con 40 abstenciones). Se evitó una vez más una grave crisis gubernamental, aunque con ello solo se postergaba la decisión. El conflicto permaneció latente y volvería a estallar al agravarse la crisis económica tras el colapso de la Bolsa de Nueva York.[58]

En el otoño y el invierno de 1929, la situación financiera del país se fue volviendo cada vez más crítica. La caída de la recaudación fiscal y el aumento de los gastos en subsidios de desempleo provocaron grandes agujeros en el presupuesto. Desde fines de octubre de 1929, la deuda flotante de la Nación ascendía a 1.200 millones de marcos federales. Los desahogos financieros previstos por el Plan Young, ante esta dramática situación, eran apenas una gota de agua en el desierto. Sin embargo, antes de que se adoptase el paquete de medidas era del todo impensable una consolidación de las finanzas. A Hilferding, el ministro de Finanzas, cada vez le resultaba más difícil obtener créditos para cubrir el déficit presupuestario. Desde agosto, él y su secretario de Estado, Johannes Popitz, habían estado trabajando intensamente para obtener un préstamo a largo plazo del banco estadounidense Dillon Read & Co., que ya había ayudado al país a salir de un aprieto financiero en junio de 1929.[59]

Las negociaciones se llevaron a cabo a espaldas de Schacht, el presidente del Reichsbank, y este no dejó pasar la oportunidad de llegar a una confrontación. No era un giro del todo inesperado. Desde la conferencia de La Haya en agosto de 1929, Schacht había mantenido su distancia respecto del gobierno, al que no solo reprochaba llevar una política financiera inestable, sino también ser en exceso dócil con las potencias acreedoras. A fines de noviembre, el secretario de Estado Pünder anotó en su diario el siguiente comentario sobre Schacht: «Ahora anda por ahí diciendo que el gobierno nacional está echando a perder su hermoso Plan Young haciendo nuevas concesiones permanentemente».[60]

El 4 de diciembre se produjo una discusión en el gabinete. Schacht comenzó afirmando que no pretendía «para nada intervenir en las decisiones políticas del gabinete», pero acto seguido atacó con dureza la gestión financiera del sector público. Para resolver la crisis financiera era imprescindible reducir el gasto, y si no se hacía, el Reichsbank ya no participaría en la obtención de nuevos créditos. Sin apenas disimulo, amenazó con llevar su crítica «en la forma apropiada» a la opinión pública.[61]

Al día siguiente cumplió su amenaza. En un memorando filtrado a la prensa, protestó contra la supuesta «distorsión» que el Plan Young había sufrido después de la conferencia de expertos en París. Dijo que en su momento había condicionado su firma a que el gobierno nacional ordenara las finanzas y pusiera en marcha disposiciones para fortalecer la economía antes de adoptar el paquete de medidas. Según él, «no ocurrió lo más mínimo» en ese sentido. El déficit presupuestario no solo no se había solucionado, sino que más bien crecían las carencias, que solo podrían cubrirse con nuevos impuestos, es decir, con una mayor carga, sobre todo para los empresarios. Por lo tanto, Schacht debía «negarse de manera categórica a aceptar cualquier responsabilidad por la puesta en vigor del Plan Young».[62]

El memorando cayó como una bomba. Era la primera vez que un presidente del Reichsbank atacaba la política del gobierno de esa manera. «Lo que ha hecho el señor presidente del Reichsbank es lo que en los países de habla española se llama "pronunciamiento": un general presenta un ultimátum, y el gobierno debe aceptarlo o dar un paso al costado», escribió Carl von Ossietzky en *Die Weltbühne*.[63] Y el secretario de Estado Pünder anotó: «La indignación en el gabinete es inmensa, en particular porque Schacht, en medio de las negociaciones, le clava al gobierno de esta manera un puñal por la espalda».[64]

En una declaración del 6 de diciembre, el gobierno condenó la decisión de Schacht de llevar el asunto a la opinión pública. Lo consideraba una «violación difícil de entender contra el deber de respetar la autoridad del Estado». Al mismo tiempo anunció que la semana siguiente llevaría al Parlamento un «programa financiero completo».[65]

El 9 de diciembre, el ministro de Finanzas, Hilferding, presentó al gabinete los detalles de su programa. Con la considerable reducción de los impuestos directos que allí se anunciaba satisfacía en gran medida los deseos de los empresarios. A cambio, el ministro de Economía, Moldenhauer, se mostró dispuesto a aceptar un aumento de las contribuciones al seguro de desempleo del 3 al 3,5 por ciento, a partir del 1 de enero de 1930. Sin embargo, el acuerdo en el gabinete no significaba aún un acuerdo entre los partidos. En el SPD, la orientación filoempresarial del programa fue recibida sin el menor entusiasmo, mientras que la facción del DVP, sobre todo, se mostró en contra del aumento de las contribuciones. Un portavoz de la oposición declaró que, en esas circunstancias, solo quedaría la opción de «retirarse del gobierno». El 11 de diciembre, en la reunión con los líderes de las facciones, sin embargo, Hermann Müller insistió en la «aceptación incondicional» del programa. Si las facciones no podían llegar a un acuerdo, el gobierno se presentaría ante el Parlamento, «para llevar la decisión a una abierta batalla campal».[66]

Una vez más parecía inminente una grave crisis gubernamental. Se sucedían frenéticas reuniones de gabinete y de facciones continuamente, una después de la otra. Cuando Hermann Müller hizo su declaración gubernamental el 12 de diciembre aún no contaba con el apoyo de sus socios de coalición. Al final, la mañana del 14 de diciembre se llegó a un consenso, a pesar de todo, en torno a una fórmula de acuerdo redactada, una vez más, por el secretario de Estado Pünder: «El Parlamento aprueba la declaración presentada por el gobierno nacional y confía en que el programa financiero del gobierno, sujeto a la elaboración final de las leyes en detalle, será implementado conforme a los principios generales que el gobierno ha hecho públicos».[67] En la decisiva sesión del 14 de diciembre, el Parlamento aprobó el voto de confianza con 222 votos a favor y 156 en contra (con 22 abstenciones). De los diputados del DVP, 22 votaron a favor y 14 en contra; 28 diputados del SPD se ausentaron de la votación. De nuevo, las roturas en la coalición solo se habían reparado a medias. Lo único que ejercía un efecto disciplinador sobre el DVP era, en realidad, la consideración de que no se debía hacer colapsar la coalición gubernamental antes de que se aprobara el Plan Young.

Quien esperase entonces una tregua por parte de Schacht se desilusionaría. El 16 de diciembre, Schacht incrementó la presión sobre el gobierno: ante el presidente y el canciller de la Nación, declaró que el programa financiero de emergencia no le parecía suficiente y exigió, casi a modo de ultimátum, que se incluyera en el presupuesto de 1930 una suma de 500 millones de marcos federales para amortizar la deuda.[68] De este modo puso al gabinete en un aprieto, puesto que si se negaba a ayudar a conseguir un préstamo puente, el país corría el riesgo de volverse insolvente. Al final, al gobierno no le quedó más opción que ceder a la demanda de Schacht. El 19 de diciembre, la coalición se comprometió a presentar de inmediato al Parlamento un proyecto de ley sobre un fondo de amortización para cubrir la deuda flotante de la Nación por valor de 450 millones de marcos federales. El 22 de diciembre, el Parlamento aprobó la propuesta. Ese mismo día un consorcio bancario nacional encabezado por el Reichsbank otorgó al gobierno el crédito que precisaba.[69]

En aquellos dramáticos días, el canciller de la Nación, Müller, estuvo cerca de resignarse y dimitir. Superada la crisis, el secretario de Estado Pünder afirmó: «Lo más inquietante era que apenas unas pocas personas advertían lo que estaba en juego. Gracias a Dios, ahora el gran peligro parece haber sido superado de manera definitiva».[70] Sin embargo, el gobierno solo había logrado una pausa para recuperar el aliento. Y perdió a otro hombre importante del gabinete, Hilferding. El ministro de Finanzas estaba harto de que Schacht interfiriera sin cesar en asuntos de su competencia y el 20 de diciembre presentó su renuncia en una carta al canciller. Su política, decía, había sido perturbada «por interferencias externas» —se refería a Schacht, pero también al DVP— y, en consecuencia, ya no podía continuar llevándola adelante.[71] Con él se fue también su secretario de Estado, Popitz. El sucesor de Hilferding fue el ministro de Economía, Moldenhauer, y asumió el Ministerio de Economía el socialdemócrata Robert Schmidt, quien ya había ocupado ese cargo en varios gabinetes.[72]

A fines de 1929, los industriales intensificaron sus ataques contra la gran coalición. El 12 de diciembre, la Asociación Nacional de la Industria Alemana (RDI) presentó un memorándum con el significativo título «Ascenso o decadencia». De la redacción se habían ocupado, sobre todo, el gerente Ludwig Kastl y Paul Silverberg, productor de lignito y miembro de la presidencia de la RDI. «La economía alemana se encuentra en una encrucijada —decían—. Si no se logra cambiar por fin el rumbo y dar un giro decisivo a nuestra política económica, financiera y social, la decadencia de la economía alemana está sellada». Entre otras cosas, la RDI exigía una fuerte retirada de la economía por parte del Estado, una limitación del gasto social por medio, especialmente, de la reforma del seguro de desempleo, una reducción de los impuestos a las empresas y un derecho de veto del gobierno nacional sobre los aumentos de gastos aprobados por el Parlamento; todas ellas, medidas que habían de ayudar a «poner fin a la descomposición progresiva del cuerpo económico alemán».[73]

También el industrial del sector químico Carl Duisberg, presidente de la RDI, tenía claro que la época de la gran coalición se había terminado. «No podemos eludir el hecho de que necesitamos un cambio estructural, un giro completo del sistema en su conjunto —declaró en la conferencia de gerentes de la asociación a principios de diciembre de 1929—. Y eso sería lo más importante que podríamos lograr: una dirección por completo diferente en un sentido capitalista, no en un sentido socialista».[74] El objetivo era evidente: desembarazarse de las cargas de la política social, expulsar al SPD del gobierno y avanzar hacia una transformación de la democracia parlamentaria en un sistema autoritario.

También en el DVP ganaron impulso las fuerzas que apoyaban un cambio de dirección radical respecto del gabinete de la gran coalición. Uno de sus diputados nacionales, Erich von Gilsa —antiguo ayudante de Gustav Noske—, mantenía una estrecha relación con el empresario Paul Reusch, del sector de la industria pesada, presidente de la junta directiva de la Gutehoffnungshütte, y lo informaba con regularidad de los asuntos internos del partido y la facción. Le habló, por ejemplo, de una reunión que los disidentes de derecha del DVP mantuvieron el 24 de enero de 1930, en la cual se decidió «provocar con celeridad un cambio de rumbo en la política del partido». Con este fin se consensuó un programa que incluía las principales demandas del memorándum de la RDI: reducción de impuestos y una reforma del seguro de desempleo. «Si la socialdemocracia se niega a cumplir con estas demandas, o bien deberá ella abandonar el gobierno o bien el Partido Popular deberá derribar, con su retirada, al gobierno del canciller de la Nación, Müller».[75]

En esta misma línea se movía el sucesor de Stresemann, Ernst Scholz. Desde fines de 1929 estuvo empeñado en disolver la gran coalición. A principios de febrero de 1930, Von Gilsa informó a Reusch sobre lo que el presidente del partido le había confiado: en cuanto se aprobara el Plan Young, debían «ponerse en orden con la mayor celeridad posible los asuntos de política interior». Decía que Scholz planeaba «exigir al gabinete en última instancia que adoptara compromisos legales para la reforma financiera y fiscal». Y que además tenía la intención de «provocar a conciencia una ruptura con la socialdemocracia». Que para alcanzar este objetivo ya había establecido contactos con Heinrich Brüning, el presidente de la facción del Partido de Centro, y con un grupo moderado de nacionalistas alemanes liderado por Gottfried Treviranus, que en diciembre de 1929 se había escindido del intransigente DNVP de Hugenberg.[76]

Estos planes coincidían con los que la dirigencia de las Fuerzas Armadas y el entorno del presidente de la Nación venían teniendo ya desde hacía tiempo. Kurt von Schleicher desempeñaba un papel clave en todo esto, ya que mantenía una relación de amistad con Oskar, el hijo de Hindenburg, un antiguo compañero de regimiento. A fines de 1926 y principios de 1927, Schleicher ya había sugerido al presidente de la Nación que, en el caso de que no se lograse crear una coalición de derecha con el DNVP, debería formar «un gobierno de su confianza sin consultar a los partidos ni tomar en consideración sus deseos», y brindarle a este gobierno, «con la orden de disolución en el bolsillo, [...] todas las posibilidades constitucionales para conseguir una mayoría en el Parlamento».[77] Esta idea de un gobierno presidencial la debatió Schleicher con Brüning en una conversación que mantuvieron la primavera de 1929, después de ser nombrado jefe de la oficina ministerial en el Ministerio de Defensa: «El presidente de la Nación ve el peligro de que toda la política interior y exterior se estanque. Está decidido a poner las cosas en orden antes de su muerte, en conjunto con las Fuerzas Armadas y las fuerzas jóvenes del Parlamento». Cuando Brüning le preguntó si eso debía suceder con o sin el Parlamento, Schleicher respondió: «El presidente de la Nación no violaría la Constitución, pero, en el momento adecuado, sí enviaría al Parlamento a casa por un tiempo, y, durante ese tiempo, pondría la situación en orden con la ayuda del artículo 48».[78]

Con el empeoramiento de la situación económica y la intensificación de los conflictos dentro de la gran coalición en el invierno de 1929, los planes de la cúpula de las Fuerzas Armadas para reformar la Constitución de Weimar hacia la desparlamentarización y el autoritarismo cobraron una forma concreta. Fue en este contexto cuando tuvo lugar la reunión descrita al comienzo del capítulo entre Groener, Schleicher, Brüning y Meissner el día después de Navidad, que dio el puntapié inicial.

A los ojos del ejército, lo que calificaba al centrista como candidato ideal para dirigir un gabinete presidencial era lo que Schleicher describió de la siguiente manera: para él, se trataba de un hombre «con una postura conservadora», un «político experimentado y un antiguo soldado de primera línea con un sentir nacional». Los partidos de derecha no sostendrían con él «ninguna rivalidad de base», y además gozaba «de confianza también en las Fuerzas Armadas».[79]

A principios de enero de 1930, el ministro de Defensa, Groener, manifestó su satisfacción por el curso de los sondeos. Su «cardenal en materia política», Schleicher, hizo, según él, un «excelente trabajo entre bastidores y preparó bien el terreno para el futuro».[80] El 15 de enero, Hindenburg recibió al conde Westarp, que en diciembre había renunciado a la presidencia de la facción del DNVP en medio de una disputa con Hugenberg, en una reunión estrictamente confidencial. Le preguntó si existía alguna posibilidad de que un gobierno formado por él, Hindenburg, recibiera «algún tipo de apoyo, directo o indirecto, del DNVP». El 6 de enero ya se lo había preguntado a Hugenberg, de quien había recibido una negativa tajante. Por ello tenía el temor de que fracasara «la formación de un gobierno antiparlamentario y antimarxista a causa del comportamiento del DNVP» y de que fuera imposible «librarse del gobierno compartido con los socialdemócratas». Westarp expresó su opinión personal, según la cual el DNVP debía apoyar un «gabinete de Hindenburg» que gobernara con el instrumento del artículo 48. Le parecía muy dudoso, sin embargo, que Hugenberg y una mayoría de su partido fueran a avenirse a seguir ese camino. «En el país, y en particular en las instancias decisivas (la dirigencia del partido, etcétera), Hugenberg, con su política, cuenta en cualquier caso con mucho respaldo ahora mismo».

En una conversación posterior con Westarp, Meissner describió el diseño del gabinete presidencial planeado: «a) antiparlamentario, es decir, sin negociaciones de coalición ni acuerdos; b) antimarxista, puesto que, a su manera de ver, es absolutamente necesario, por el bien de la economía y las finanzas, eliminar la influencia socialdemócrata al menos por un tiempo». Si bien la participación del DNVP no estaba prevista, Meissner subrayó que era importante que el partido «apoyara al gabinete internamente y que lo manifestara de manera abierta y en la prensa».[81] El secretario de Estado de Hindenburg sabía del poder mediático del conglomerado de Hugenberg y quería ponerlo al servicio de la solución a la que aspiraba.

El 3 de enero de 1930 se celebró la segunda conferencia de La Haya, en la que se debía aprobar de manera definitiva el Plan Young, que había sido adoptado en agosto de 1929. El ánimo estaba tenso porque la campaña de la derecha alemana y el fuego amigo de Schacht habían acrecentado el temor entre las potencias acreedoras de que Alemania, bajo un gobierno de derecha, decidiera evadir sus obligaciones. Se discutió mucho una cláusula de sanciones destinada precisamente a evitar esto. Schacht volvió a causar inquietud cuando, el 13 de enero, declaró que el Reichsbank solo podría participar en el Banco de Pagos Internacionales (BIZ) si se revertían las supuestas «distorsiones» del borrador original de la comisión de expertos. Hasta que el ministro de Finanzas, Moldenhauer, no garantizó que la participación del Reichsbank en el BIZ quedaría asentada en la normativa del primero no se acalló el escándalo. El 20 de enero se firmaron las leyes del Plan Young, y el 30 de enero fueron aprobadas en el gabinete bajo la presidencia de Hermann Müller. Ahora, al acuerdo de reparaciones le restaba superar la barrera del Parlamento.[82]

Por todas partes surgían dificultades inesperadas. Dos días antes, el 28 de enero, la junta directiva del Partido de Centro había decidido, por sugerencia de Brüning, comunicar al canciller de la Nación que el partido no daría su aprobación «si el gobierno no propone medidas oportunas y obtiene el visto bueno para asegurar el saneamiento financiero antes de la adopción del Plan Young».[83] Este paso, al parecer, aún no estaba motivado por la intención de romper la gran coalición, sino más bien por la de darle, en alguna medida, una última oportunidad: «El saneamiento era la prueba crucial; sin él, esta alianza gubernamental no podía sobrevivir», en palabras de Heinrich August Winkler.[84]

Para el canciller Müller, la exigencia de que el Plan Young formara un paquete con la reforma fiscal y financiera no podía llegar en un momento más inoportuno. En la reunión del gabinete del 30 de enero manifestó «serios reparos»: cumplir la demanda del Partido de Centro había de conducir a un «retraso considerable» en la ratificación del acuerdo de La Haya. El retraso comportaría «un gran peligro, puesto que cuanto más se prolongaran las negociaciones, tanto mayor y tanto más peligrosa se volvería la presión de las corrientes que se orientan al rechazo de las leyes».[85] En la reunión con los líderes de los partidos, el 7 de febrero, Brüning, sin embargo, se aferró al paquete: «El saneamiento financiero no debería ser postergado hasta la adopción del Plan Young. Después de la aprobación de las leyes del Plan Young es probable que ya no sea posible alcanzar el acuerdo necesario entre los partidos. La situación que surgiría entonces sería extremadamente peligrosa».[86] El hecho de que ya existía un plan para esa contingencia, el de terminar con la coalición e instalar un «gabinete de Hindenburg» en el que él mismo había de tener un papel clave, no dejó Brüning que se entreviera de ninguna manera.

El presupuesto que presentó el ministro de Finanzas a principios de febrero mostraba, a pesar del alivio financiero previsto por el Plan Young, un déficit récord de unos 700 millones de marcos federales, de los cuales 250 millones se debían solo al subsidio estatal para el seguro de desempleo. Durante todo el mes de febrero se debatió sobre cómo cubrir este déficit, pero las facciones no consiguieron ponerse de acuerdo. El aumento de la contribución al seguro de desempleo del 3,5 al 4 por ciento que proponía el SPD fue rechazado por el DVP con tanta determinación como el incremento de los impuestos directos. En un momento dado se planteó la idea de que los empleados con salario fijo realizasen un «sacrificio de emergencia». Sin embargo, aunque incluso el presidente de la Nación se entusiasmó con la propuesta, el DVP la desechó. El 2 de marzo, esta facción del Parlamento aprobó una resolución en la que se exigía un alivio significativo para la economía y «un saneamiento del seguro de desempleo evitando cualquier aumento adicional de los impuestos directos». Era evidente que Scholz, el presidente del partido, y el ala derecha de la formación querían permitir que se rompiera la gran coalición.[87]

«En realidad, se espera en general la dimisión del gobierno», anotó Pünder el 3 de marzo.[88] No obstante, el día 5 ocurrió algo con lo que ya casi nadie contaba: el consejo de ministros llegó a un acuerdo sobre propuestas para cubrir el presupuesto de 1930. La concesión más importante la hizo Moldenhauer, el ministro de Finanzas, en lo que respecta al seguro de desempleo: se autorizó a la junta directiva de la Oficina Nacional a aumentar las contribuciones del 3,5 al 4 por ciento, si la mayoría de los representantes de empleadores y empleados en este organismo lo aprobaba. A cambio, los ministros socialdemócratas se declararon de acuerdo en que el Ministerio de Finanzas elaborara un programa de ahorro «que siente las bases para una reducción de impuestos y que mantenga los gastos corrientes del presupuesto ordinario de 1931 por debajo de los del año 1930».[89]

Las reacciones al acuerdo fueron encontradas. El *Deutsche Allgemeine Zeitung*, periódico que simpatizaba con la industria, lamentó: «El verdadero ganador es, una vez más, el SPD. Una vez más ha impedido una reforma financiera, en particular del seguro de desempleo, y ha cargado a la economía con los costos de la política de gasto marxista». El liberal *Frankfurter Zeitung*, por su parte, manifestó su sospecha de que «todas las fuerzas que, más por razones personales que objetivas, se esmeran en romper la coalición actual, concentren sus esfuerzos en el DVP para forzar a la facción a rechazar el acuerdo por medio de una tormenta de telegramas provenientes de distintas regiones del país y otras formas de presión externa».[90]

De hecho, el 6 de marzo la facción del DVP rechazó los puntos clave del acuerdo, a pesar de que Moldenhauer amenazó con dimitir. Y al día siguiente, también las principales federaciones industriales plantearon sus protestas: el programa presentado no respondía, decían, «a las necesidades de una política financiera y económica orientada a la revitalización de la economía y la reducción del desempleo».[91] Carl Duisberg le hizo saber a Moldenhauer que si dimitía debido a la postura negativa del DVP, no perdería «en absoluto la confianza del sector empresarial»: «por el contrario, de ser ese el caso, la conservará especialmente».[92] No se podría haber expresado de manera más clara: el sector empresarial deseaba la ruptura.

Pero eso no fue todo: el 7 de marzo, Schacht presentó su dimisión como presidente del Reichsbank, un paso que pretendía aumentar la presión sobre el gobierno de Müller. Esta vez, sin embargo, calculó mal la jugada. Los últimos meses, con sus constantes intrigas, había ido perdiendo mucho crédito. «Schacht es desde hace mucho tiempo un hombre acabado. Quedó arruinado en todas partes», anotó el secretario de Estado Pünder. El gabinete aceptó en el acto la dimisión. El 11 de marzo, el Consejo General del Reichsbank eligió como sucesor al antiguo canciller de la Nación, Hans Luther.[93]

El único motivo que retenía de provocar la ruptura inmediata a las fuerzas que presionaban por instaurar un gobierno presidencial era el hecho de que las leyes del Plan Young aún debían ser aprobadas por el Parlamento. Después de eso, calculaban, el SPD ya no sería necesario. Sin embargo, el Partido de Centro seguía condicionando su apoyo a que se cumpliera con el paquete establecido a fines de enero de 1930. Para destrabar la situación, Hindenburg convocó a Brüning el 11 de marzo y le aseguró que, en caso de que los partidos no llegasen a un acuerdo, haría uso de todas las «posibilidades constitucionales», es decir, también de los plenos poderes del artículo 48 si era necesario, para que el programa financiero entrara en vigor al inicio del nuevo año presupuestario, el 1 de abril. Brüning interpretó esta garantía del presidente de la Nación, según manifestó en la reunión de la facción del Centro, como un «gran éxito del Partido de Centro»; con ella se alcanzaba el objetivo del paquete.[94] La facción decidió por una gran mayoría votar a favor de las leyes del Plan Young. El 12 de marzo, en la tercera lectura, el Parlamento las aprobó con 265 votos a favor y 192 en contra (con 3 abstenciones). Un día después, Hindenburg firmó el tratado.

En la cúpula de las Fuerzas Armadas, la noticia del despacho del presidente sobre que Hindenburg había ofrecido al gabinete de Müller la posibilidad de autorizar un decreto presidencial de plenos poderes causó sorpresa e indignación. A partir de entonces, se hizo todo lo posible para que el presidente de la Nación retirara su promesa. El mismo 11 de marzo, Groener visitó a Hindenburg y consiguió, al parecer, volver a alinearlo. De hecho, el 14 de marzo, el consejero gubernamental, Erwin Planck, enlace de Schleicher en la Cancillería de la Nación, escribió en una carta confidencial a su esposa: «Schleicher está ahora de nuevo muy íntimo con el viejo».[95] El 18 de marzo, el confidente de Reusch, Von Gilsa, pudo informar de que Hindenburg, «a instancias de Groener y Schleicher», se había negado a poner a disposición del gobierno los plenos poderes del artículo 48 y a convencer a los dos ministros del DVP, Moldenhauer y Curtius, de que permanecieran en el gabinete.[96] Definitivamente, la suerte estaba echada.

A modo de confirmación, Hindenburg envió el 18 de marzo una carta al canciller de la Nación en la que le exigía con brusquedad que iniciara de inmediato «una acción financiera eficaz de socorro» para las empresas agrícolas del este de Alemania que estaban peleando por su existencia.[97] Cuando cumplió ochenta años, el 2 de octubre de 1927, Hindenburg recibió la propiedad de la finca Neudeck, en Prusia Oriental, donada por el sector empresarial alemán, y desde entonces siempre había estado dispuesto a escuchar los deseos del sector agrario. Hacerlo valer de una manera tan firme, en la coyuntura de la primavera de 1930 y dada la extremadamente tensa situación financiera, no podía implicar sino que estallaran nuevos conflictos en la gran coalición. El 19 de marzo, el secretario de Estado Meissner pudo tener la satisfacción de comunicar a Schleicher, acerca de la carta de

Hindenburg, lo siguiente: «¡Esta es la primera etapa y el puente hacia la solución propuesta por usted! Es también la base de lo mejor que podemos conseguir, el liderazgo de "Hindenburg"».[98]

Un día después, el consejero de legación del Ministerio de Asuntos Exteriores, Hans Redlhammer, informó al ministro de Asuntos Exteriores, Curtius, que había oído «de una fuente del todo fiable» que el presidente de la Nación tenía previsto nombrar canciller a Brüning tras el previsible fracaso de las negociaciones sobre la reforma financiera: los preparativos de este «gabinete de Hindenburg» estaban «ya tan avanzados [...] que se podía contar con que el nuevo gobierno se formara rápidamente».[99] El 21 de marzo, el consejero gubernamental Planck recibió de Brüning el encargo de elaborar propuestas para la composición del nuevo gabinete. El 22 de marzo le escribió a su esposa: «Mi lista de gabinete para Brüning ha quedado excelente, puedo mostrarla con orgullo. Dios quiera que todo salga bien».[100]

Para quienes manejaban los hilos, ahora solo se trataba de achacar la responsabilidad de la ruptura de la gran coalición a los socialdemócratas. En el congreso del DVP celebrado en Mannheim el 21 y el 22 de marzo, el presidente del partido, Ernst Scholz, adoptó un inusual tono moderado. Si bien acusó al SPD de llevar a cabo una «política anticapitalista de base», también afirmó que «gobernar en contra de los socialdemócratas o sin ellos apenas sí sería posible a largo plazo». Es probable que Scholz ya se hubiera enterado por Curtius de que pronto se iba a formar un gabinete presidencial liderado por Brüning y que su discurso conciliador, por lo tanto, no fuera «más que una maniobra táctica destinada a cargar la vergüenza de la esperada ruptura de la alianza a los socialdemócratas».[101] De hecho, el congreso del partido reafirmó la resolución de la facción del Parlamento del 2 de marzo, que excluía cualquier acuerdo en la cuestión del seguro de desempleo.

En la reunión de líderes de partidos del 25 de marzo, las diferencias entre las dos formaciones principales volvieron a generar fuertes choques. Scholz se mantuvo firme: solo aceptaría un aumento de las contribuciones al seguro de desempleo por encima del 3,5 por ciento si antes se emprendía una «reforma interna» de la Oficina Nacional, lo cual suponía reducir las prestaciones por desempleo. Para el SPD, sin embargo, rebajar las prestaciones no era aceptable; también se opuso a la demanda del DVP de aumentar aún más la partida destinada a bajar los impuestos en el presupuesto de 1931. Müller, el canciller de la Nación, concluyó diciendo que volvería a darles a las facciones un tiempo para deliberar, pero si no había un acuerdo al día siguiente, «el gabinete nacional se reunirá de inmediato y tomará, habida cuenta de la situación en el Parlamento, las decisiones necesarias».[102] Por lo que parece, el canciller ya sabía en ese momento lo que Brüning comunicó el 26 de marzo a la junta directiva de la facción del Partido de Centro: «El presidente de la Nación no le dará los plenos poderes del artículo 48 a este gabinete».[103]

El 26 de marzo las posiciones se mantenían irreconciliables. Müller concedió una nueva prórroga a los líderes de los partidos y aplazó la reunión hasta el día siguiente, cuando, dijo, «se tomará por fin la decisión definitiva».[104] El canciller designado del «gabinete de Hindenburg», Heinrich Brüning, se esforzó mucho en no dar la impresión de que no había hecho todo lo posible por salvar la alianza gubernamental. El 27 de marzo presentó, junto con el diputado del DDP Oscar Meyer, una propuesta de acuerdo que consistía, en esencia, en aplazar el polémico aumento de las contribuciones al seguro de desempleo. Presentó su propuesta en la reunión de líderes de partidos de la mañana de ese día para que fuera discutida. Se decidió dar a las facciones otra oportunidad de posicionarse al respecto. En la reunión de gabinete que comenzó a las doce, todos los ministros, excepto Wissell, el ministro de Trabajo, aprobaron el acuerdo.[105] Por la tarde, la mayoría de la facción del DVP también se declaró a favor de la propuesta de Brüning. La patata caliente estaba ahora en manos de la facción del SPD. Y esta asumió el papel que se le había asignado. Casi por unanimidad, decidió rechazar el acuerdo.[106]

A las cinco de la tarde, el gabinete de la gran coalición se reunió en su última sesión. El ministro de Finanzas, Moldenhauer, afirmó que los miembros del gobierno ya no tenían «una base suficiente en el Parlamento» y que, por lo tanto, solo les quedaba la opción de renunciar. En cambio, Severing, ministro del Interior, abogó por enfrentarse al Parlamento «en una batalla campal». Cuando se le preguntó al secretario de Estado Meissner, que estaba presente, si el presidente de la Nación otorgaría al gabinete los plenos poderes del artículo 48 en caso de una negativa por parte del Parlamento, el confidente de Hindenburg dio una explicación ambigua que, sin embargo, dejó bastante claro que el gobierno ya no podía contar con un apoyo tal del presidente de la Nación. El gabinete se suspendió una vez más. Al reanudarse la sesión, a las siete, Moldenhauer declaró que su postura no había cambiado. Al canciller Müller no le quedó más remedio que constatar que la dimisión del gabinete era inevitable y que había de «comunicar de inmediato esta decisión al señor presidente de la Nación».[107]

«El gabinete Müller ha caído. El segundo intento en la República alemana de gobernar con una gran coalición ha fracasado —comentó en el *Deutsche Allgemeine Zeitung* el redactor jefe, Fritz Klein—. Nos encontramos ante un momento político que puede provocar un cambio y, creemos, va a provocarlo, mucho más allá de los límites del Parlamento y la política de coaliciones del país, si la hora presente da con los hombres adecuados para ello».[108]

El *Frankfurter Zeitung*, por el contrario, habló de un «día negro» para la República de Weimar. Era incomprensible que la socialdemocracia no hubiera aceptado plegarse al acuerdo: «¿Ha considerado lo que esto puede implicar para la evolución entera de nuestra política interior, para el futuro de la democracia en Alemania? Porque ahora todo es oscuro y ha caído en un terreno de incertidumbre».[109] El *Berliner Tageblatt* fue de la misma opinión: no se podía negar que el SPD, con su decisión, había forzado la dimisión del gobierno: «Para ser más precisos, fue el ministro de Trabajo socialdemócrata, Wissell, el que derribó el gabinete».[110] El *Vossische Zeitung* también centró su crítica en Wissell: «Por comprensible que pudiera ser que el ministro de Política Social socialdemócrata defendiera los logros del seguro de desempleo, resultó difícil de entender que un miembro del gabinete nacional pareciera cerrarse a los intereses más elevados de la política general».[111]

Pero también desde las filas del SPD llegaron las críticas. A ojos del primer ministro prusiano, Otto Braun, el alejamiento del SPD del poder fue un grave error: «No se puede influir en la dirección de un carro si se corre al lado —le dijo a su asesor personal, Herbert Weichmann—, hay que permanecer sentado en el asiento del conductor».[112] Rudolf Hilferding, antiguo ministro de Finanzas, condenó con aún más severidad el proceder de la facción parlamentaria del SPD en la revista que dirigía, *Die Gesellschaft*, pues el temor de que en otoño se produjera de todas formas una ruptura no podía justificar un «paso tan grave»: «No es prudente cometer suicidio por miedo a la muerte». Y luego Hilferding trataba el fondo del asunto: si el Parlamento y los partidos fallaban en su tarea fundamental de formar y sostener un gobierno funcional, el poder se inclinaría en favor del presidente de la Nación. El auténtico peligro para el futuro del parlamentarismo alemán no provenía del exterior, sino del interior: «Precisamente para evitar ese peligro, la socialdemocracia siempre se había visto en la obligación de asumir la responsabilidad en las situaciones difíciles».[113]

La ruptura de la gran coalición que se produjo el 27 de marzo de 1930 representa, sin duda, un punto de inflexión crucial para la historia de la República de Weimar. A partir de ese momento ya no volvería a haber un gobierno respaldado por una mayoría parlamentaria. Comenzó así la disolución de la República de Weimar, descrita por Karl Dietrich Bracher en su obra clásica de 1955.[114] Es un hecho que el SPD contribuyó al fracaso de la coalición con su comportamiento tácticamente torpe. Sin embargo, la auténtica responsabilidad la tuvieron otros. En primer lugar hay que mencionar al Partido Popular Alemán y a los círculos de empresarios que lo respaldaban. Desde la muerte de Stresemann habían ido perdiendo terreno dentro del partido las fuerzas moderadas que apoyaban una coalición con los socialdemócratas. A medida que se agravaba la crisis económica fue tomando el control el ala derecha, influenciada por la gran industria, que buscó terminar la colaboración con el SPD y alinearse con la derecha extraparlamentaria. La amarga disputa sobre el seguro de desempleo, que en el fondo trataba sobre quién debía soportar los costos del saneamiento económico y financiero, les vino de perlas para hacer estallar la Gran Coalición. El golpe final fue saber que el presidente de la Nación tenía la intención de negar al gobierno de Müller los plenos poderes de emergencia del artículo 48 y estaba decidido a formar un gabinete presidencial liderado por Brüning.[115]

Por otro lado, una gran parte de la responsabilidad del fin del último gobierno con mayoría parlamentaria recae en la cúpula de las Fuerzas Armadas, en particular, en el ministro de Defensa, Groener, y su asesor más cercano, Schleicher. Desde 1929 tenían la convicción de que el «estado de partidos» de Weimar se encontraba en una crisis profunda y buscaban, para el caso de que la gran coalición no lograse superar los problemas de política económica y financiera, una alternativa autoritaria en forma de gabinete presidencial apoyado en el artículo de emergencia que excluyera en gran medida al Parlamento. Estos planes coincidían con las ideas que el mismo Hindenburg y su entorno tenían en mente ante el esperado colapso de la gran coalición. El encuentro del día después de Navidad de 1929 y el paseo posterior de Groener con Brüning, en el que se selló el pacto con el futuro canciller, fueron etapas esenciales en el camino hacia el «Gabinete Hindenburg». Gracias a su intervención ante el presidente de la Nación el 11 de marzo de 1930, Groener logró que Hindenburg se retractara de su promesa de otorgar los plenos poderes presidenciales de emergencia al gobierno de Müller. Dichos plenos poderes podrían haberle dado al canciller de la Nación una nueva oportunidad de extender la vida de su gabinete hasta el otoño de 1930. Pero ni la cúpula de las Fuerzas Armadas, ni el presidente de la Nación, ni el DVP, ni gran parte del sector empresarial estaban interesados en la continuidad de la gran coalición. Con toda su voluntad, prepararon el cambio de mando.[116]

Un día después de la dimisión de Müller, Brüning recibió de Hindenburg el encargo de formar un gobierno que, «ante las dificultades parlamentarias», no debería reposar «sobre la base de compromisos propios de una coalición». Esto no significaba otra cosa sino que el nuevo canciller podría recurrir a los plenos poderes del artículo 48 que el presidente de la Nación le había negado a su predecesor. El 30 de marzo, Brüning ya pudo presentar su gabinete: la mayoría de los miembros, como Curtius, ministro de Asuntos Exteriores; Moldenhauer, ministro de Finanzas; Wirth, el ministro del Interior, y Groener, ministro de Defensa, ya habían formado parte del gabinete de Müller. Hermann Dietrich asumió la cartera de Economía y Adam Stegerwald, el Ministerio de Trabajo. Solo se añadieron como nuevos miembros el ministro de Justicia, Victor Bredt, del Partido Económico; el ministro de Alimentación, Martin Schiele, presidente de la Liga Rural Nacional, y el ministro de los Territorios Ocupados, Gottfried Treviranus, de la Asociación Conservadora Popular.[117] La rapidez con la que se produjo el cambio de mando fue un indicio claro de que había sido planeado con mucha antelación. Se había estado trabajando «entre bambalinas» para llegar a este desenlace «desde hace semanas», anotó el secretario de Estado Pünder.[118]

En su declaración gubernamental del 1 de abril de 1930, Brüning dejó claro que su gabinete sería «el último intento de encontrar una solución con este Parlamento». Era una amenaza apenas velada de disolverlo, en caso de no conseguir su apoyo.[119] Pocos meses después ocurrió: el 16 de julio, el Parlamento rechazó la propuesta del gobierno para cubrir el déficit presupuestario. Brüning declaró que no le interesaba seguir negociando con el Parlamento y puso en vigor la propuesta por medio de un decreto presidencial de emergencia. Cuando el Parlamento, por su parte, votó la anulación del decreto de emergencia, Brüning anunció su disolución.

Fue una decisión tan miope como cargada de serias consecuencias. Lo que ya se había anunciado en las elecciones regionales del año 1929 se siguió desarrollando. El NSDAP se encontraba en pleno auge. En las nuevas elecciones al Parlamento nacional del 14 de septiembre de 1930 tuvo un éxito sensacional. Logró aumentar su porcentaje de votos del 2,6 al 18,3 por ciento, incrementando su número de escaños de 12 a 107, de modo que se convirtió en el segundo partido más fuerte después de los socialdemócratas. Una gran parte de quienes votaron por el NSDAP provenía del arsenal de votantes primerizos y de aquellos que en ocasiones anteriores no habían ido a votar (la participación electoral fue bastante alta, de un 82 por ciento). Que estos ya dispusieran de una cosmovisión nacionalsocialista consolidada es algo sobre lo que cabe dudar. Al votar por el partido de Hitler estaban expresando, más bien, su protesta contra las condiciones existentes entonces. El SPD siguió siendo el partido más fuerte, con un 24,5 por ciento, pero había perdido un 5,3 por ciento respecto a 1928, mientras que el KPD subió del 10,6 al 13,1 por ciento. El campo del catolicismo político —el Partido de Centro y el BVP— se mantuvo relativamente estable, con un 11,8 y un 3 por ciento (frente al 12,1 y el 3,1 por ciento de 1928). Los grandes perdedores fueron los partidos burgueses de centro y de derecha. El DNVP solo obtuvo un 7 por ciento (en comparación con el 14,2 por ciento anterior), el DVP, un 4,5 por ciento (frente al 8,7 por ciento), y el DDP (desde julio de 1930, Deutsche Staatspartei [«Partido del Estado Alemán»]), un 3,8 por ciento (frente al 4,9 por ciento).[120]

El *Vossische Zeitung* salió con el titular «Victoria del radicalismo». Nadie podía esperar un resultado semejante, ni siquiera teniendo en cuenta los éxitos del NSDAP en las anteriores elecciones regionales. El centro estaba «destrozado», y esto afectaba «a toda la Alemania burguesa, que hoy se plantea no sin inquietud la pregunta por el futuro inmediato». No obstante, el periódico liberal advirtió contra un pesimismo excesivo: «La República alemana no se hundirá bajo la ola nacionalsocialista que se ha alzado con tanta rapidez y que, asimismo, en algún momento volverá a decaer. Pero los partidos que ahora quieren mantener y preservar este Estado deben comprender de una vez por todas que no solo tienen escaños y facciones, ni solo programas, sino algo mucho mayor: una misión compartida».[121]

«Ciento siete nacionalsocialistas, ¡qué deshonra! Y ¡qué cerca estamos ahora, en realidad, de la guerra civil! —escribió Victor Klemperer en su diario—. Pero estamos políticamente insensibilizados. Hubo guerra, revolución, inflación y todavía seguimos viviendo».[122] El país estaba «ante una crisis estatal que solo podría superarse mediante una firme coalición de todas las fuerzas que apoyan o al menos toleran la República», comentó el conde Harry Kessler. También él veía acercarse la «posibilidad de una guerra civil y, a medio plazo, la de una nueva gran guerra».[123]

Arthur Rosenberg, historiador socialista de izquierda, finalizó con el año 1930 su *Historia de la República de Weimar*, de 1935: «En 1930, la república burguesa en Alemania se fue a pique porque su destino se puso en manos de la burguesía y porque la clase trabajadora ya no tenía la fuerza necesaria para salvarla».[124] Cuando Rosenberg escribió estas líneas en el exilio, lo hacía bajo el efecto provocado por el año 1933, año en que la transferencia del poder a Hitler selló realmente el fin de la República de Weimar. Sin embargo, para la gente de la época, tras la ruptura de la gran coalición y las elecciones de septiembre, la caída de la primera democracia alemana no parecía para nada tan evidente como sugiere el relato de Rosenberg. De hecho, no fue un camino directo el que llevó desde 1930 hasta el 30 de enero de 1933. La situación era más bien fluida y existían diversas alternativas para dominar la crisis. No obstante, con la parálisis del Parlamento se había generado un vacío de poder, en el que las acciones de algunos actores individuales cobraban una significación mayor de la que tenían antes.[125] Esto era particularmente cierto en el caso de Hindenburg y su camarilla, quienes estaban decididos a echar al Parlamento a un lado y encaminarse hacia un sistema presidencial autoritario. Las cosas parecían depender en gran parte de cómo interpretase Brüning, el canciller de Hindenburg, su papel. ¿Consideraba el modo de gobernar mediante decretos de emergencia como una etapa de transición que, una vez superada la crisis económica y contenido la amenaza del movimiento nacionalsocialista, había de posibilitar el retorno a un sistema parlamentario? ¿O él también lo veía como un estadio que debía preparar el camino hacia una solución autoritaria definitiva, por ejemplo, en la forma de una restauración monárquica?

CAPÍTULO VII

El modelo de Turingia. La revolución cultural marrón de Wilhelm Frick

Hitler con sus seguidores frente al Teatro Nacional Alemán en Weimar, junto al monumento a Goethe y Schiller (1931). Aquí había inaugurado Ebert la Asamblea Nacional el 6 de febrero de 1919.

El 23 de enero de 1930 se produce un acalorado debate en el Parlamento estatal de Turingia. En el orden del día figura la elección de un nuevo gobierno burgués de derecha del que ha de formar parte, como ministro del Interior y de Educación Popular, uno de los más cercanos seguidores de Hitler y participante del golpe de 1923, Wilhelm Frick. Al comienzo, el antiguo primer ministro y presidente de la facción del SPD, August Frölich, critica que el presidente del Parlamento estatal haya mandado arriar la bandera negra, roja y dorada del edificio parlamentario. ¿Se quería demostrar con ello «que los colores del Tercer Reich bajo Hitler y Frick han de reemplazar a los colores de la nación y los estados»? Nombrar al nacionalsocialista Frick, continúa el orador, significa nombrar «como ministro de la Constitución a un culpable de alta traición», quien siendo funcionario bávaro ya violó una vez su juramento a la Constitución y no hizo ningún esfuerzo por ocultar su oposición al sistema parlamentario-democrático.

Frölich recuerda que Frick abogó en el Parlamento por amnistiar al coautor del asesinato de Rathenau, Ernst Werner Techow, y reclamó impunidad para los responsables de los atentados contra Erzberger, Schulz y Tillessen. Al DVP, que pretende participar en el gobierno de derecha, le echa en cara que en diciembre de 1929 Frick difamó al fallecido ministro de Asuntos Exteriores, Gustav Stresemann, por haber aceptado el Premio Nobel de la Paz diciendo que era un agente pagado del extranjero. Interrumpido una y otra vez por los nacionalsocialistas, Frölich concluye su discurso con las palabras: «El día de hoy será recordado, a causa de la elección del señor Frick, como un día de vergüenza política y cultural para Turingia».[1]

Por la tarde, el presidente de la facción del DVP, Georg Witzmann, intenta justificar la posición de su partido. Dice que la decisión de formar parte del gobierno se tomó, aunque con reservas de importancia, para honrar el principio de colaborar con todos los partidos que «tengan la buena voluntad de contribuir con su trabajo al bienestar del país»; que Frick prometió jurar por la Constitución y aclaró, además, que no había querido acusar a Stresemann de corrupto. El DVP de Turingia no se plantea levantar una barrera contra la derecha; al contrario, según asegura Witzmann, los nacionalsocialistas están «más cerca del DVP en términos ideológicos y políticos» que los socialdemócratas.[2] Al final se aprueba el gobierno con 36 votos contra los 32 del SPD, el KPD y el DDP. Con Frick entra en un gobierno estatal el primer ministro nacionalsocialista.

El hecho de que fuera precisamente Weimar, la ciudad en la que la República había establecido su Constitución democrática, la que sirvió a los nacionalsocialistas como trampolín hacia una posición de poder importante no fue para nada casual: después del interludio del gobierno de frente único del SPD y el KPD en el otoño de 1923, disuelto, como en Sajonia, por una intervención federal, se había suscitado en Turingia un fuerte giro hacia la derecha. En las elecciones legislativas estatales del 10 de febrero de 1924, la Liga de Turingia por el Orden —una alianza del DNVP, el DVP y la Liga Rural de Turingia— había emergido como la fuerza más poderosa. Aun así, con 35 de los 72 escaños del Parlamento estatal, no alcanzó la mayoría y, por lo tanto, dependía de la conformidad del Bloque Social Etnonacionalista, una organización sucesora del prohibido NSDAP, que por su parte había logrado un éxito sorpresivo con el 9,3 por ciento de los votos y siete escaños. (En Weimar había obtenido incluso el doble de votos, el 18,6 por ciento).[3]

Una de las primeras medidas del nuevo gobierno fue recortar los recursos financieros a la poco querida Bauhaus de Walter Gropius, en Weimar. Ante esto, el director y los maestros de la Bauhaus dieron por rescindidos sus contratos con el estado de Turingia. La mundialmente famosa escuela de arquitectura y arte encontró un nuevo hogar en Dessau, la capital del estado libre de Anhalt.[4]

Cuando, tras la refundación del NSDAP en febrero de 1925, se prohibió a Hitler dar discursos en cualquier lugar del país, fue el ministro del Interior del gobierno de la Liga por el Orden quien levantó la medida. Turingia reemplazó a Baviera como el nuevo centro de la escena ultraderechista. «En ningún lugar de Alemania encontraron un mejor campo de acción Hitler, el NSDAP, los antisemitas etnonacionalistas, los grupos paramilitares y los nacionalistas extremos», según el balance del historiador Karsten Rudolph.[5]

En marzo de 1925, Hitler se presentó por primera vez en Weimar, en varias asambleas abarrotadas de gente. Siguieron otras presentaciones en octubre del mismo año.[6] En sus visitas, al líder del partido le gustaba pasar la noche en el hotel Elephant, un

Congreso del Partido del NSDAP en Weimar, a comienzos de julio de 1926: Hitler pasa revista a los hombres de la SA en el centro de la ciudad.

establecimiento tradicional ubicado en la plaza del Mercado en el que enseguida desplegaron para él una alfombra roja. La hospitalidad de Weimar fue una de las razones por las que Hitler convocó allí el primer Congreso Nacional del Partido del NSDAP, planeado para principios de julio de 1926, tras derogarse la prohibición. Superadas las disputas previas dentro del movimiento etnonacionalista, el partido se presentó en el congreso con una cohesión renovada, decididamente alineado con el *Führer* como figura integradora indiscutida. La tarde del 4 de julio, Hitler tuvo ocasión de hablar en el Teatro Nacional Alemán, el mismo lugar, pues, en el que Friedrich Ebert había inaugurado la Asamblea Nacional el 6 de febrero de 1919 y en el que se había reunido la Asamblea Nacional Constituyente. «En el sitio donde se sentaba Ebert, hoy se sienta y se alza Adolf Hitler [...]. Es el comienzo de una nueva era», celebraba el jefe de distrito del NSDAP, Artur Dinter, durante el «llamamiento general» de la SA y la SS.[7]

En septiembre de 1927, Hitler destituyó de su cargo al autor del *best-seller* antisemita *El pecado contra la sangre* porque con su idea sectaria de restablecer la «doctrina pura de salvación» inquietaba a los círculos del líder del partido. Como sucesor en el puesto de jefe de distrito, nombró al hasta entonces gerente Fritz Sauckel, quien había de llegar muy lejos como devoto seguidor incondicional de Hitler.[8] En la jefatura del distrito de Weimar, un modesto funcionario comenzaba como cajero y contable una carrera que lo llevaría a convertirse en uno de los hombres más poderosos del Tercer Reich: Martin Bormann.[9]

Fue también en Weimar donde el joven Baldur von Schirach, hijo del último director general del teatro del gran ducado, encontró su camino hacia Hitler, para quien compuso versos de homenaje y de quien recibió, en octubre de 1931, el nombramiento de líder nacional de las juventudes del NSDAP. Junto con el historiador literario etnonacionalista y declarado antisemita Adolf Bartels y su discípulo Hans Severus Ziegler, jefe de distrito adjunto desde 1925, fue Schirach quien facilitó a Hitler el acceso a los círculos conservadores de la alta burguesía de Weimar. «Simplemente amo Weimar —manifestó el líder del partido en 1928—.

Necesito Weimar, como necesito Bayreuth. Y llegará el día en que haré que se le brinde más apoyo a esta ciudad y a su teatro. Tengo muchas cosas en mente para Weimar y Bayreuth».[10]

En las elecciones legislativas de Turingia del 8 de diciembre de 1929, el NSDAP obtuvo el 11,3 por ciento de los votos (y en Weimar alcanzó incluso el 23,8 por ciento). Con ello sobrepasaba por más del triple el resultado de las elecciones legislativas de febrero de 1927 (3,5 por ciento). El éxito no se logró por casualidad. Bajo la dirección de Sauckel, el partido había montado un potente aparato y había llevado su actividad de agitación, por medio de una agresiva campaña electoral, hasta las pequeñas poblaciones rurales de Turingia.[11] Su crecimiento se produjo principalmente a expensas de los partidos burgueses, lo cual era un síntoma de los cambios en el comportamiento electoral que ya anunciaban la victoria aplastante en las elecciones al Parlamento nacional del 12 de septiembre de 1930. El *Berliner Tageblatt* se equivocaba por completo, pues, al menospreciar el resultado comentando que se trataba de «una moda pasajera con aires de feria carnavalesca que debe ser sobrellevada».[12]

Aunque el NSDAP solo había conseguido seis escaños en el Parlamento de Turingia, se encontraba en una posición clave: como ocurrió en 1924, los partidos burgueses de centro y derecha no alcanzaban la mayoría. Sus 23 escaños (9 de la Liga Rural; 6 del Partido Económico; 5 del DVP; 2 del DNVP; 1 del DDP) se enfrentaban a los 24 escaños del SPD (18) y el KPD (6). Dado que habían excluido la posibilidad de la coalición con los socialdemócratas, dependían del apoyo de los seis diputados nacionalsocialistas para formar gobierno. En esta ocasión, Hitler no se conformaría con ser tolerado, sino que desde el principio aspiraría a participar de manera directa en el gobierno.

Hitler declaró sus intenciones con una franqueza totalmente inusual en él en una carta que envió el 2 de febrero de 1930 a un simpatizante del movimiento nacionalsocialista que estaba viviendo en el extranjero. Manifestaba estar observando un «gran giro» en la percepción pública del NSDAP. Era, decía, «asombroso cómo el rechazo arrogante, altanero o estúpido hacia el partido, que hace unos pocos años era aún algo obvio, se ha ido transformando aquí en una esperanza que ilusiona». Esa esperanza, sin embargo, se vería frustrada si se sostenía un categórico no frente a la posibilidad de participar en el gobierno. Para incorporarse de manera activa a las negociaciones de la coalición, Hitler exigía dos ministerios clave: el del Interior y el de Educación Popular. «El Ministerio del Interior controla toda la administración, la dirección de personal, es decir, el nombramiento y destitución de todos los funcionarios, y también la policía. El Ministerio de Educación Popular controla todo el sistema escolar, desde la escuela primaria hasta la universidad de Jena, así como la actividad teatral. Quien posea estos dos ministerios y aproveche su poder de manera implacable y persistente podrá provocar efectos extraordinarios».[13]

Para Hitler no se trataba, pues, de la mera participación en el gobierno, sino de conquistar el poder ejecutivo desde dentro. «Ahí es donde haremos nuestra primera prueba piloto», profetizaba el jefe de distrito de Berlín, Joseph Goebbels, el 8 de enero de 1930.[14] Como candidato para asumir este doble ministerio solo podía pensarse, según Hitler, en «un nacionalsocialista bien curtido (!) que tenga un tan grande conocimiento técnico como inquebrantable ideología nacionalsocialista». Hitler creía haber encontrado a la persona adecuada en uno de sus primeros simpatizantes, Wilhelm Frick, antiguo jefe del departamento político de la dirección de policía de Múnich y líder en funciones de la facción del NSDAP en el Parlamento: «¡Un funcionario enérgico, audaz, con sentido de la responsabilidad, de una capacidad de magnitudes extraordinarias y nacionalsocialista fanático!».[15]

La propuesta de nombrar ministro a alguien que había sido legalmente condenado por alta traición a raíz de su participación en el golpe de Estado de 1923 fue rechazada como inaceptable por el DVP. «De modo que me dirigí en persona a Weimar —relata Hitler en la carta del 2 de febrero— y les aseguré a los señores con toda brevedad y determinación que, o bien el doctor Frick será nuestro ministro, o bien habrá nuevas elecciones».[16] Y unas nuevas elecciones era lo último que podían desear los partidos burgueses, dado que conducirían a un mayor fortalecimiento del NSDAP. Hitler les dio a los partidos burgueses un plazo de tres días: del 10 al 13 de enero; de lo contrario, iba a presentar una moción para disolver el Parlamento estatal. Aun así, el DVP se resistió.

Hitler se encontraba, sin embargo, en una posición fuerte para negociar, y esta posición se vio reforzada por la conferencia que dio el 10 de enero ante los principales representantes de las asociaciones económicas e industriales de Turingia, que provocó a todas luces una gran impresión. «Por la noche habla Hitler en un círculo cerrado. Ante ciento cincuenta grandes personalidades. Apesta a grandeza. Hitler habla de manera fabulosa. Pocas veces lo oí así», dijo Goebbels con gran satisfacción.[17] Así, también los círculos empresariales ejercieron entonces una fuerte presión sobre el DVP; cuando transcurrió el tiempo del ultimátum, este abandonó su resistencia. El 23 de enero de 1930, como se indicó al comienzo, fue electo el gobierno de coalición. «Frick es ahora ministro en Weimar. Ha sido un parto difícil», anotó Goebbels en su diario.[18] Wilhelm Marschler, compañero de partido de Frick, fue nombrado consejero de Estado, y en virtud de su cargo tenía el derecho de participar en todas las votaciones del gabinete.

En el DVP no faltaban las voces de advertencia. «Me duele el alma al verlos a ustedes en esta compañía», les dijo el diputado nacional Siegfried von Kardorff en el congreso del partido, celebrado en Mannheim en marzo de 1930, a los delegados de Turingia.[19] El solo hecho de que hubiera entrado allí en negociaciones con el NSDAP muestra hasta qué punto el partido, desde la muerte de Stresemann, había virado a la derecha bajo su sucesor, Ernst Scholz. Hacer causa común con los nacionalsocialistas a nivel estatal, mientras que al mismo tiempo formaban parte de una gran coalición con los socialdemócratas a nivel nacional, era una contradicción en sí misma. En ese sentido, el experimento turingio ya proyectaba una sombra sobre el inminente fin del gobierno de Hermann Müller.[20]

El ministro Frick no defraudó las expectativas puestas en él. En la tercera lectura de las leyes del Plan Young en el Parlamento, el 12 de marzo de 1930, tomó asiento en los bancos de los representantes de los estados y tomó la palabra justo antes de la votación final con una dura declaración de protesta. Arremetió contra la «ley de esclavización», cuya aprobación, dijo, supondría «la mayor desgracia nacional y el fin de la autonomía de los estados». El Ministerio de Estado de Turingia no lo había autorizado para hacer esta declaración. De hecho, el presidente de la facción del DVP, Witzmann, censuró la actuación unilateral del ministro pocos días después; no obstante, no hubo consecuencias de ningún tipo.[21]

Hitler le había encomendado a su correligionario dos tareas: como ministro del Interior, debía «emprender una lenta depuración del cuerpo administrativo y de funcionarios de lo vinculado con la revolución roja». Especialmente en el ámbito de la policía, había «mucho que hacer». Y como ministro de Educación Pública, debía promover la «reorganización nacionalista del sistema educativo»: «Depuraremos el cuerpo docente de las manifestaciones marxista-democráticas al mismo tiempo que, por el otro lado, adaptaremos los planes de estudio a nuestras tendencias y pensamientos nacionalsocialistas».[22]

Con gran energía, Frick se puso manos a la obra para darle la vuelta a la situación en Turingia en este sentido. En su discurso inaugural ante los funcionarios de sus dos ministerios ya dejó claro que iba a establecerse en Weimar un «nuevo espíritu» que se diferenciaría desde sus fundamentos del «espíritu traidor de noviembre».[23] El 18 de marzo de 1930 llevó al Parlamento estatal un proyecto de ley de habilitación que permitía al gobierno del estado ser en gran medida independiente del control parlamentario durante medio año. La ley fue aprobada por el Parlamento el 29 de marzo con mayoría simple (28 votos contra 25). Bajo el pretexto de reformar y reducir la administración, se despidió a funcionarios leales a la República y se los sustituyó por seguidores del NSDAP.[24]

El gobierno nacional, sin embargo, no permaneció de brazos cruzados ante las acciones de Frick. El 18 de marzo de 1930, el ministro del Interior, el socialdemócrata Carl Severing informó al gobierno estatal de que había recibido informes que «despiertan dudas fundadas sobre si las condiciones para la concesión de un subsidio de la Nación para asuntos policiales» seguían manteniéndose.[25] El primer ministro Erwin Baum, de la Liga Rural de Turingia, presentó una «queja formal» contra el bloqueo de los fondos nacionales. El nuevo ministro del Interior en funciones desde el 30 de marzo de 1930, Joseph Wirth, del Partido de Centro, llegó en abril a un acuerdo con el gobierno estatal de Turingia para levantar el bloqueo del subsidio, pero las partes no consiguieron dirimir la cuestión fundamental de si se permitiría o no que se incorporasen nacionalsocialistas a la policía. Frick procedió a actuar *de facto* y colocó a personas de su confianza al frente de las direcciones de policía de Weimar y Gera. Cuando Wirth, en respuesta, hizo bloquear de nuevo los fondos policiales, en junio de 1930, el primer ministro Baum presentó una demanda ante el Tribunal Estatal en Leipzig. El conflicto entre Turingia y la Nación se resolvió en diciembre de 1930 mediante un acuerdo. Turingia se comprometió a garantizar el «comportamiento apolítico de todos los funcionarios en ejercicio»; la Nación levantó el bloqueo de los subsidios policiales.[26]

A pesar de las objeciones provenientes de Berlín, Frick continuó imperturbable con su política de «purga» de la administración pública. Goebbels, que lo visitó en Weimar a principios de junio de 1930, estaba impresionado: «Tiene buen ánimo y un coraje de no creer, es provocador e insolente con los burócratas de Berlín. Un auténtico ministro alemán».[27] La reducción de personal en el servicio público, que Turingia también se vio obligada a implementar dada su precaria situación financiera, afectó sobre todo a funcionarios pertenecientes al SPD o cercanos a él. En el Ministerio de Educación Popular, Frick nombró «asesores técnicos» a tres de sus correligionarios, entre ellos al jefe de distrito adjunto Hans Severus Ziegler. Estos actuaban como una especie de gobierno paralelo que tenía acceso a los expedientes del personal y los utilizaban para desacreditar a los maestros que les resultaban molestos. Entre las autoridades de Turingia se instauró un clima de permanente sospecha y delación.[28]

En paralelo a las medidas administrativas y de personal, Frick se dispuso a imprimir un giro radical en la política cultural del estado. El 16 de abril de 1930 se publicó en el boletín oficial del Ministerio de Educación Popular un decreto por el cual se hacía obligatoria la reimplementación de las oraciones escolares. Para justificar la medida, el decreto afirmaba que «fuerzas ajenas a nuestra raza y a nuestro pueblo» estaban intentando desde hacía mucho tiempo «destruir los fundamentos espirituales, morales y religiosos de nuestro pensamiento y sentir alemán, con el objetivo de desarraigar al pueblo alemán y así poder dominarlo con más facilidad». Se alegaba que el pueblo alemán solo podría oponer resistencia a estas influencias nocivas «si preserva en estado puro las potencias religiosas y morales de su ser y las transmite a la juventud en crecimiento». Tres de las oraciones propuestas se dirigían de manera inequívoca contra el orden constitucional democrático de Weimar y encarnaban el espíritu de intransigencia propio del nacionalismo racista. El texto de la segunda oración decía así: «*Vater, in deiner allmächtigen Hand / Steht unser Volk und Vaterland. / Du warst der Ahnen Stärke und Ehr', / Bist unser ständige Waffe und Wehr. / Drum mach' uns frei von Betrug und Verrat. / Mache uns stark zu befreiender Tat. / Schenk' uns des Heilandes heldischen Mut, / Ehre und Freiheit sei höchstes Gut! / Unser Gelübde und Losung sei: / Deutschland, erwache! Herr, mach' uns frei! / Das walte Gott!*» [«Padre, en tu mano todopoderosa / está nuestro pueblo y patria. / Fuiste la fuerza y honor de los ancestros, / eres nuestra constante arma y defensa. / Líbranos, pues, del engaño y la traición. / Haznos fuertes para el acto liberador. / Envíanos el heroico valor del Salvador, / el honor y la libertad sean el mayor bien. / Nuestro voto y lema sea: / "¡Alemania, despierta! Señor, haznos libres! / ¡Que sea la voluntad de Dios!"»].[29]

«Alemania, despierta»: bajo este grito de guerra de los nacionalsocialistas se pretendía implantar en las estudiantes y los estudiantes una inclinación política nacionalista. En mayo de 1930, en el Parlamento estatal, Frick no dejó lugar a dudas respecto de a quiénes se aludía con las «fuerzas ajenas a nuestra raza y a nuestro pueblo». Las «oraciones de la libertad», según explicó, estaban destinadas a brindar una «defensa del engaño» que estaba siendo «perpetrado contra el pueblo alemán por parte del marxismo y los judíos».[30] Entre los socios de coalición apenas si se alzaron objeciones, y las protestas de la Sociedad de Docentes de Turingia y de la Iglesia Evangélica estatal fueron moderadas. La facción estatal del SPD en el Parlamento presentó una moción que solicitaba que se cancelara el decreto, pero los partidos de la coalición gubernamental la rechazaron. En cambio, una demanda ante el Tribunal Estatal de Leipzig le infligió a Frick una derrota. En su fallo del 11 de julio de 1930 fueron invalidados tres de los textos más ofensivos de las oraciones por lesionar los «sentimientos de quienes piensan distinto» y, de ese modo, incumplir el artículo 148, párrafo 2, de la Constitución Nacional.[31]

Antes de la implementación de las oraciones escolares, Frick ya había emitido, en febrero de 1930, una disposición contra la novela de Erich Maria Remarque *Sin novedad en el frente*. El libro antibelicista se publicó en la primavera de 1929 y se convirtió de inmediato en un éxito de ventas. En Turingia se instruyó a los inspectores escolares para que informaran de qué escuelas habían adquirido el libro y qué maestros lo habían utilizado en clase. Se prohibió de manera general que se siguiera usando como lectura para las clases. Eran unas medidas que coincidían con los objetivos de la Kampfbund für deutsche Kultur [«Liga de Combate por la Cultura Alemana»], fundada en agosto de 1927 bajo la dirección del principal ideólogo del NSDAP, Alfred Rosenberg. En el congreso de la Liga celebrado en Pentecostés de 1930 en Weimar, el cual contó con el auspicio de Frick, se exigió, entre otras cosas, que se «fortaleciera la voluntad militar alemana».[32] El exitoso libro de Remarque estaba destinado, a juicio de los guardianes culturales nacionalsocialistas, a menoscabar precisamente aquella «voluntad militar». Esto valía también para la versión cinematográfica de la novela. El NSDAP, liderado por el jefe de distrito Goebbels, realizó violentas protestas en contra de la película, estrenada en Berlín en diciembre de 1930. Al final, el 1 de diciembre, la Oficina Superior de Censura Cinematográfica prohibió proyectarla, lo cual era una capitulación ante el terror de la SA. «La calle nacionalsocialista le dicta al gobierno sus acciones», afirmó triunfal el hombre de confianza de Hitler encargado de la propaganda.[33]

El siguiente ataque significativo de Frick a la vida cultural llegó a principios de abril de 1930 con el decreto «Contra la cultura negra en favor de la identidad nacional alemana». Según este, desde hacía años «casi en todos los ámbitos culturales se habían estado produciendo en creciente medida influencias de razas extrañas», capaces de «socavar las fuerzas morales de la identidad nacional alemana». Era por el «interés de la preservación y el fortalecimiento de la identidad nacional alemana» por lo que todos los productos que mostraran un «enaltecimiento de la identidad negra» se prohibían «como manifestaciones de la degradación». Las autoridades debían intervenir contra las compañías actorales que no pudieran ser tenidas por «fiables en términos morales o artísticos», aplicando «los criterios más estrictos».[34] Este decreto brindó el motivo de numerosas prohibiciones. Así, se vetó la representación de *Cyankali*, el drama sobre el aborto de Friedrich Wolf que el Berliner Ensemble de Erwin Piscator tenía previsto presentar en Gera y Jena. Las obras de Ernst Toller y Walter Hasenclever desaparecieron del repertorio de los teatros estatales.[35]

El 22 de mayo de 1930, Max Greil, diputado del SPD y ministro de Educación Popular antes de 1924, le ajustó las cuentas a Frick en el Parlamento estatal de Turingia. Sostuvo que lo que Frick pretendía era politizar todos los ámbitos de la vida cultural «en un sentido partidario nacionalsocialista». Su «ucase contra la cultura negra», en realidad, estaba dirigido contra los judíos y correspondía que Frick lo admitiera también de manera pública. Ya nada de esto tenía que ver con «el espíritu clásico del cosmopolitismo en el sentido de Goethe». «Es el espíritu de la estrechez mental nacionalista, es el espíritu del belicismo chauvinista».[36]

En su infame decreto, Frick anunció que había designado al arquitecto Paul Schultze-Naumburg como el nuevo director de las Escuelas Unidas de Arte (Escuela Superior de Arquitectura, Bellas Artes y Artesanías) en Weimar y que estas iban a ser transformadas en un «centro de cultura alemana». Schultze-Naumburg, a quien Frick también contrató como «asesor artístico», se había hecho un nombre con su vehemente oposición a la Bauhaus y defendiendo una cultura alemana «de raza pura». Su casa en Saaleck, cerca de Bad Kösen, ubicada en las inmediaciones de las ruinas del castillo, era un punto de encuentro frecuentado por los círculos etnonacionalistas de extrema derecha. En junio de 1930 estuvo allí invitado Goebbels, en compañía de Frick y del ideólogo agrario nacionalsocialista Walter Darré. «La casa de Schultze está situada de un modo maravilloso en una elevación junto al Saale, integrada de manera magnífica con el paisaje, es una auténtica sede aristocrática [...]. Nunca había visto una casa con tanto estilo», comentó encantado. El jefe de distrito berlinés no desaprovechó la oportunidad de hacer una visita a la tumba de los asesinos de Rathenau, Fischer y Kern.[37]

En la inauguración de las recién renovadas Escuelas Unidas de Arte, el 10 de noviembre de 1930, Schultze-Naumburg arremetió en su discurso contra el arte moderno, que no consistía «ya más que en esperpentos distorsionados y forzados» y tenía por objetivo «la plasmación gráfica de la inferioridad espiritual y corporal». Afirmó estar de acuerdo con la juventud alemana que quería «expulsar a todos aquellos corruptores y traidores del pueblo de la casa alemana, en la que ya no tienen más nada que hacer».[38]

Y ello no quedó en meras palabras. En octubre, Schultze-Naumburg ordenó pintar por encima los frescos del maestro de la Bauhaus Oskar Schlemmer en el edificio Van de Velde. A principios de noviembre fueron retiradas, por orden de Frick, setenta obras de arte moderno de las salas de exposición del museo del castillo de Weimar, entre ellas, pinturas y dibujos de

Wilhelm Frick (el último a la izquierda de la imagen) con el círculo más estrecho de Hitler de visita en el balneario sajón de Bad Elster en 1932. Junto a Frick, Joseph Goebbels y Adolf Hitler. Adelante: Ernst Hanfstaengl (jefe de prensa internacional del NSDAP) y Hermann Göring.

Otto Dix, Lyonel Feininger, Wassily Kandinsky y Paul Klee. El ministro de Educación Popular justificó la acción, que ya prefiguraba la campaña contra el «arte degenerado» de 1937, diciendo que las obras proscritas no tenían «nada que ver con el carácter nórdico-alemán» y que se limitaban a «representar la infrahumanidad oriental y de otros lugares de raza inferior».[39] La resistencia que se generó en contra de la «iconoclasia» de Weimar fue mínima. Aunque la prensa liberal de la capital sí la condenó como lo que era: «un escándalo en un Estado promotor de la cultura», dijo el *Berliner Tageblatt*.[40]

Este escándalo fue incluso superado por el golpe más descarado de Frick: el nombramiento del teórico racial Hans F. K. Günther como catedrático de la Universidad de Jena. Así cumplía también las expectativas de Hitler, quien en su carta del 2 de febrero de 1930 había expresado que, como «primer paso» de la «revolución espiritual» deseada, tenía en mente la «creación de una cátedra de cuestiones raciales y estudios raciales» en Jena y había propuesto para que se hiciera cargo de ella precisamente a ese Günther, el autor de unos *Estudios raciales del pueblo alemán*.[41] Cuando el rector, el historiador de la Iglesia Karl Heussi, se opuso a las exigencias de Frick, el AStA (la asociación de estudiantes), que ya estaba dominado por los alumnos nacionalsocialistas, se rebeló contra la dirección de la universidad. Por haber mostrado «más entendimiento en vistas a la creación de los requisitos necesarios para la renovación de Alemania» que los profesores, el estudiantado de Jena fue felicitado de manera expresa por Frick. La única concesión al cuerpo docente de la universidad fue reemplazar la denominación original («Cátedra de Estudios para el Mejoramiento de la Especie Humana») por la de «Cátedra de Antropología Social». Hitler se dio el gusto de asistir el 15 de noviembre de 1930 a la conferencia inaugural de Günther, dedicada al tema de «Las causas de la decadencia racial del pueblo alemán desde la época de las migraciones».[42]

El 1 de abril de 1931 terminó de forma abrupta el mandato de Frick en Turingia. La facción del DVP se adhirió a la moción de censura presentada por los socialdemócratas y los comunistas. La ruptura de la coalición no la provocaron las medidas de Frick como ministro, sino las insultantes declaraciones del jefe de distrito Sauckel en un editorial del periódico del partido *Der Nationalsozialist*. Sauckel denigraba a los representantes del DVP como «ancianos bobalicones, traidores y estafadores», que «con su insolencia ilimitada llevan a cabo un juego sacrílego con el destino de nuestro pueblo».[43] Incluso para un partido que había soportado con paciencia las provocaciones de Frick durante meses esto fue demasiado. Según informó la prensa, Hitler había viajado el día anterior a Weimar para hacer cambiar de opinión al DVP, pero no lo consiguió.[44]

En el debate sobre la moción de censura del 1 de abril, el diputado del DDP Philipp Kallenbach calificó los resultados de los catorce meses de gobierno de Frick como algo «verdaderamente devastador»: «La pacificación del país está destruida. Los motores de las medidas administrativas han sido el afán de agitación y las manifestaciones, e incluso el odio y la parcialidad respecto de amplios sectores de la población. Todas las áreas de la vida pública, en la medida en que fue posible en tan corto tiempo, han sido politizadas en la línea partidista del NSDAP. [...] El medio para sus fines fueron una política de personal despiadada y una política de prebendas implementadas con una desvergüenza y un descaro sin precedentes».[45]

Justo después de la dimisión de Frick, en vísperas de las elecciones presidenciales de la Nación de la primavera de 1932, se supo que el ministro del Interior y de Educación Popular había intentado en secreto obtener la ciudadanía alemana para Hitler. El asunto causó gran revuelo cuando se hizo público a principios de febrero de 1932. En Weimar se formó una comisión investigadora parlamentaria presidida por Hermann Brill, del SPD, que debía encargarse de esclarecer la cuestión. Además, se llamó a Hitler y a Frick a comparecer como testigos. Como resultado, se dilucidó lo siguiente: en el verano de 1930, mientras el jefe de gobierno Baum estaba de vacaciones, Frick había preparado la naturalización de Hitler al intentar nombrarlo comisario de la gendarmería de Hildburghausen pero eximiéndolo al mismo tiempo de todas sus obligaciones como funcionario. Dos funcionarios ministeriales fueron forzados, bajo el más estricto «secreto profesional», a gestionar las formalidades correspondientes. En la reunión regional del partido celebrada en Gera el 12 de junio de 1930, Frick le había entregado a Hitler el documento con el nombramiento, y este había confirmado la recepción con su firma. Pero más tarde, por lo visto, al líder del partido le surgieron dudas de si el título de comisario de gendarmería no lo expondría al ridículo ante la opinión pública. Como fuera, el hecho es que unos días después rompió el documento en Múnich. Frente a la comisión investigadora declaró que tenía previsto desde el principio no aceptar el nombramiento.[46]

La farsa sobre el intento de naturalización de Hitler en 1930 fue tema de conversación. «Loca campaña de desprestigio en la prensa [...]. Caricaturas disparatadas», dijo Goebbels enojado.[47] Se hablaba de una «köpenickiada», de una «pavada de los bobos de Schilda», y Hildburghausen fue rebautizada como «Schildburghausen». A todo esto, el asunto tenía un trasfondo que no dejaba de ser algo serio, como advirtió en un editorial el *Vossische Zeitung*: con su «chapuza fallida», Frick había demostrado una vez más que los nacionalsocialistas no estaban inclinados a respetar las disposiciones legales. «Sería bueno que el verdadero carácter del partido fuera por fin reconocido también fuera de Baviera, donde las cosas se han vivido de cerca».[48] En Turingia, esta advertencia pasó inadvertida. En las elecciones estatales de fines de julio de 1932, el NSDAP pasaría a ser, con el 42,5 por ciento de los votos, el partido más poderoso, y Fritz Sauckel se convertiría en primer ministro.[49]

En una mirada retrospectiva, Hermann Brill calificó la «era Frick» en Turingia como «uno de los más importantes combates de primera línea en la gran batalla entre la democracia y la dictadura».[50] De hecho, durante su mandato, Frick había dado una muestra de lo que se podía esperar si tomaban el poder los nacionalsocialistas. Durante catorce meses, Turingia les sirvió de campo de experimentación en el que tuvieron la oportunidad de probar las medidas que tres años después aplicarían en una escala mucho mayor a nivel nacional.

En una carta personal del 2 de abril de 1930, Hitler le agradeció a Frick que hubiera logrado «colocar a Turingia en el centro del saneamiento nacional, político y económico de Alemania»: «Todos confiamos con firmeza en el momento en que se lo llamará de nuevo —y esta vez ya para siempre— a servir a nuestro pueblo en un cargo de gran responsabilidad».[51] En efecto, Frick sería recompensado con el puesto de ministro del Interior en el «Gabinete de la Concentración Nacional» el 30 de enero de 1933, con lo que ocuparía uno de los puestos de mando más importantes del poder.

CAPÍTULO VIII

El principio del fin. La caída de Brüning

La crisis económica mundial golpea a Alemania con todas sus fuerzas desde 1929/1930: los desempleados estudian las pocas ofertas de trabajo que aparecen en los periódicos.

En el momento de presentarse a la audiencia con Hindenburg, a las once de la mañana del 29 de mayo de 1932, el canciller de la Nación, Heinrich Brüning, no presagia nada bueno. Hace apenas un día que el presidente de la Nación ha regresado de su finca de Neudeck, donde su entorno ultraconservador lo ha presionado para que se desprenda por fin de su canciller. Brüning ha oído rumores sobre estas maquinaciones y, como señala el secretario de Estado Pünder, se dirige a la reunión «con poca inclinación a luchar y con poca confianza».[1]

Hindenburg recibe al canciller con frialdad manifiesta y, cuando este le expone en detalle los fundamentos de su política, exhibe un evidente desinterés. No presta un poco más de atención hasta que Brüning exige que se ponga fin a las «maquinaciones» contra su gobierno. Dice que no puede continuar asumiendo la responsabilidad mientras siga habiendo intrigas a sus espaldas y se siga cuestionando su autoridad. Hindenburg debe asegurarse de que «este gobierno paralelo [...] cese»; de lo contrario él, Brüning, no podrá llevar a cabo el tan deseado «giro hacia la derecha».

«Sobre su disposición a virar a la derecha, sin embargo, también se escuchan opiniones muy diferentes», responde Hindenburg en tono brusco. A continuación se pone las gafas, toma un documento que tiene preparado sobre el escritorio y, sin ninguna aclaración introductoria, lo lee con voz de mando: «1. A causa de su impopularidad, el gobierno ya no posee mi permiso para emitir nuevos decretos de emergencia. 2. Ya no le concedo al gobierno el derecho a realizar cambios en el personal». Con ello queda suprimida la base operativa sobre la cual se armó el gobierno de Brüning a fines de marzo de 1930.

El intercambio de palabras posterior lo relata Brüning en sus memorias de esta manera: «Contesté: "Si entiendo correctamente lo que me acaba de leer, lo que usted desea, señor presidente de la Nación, es la dimisión conjunta del gabinete". La respuesta del presidente de la Nación: "Eso mismo. Este gobierno debe irse porque es impopular". Declaré yo: "Mañana convocaré al gabinete y haré que se tome una decisión sobre la dimisión conjunta". El presidente de la Nación: "Le pido que suceda lo antes posible". Reponiéndome, le respondí con calma que yo mismo consideraba una necesidad de Estado que se formara un nuevo gabinete lo antes posible. "Mañana a primera hora podré entregar la dimisión". El presidente de la Nación: "Haga eso"». Cuando Brüning abandona el palacio de la presidencia de la Nación, alrededor de las 11.45, el destino de su gobierno está sellado.[2]

La caída de Brüning era el desenlace de una larga historia. La relación con el presidente de la Nación, que al principio había sido buena, pronto se deterioró. En mayo de 1931, Hindenburg todavía le había asegurado: «Usted es mi último canciller. No me separaré de usted»,[3] pero no era más que una declaración de boquilla. El concepto de lealtad, del que tanto le gustaba hablar al presidente de la Nación, para él no implicaba ningún compromiso por su parte. Pero el asunto era, sobre todo, que el gobierno de Brüning no había cumplido las expectativas que Hindenburg y su camarilla de asesores habían depositado en su cancillería.

Desde el primer día de su gobierno, Brüning adoptó un plan de austeridad rigurosa. Por medio de una serie de decretos de emergencia, se redujeron de manera drástica los gastos del Estado, se recortaron los sueldos y pensiones de los funcionarios y empleados y se disminuyó la duración y el monto de las prestaciones del seguro de desempleo, así como las pensiones para inválidos y veteranos de guerra. Al mismo tiempo se aumentaron los impuestos y contribuciones y se aplicó un «impuesto de crisis» a los trabajadores y asalariados.[4] Exento de los recortes solo quedó el presupuesto de las Fuerzas Armadas. Y se siguieron repartiendo millones en subvenciones destinadas a satisfacer los intereses del *lobby* agrícola.

Para el canciller de la Nación no se trataba solo de sanear las finanzas del Estado. También apuntaba, en realidad, a una estrategia de política exterior: quería utilizar la crisis económica para resolver de una vez y para siempre la cuestión de las reparaciones. Por medio de una política de austeridad consecuente,

El asceta de la Wilhelmstraße: el canciller de la Nación Heinrich Brüning. Con su rigurosa política de austeridad agravó la crisis económica.

acompañada de una incondicional transparencia en cuanto a la política fiscal, se pretendía demostrar a los estados acreedores que Alemania no estaba en condiciones de cumplir sus obligaciones de pago y forzar de esa manera su anulación mucho antes de la fecha estipulada en el Plan Young.

Los éxitos en cuanto a política exterior, según declaró Brüning en un discurso ante el Comité Nacional del Partido de Centro en noviembre de 1931, podrían «alcanzarse con mucha mayor rapidez si presentamos el balance de las finanzas y la economía alemanas de manera clara y honesta a la vista de todo el mundo». Esta, dijo, era «el arma más fuerte y contundente» que su gobierno había forjado, desde el principio, y ello había llevado «a que la cuestión de las reparaciones sea juzgada por la opinión pública en todo el mundo de manera totalmente distinta respecto de años anteriores».[5]

Para lograr la eliminación definitiva de la deuda por reparaciones, Brüning se había mostrado dispuesto a tolerar un desempleo y una miseria exorbitados. La cifra de desempleados registrados, que en octubre de 1930 se encontraba en 3,5 millones, aumentó hasta los 4,6 millones en octubre de 1931; un año después superó la barrera de los 5 millones para alcanzar su punto más alto en febrero de 1932, con 6,1 millones. Y el número real era en verdad bastante mayor, puesto que las estadísticas no incluían a los desempleados «invisibles», es decir, aquellos que, por la razón que fuera, no se habían registrado en la oficina de empleo.[6]

Las consecuencias psicológicas eran devastadoras. Tras superar las experiencias traumáticas de la hiperinflación, el desencadenamiento, seis años después, de una nueva crisis que incluso opacaba a las anteriores, agotó la capacidad de resistencia de muchas personas. Empezaron a proliferar sentimientos de desesperación y de ira, a los que se sumaba la pérdida de confianza en las instituciones y los partidos democráticos. Los resentimientos contra el «sistema» de Weimar y quienes formaban parte de él, que en cualquier caso ya estaban extendidos, cobraron ahora un nuevo y fuerte impulso.

Debido a la reducción de las prestaciones, solo una minoría de los desocupados continuaba recibiendo ayuda por desempleo. La mayoría de ellos dependía de la «Asistencia de crisis» que financiaban en conjunto el Estado nacional y los ayuntamientos o bien —cuando esta se acababa— de una asistencia social aún más restringida. La organización del seguro de desempleo, una de las grandes conquistas sociopolíticas de la República de Weimar, fue desmantelada en su mayor parte. Con ello se derrumbaba uno de los pilares sobre los que la República había hecho reposar su legitimidad. Muchas familias ya no podían pagar el alquiler y buscaban refugio en colonias improvisadas en las afueras de las ciudades. El hambre y las privaciones de todo tipo caracterizaban el día a día, cada vez más trabajoso. En particular se advertían graves consecuencias en la salud de los niños. No era raro ver a personas desesperadas con carteles que decían «Busco trabajo a cambio de lo que sea». Los jóvenes desempleados se agrupaban en «pandillas callejeras». Los delitos criminales se dispararon. Además de la pobreza y la pérdida del estatus, muchos desocupados también padecían la humillación de sentirse inútiles. Pero incluso para aquellos que todavía tenían trabajo y comida, el tan elevado desempleo implicaba una inseguridad permanente: en cualquier momento podía alcanzarlos a ellos la pérdida del puesto de trabajo y, con ella, la caída en la escala social.[7]

«El paisaje urbano de Berlín se ha ido modificando poco a poco: ahora la crisis se percibe en cualquier esquina —escribió Siegfried Kracauer, el corresponsal del *Frankfurter Zeitung*, en el apogeo de la miseria, en 1932—. Las calles están llenas de mendigos: un bosque entero de mendigos que apenas deja espacio para pasar invade la ciudad cubriendo el asfalto. Estudiantes y señores mayores bien vestidos tocan los timbres de las casas para vender cordones de zapatos y fósforos o simplemente para pedir una limosna. Y de noche, por las calles que antes tenían movimiento hasta la madrugada, reina una tranquilidad llamativa e inquietante. La gente desaparece enseguida, se queda en casa o se esconde en alguna otra parte. Parece que se aíslen como animales buscando estar solos con su miseria».[8]

Durante mucho tiempo se dio por sentado que no había alternativa a la política de austeridad de Brüning, ya que la idea de reactivar la economía mediante el *deficit spending* —es decir, mediante contratos públicos financiados con crédito, incluso a expensas de asumir déficits presupuestarios—, propuesta por John Maynard Keynes en su libro *A Treatise on Money*, de 1930, aún no había sido recibida en Alemania. Pero era un error. A partir de la primavera de 1931, Brüning padeció un auténtico asedio desde diversos frentes —especialistas en economía política, analistas económicos de los medios, expertos de los sindicatos— para que combatiera la depresión mediante un programa de creación de empleo a gran escala. Aun así, el canciller, por completo indiferente a estos reclamos, se mantuvo imperturbable en su plan de austeridad. Desde su perspectiva, había que hacerlo no solo por el temor de no poder convencer a las potencias occidentales de la necesidad de cancelar las reparaciones en el caso de que, al destinar fondos a la creación de empleo público, se diera la impresión de que Alemania tenía más margen financiero del que manifestaba tener, sino que, además, a Brüning le preocupaba que la estabilidad de la moneda pudiera verse amenazada por la generación abundante de créditos. En ello tenía mucho que ver el trauma provocado por la hiperinflación de 1923, que había quedado grabado en lo más profundo de la memoria colectiva de la nación.[9] En lugar de cambiar de rumbo, el «canciller del hambre», como lo llamaban, se aferró con rigidez a la política de deflación, con lo cual agravó la crisis económica y contribuyó a la radicalización de amplios sectores de la población.

El SPD, después de las catastróficas elecciones del 14 de septiembre de 1930, se encontraba en una situación difícil: ¿debía mantener su oposición al gabinete presidencial de Brüning o debía ofrecerle la mano para colaborar de alguna u otra manera? A fines de septiembre, los líderes del partido, Otto Wels y Hermann Müller, se reunieron con el canciller de la Nación para hacer unos primeros sondeos. El secretario de Estado Pünder anotó en su diario, acerca de los resultados de la reunión: «Después de la conversación de hoy, creo en verdad que no hay que descartar que la socialdemocracia apoye, para evitar una dictadura de derecha, al gabinete de Brüning».[10]

El 5 de octubre de 1930, la facción del Parlamento del SPD decidió tolerar el gabinete de Brüning, es decir, no apoyar las mociones presentadas por el KPD, el NSDAP y el DNVP para derogar el decreto de emergencia de julio y retirarle la confianza al gobierno. La decisión no fue fácil para los socialdemócratas, en tanto que así se exponían a los fuertes ataques de la competencia de la izquierda, el fortalecido KPD. Pero no les quedaba otra alternativa si el SPD quería preservar la única posición de poder que aún conservaba: el gobierno de Prusia, que tenía junto con el Partido de Centro y el DDP (llamado Partido del Estado Alemán desde julio de 1930). Hacer caer al canciller Brüning, del Partido de Centro, comportaría, previsiblemente, que el Centro pusiera fin a la coalición de gobierno en Prusia. El primer ministro, Otto Braun, y Carl Severing —que volvía a ser ministro del Interior de Prusia desde octubre de 1930— fueron quienes abogaron con más intensidad por una política de tolerancia. Los socialdemócratas eran «por momentos muy razonables», según el elogio de Pünder de fines de noviembre de 1930. «Saben, desde ya, que si el gabinete de Brüning fracasa a nivel nacional caerá acto seguido la guillotina sobre la coalición prusiana».[11] En la reunión del gabinete del 30 de noviembre, Brüning también anunció que la socialdemocracia tendría que asegurarle una mayoría para poder pasar el nuevo decreto de emergencia que tenía planeado: «Si la socialdemocracia llega a negarse, el Partido de Centro va a poner sobre la mesa la cuestión de la coalición prusiana. Él, el canciller de la Nación, asume que la socialdemocracia y, sobre todo, el primer ministro de Prusia tienen esto muy claro».[12]

En caso de que Brüning fracasara, se corría el riesgo no solo de que el Partido de Centro pusiera fin a la coalición prusiana, sino también de que se disolviera el Parlamento y con ello, se produjera un nuevo crecimiento del NSDAP. Así fue como el

SPD, con su política de tolerancia, pasó a ser en cierta medida un socio silencioso del gobierno de Brüning, aun cuando ello no estaba contemplado en el modelo que Hindenburg había ideado en un primer momento para instalar un gabinete presidencial; esta solución generó una situación que provocaría conflictos entre el presidente y el canciller de la Nación. Hindenburg habría preferido que Brüning hubiese ampliado su gobierno hacia la derecha, hacia el DNVP. Sin embargo, como no logró persuadir a Hugenberg, presidente del partido, se conformó de momento con la circunstancia actual: «Dado que la derecha no quiere ayudar, habrá que aceptar la ayuda de los *sozis* [socialdemócratas] para lograr algo, pero sin formar una coalición», escribió a una confidente a fines de octubre de 1930.[13] También para el canciller el apoyo del SPD era solo una solución de emergencia. En sus memorias manifestó que «en términos culturales», lo separaba «un abismo» de la socialdemocracia. Pero, al igual que Stresemann y otros, estaba convencido «de que cuando se trata, en tiempos de extrema necesidad, de salvar a la patria sin pretender ganar porciones brutales de poder, se puede confiar más en el SPD que en el tipo pangermánico-hugenbergiano de derecha».[14]

Gracias a la disposición del SPD a aceptar el gabinete presidencial de Brüning como el «mal menor», el canciller de la Nación pudo gobernar en adelante sin demasiados obstáculos. Las mociones que la oposición iba presentando para derogar los decretos de emergencia presidenciales fueron siendo rechazadas gracias a los votos del SPD; por otro lado, se aprobaron también gracias al apoyo del SPD las mociones del gobierno para suspender las sesiones parlamentarias o para prevenir una convocatoria anticipada del Parlamento. Así fue como a partir de marzo de 1931 el Parlamento quedó suspendido durante medio año, y no volvió a reunirse hasta mediados de octubre. La continua erosión del sistema parlamentario se reflejaba en la disminución del número de sesiones: en los primeros meses del gobierno de Brüning, de abril a diciembre de 1930, el parlamento celebró 67 sesiones; en 1931 se reunió 42 veces; y en

1932, hasta la caída de Brüning en mayo, lo hizo apenas ocho veces.[15]

Durante el primer periodo del mandato de Brüning, en lugar de leyes aprobadas por el Parlamento, se promulgaban decretos de emergencia en virtud del artículo 48 que Hindenburg firmaba sin dudar. Con la fuerte desactivación del Parlamento, cada vez se transfería más poder hacia la autoridad presidencial. Y la dependencia de Brüning respecto de Hindenburg y las fuerzas que lo acompañaban aumentaba en la misma medida.[16]

En el seno del SPD, la tolerancia hacia la política deflacionaria de Brüning, que implicaba grandes dificultades sociales para amplios sectores de la población, no dejaba de cuestionarse. Ernst Heilmann, presidente de la facción parlamentaria prusiana y firme defensor de la política de tolerancia, describió en la revista *Freies Wort* a comienzos de noviembre de 1930 el dilema del SPD: si bien en la base del partido se comprendía que la facción del Parlamento debía hacer todo lo posible por mantener a los nacionalsocialistas fuera del poder, al mismo tiempo «hay una objeción que varios miembros del partido no pueden pasar por alto: nuestra táctica no es popular, no es lo suficientemente fácil de entender para el hombre común».[17]

La prueba de fuego llegó en marzo de 1931, cuando el NSDAP y el DNVP se retiraron de forma estrepitosa del Parlamento. Puesto que eso dejó al SPD y al KPD con la mayoría, los comunistas aprovecharon la oportunidad para presionar al SPD para que votara con ellos en contra del presupuesto de Defensa, que contemplaba la primera fase de construcción del crucero acorazado B. Después de los intensos debates que se habían suscitado en torno al crucero A en 1928, aprobarlo le habría requerido al SPD un alto grado de autonegación; pero rechazarlo podría haber tenido como consecuencia la dimisión de Brüning. Así, la facción decidió abstenerse en la votación del 20 de marzo. Sin embargo, nueve diputados del ala izquierda del partido pasaron por alto la decisión de la facción y votaron por el no.

El congreso del SPD celebrado en Leipzig a fines de mayo y principios de junio de 1931 condenó con amplia mayoría el incumplimiento de la disciplina y manifestó su apoyo a la dirección del partido y su política de tolerancia. El 29 de septiembre de 1931, los líderes disidentes, Max Seydewitz y Kurt Rosenfeld, fueron expulsados del partido. Formaron el Partido Socialdemócrata Obrero de Alemania (SAP), que de todos modos no consiguió hacer decrecer demasiado al electorado del SPD. En Lübeck se les añadió un joven socialdemócrata que más tarde se convertiría en el primer canciller del SPD en la República Federal Alemana: Willy Brandt, que en ese entonces todavía se llamaba Herbert Frahm.[18]

Quienes ya no esperaban nada del SPD se fueron inclinando hacia el KPD. Este partido se convirtió en un refugio sobre todo para los jóvenes desocupados. En las elecciones al Parlamento nacional del 14 de septiembre de 1930, los comunistas lograron aumentar su porcentaje de votos del 10,6 al 13,1 por ciento y, con 77 escaños, fueron el tercer partido más fuerte en el Parlamento detrás del SPD y el NSDAP. Incluso en medio de la aguda crisis económica, el KPD mantuvo la línea general que había adoptado antes de 1930: su lucha se dirigía en primer lugar contra la socialdemocracia, a quien consideraba el «principal apoyo social de la burguesía» y la vanguardia de la fascistización en Alemania. La cúpula del KPD no mostró la más mínima comprensión hacia la política del «mal menor»; al contrario, no se cansó de denunciar la tolerancia hacia Brüning como una traición a los intereses de la clase trabajadora.

En cualquier caso, un frente de unidad de la izquierda contra el fascismo habría sido apenas imaginable, ni siquiera en caso de que los comunistas hubiesen moderado su agitación política. Las contradicciones entre los dos partidos obreros eran, en el fondo, insalvables: mientras que el KPD se veía a sí mismo como una fuerza revolucionaria que buscaba derrocar el sistema existente, el SPD era «el partido que funcionó como el sostén estatal de la República por antonomasia, y ello más que nunca desde 1930, cuando ese Estado iba siendo cada vez menos el suyo».[19]

El odio hacia los «socialfascistas» era tan grande que el KPD no se amedrentó a la hora de defender una limitada colaboración con los nacionalsocialistas. Así, en agosto de 1931 se implicó en un plebiscito impulsado por la derecha política para votar la disolución anticipada del Parlamento estatal prusiano. «Con su política, Braun y Severing se han convertido en los pioneros del fascismo. El frente de Brüning no podría desear tener un centinela más leal o una mejor defensa que el gobierno de Prusia», se decía en un manifiesto del comité central del KPD a modo de justificación tras decidir participar.[20] El plebiscito fue un fracaso; muchos comunistas ignoraron el llamado y se abstuvieron de votar. En su ceguera, la dirección del KPD fue incapaz de advertir de dónde provenía la verdadera amenaza: el movimiento nacionalsocialista que mes a mes iba recibiendo más adeptos.

Los beneficiarios principales de la política deflacionaria de Brüning fueron Hitler y el NSDAP. Tras la victoria arrolladora en las elecciones de septiembre de 1930 empezaron a ser cortejados por todos lados. «Ustedes no se hacen la idea de cómo cambió la situación del movimiento y en particular la de H(itler) mismo realmente de la noche a la mañana, de la noche de las elecciones a la mañana siguiente —le escribió Rudolf Heß, secretario privado de Hitler, a su padre, que vivía en Egipto—. Nos hemos vuelto "presentables" de golpe. Personas que antes evitaban a H(itler) ahora "deben" hablar con él. No para de llegar prensa nacional e internacional [...]. ¡Y miembros que se afilian!». Ni siquiera haciendo turnos nocturnos daban abasto para rellenar las fichas de afiliados.[21] A fines de 1930, el número de afiliaciones emitidas había aumentado a 389.000; a fines de 1931, a 806.294. En realidad, los afiliados eran unos cuantos menos, puesto que las bajas no se recogían en las estadísticas (lo cual contribuyó a que se generara la impresión de un crecimiento explosivo).[22]

Hacía tiempo que las salas de la sede de operaciones de la Schellingstraße de Múnich se habían quedado pequeñas. En marzo de 1931 se puso en funcionamiento una nueva central del partido, una lujosa villa en la Brienner Straße, la llamada

Casa Parda. La adquisición había sido posible gracias a un generoso crédito del industrial acerero Fritz Thyssen.[23] Este fue uno de los primeros líderes empresariales prominentes en plegarse a los nacionalsocialistas. La mayoría de los empresarios del Rin y del Ruhr, en cambio, todavía se mantenían a la expectativa y con reservas, en parte debido a la incertidumbre sobre el programa económico del NSDAP. A diferencia de lo que afirmó entonces la propaganda del KPD y de lo que más tarde sostendría la historiografía de la RDA, la irrupción del partido como movimiento de masas no dependió tanto del apoyo de la gran industria. El NSDAP financió una gran parte de sus campañas electorales con sus propios recursos. No obstante, el sector empresarial sí contribuyó de manera indirecta a la deslegitimación de la República de Weimar y al éxito de la derecha radical con sus ataques, a menudo infundados, contra los sindicatos y contra el estado de bienestar. No por casualidad la pérdida de poder del Parlamento y el establecimiento del gabinete presidencial de Brüning habían recibido la aprobación y el apoyo, en un primer momento, de los círculos de la gran industria.[24]

La principal atracción era y siguió siendo el presidente del partido, Hitler. Él encarnaba el anhelo del «guía», el *Führer*, un hombre fuerte que, manteniéndose apartado de las mundanas disputas partidistas, superaría la crisis y conduciría a Alemania a una nueva grandeza. Ningún otro político entendía mejor que él qué había que hacer para mostrarse como un mesías político y para que el público pusiera en él sus esperanzas de salvación. «Cuántos son los que, con conmovedora credulidad, miran hacia él como el salvador, el redentor, como el libertador de una inmensa aflicción», escribió Luise Solmitz, una maestra de Hamburgo, después de asistir a una manifestación multitudinaria.[25] En sus discursos, Hitler denunciaba los años de la República de Weimar como un periodo de pura decadencia y oponía a esta imagen tenebrosa el supuesto futuro brillante de una «comunidad popular» unida, económicamente próspera y políticamente fuerte, bajo su liderazgo. En las elecciones parlamentarias regionales de 1930-1931, el NSDAP mantuvo la tendencia ascendente. En Braunschweig obtuvo el 22,2 por ciento en septiembre de 1930; en Bremen, el 24,4 por ciento en noviembre de 1930; en Schaumburg-Lippe, el 27 por ciento en mayo de 1931; en Oldenburg, el 37,2 por ciento ese mismo mes; y en Hamburgo, el 25,9 por ciento en septiembre de 1931.[26] Su imagen de fuerza joven, no gastada y dinámica le otorgó al movimiento de Hitler un creciente poder de atracción.

Los éxitos sostenidos le brindaron a Hitler la perspectiva de llegar al poder por el camino legal, es decir, por medio de elecciones. Además, durante un juicio ante el Tribunal Nacional en Leipzig, en septiembre de 1930, contra tres jóvenes oficiales de las Fuerzas Armadas simpatizantes del NSDAP, se le presentó otra oportunidad para declararse ante el público en favor de la legalidad. Llamado a declarar como testigo, el presidente del partido reafirmó que no deseaba lograr sus objetivos «bajo ninguna circunstancia con medios ilegales», sino «intentar alcanzar las mayorías decisivas en los cuerpos legislativos por medios constitucionales». Sin embargo, Hitler no dejó lugar a dudas sobre lo que tenía previsto hacer una vez que tomara el poder:

Puesta en escena del culto al Führer: Hitler ante miembros devotos de la SA y el NSDAP que lo escuchan en el casino de la Casa Parda, la sede central del partido en Múnich.

«Cuando nuestro movimiento triunfe en su lucha legal se formará un Tribunal Estatal alemán y será expiado el noviembre de 1918; y también rodarán cabezas». En otras palabras, Hitler solo tenía previsto prescindir de los «medios ilegales» mientras no poseyera aún el poder político. La adhesión al orden constitucional únicamente facilitaba el propósito táctico de asegurar a los nacionalsocialistas el terreno de la lucha política para, al amparo de la legalidad, seguir desestabilizando la República de Weimar y, al final, desmantelarla.[27]

Cuán poco fiable era en realidad el «juramento de legalidad» de Hitler ya se pudo ver durante la apertura del Parlamento el 13 de octubre de 1930. Los 107 diputados del NSDAP desfilaron con la camisa parda y el brazalete de la esvástica, a pesar de que en Prusia se había prohibido usar uniformes. Aun teniendo representación como de la segunda facción más fuerte en la presidencia del Parlamento y participando en todas las comisiones parlamentarias, el NSDAP se dedicó desde el principio a la obstrucción. Intentó paralizar el trabajo del Parlamento con desórdenes constantes en las deliberaciones y con mociones e interpelaciones que no tomaban en serio. Cuando, en febrero de 1931, la mayoría del Parlamento respondió endureciendo el reglamento, la facción del NSDAP abandonó la sala de sesiones al grito de «¡Heil!» y «¡Alemania, despierta!».[28]

«Hitler, que no nació para jugar en la política grande, llevó a cabo, junto con los suyos, la fuga hacia la histeria», comentó Carl von Ossietzky en *Die Weltbühne*. Como muchos otros intelectuales de izquierda, Ossietzky subestimó la peligrosidad del demagogo. El «*duce* alemán» era, según él, «una existencia en pijama, cobarde y afeminada, un rebelde pequeñoburgués que enseguida se volvió un gordo entregado a la buena vida», según escribió a principios de febrero de 1931.[29] Sin embargo, los intentos de ridiculizar al *Führer* del NSDAP eran incapaces de enfrentarse al fenómeno Hitler y a su innegable carisma. Y mucho menos bastaban para contrarrestar la predisposición de sus seguidores a adorarlo como un redentor nacional.

En paralelo al ascenso del NSDAP, la Sturmabteilung (SA) se fue convirtiendo en una gran organización. Sus miembros se triplicaron en el transcurso de 1931: pasaron de ser 88.000 en enero a ser 260.000 en diciembre. La SA reclutaba sobre todo a jóvenes de las clases medias dominados por el miedo a la proletarización. Les ofrecía a estos hombres jóvenes e inseguros respecto de su futuro no solo una red de dispositivos sociales de asistencia, sino también un campo abierto para dar rienda suelta a su agresividad. En la subcultura desarrollada en los cuarteles de la SA y en los bares que simpatizaban con ella se fomentaba aquel culto a la violencia que caracterizó la imagen pública de los «batallones marrones».[30]

Desde principios de 1931, los enfrentamientos de la SA con sus adversarios, sobre todo con los comunistas, se intensificaron hasta alcanzar niveles similares a los de una guerra civil. En la mayoría de los casos, la violencia provenía de la SA. Desfilando por barrios proletarios, irrumpiendo en asambleas para disolverlas y perpetrando ataques en la vía pública, las tropas de la SA buscaban difundir un clima de miedo e intimidación. Sus provocaciones, a menudo acompañadas de peleas, parecían auténticas expediciones de conquista en territorio enemigo. El KPD, por su parte, respondió al proceder cada vez más agresivo de la SA con un alto grado de disposición a la violencia. Las batallas en salones y en la calle se cobraron numerosas víctimas en ambos bandos.[31]

Para la cúpula del NSDAP, las acciones violentas de la SA eran un arma de doble filo, pues ponían una y otra vez en duda los juramentos pseudolegales de Hitler. En febrero de 1931, el líder del partido advirtió a los hombres de la SA que no se dejaran «inducir a actos ilegales»: «Todas las medidas de los actuales dirigentes del Estado chocarán y rebotarán contra nuestra inconmovible legalidad».[32] Esta petición, sin embargo, no tuvo para nada una buena acogida en todas partes. En el verano de 1930, la SA de Berlín, dirigida por Walter Stennes, se había rebelado contra la dirección del partido en Múnich. Las tensiones resurgieron en abril de 1931, cuando Hitler destituyó a Stennes de su cargo. Stennes y sus seguidores ocuparon las oficinas de la dirección del distrito de Berlín. El presidente del partido, que se presentó a toda prisa, enseguida consiguió, junto con el jefe de distrito berlinés, Joseph Goebbels, sofocar la rebelión y reafirmar el compromiso de los grupos de la SA. Pero el conflicto seguía latente. De fondo había un problema estructural irresuelto, un problema que atraviesa la historia de la SA: ¿debía ser una mera tropa auxiliar del NSDAP en la lucha por el poder o desempeñar un papel, en condición de igualdad con el partido, como un «cuerpo paramilitar» al que le correspondería, tras la «toma del poder», asumir un rol militar de importancia en el futuro «Tercer Reich»?[33]

En el verano de 1931, la crisis se agudizó. El 6 de junio, el gabinete de Brüning presentó un nuevo decreto de emergencia para asegurar la economía y las finanzas, que una vez más suponía duros recortes sociales. Con el fin de calmar la creciente indignación pública, el gobierno nacional publicó, junto con el decreto de emergencia, un llamamiento que denunciaba con una aspereza inusual los «pagos de tributo», es decir, las reparaciones: decía que hasta ese momento Alemania había hecho todo lo posible por cumplir con las obligaciones que le había impuesto la guerra perdida, pero que ello «ya no es posible»: «El agotamiento de las últimas fuerzas y reservas de todos los grupos poblacionales le otorga al gobierno alemán el derecho y le impone el deber de declarar ante el mundo: hemos alcanzado el límite de lo que podemos exigir a nuestro pueblo en términos de privaciones».[34] El «llamamiento sobre el tributo» sacudió la confianza de los acreedores internacionales en la disposición del gobierno alemán a seguir cumpliendo con sus obligaciones de pago. En consecuencia, los inversores extranjeros retiraron en el acto sus créditos a corto plazo. El Reichsbank perdió en poco tiempo una gran parte de sus reservas de oro y divisas. Alemania estaba al borde de la insolvencia.

El 20 de junio, cuando el colapso financiero parecía estar a un paso de producirse, llegó la salvación, de forma inesperada, desde el otro lado del Atlántico. El presidente estadounidense

Herbert Hoover propuso una moratoria tanto para las reparaciones alemanas como para las deudas de guerra de los Aliados. En un discurso que la noche del 23 de junio transmitieron todas las emisoras de radio alemanas, Brüning celebró la iniciativa de Hoover y reafirmó al mismo tiempo su programa en cuanto a las políticas económicas: «El voto de confianza que implica el paso histórico que ha dado el presidente Hoover solo puede dar frutos si el pueblo alemán está firmemente decidido a seguir adelante por su propia cuenta en el camino de la mayor austeridad en todos los ámbitos».[35] En Alemania, la propuesta de Hoover tuvo una amplia aceptación; en Francia, en cambio, sintieron que se encontraban ante hechos consumados e hicieron falta largas negociaciones para quebrar la resistencia del gobierno. Hasta el 6 de julio no se logró obtener el consentimiento de todas las partes involucradas.

Como consecuencia de la demora, que se alargó varias semanas, se fueron diluyendo los efectos psicológicos favorables del anuncio de Hoover en Alemania. El 13 de julio, una semana después de la entrada en vigor de la moratoria, colapsó el Darmstädter und Nationalbank, conocido como Danatbank. Se desató una carrera general hacia los bancos y las cajas de ahorro, que forzó al gobierno a cerrar todas las ventanillas de los bancos durante dos días. «Días funestos en Alemania. [...] Pánico por todas partes», anotó Thea Sternheim.[36] La quiebra del Danatbank fue una catástrofe para muchas empresas, también para la imprenta de los Scholem, en Berlín. «Y tal parece que hemos de perderlo todo —informaba Betty Scholem a su hijo Gershom—. Es apenas un mínimo consuelo el hecho de que todo el ámbito comercial esté en la misma situación y que sean muchas más las empresas que están colapsando que las que se mantienen a flote. Y dado que todo alrededor es un desierto, no se ve ninguna posibilidad de volver a plantar: la situación es desesperada».[37] El jefe de distrito berlinés Goebbels, en cambio, se mostraba triunfal: «El Estado nacional está al borde de la bancarrota. Nuestra hora se aproxima a una tremenda velocidad. Sabremos aprovecharla».[38]

La crisis bancaria alemana causó una gran preocupación en los mercados financieros internacionales. No solo en Estados Unidos, sino también en Inglaterra y Francia creció la conciencia de que el posible colapso financiero de Alemania acarrearía severas consecuencias para sus propias economías. En un encuentro internacional celebrado en Londres a fines de julio de 1931 por iniciativa de Estados Unidos, se decidió ofrecer al gobierno alemán un significativo alivio financiero y recomendar al Banco de Pagos Internacionales que hiciera revisar la situación financiera alemana por una comisión de expertos. En su informe final, esta llegó a la conclusión de que no se podía esperar la recuperación económica de Alemania sin una solución al problema de las reparaciones. Entonces, los bancos de los principales países acreedores acordaron otorgar una prórroga de medio año para las deudas exteriores alemanas. La estricta política de austeridad de Brüning comenzaba a dar frutos en lo que respecta a la cuestión de las reparaciones. Pero ¡a qué costo! «Por todas partes reina el miedo al invierno, con siete millones de desempleados», anotó Victor Klemperer a principios de septiembre de 1931.[39]

Afectados por la impresión que provocaron los acontecimientos dramáticos del verano de 1931, algunos importantes sectores de la economía comenzaron a distanciarse del gobierno de Brüning. Así, la Liga Rural Nacional, el poderoso grupo que representaba los intereses de los grandes terratenientes del este del Elba, exigió, en un escrito del 22 de julio dirigido a Hindenburg, una «ruptura total con las fuerzas del marxismo internacional»: «La objeción que se escucha con frecuencia, de que no se puede gobernar sin la socialdemocracia, es falsa. Aquí se está confundiendo a la socialdemocracia con los trabajadores. Ninguna política ha engañado más al trabajador alemán que la que se ejerció bajo la influencia de la socialdemocracia. Cinco millones de desempleados y trabajadores con jornada reducida son la prueba».[40]

También las principales agrupaciones de la industria, que en un primer momento habían depositado grandes expectativas en la política de Brüning, empezaron a distanciarse. Para ellos, el desmantelamiento del estado de bienestar que había propiciado el canciller no tenía aún el alcance necesario, y les parecía que la razón era que Brüning todavía no se había liberado por completo del influjo de la socialdemocracia. El 6 de septiembre, Paul Reusch, importante representante de la industria de la región del Ruhr y director general de la Gutehoffnungshütte, escribió una incendiaria carta a Ludwig Kastl, miembro de la dirección de la Asociación Nacional de la Industria Alemana: decía ser de la opinión de que «dado que las expectativas que teníamos en Brüning no han sido cumplidas y que él no cuenta con bastante coraje para apartarse de la socialdemocracia, el sector empresarial y la Asociación Nacional deberían oponerse a él con la mayor firmeza posible y la industria debería expresar de manera completamente abierta su desconfianza hacia él». Kastl respondió que adhería «en principio» a las declaraciones sobre Brüning. Y no negaba que la política de este lo había «decepcionado mucho».[41]

En una reunión de representantes destacados de la RDI con Brüning, el 18 de septiembre, Carl Duisberg recogió las críticas: dijo que en ocasiones anteriores varias veces se le había brindado confianza al canciller de la Nación, pero que ahora se había llegado a la convicción de que «ya no está en condiciones de tomar las riendas de nuestra situación de deterioro permanente». Y ello se debía, a todas luces, al hecho de que seguía demasiado inclinado a acomodarse a las pretensiones del SPD. Brüning manifestó comprender «la nerviosidad en el país» y «la impaciencia de la industria», pero al mismo tiempo se mostró muy decidido a continuar con el impopular camino iniciado, presentando un nuevo decreto de emergencia.[42] El 29 de septiembre, las diez principales organizaciones empresariales publicaron una declaración conjunta en la que daban a conocer sus críticas a la situación: la política alemana debía caer en la cuenta de que no era posible «un punto de acuerdo entre los métodos económicos socialistas y los capitalistas» y de que hacía falta, por ende, «declararse de manera explícita y sin reservas completamente a favor de un único camino». Solo si el gobierno actuaba por fin en la dirección deseada por el sector empresarial podría «contar con el apoyo de todos los ciudadanos alemanes responsables que creen en el futuro de la patria alemana».[43] Esto podía ser visto como una abierta declaración de guerra.

Presionado por el ala de la industria pesada, el DVP también adoptó una postura de oposición al gobierno. El 5 de octubre, Eduard Dingeldey, que en noviembre de 1930 había sucedido a Ernst Scholz como presidente del partido y de la facción, informó al canciller de la Nación de que su partido ya no lo apoyaría. Unos días después, Erich von Gilsa, diputado por este partido, pudo tener la satisfacción de anunciar a Paul Reusch que Dingeldey por fin se había decidido a, en lo sucesivo, «distanciarse abiertamente de Brüning y ponerse a disposición para colaborar con la oposición nacional».[44]

La crítica tanto de la Liga Rural Nacional como de los círculos industriales más influyentes a la política de Brüning no le pasó inadvertida a Hindenburg. En su reunión del 13 de septiembre, Brüning ya pudo comprobar un cambio de atmósfera: el presidente de la Nación no mostró «en esta ocasión su habitual ecuanimidad y su forma de ser amistosa». Hindenburg le reclamó con insistencia al canciller que debía «inclinarse ahora más hacia la derecha». A fines de septiembre, en una nueva conversación, Hindenburg declaró cuán «doloroso» le resultaba constatar que Brüning «sigue perdiendo terreno». Dijo haber recibido «una gran cantidad de cartas de los mejores hombres de la Nación alemana», que se manifestaban contrarios al rumbo seguido por Brüning y pedían que fuera apartado del cargo.[45]

También la dirección de las Fuerzas Armadas exigía un viraje hacia la derecha. Era el reflejo de un cambio de actitud hacia Hitler y su movimiento. Desde el otoño de 1930, después de la aparición de Hitler ante el Tribunal Nacional en Leipzig, en la Bendlerstraße habían llegado a la conclusión de que ya no cabía considerar al NSDAP un movimiento subversivo enemigo, sino una fuerza política a la que debían tener en cuenta en sus planteamientos. Y el cambio se debía a motivos vinculados con la política de defensa, entre otras razones. Según le hizo saber el ministro de Defensa, Groener, a Brüning en noviembre de 1930, en la SA veían un «potencial favorable a la defensa», que podría ser aprovechado para una futura ampliación de las Fuerzas Armadas. En marzo de 1931, Schleicher acordó con el líder de la SA, Ernst Röhm, que los nacionalsocialistas pudieran tomar cursos de formación en la guardia fronteriza.[46]

A pesar de la evidente ambigüedad de las promesas de atenerse a la legalidad hechas por Hitler, en el otoño de 1931 la cúpula de las Fuerzas Armadas intensificó sus esfuerzos por incorporar al NSDAP a la toma de decisiones políticas. Haciéndolo participar en el gobierno, tenían el propósito de conducir a los nacionalsocialistas hacia una postura más moderada, o sea, por así decirlo, trataban de «domesticarlos». El 9 de septiembre, Rudolf Heß informó de que desde varios lados se estaba intentando «persuadir a Brüning de que incorporara al gobierno por lo menos a Hitler». La condición de Hitler era que se convocaran nuevas elecciones, las cuales habían de «traer un nuevo éxito arrollador para el movimiento».[47]

El 3 de octubre, Schleicher se reunió con el presidente del NSDAP. A la pregunta de si estaba dispuesto a tolerar el gobierno de Brüning, Hitler respondió que no, pero sí se declaró dispuesto a ingresar en el gabinete en caso de que se llamase de inmediato a nuevas elecciones. «Las cosas empiezan a moverse. Renunciaremos a Prusia si obtenemos una posición de poder determinante a nivel nacional», dijo Goebbels a partir del informe de Hitler sobre la reunión. Y agregó que más tarde, podría «doblegarse al marxismo» en Prusia «por medio de un comisario estatal».[48] A Schleicher su interlocutor le causó una impresión positiva: «Un hombre interesante con excepcionales dotes de orador. En sus planes se eleva a grandes alturas. Es entonces cuando hay que bajarlo a la realidad de los hechos».[49] Sin embargo, la idea de que él, Schleicher, iba estar en condiciones de influir en las ambiciones de Hitler y frenar la dinámica de su movimiento había de revelarse como un grave error.

De todos modos, para Brüning era inaceptable que el NSDAP se incorporara al gobierno con la condición de convocar nuevas elecciones. «A juzgar por las experiencias pasadas, solo ganarían los partidos radicales de los extremos, mientras que el centro restante (dejando de lado el Partido de Centro) se vería pulverizado en mayor o menor medida», según le dijo a Hindenburg.[50] Pero, por otro lado, tampoco podía ignorar que el presidente de la Nación le había exigido que ampliase su gabinete hacia la derecha. Con la renuncia del ministro de Asuntos Exteriores, Curtius, cuyo proyecto de formar una unión aduanera entre Alemania y Austria había fracasado, llegó desde fuera la oportunidad de reestructurar el gobierno. El 7 de octubre, en una reunión de ministros, se decidió la disolución del gobierno. No podía negarse, dijo Brüning, «que se había instalado en el pueblo un descontento respecto del actual gabinete nacional, y había encontrado, en parte del mismo, tierra fértil».[51] Algunos ministros que eran una piedra en el zapato del presidente de la Nación fueron reemplazados por otros. Sobre todo, era el caso del ministro del Interior, Joseph Wirth, un exponente del ala izquierda del Partido de Centro. Groener asumió su cartera de manera provisional. Puesto que conservó el Ministerio de Defensa, pasó a ser el hombre más importante del gabinete junto a Brüning, quien además de ocupar la Cancillería se hizo cargo también de suceder a Curtius como ministro de Asuntos Exteriores. El ministro de Transporte, Theodor Guérard, cedió su puesto a Gottfried Treviranus, quien, tras la disolución del Ministerio para los Territorios Ocupados en septiembre de 1930, se había convertido en comisionado de la Nación para la Ayuda al Este, un cargo que ahora ocuparía el terrateniente pomerano Hans Schlange-Schöningen, diputado del Partido Cristiano Nacional de los Agricultores. Para el Ministerio de Economía, vacante desde hacía mucho tiempo, Brüning logró, después de que los industriales Albert Vögler y Paul Silverberg se negaran a aceptarlo, convencer a Hermann Warmbold, miembro de la junta directiva de IG Farben. Como ministro de Justicia entró el secretario de Estado ultraconservador Curt Joel, quien, de hecho, ya había dirigido el ministerio tras la salida de Victor Bredt.[52]

El segundo gabinete de Brüning estaba aún menos ligado a los partidos políticos que el primero, dado que el DVP ya no tenía representación en él. En conjunto, el gobierno poseía un perfil más marcadamente conservador, aunque los críticos de Brüning creyeran que el desplazamiento hacia la derecha no era aún suficiente. Según Hans Schäffer, secretario de Estado en el Ministerio de Finanzas de la Nación, el canciller había fracasado en su intención de incluir en el gabinete a «personalidades influyentes de la derecha o de grupos de confianza de la derecha». Que Brüning y Groener ahora cumplieran una «doble función» fue calificado por Schäffer de mera «solución de emergencia».[53]

El canciller de la Nación seguía dependiendo tanto como antes de la tolerancia de los socialdemócratas. El 16 de octubre de 1931, su gabinete superó las mociones de censura de la oposición con una ajustada mayoría de 295 votos contra 270 (con tres abstenciones) gracias al apoyo de la facción del SPD y del Partido Económico, a los que el canciller había logrado poner de nuevo de su lado. El Parlamento levantó la sesión hasta el 23 de febrero de 1932. «Brüning ha conseguido una victoria pírrica», anotó Goebbels.[54]

El 10 de octubre, Hindenburg había recibido por primera vez a Hitler en una audiencia. El presidente de la Nación estaba irritado porque durante sus apariciones en Prusia Oriental se habían mezclado, entre los habituales vítores de la población, gritos de «¡Alemania, despierta!» proferidos por jóvenes nacionalsocialistas. Pero Hitler supo distender el ambiente representando el papel de excombatiente y embelesando al mariscal de campo con gestos de aparente respeto. No obstante, Hindenburg le dejó claro al líder del partido que cualquier intento por su parte de tomar el poder a sus espaldas encontraría su firme oposición. Más tarde, según Brüning, Hindenburg comentó: «Verdaderamente, habló muy bien, pero lo cierto es que no se lo puede nombrar ministro».[55] Sin embargo, la impresión causada por el presidente del NSDAP no fue para nada tan desfavorable como Brüning y algunos historiadores posteriores afirmaron. «Hitler me ha gustado mucho», le contó Hindenburg a un antiguo amigo, el coronel general Von Einem.[56] En conversación con Goebbels, Hitler se mostró satisfecho con el desarrollo de la audiencia: dijo que Hindenburg había «escuchado con atención», mientras él «le explicaba todo desde una perspectiva militar». Y el secretario de Estado Meissner lo había «secundado muy bien». «Resultado: el viejo ya nos conoce cara a cara. El jefe lo considera digno de veneración».[57]

Pocos días después de la formación del segundo gabinete de Brüning, el 11 de octubre de 1931, la «oposición nacional» desfiló en Bad Harzburg. Se eligió esta pequeña ciudad de las inmediaciones del Harz porque en el Estado Libre de Brunswick, al cual pertenecía, gobernaba desde octubre de 1930 una coalición de nacionalistas alemanes y nacionalsocialistas. El organizador del encuentro fue Hugenberg. Según anunció abiertamente el órgano central del DNVP, *Unsere Partei*, la idea era dar la «señal de ataque» contra un «sistema que se ha ido pudriendo», contra la odiada democracia de Weimar.[58] Todas las personalidades destacadas de la derecha antirrepublicana estaban presentes: junto con los principales representantes del NSDAP y el DNVP, del Stahlhelm, de la Liga Rural Nacional y de la Liga Pangermana, había miembros de la alta nobleza, entre ellos, el príncipe Eitel Friedrich, segundo hijo de Guillermo II, y altos mandos militares, como el antiguo jefe del Mando Supremo del Ejército Hans von Seeckt, desde 1930 diputado del DVP. Asistieron también representantes de la industria y los bancos, como el magnate del acero Fritz Thyssen y el antiguo presidente del Reichsbank Hjalmar Schacht, quien, con su presencia, estaba haciendo público su cambio de postura política. De las altas esferas de la industria de Renania-Westfalia, en cambio, solo acudieron hombres de segunda línea. «Llamó la atención en general que no hubiera un solo líder importante de la industria entre los presentes», le escribió Erich von Gilsa a Paul Reusch.[59]

Hitler se había decidido a participar a regañadientes. La recepción de Hindenburg le había brindado a su confianza en sí mismo un nuevo y fuerte impulso. Llegó a Bad Harzburg no para demostrar unidad, sino para darle firmeza a su pretensión de liderazgo. Durante todo el encuentro se comportó como una *prima donna* y se dedicó a provocar una y otra vez a sus socios conservadores. Así, la mañana del 11 de octubre solo pasó revista a las formaciones de la SA y la SS y se retiró, con un gesto elocuente, cuando se aproximaron las formaciones del Stahlhelm. A la reunión final que se celebró en el salón de eventos por la tarde se presentó porque Hugenberg estuvo rogándole durante una hora entera. En su discurso volvió a apartarse del frente común, comportándose como si se encontrara exclusivamente entre sus seguidores. Se dirigió a los presentes con las palabras «Compañeros y compañeras de partido» y concluyó diciendo: «¡Viva nuestro glorioso movimiento nacionalsocialista!». En el manifiesto que leyó a continuación no dejó dudas respecto de quién debía llevar la voz cantante en el futuro: los nacionalsocialistas estaban dispuestos, dijo, a «asumir en su totalidad la responsabilidad de la formación de gobiernos nacionalistas en la Nación y los estados».[60]

Por fin se había logrado «crear un frente nacional de unidad», informó a Doorn el representante del ex-Kaiser, Wilhelm von Dommen. Con esto se acercaba la hora en que «los hombres de noviembre se irán a pique y nosotros podremos imponer un gobierno nacionalista».[61] Sin embargo, el Frente de Harzburg solo era unitario en lo negativo: el rechazo incondicional al «sistema» de Weimar. Sobre un programa de gobierno en común no había podido ponerse de acuerdo. La lucha por el liderazgo continuaba entre bastidores. Todo el mundo sospechaba que los demás perseguían objetivos egoístas, y de hecho así era, sobre todo en el caso de Hitler y el NSDAP. Un día después del encuentro de Bad Harzburg, Goebbels anotó en su diario que si Brüning caía, «será nuestro turno. Pero en ese momento hay que bloquear la reacción lo antes posible. Queremos ser los únicos amos en Alemania».[62] La fragilidad del Frente de Harzburg se hizo evidente ya el 18 de octubre, cuando Hitler hizo marchar a unos cien mil miembros de la SA y la SS en Brunswick. Con ello pretendía no solo demostrar su independencia sino también dejar claro que el NSDAP era el único que tenía la capacidad de movilizar a las masas.

En las elecciones parlamentarias de Hesse, el 15 de noviembre de 1931, el NSDAP obtuvo una victoria rotunda, con el 37,1 por ciento de los votos, y pasó a ser el partido más poderoso, a mucha distancia del segundo. Apenas diez días después se produjo un incidente que amenazó con perturbar notablemente el entorno de Hitler. Un antiguo miembro de la facción parlamentaria del NSDAP en Hesse había entregado al jefe de policía de Frankfurt un material comprometedor. Se trataba de las actas de una reunión que algunos miembros de la jefatura distrital de Hesse habían celebrado en abril en la finca Boxheimer Hof, cerca de Laupertsheim. Los Documentos de Boxheim, así llamados por el lugar de donde surgieron, revelaban los planes de la dirección del NSDAP de Hesse para el caso de una toma del poder: desde una «intervención implacable de las fuerzas armadas» hasta la imposición de la pena de muerte en casos de resistencia y sabotaje. El autor de los documentos era el asesor judicial Werner Best, jefe de la sección jurídica de la jefatura distrital y presidente designado de la facción parlamentaria.[63]

Cuando se conocieron estos planes se generó un gran revuelo, dado que al final parecían confirmarse todos los temores que había respecto de las verdaderas intenciones de los nacionalsocialistas. Por orden de Hitler, Göring se apresuró a asegurarle al presidente de la Nación que el NSDAP «solo actúa conforme a la ley y persigue sus objetivos solo por medios legales».[64] Mientras la opinión pública republicana exigía que hubiera consecuencias, el fiscal general, Karl August Werner, procuró minimizar el incidente. Actuaba por orden directa de Brüning, que quería evitar que se vieran afectados los sondeos que se estaban haciendo para la formación del primer gobierno negro y pardo a nivel estatal. Las negociaciones acabaron por fracasar en diciembre, porque el NSDAP impuso condiciones imposibles de satisfacer. El proceso de investigación contra Best se demoró de manera deliberada, y en octubre de 1932, el cuarto consejo judicial del Tribunal Nacional desestimó el caso por falta de pruebas.[65] En lugar de aprovechar la ocasión que daba el descubrimiento del *affaire* Boxheim para pasar con firmeza a la ofensiva en contra de las actividades antidemocráticas y anti-Estado de una parte de los nacionalsocialistas, el gobierno y la justicia colaboraron codo con codo para esconder el asunto bajo la alfombra. Y así, sin pensar, se desperdició una oportunidad.

«Si hay algo sorprendente del transcurso de 1931 es una sola cosa: que pasó sin ninguna explosión política», según el balance de Leopold Schwarzschild en la revista *Das Tage-Buch*, de la cual era coeditor.[66] «Triste Año Nuevo. Fin de un año catastrófico y comienzo de otro que es de esperar que sea más catastrófico aún», escribió el conde Harry Kessler el 31 de diciembre de 1931.[67] En su retrospectiva de 1931, el *Vossische Zeitung* lo llamó «año de infortunio»: «Comenzó con preocupaciones y termina con penuria; y fue por ello todavía más difícil de soportar que los terribles años 1918 y 1923, ya que aquel al menos trajo el fin del sangriento horror y este ahuyentó por fin al fantasma de la inflación».[68] Tampoco Victor Klemperer veía a fin de año indicios de que las condiciones fueran a mejorar: «Ahora no hay más que desesperación, ya no hay ningún futuro, ninguna fe, del tipo que sea. Uno solo desea seguir viviendo de algún modo sin llegar a comprender de veras el sentido o la posibilidad de seguir adelante. Estamos en un estado de insensibilidad total».[69] Bien distinto, en cambio, era el ánimo en los círculos del NSDAP. «Año nuevo: este va a ser y tiene que ser el año en que se llegue a la decisión. Adelante, pues. Con valor, fuerza y confianza en Dios», escribió Goebbels, lleno de expectativas, en su diario el día de Año Nuevo de 1932.[70]

El tema dominante de la política interna durante los primeros meses de 1932 fue la cuestión de la posible reelección de Hindenburg, cuyo mandato se acababa el 25 de abril. Para ahorrarle al presidente de la Nación, que ya había cumplido ochenta y cuatro años, las fatigas de una segunda elección popular, a Brüning se le ocurrió la idea de prolongar su mandato mediante una decisión del Parlamento, procedimiento implementado en 1922 para la prórroga del mandato de Ebert. En una reunión con el canciller de la Nación, el 5 de enero de 1932, Hindenburg dio su «consentimiento en principio», aunque dejó entrever lo difícil que le resultaba la decisión de «ponerse una vez más a disposición de la patria».[71] De todos modos, para prorrogar su mandato era necesaria una mayoría de dos tercios en el Parlamento, y Brüning solo podía obtenerla si también los nacionalsocialistas daban su aprobación.[72] El 6 de enero, el ministro del Interior, Groener, se reunió con Hitler en nombre del canciller de la Nación para sondear si podía ganarse su apoyo para la propuesta. Unos días después, Groener resumió su opinión sobre el líder del partido en una reunión de comandantes: «Impresión simpática, persona modesta y ordenada, que quiere lo mejor [...]. La intención y los objetivos de Hitler son buenos, pero es un fanático, ardorosamente multifacético».[73]

Siguió una serie de reuniones en las que Hitler al principio parecía dar indicios de querer colaborar, pero al final volvió a condicionar su apoyo a la disolución del Parlamento y una nueva convocatoria de elecciones. Brüning no podía aceptar esto porque, con la esperable victoria del NSDAP, perdería la mayoría que lo toleraba en el Parlamento. El 12 de enero, Hitler le comunicó a Brüning que, «a pesar de toda la veneración por la persona del señor presidente de la Nación», no podía apoyar una extensión parlamentaria del mandato. Para justificar su postura, pocos días después presentó, en un detallado documento, una serie de inquietudes de índole constitucional que, si bien no eran infundadas, sonaban extrañas viniendo de él, que nunca trató de ocultar su intención de abolir tan pronto como fuera posible la Constitución una vez en el poder.[74] También Hugenberg rechazó con claridad la propuesta de Brüning.[75]

Al canciller le tocó entonces convencer al presidente de la Nación de que se presentara una vez más a una elección popular. A todas luces, Hindenburg estaba molesto por el fracaso del plan de Brüning y se tomó con calma la decisión. A fines de enero hizo saber que solo aceptaría presentarse si su candidatura no iba a chocar contra «una oposición cerrada de toda la derecha» y si su reelección en primera vuelta podía «ser tenida por segura».[76] El 1 de febrero, un Comité Hindenburg multipartidista, dirigido por el alcalde de Berlín, Heinrich Sahm, se lanzó a la esfera pública con una campaña de propaganda. En poco tiempo reunió más de tres millones de firmas a favor de una nueva candidatura de Hindenburg. No bastó, sin embargo, para despejar por completo las inquietudes del presidente de la Nación. Lo afectaba de un modo particularmente doloroso que el Stahlhelm, del cual era miembro honorario, no hubiera podido decidirse a apoyar su candidatura. Solo cedió en su resistencia y mostró su disposición a postularse de nuevo cuando la Liga de Kyffhäuser, la federación central de asociaciones de veteranos, le juró lealtad como mariscal de campo, el 15 de febrero. «Un día de importancia trascendental para Alemania», anotó el secretario de Estado Pünder.[77] Dos días después, Hindenburg le escribió a su amigo y vecino Oldenburg-Januschau contándole lo mucho que le dolía que en la prensa nacionalista alemana se afirmara que había recibido su candidatura «de manos de la izquierda o de una coalición negra y roja».[78]

La decisión de Hindenburg colocó a Hitler ante un dilema, ya que no le quedó otra opción que subir al *ring*. Dudó mucho antes de tomar la decisión, pues el riesgo de perder en un enfrentamiento directo con Hindenburg no era menor, y una derrota podía dañar su aureola de *Führer* del movimiento que avanzaba imparable de victoria en victoria. «¿Cuándo se decidirá Hitler? ¿Es que no tiene el coraje necesario? Habrá que dárselo», reclamaba Goebbels el 30 de enero.[79] Dos días después, en una reunión en la Casa Parda, Hitler dio a conocer su disposición a enfrentarse a Hindenburg. No obstante, la declaración pública no debía hacerse hasta que el presidente de la Nación hubiera anunciado su candidatura y la socialdemocracia lo hubiera respaldado. El cálculo de Hitler era que si Hindenburg recibía el apoyo del sector republicano, él podría con más razón ser presentado como el candidato de toda la derecha. Ambas condiciones se cumplieron a mediados de febrero de 1932. Sin embargo, Hitler esperó otra semana antes de permitir a Goebbels anunciar su candidatura en un mitin en el Sportpalast de Berlín el 22 de febrero. Ese mismo día, el Stahlhelm, apoyado por el DNVP, declaró su intención de presentar a su propio candidato, el vicepresidente de la organización, Theodor Duesterberg. Así salieron a la luz las divisiones dentro del Frente de Harzburg. El KPD, igual que en 1925, nominó al presidente del partido, Ernst Thälmann, como su candidato.[80]

A Hitler todavía le quedaba, sin embargo, un obstáculo por superar. Para poder postularse necesitaba la ciudadanía alemana. El intento de Frick, ministro del Interior y de Educación Popular de Turingia, para conseguirla había fracasado, como se mencionó, en el verano de 1930. En esta ocasión intervino el gobierno de derecha del Estado Libre de Brunswick. El 26 de febrero, el presidente del NSDAP fue nombrado consejero gubernamental de la delegación de Brunswick en Berlín. Prestó juramento e inmediatamente después pidió licencia hasta el final de la campaña de las elecciones presidenciales. Jamás asumiría su «servicio». «Así que ciudadano Hitler… ¡Felicidades!», bromeó Goebbels.[81]

Tres días antes, el responsable de propaganda de Hitler había provocado un escándalo en el Parlamento al acusar a Hindenburg de haber «dejado en la estacada la causa de sus antiguos votantes» y de haberse «alineado de manera inequívoca con los socialdemócratas», para luego continuar: «¡Dime quién te elogia y te diré de qué lado estás!». Hindenburg, afirmó, era «elogiado por la maquinaria mediática berlinesa, elogiado por el partido de los desertores», con lo cual aludía a la socialdemocracia. A esta infamia respondió Kurt Schumacher, un diputado del SPD que había sido herido de gravedad siendo voluntario en la guerra de 1914, con una frase memorable: «Si algo hay que reconocer al nacionalsocialismo es el hecho de que ha logrado por primera vez en la política alemana la movilización total de la estupidez humana».[82]

En lugar de defender a los socialdemócratas, Brüning, en el debate del Parlamento del 24 de febrero, no tuvo mejor idea que declarar, dirigiéndose a la derecha de la cámara, que no quería ser asociado de ninguna manera con la Revolución de Noviembre de 1918: «El 9 de noviembre estaba en la tropa que formó la vanguardia del grupo Winterfeldt para sofocar la revolución».[83] En sus memorias, Brüning relató que este pasaje de su discurso fue recibido con un «aplauso atronador» desde el centro de la cámara hasta el lugar de los nacionalistas alemanes, mientras que del lado izquierdo la reacción fue de un «pesaroso silencio».[84] El canciller no podría haber expresado con más claridad que la democracia parlamentaria surgida de la revolución no tenía para él una gran importancia.

Sin embargo, la junta directiva del SPD no se dejó disuadir y, en un llamamiento del 27 de febrero, animó a los miembros y simpatizantes del partido a votar por Hindenburg: «¡Hagan todos sus esfuerzos para que se dé el golpe decisivo ya en prime-

Hindenburg hace campaña en la radio por su reelección, el 10 de marzo de 1932, tres días antes de la primera vuelta de las elecciones para presidente de la Nación.

ra vuelta! ¡Liberen con este único golpe al pueblo alemán de la amenaza fascista! ¡Derroten a Hitler! ¡Para ello, voten por Hindenburg!».[85] Otto Braun, el primer ministro de Prusia, que en la primera vuelta de 1925 se había postulado contra Hindenburg, elogió ahora al presidente de la Nación en el *Vorwärts* como «la encarnación de la calma y la estabilidad, de la fidelidad y el cumplimiento devoto del deber en favor del conjunto del pueblo». Por eso declaró que quería darle su voto a Hindenburg y apeló a sus seguidores a que hicieran lo mismo.[86] Las coordenadas políticas se habían modificado a tal punto que los socialdemócratas se vieron obligados a presentar a un monárquico convencido como la única alternativa a Hitler.

Al igual que en 1925, Hindenburg no intervino de manera directa en la campaña electoral. Solo una vez, el 10 de marzo, se dirigió al público en un discurso transmitido por radio. En él desmintió las sospechas de que había recibido su candidatura de «manos de la izquierda» o de una «coalición negra y roja»: «Pero consideré que ser un candidato del pueblo alemán sobre una base suprapartidista era un deber patriótico».[87] Aunque su relación con el presidente de la Nación se había deteriorado mucho en los meses previos, Brüning se comprometió con todas sus fuerzas con la reelección de Hindenburg, sabedor de que solo él podía evitar la victoria de Hitler. En sus numerosas apariciones haciendo campaña, el canciller evocó el mito del «vencedor de Tannenberg», y en el mitin final, celebrado el 11 de marzo en el Sportpalast de Berlín, dos días antes de la primera vuelta, incluso puso a Hindenburg sin dudarlo en línea con los «hombres enviados por Dios». En «todas las horas decisivas durante la guerra y después de ella», dijo, tuvo «el coraje» de «resistir y de tomar las decisiones correctas, aunque fueran duras».[88]

Los nacionalsocialistas llevaron a cabo su campaña electoral con los medios técnicos más modernos. Goebbels grabó un disco de gramófono, que se distribuyó en una tirada de 50.000 ejemplares. Un film sonoro de diez minutos, que había de ser proyectado en las calles y plazas de las grandes ciudades, exaltaba a Hitler como el inminente salvador del pueblo alemán.

Estridentes carteles proclamaban el mensaje central: «¡Fuera con el sistema! ¡El poder para el nacionalsocialismo!».[89] En sus discursos, el presidente del NSDAP evitó atacar de frente a Hindenburg. Sabía que no debía sobrecargar de forma irreparable la relación con el presidente de la Nación, porque, en caso de derrota, no podría acceder al poder sin su aprobación. Así, por un lado, expresó su admiración por el antiguo mariscal de campo, pero, por otro lado, dejó claro que Hindenburg era un hombre del pasado, mientras que él, Hitler, y su movimiento pertenecían al futuro. «Viejo [...] —exclamó el 7 de marzo en Núremberg—, ya no estás en condiciones de asumir la responsabilidad por nosotros; la asumiremos nosotros mismos, la generación de la guerra. Tú, venerable anciano, ya no puedes cubrir más a quienes queremos aniquilar. Hazte a un lado y libera el camino».[90]

Tras un inicial escepticismo, fue extendiéndose en la dirección del NSDAP, que estaba impresionada por la concurrencia masiva a los discursos de Hitler, la seguridad de la victoria. «Hablé con Hitler por la noche —anotó Goebbels el 9 de marzo—. Avanza de triunfo en triunfo. Todo marcha bien. ¡Será un éxito!».[91]

El 13 de marzo, a las seis de la tarde, se cerraron las mesas electorales. «Las máquinas de contar comienzan a trabajar a toda marcha; en las calles reina el silencio —informó el *Vossische Zeitung*—. Los bares están vacíos como un Domingo de Difuntos. Todo Berlín espera junto al altavoz, la gran ciudad contiene la respiración».[92] A última hora de la noche, el resultado estaba claro: con bastante más de 18 millones de votos (49,6 por ciento), Hindenburg se había colocado a una distancia considerable de Hitler, que había recibido algo más de 11 millones de votos (30,1 por ciento). Sin embargo, quien competía por conservar el cargo no había alcanzado, por poco, la mayoría absoluta, de modo que había que convocar a una segunda vuelta. Thälmann había obtenido casi 5 millones de votos (13,2 por ciento) y Duesterberg, 2,5 millones (6,8 por ciento). Después de las altas expectativas, el resultado de las elecciones fue un *shock* para el NSDAP. «Estamos derrotados. Terribles perspectivas —anotó Goebbels en su diario—. Hemos aumentado un 86 por ciento desde septiembre de 1930. Pero ¿de qué vale todo ello? Nuestra militancia está deprimida y desanimada. [...] Hablé por teléfono con Hitler. Está totalmente sorprendido por el resultado. Habíamos puesto nuestras metas demasiado altas».[93]

En el *Vossische Zeitung*, el historiador Veit Valentin habló de un «punto de inflexión en la historia contemporánea». Con el 13 de marzo de 1932, según él, «se rompió el hechizo del nacionalsocialismo»; los «partidos leales al Estado» se habían «defendido heroicamente». Había llegado el momento de «organizar el contraataque»: «La Alemania de Hindenburg se ha fundido, para enfrentar el peligro de una guerra civil, como una unidad política y una potencia histórica. Ojalá sepa aprovechar su hora».[94] A Hindenburg y a su camarilla, sin embargo, jamás les pasó por la cabeza la posibilidad de unirse a los partidos republicanos para enfrentar a la derecha.

El éxito de Hindenburg se debió sobre todo a que los simpatizantes del SPD siguieron con disciplina el llamamiento de la dirección del partido y votaron de forma casi unánime por Hindenburg. Justo esto, además del hecho de que iba a ser necesaria una segunda vuelta electoral, era algo que el presidente de la Nación vivía directamente como una humillación. Si Hugenberg y el Stahlhelm no hubieran presentado a Duesterberg como candidato, Hindenburg habría sido elegido con toda probabilidad en la primera vuelta, y con ello se habría cumplido una de las condiciones que había impuesto para postularse. Sin embargo, su descontento se dirigió contra el canciller, que era quien lo había convencido de volver a presentarse. Cuando lo visitó al día siguiente de las elecciones, Brüning no recibió ni una palabra de agradecimiento, sino solo el antipático comentario: «La partida está empatada».[95] Aun así, no cabía dudar de la victoria de Hindenburg en la segunda vuelta, que tendría lugar el 10 de abril.

Entre una vuelta electoral y la otra nació de improviso la idea de una candidatura del príncipe heredero. Cuando el gobierno alemán le permitió regresar de su exilio en los Países Bajos a su finca de Oels, en Silesia, en noviembre de 1923, el hijo mayor del emperador Guillermo II prometió abstenerse de toda actividad política. Hasta que entonces abandonó la moderación que había sostenido durante los primeros años después de su regreso. En una carta a Hitler del 29 de marzo solicitó apoyo para una candidatura unitaria de la derecha que encabezaría él mismo. En un primer momento, el presidente del NSDAP pareció dispuesto a retirar su propia candidatura, pero solo bajo la condición de que Hindenburg también aceptara dar el paso. Hitler contaba con que si ayudaba al príncipe heredero a alcanzar la presidencia, este, a cambio, lo nombraría canciller de la Nación. Sin embargo, el plan fracasó a partir del momento en que Guillermo II lo vetó desde Doorn, lo cual no impidió que el 1 de abril el príncipe heredero recomendara, en una declaración pública, la elección de Hitler en la segunda vuelta.[96]

Para los días entre el 20 de marzo y el 3 de abril, el gobierno había ordenado una «paz de Pascua». Durante ese tiempo, todas las reuniones públicas estaban prohibidas. Con ello, la campaña electoral quedó reducida a una sola semana. El corto plazo, según señaló Goebbels en su diario, hacía necesarias unas «estrategias completamente nuevas» de propaganda.[97] Se alquiló un avión, gracias al cual Hitler pudo dar varios mítines multitudinarios en distintas ciudades. El lema fue «Hitler sobre Alemania». Debía, además de sugerir la omnipresencia del líder del partido, demostrar la pretensión del movimiento nacionalsocialista de encarnar ya la venidera «comunidad del pueblo» más allá de las clases y los partidos.[98]

El esfuerzo dio fruto. Si bien fue electo Hindenburg con el 53 por ciento de los votos, Hitler ganó más de dos millones de votos y aumentó su porcentaje al 36,8. Era claro que habían optado por él una gran parte de los votantes de Duesterberg, que había retirado su candidatura. Thälmann obtuvo solo el 10,2 por ciento; no pocos de sus votantes se abstuvieron esta vez.[99]

Hindenburg no podía sobreponerse a la circunstancia de que debía su elección no a sus correligionarios de la derecha, sino al comportamiento disciplinado de la socialdemocracia y del centro católico. «Qué burro fui al dejarme elegir por segunda vez», comentó algunas semanas después en un círculo de confianza.[100] Brüning percibió de inmediato el malestar del presidente de la Nación cuando, el 11 de abril, le transmitió las felicitaciones de los miembros del gobierno y, al mismo tiempo, por cumplir con las formalidades, le ofreció la dimisión de su gabinete. Esta vez, Hindenburg no rechazó de plano la oferta, como se esperaba, sino que declaró que solo «de forma provisional» no deseaba aceptar la renuncia. Y exigió además que ello constara también en el comunicado oficial. «El canciller, como es de suponer, está muy preocupado por esto», anotó el secretario de Estado Pünder.[101]

Al creciente distanciamiento entre Hindenburg y Brüning contribuyeron, por otro lado, las discusiones en torno a la posible prohibición de la SA y la SS. El 17 de marzo, pocos días después de la primera vuelta electoral, el ministro del Interior prusiano, Carl Severing, había mandado registrar las oficinas del NSDAP y la SA en Prusia. El material confiscado reveló que el 13 de marzo la SA había sido puesta en estado de alerta por orden de la sede central del partido en Múnich. Como hizo cuando se conocieron los Documentos de Boxheim, la dirección del NSDAP se apresuró a dar fe de la legalidad de su movimiento. El ministro del Interior, Groener, no estaba seguro de si exigir o no que se pagaran consecuencias, puesto que, en cuanto ministro de Defensa, el «potencial militarista» de la SA lo atraía, a pesar de todo. Sin embargo, en una conferencia de ministros del Interior regionales, el 5 de abril, lo presionaron con fuerza para que tomara por fin medidas contra las organizaciones paramilitares de los nacionalsocialistas. Fue entonces cuando Groener se decidió a actuar y ordenó que se elaborara un proyecto para prohibir la SA y la SS.

Ahora bien, cuando quiso avanzar en esa dirección encontró resistencia dentro de su propio ministerio. Schleicher, que al principio había secundado el plan de Groener, se distanció de él. Seguía convencido de que podía integrar al NSDAP en el gobierno y «domesticarlo» de esa manera. Para ello propuso otra táctica: presentarle un ultimátum a Hitler mediante una carta abierta en la que se lo amenazara con disolver la SA y la SS en caso de que no se declarase dispuesto a despojar a ambas agrupaciones de su carácter militar. De todas formas, Groener mantuvo su decisión. En un memorándum del 10 de abril, le comunicó a Brüning que, tras la victoria electoral de Hindenburg, era el momento psicológicamente adecuado para tomar medidas duras. Un nuevo retraso en la decisión haría «tambalearse con muchísima fuerza la autoridad del gobierno nacional y la del señor presidente de la Nación».[102] En una reunión celebrada la noche del mismo día, el canciller de la Nación aprobó el plan de prohibición. La propuesta de Schleicher fue rechazada, una derrota que golpeó con dureza al ambicioso jefe de la oficina del Ministerio de Defensa. Desde entonces, se ausentó de las reuniones y comenzó, a espaldas de su ministro, a generar rechazo contra la prohibición tanto en la Bendlerstraße como en el Palacio del Presidente de la Nación. «¡Un tremendo quebrantamiento de la confianza hacia su jefe, el excelentísimo Groener!», se indignó Pünder.[103]

Bajo la influencia de su entorno, en particular de su hijo Oskar, al que Schleicher había estado trabajando, Hindenburg empezó a tener dudas. Solo con gran esfuerzo pudieron convencerlo Brüning y Groener de la necesidad de la prohibición. El 13 de abril, el presidente de la Nación firmó el decreto de emergencia para la «protección de la autoridad del Estado», con el que se declararon disueltas «todas las organizaciones de carácter militar» del NSDAP.

Los nacionalsocialistas habían sido advertidos de la inminente prohibición y tuvieron tiempo suficiente para deshacerse de armas y documentos comprometedores. Aunque las camisas pardas desaparecieron de las calles, la cohesión organizativa de la SA y la SS se mantuvo intacta en la medida en que sus miembros permanecieron agrupados bajo el ala del partido. En un llamamiento que hizo el 13 de abril, Hitler dejó claro que consideraba la prohibición una medida temporal y pidió a sus seguidores que se abstuvieran de reaccionar: «Si ustedes cumplen con su deber, este golpe del general Groener se les va a volver en contra de mil maneras, a él y a sus aliados, gracias a la acción de nuestra propaganda».[104]

Tras la prohibición de la SA y la SS hubo reacciones de distinto tipo. El sector republicano la recibió como algo que estaba esperando desde hacía mucho tiempo: «Al Partido Nacionalsocialista le faltará en las próximas semanas un medio esencial para atraer gente. [...] Se quedó sin recursos», se alegraba Benno Reifenberg, director de la sección de política interior del *Frankfurter Zeitung*.[105] Por el contrario, la prensa de Hugenberg desató una verdadera tormenta de indignación. El Palacio del Presidente de la Nación fue prácticamente colmado de protestas por parte de los círculos de derecha.[106] Todo esto no dejó de producir su efecto en Hindenburg. El 15 de abril le pidió a Groener que tomara medidas también contra «organizaciones de carácter similar». A la carta, redactada en un tono de hostilidad manifiesta, se adjuntaban materiales en teoría comprometedores contra la socialdemócrata Reichsbanner Schwarz-Rot-Gold, que le había entregado el jefe del Mando Supremo del Ejército, el general Kurt von Hammerstein.[107] Que el presidente de la Nación no hiciera distinción entre las agrupaciones paramilitares de los nacionalsocialistas, que querían destruir la República, y la Reichsbanner Schwarz-Rot-Gold, una organización fundada en 1924 para la defensa activa de la República, habla por sí solo. «Este es el agradecimiento que el recién ratificado jefe de la Nación les muestra a aquellos que, en su mayoría siguiendo más la disciplina del partido que sus convicciones internas, hicieron posible su triunfo del 10 de abril», comentó Carl von Ossietzky en *Die Weltbühne*, en su informe al público sobre el paso dado por Hindenburg.[108]

El material entregado por Hammerstein, que consistía, más que nada, en recortes de periódicos, no justificaba en modo alguno la prohibición de la Reichsbanner. Por otro lado, su líder nacional, Karl Höltermann, le aseguró al ministro del Interior que su organización se abstendría de actuar y que las formaciones de protección de la Reichsbanner —llamadas Schufos para abreviar [de *Schutzformationen*, «formaciones de protección»]— se disolverían por propia voluntad. El 23 de abril, Groener y Brüning acordaron no tomar medidas contra la Reichsbanner. Esta decisión provocó un vivo enojo en Hindenburg. Groener sabía que no solo su posición, sino también la de Brüning, se estaban volviendo cada vez más precarias: «Es claro que se está trabajando con todos los medios para provocar mi caída —le escribió el 25 de abril a un amigo—. Brüning también está comprometido ante el presidente de la Nación. La situación es, pues, realmente crítica porque Hindenburg ha descubierto su corazón conservador y desea un gobierno más orientado hacia la derecha que el de Brüning».[109]

Para hacerle un pequeño favor a Hindenburg, el 3 de mayo el gabinete decidió, mediante un decreto de emergencia, someter a todas las agrupaciones de carácter militar a la supervisión del ministro del Interior de la Nación. Groener volvió a insistir en que la prohibición de la SA había sido necesaria y que no existía «el más mínimo motivo para prohibir la Reichsbanner».[110]

En la sesión del Parlamento del 10 de mayo, Groener vivió su Waterloo. El día anterior, el portavoz de la facción del NSDAP, Hermann Göring, había arremetido contra él de manera frontal y había exigido que se anulara la prohibición de la SA y la SS. Groener disponía de argumentos concretos de sobra que esgrimir en su defensa, pero, debilitado por una enfermedad y desbordado por las continuas interrupciones de los nacionalsocialistas, ofreció una postura débil en términos retóricos. «Groener, lamentablemente, tuvo una actuación catastrófica en la representación de su causa ante el Parlamento —escribió unos días después Theodor Heuss, diputado del Partido del Estado Alemán, a su compañero Reinhold Maier—. Que no puede hablar, era algo ya sabido [...]. Pero ahora estaba muy afectado, tenía la cabeza cubierta con apósitos por causa de una forunculosis, se veía mal, hablaba sin rumbo fijo y por las interrupciones no lograba llegar al final de las frases».[111] Tras esa intervención, ya no era posible sostener a Groener. «Políticamente estaba muerto después de este discurso —recordó Brüning—. Sin compasión, los rostros de la derecha brillaban y realmente resplandecían del goce por el mal ajeno. Los fui observando a todos durante su discurso. El más repulsivo fue el del general Von Seeckt, que no hizo el menor esfuerzo por disimular su alegría por la caída de su viejo rival».[112]

El 11 de mayo, Schleicher hizo saber en la Cancillería de la Nación que, «si Groener no dimite ahora, él y los restantes miembros de la alta jerarquía del Ministerio de Defensa de la Nación presentarán su renuncia de inmediato».[113] Groener rechazó la propuesta de Brüning y Pünder, que le sugirieron que se tomara vacaciones por un tiempo, hasta que las cosas se calmaran. Tras una breve reflexión, aceptó dejar el cargo de ministro de Defensa, aunque quería seguir ejerciendo el de ministro del Interior. El 12 de mayo, cuando Hindenburg partió hacia Neudeck, la decisión sobre el asunto se pospuso una vez más. En la práctica, la carrera política de Groener había llegado a su fin y, con él, Brüning había perdido su más importante apoyo en el gabinete.[114] Ante la oferta de suceder a Groener como ministro de Defensa que le hizo Brüning, Schleicher respondió con evasivas: no había que «precipitar demasiado la decisión».[115] El general intrigante sabía bien que el gabinete de Brüning tenía los días contados.

El tercer día de sesiones en el Parlamento, el 12 de mayo, el canciller de la Nación intervino en el debate. No dijo una palabra sobre el caso de Groener; en cambio, se limitó casi por completo a asuntos de política exterior. Pensando en la inminente conferencia en Lausana, que abría la perspectiva de una anulación total de las reparaciones, hizo una exhortación a no perder la calma «en los últimos cien metros antes de la meta». El llamamiento también iba dirigido al presidente de la Nación, en cuyo apoyo ya no podía confiar. Una vez más, el gobierno de Brüning sobrevivió a las mociones de censura del NSDAP, el DNVP y el KPD. Sin embargo, la mayoría que lo toleraba había quedado reducida a unas pocas voces. Y dentro del gobierno mismo, nadie podía ignorar el proceso de disolución. El 28 de abril había dimitido el ministro de Economía, Warmbold, después de fracasar en su intento de que el gobierno ejerciera una política más activa de intervención económica. Y el 2 de mayo también el secretario de Estado del Ministerio de Finanzas, Hans Schäffer, solicitó ser destituido.[116]

Mientras tanto continuaban las intrigas contra el gabinete de Brüning y de nuevo era Schleicher el cerebro que movía los hilos entre bambalinas. El 28 de abril había tenido una primera conversación secreta con Hitler para sondear bajo qué condiciones el líder del NSDAP entraría en un gabinete de derecha o lo toleraría. Según el informe de Goebbels, la conversación, en la que también participó el general Von Hammerstein, «transcurrió bien». Se habían «puesto de acuerdo». A principios de mayo, el jefe de distrito de Berlín recibió la noticia de que «los generales siguen tramando cosas». En una nueva reunión, el 7 de mayo, en la que esta vez también estuvieron presentes el secretario de Estado Meissner y Oskar, el hijo de Hindenburg, quedó esbozado el guion de la caída del gobierno de Brüning. Goebbels anotó el resultado en su diario: «Brüning ha de caer ya esta semana: el viejo le retirará la confianza. Schleicher se está esforzando mucho por ello. Meissner estuvo bien, solo el joven Hindenburg estuvo algo tonto. Luego vendrá un gabinete presidencial. El Parlamento quedará disuelto. Caerán las leyes represivas. Tenemos libertad de agitación; y haremos nuestra obra maestra». Esto significaba que Hitler se había negado a entrar en el gobierno pero había prometido tolerar un gabinete presidencial inclinado hacia la derecha, y a cambio obtenía la confirmación de que se convocarían otras elecciones al Parlamento y se levantaría la prohibición de la SA y la SS. Con este acuerdo, Hitler podía estar más que satisfecho, ya que, sin necesidad de comprometerse demasiado con un nuevo gobierno, había conservado todas las cartas en sus manos. «El jefe está muy alegre —escribió Goebbels—. Estamos planeando la campaña para las próximas elecciones parlamentarias. Será un gran éxito. La SA marchará con camisas pardas. Ay de nuestros enemigos».[117]

Sin embargo, la acción conspirativa no salió del todo según lo planeado porque Brüning logró otra vez hacer una pausa para recobrar el aliento llamando la atención sobre las consecuencias negativas en la política exterior que podría tener un cambio de gobierno tan cerca de la conferencia de Lausana. Además, amenazó con hablar ante el Parlamento del comportamiento ingrato del presidente de la Nación, que al fin y al cabo le debía a él su reelección.[118] Tras la dimisión de Groener y la postergación de la sesión del Parlamento, los opositores de Brüning reanudaron sus conversaciones secretas. Las entradas en el diario de Goebbels dan cuenta del modo sistemático en que se procedió para socavar de manera definitiva la posición del canciller de la Nación: «La crisis sigue de acuerdo al programa. ¡Bien! Una serie de llamadas telefónicas con Hitler. Está muy contento» (14 de mayo). «Aquí todo sigue con el ánimo propio de Pentecostés. Solo Brüning tambalea. Así que habrá que darle un nuevo empujón» (18 de mayo). «La acción de Schleicher va bien. Brüning, aislado por completo. Busca ministros nuevos con desesperación. Schleicher rechazó el Ministerio de Defensa. Quiere llevar el asunto hasta el final» (19 de mayo). «Schleicher sigue conspirando. La lista de ministros está siendo discutida. [...] ¡Pobre Brüning! Ya forma parte del presupuesto destinado al cierre» (20 de mayo). El 25 de mayo, Werner von Alvensleben, un hombre de confianza de Schleicher que sostenía la conexión con los nacionalsocialistas, informó de que Brüning debería «irse a pique» en tres días. También pudo presentar la lista completa del gabinete, con los nombres del canciller designado y el futuro ministro de Asuntos Exteriores: Franz von Papen y el barón Konstantin von Neurath.[119]

En su finca en Neudeck, adonde se había retirado el 12 de mayo para pasar dos semanas, Hindenburg estuvo más expuesto que nunca a las influencias de su hijo Oskar y de sus altamente conservadores compañeros de clase social, quienes lo incitaron a separarse de Brüning tan pronto como fuera posible. El último empujón al canciller de la Nación se lo dieron los planes de asentamiento del comisionado de la Nación para la Ayuda al Este, Hans Schlange-Schöningen. El 20 de mayo, el gabinete aprobó el proyecto de decreto de emergencia que este había presentado, un decreto que autorizaba al organismo que representaba a adquirir, por medio subastas forzosas, bienes que tuvieran deudas que ya no se pudieran saldar, para luego disponer de ellos y destinarlos a asentamientos agrícolas. Los grandes terratenientes le declararon la guerra al proyecto. En una petición dirigida a Hindenburg el 24 de mayo, el director de la Sociedad Agrícola de Prusia Oriental, el barón Wilhelm von Gayl, manifestó la «gran preocupación» de su organización: después de las numerosas intervenciones en la propiedad privada provocadas por decretos de emergencia anteriores, «el nuevo derecho de subasta forzosa de parte de la autoridad gubernamental» significaba «una nueva intervención y un nuevo deslizamiento hacia el socialismo estatal». Se instó al presidente de la Nación a someter el decreto a una «cuidadosa revisión».[120]

El mismo día, también el conde Eberhard von Kalckreuth, miembro de la comisión directiva de la Liga Rural Nacional, presentó una protesta ante Hindenburg: con el proyecto de decreto de emergencia planeado se estaba siguiendo una dirección que, «en la agricultura del este, ya muy afectada de por sí, ha de desatar una enorme amargura y provocar daños extraordinarios al propietario de tierras y a los círculos económicos relacionados con él». A la carta se adjuntó un artículo del *Deutsche Zeitung*, el órgano de la Liga Pangermana, que llevaba el título: «¡Despojo de derechos en el este!».[121]

La campaña surtió el efecto esperado. El 25 de mayo, cuando Meissner le presentó el borrador del decreto de emergencia a Hindenburg, este se negó a firmarlo. Al mismo tiempo, el presidente de la Nación comunicó que no estaba dispuesto a dejar a Groener en su puesto como ministro del Interior de la Nación «después de su desacierto en el asunto de las formaciones de la SA y la SS». Se le encargó al secretario de Estado que transmitiera a Brüning el «deseo urgente» de Hindenburg de «reestructurar el gabinete, orientándolo hacia la derecha», después de la conferencia que se celebraría en Lausana a mediados de junio. Entre los nombres mencionados por Hindenburg figuraba el de Schleicher, a quien consideraba alguien «muy agradable».[122]

Brüning sabía, desde que Meissner lo puso al corriente el 26 de mayo, que su ejercicio como canciller estaba llegando a su fin. Estaba decidido a no seguir observando de manera pasiva el socavamiento progresivo de su autoridad y a presentarle a Hindenburg, cuando regresara, la alternativa de o bien renovarle otra vez la confianza o bien despedirlo. Este era el marco en el que se produjo, la mañana del 29 de mayo, la conversación descrita al comienzo del capítulo. Hindenburg rechazó con brusquedad el requerimiento de un «nuevo acto de confianza», con lo cual el vínculo quedó roto del todo. El deseo de Hindenburg era que Brüning continuara en el gobierno como ministro de Asuntos Exteriores, pero este se negó: dijo que, tras los sucesos de los últimos meses, ya no veía ninguna posibilidad de colaboración fructífera. Durante la reunión, el canciller de la Nación guardó las apariencias, pero luego dejó entrever lo mucho que le había dolido «el modo indiferente» en que el presidente de la Nación lo había despachado.[123]

La mañana del 30 de mayo el gabinete se reunió por última vez. El canciller de la Nación informó sobre su conversación con Hindenburg; los ministros estuvieron de acuerdo en que, después de todo lo sucedido, la dimisión del gobierno era inevitable. Cuando Groener anunció que difundiría las maniobras de la camarilla del presidente de la Nación, Brüning le pidió que se abstuviera de hacerlo: «A pesar de todo, Hindenburg es el único punto de unión que le queda al pueblo».[124]

A las doce menos cinco, Brüning le presentó su renuncia al presidente de la Nación. Hindenburg lo había citado a propósito a esa hora, porque a las doce la guardia naval marcharía frente al palacio presidencial para conmemorar el inminente aniversario de la batalla de Jutlandia, de modo que solo quedaban cinco minutos para la audiencia de despedida. Una vez más, Hindenburg le pidió a quien había sido el canciller que él mismo había deseado tener que permaneciera en activo como ministro de Asuntos Exteriores. Brüning volvió a rechazar la oferta y le advirtió al presidente de la Nación que no permitiera que la presión de sus asesores lo «arrastrara a un camino» que «lleve a la ruptura con la Constitución». La conversación entera duró apenas tres minutos y medio. «Me incliné en silencio —concluye Brüning su informe—, regresé cruzando el jardín, mientras el presidente de la Nación se instalaba en el portal y la compañía de honor de la marina le rendía homenaje con una ejecución musical. Mi salida definitiva, de este modo, fue celebrada con un acto para humillarme».[125]

«Ahora ha explotado la bomba. A las doce, Brüning le entregó al viejo la dimisión conjunta de los miembros del gabinete. Con ello ha caído el sistema —se regocijaba Goebbels—. Voy a llamar a Hitler ya mismo. Debe venir a Berlín».[126] Thea Sternheim habló en su diario de una «patada de Hindenburg» a Brüning. Al parecer, el «generador de decretos de emergencia» no había sido «aún lo suficientemente reaccionario» para la camarilla del presidente de la Nación.[127] También el conde Harry Kessler se sorprendió ante la destitución de Brüning: «Las influencias entre bambalinas han logrado imponer su voluntad, como en los tiempos de Eulenburg y Holstein» bajo Guillermo II, anotó el 30 de mayo. «El día de hoy significa el fin provisional de la República parlamentaria».[128] De manera similar veía la situación el comentarista de *Die Weltbühne*: «Durante años se dijo que Alemania era una república sin republicanos. Ahora somos republicanos sin república».[129]

De hecho, la caída del gabinete de Brüning fue un punto de inflexión. Con él se terminó, como señaló Heinrich August Winkler, «la fase moderada del sistema presidencial», cuyo rasgo más singular desde octubre de 1930 había sido la tolerancia de la socialdemocracia.[130] Sin embargo, ni Schleicher, el estratega político y líder de las Fuerzas Armadas, ni la camarilla que rodeaba a Hindenburg se daban por satisfechos con esa forma reducida del parlamentarismo. Aspiraban a la eliminación total del SPD y a establecer un régimen autoritario en el que las élites conservadoras de la agricultura latifundista, la gran industria y el ejército volvieran a llevar la batuta y en el que los nacionalsocialistas fueran incorporados y «domesticados» al mismo tiempo.

No debe pasarse por alto, no obstante, que la erosión de la democracia parlamentaria y el aumento del poder del presidente de la Nación y de la cúpula de las Fuerzas Armadas a expensas del marcado debilitamiento del Parlamento comenzó con la llegada de Brüning al poder. De algún modo, el canciller se convirtió en víctima de una evolución que él mismo había puesto en marcha e impulsado con la permanente apelación al artículo 48 de la Constitución. Si es cierto o no que Brüning, según reveló en sus memorias, publicadas póstumamente en 1970, apuntaba como objetivo a largo plazo a la restauración de la monarquía Hohenzollern es materia de discusión. En cambio, lo que sí es seguro es que no consideraba prioritario regresar a un sistema parlamentario funcional; es más, ni siquiera lo veía deseable. Por esa razón, el prolongado debate entre los historiadores sobre si la era Brüning representó una «alternativa conservadora» a la fallida democracia de los partidos, es decir, si puede ser evaluada como un intento de salvar lo que aún se podía salvar de Weimar, resulta también superfluo. Puesto que, en última instancia, de lo que todo dependía de manera decisiva no era tanto de lo que Brüning pudiera haber querido, sino de lo que el presidente de la Nación y sus asesores consideraban correcto, de lo cual el presidente de la facción del Partido de Centro había dependido desde el inicio de su mandato como canciller. Y para los defensores de una salida autoritaria de la crisis no se trataba de conservar al menos algún vestigio de la democracia parlamentaria, sino de ir desmantelándola poco a poco de la manera más completa posible.[131]

El «gabinete de los barones», 2 de junio de 1932. Sentados, de izquierda a derecha: Magnus von Braun (Alimentación y Agricultura), Wilhelm von Gayl (Interior), Franz von Papen (canciller), Konstantin von Neurath (Asuntos Exteriores). De pie, de izquierda a derecha: Franz Gürtner (Justicia), Hermann Warmbold (Economía), Kurt von Schleicher (Defensa). Faltan: el conde Lutz Schwerin von Krosigk (Finanzas), Paul von Eltz-Rübenach (Transporte) y Hugo Schäffer (Trabajo).

La misma tarde del 30 de mayo, Hindenburg recibió, en el marco de sus sondeos con los líderes de los partidos, a Hitler y a Göring. El presidente del NSDAP se declaró dispuesto a tolerar el gobierno de derecha a cargo de Franz von Papen, pero estableció las dos condiciones que ya había negociado antes con Schleicher: la disolución lo más rápida posible del Parlamento y la anulación de la prohibición de la SA y la SS. Se le concedieron ambas cosas. Goebbels anotó satisfecho: «La conversación con el viejo anduvo bien. [...] La prohibición de las SA se levanta. Se permite el uniforme y se disuelve el Parlamento. Esto es lo más importante. Lo demás se irá resolviendo».[132]

El nuevo canciller, vástago de la antigua nobleza terrateniente de Westfalia, diputado de la facción del Partido de Centro en el Congreso prusiano y accionista principal del *Germania*, el periódico del partido, no se había destacado nunca tanto como entonces en el plano político. Durante la Primera Guerra Mundial había intentado, como agregado militar en la embajada alemana en Washington, impedir los envíos de armas y municiones de Estados Unidos a la Entente por medio de acciones de sabotaje, pero su maquinación se descubrió. Por esa razón fue expulsado de Estados Unidos en diciembre de 1915 como «persona no deseada». Con gran torpeza, Papen se llevó consigo importantes documentos secretos en el momento de su partida, pues confiaba en la inmunidad de su equipaje diplomático: un error con graves consecuencias que provocó el arresto de muchos de los miembros de su red de agentes en Estados Unidos. Tras su regreso a Alemania, sirvió como comandante de batallón en el frente occidental entre el verano de 1916 y el verano de 1917, lo que le granjeó el respeto de Hindenburg.[133] Para Schleicher, que lo había escogido como candidato, la falta de experiencia política de Papen era una ventaja, ya que pensaba que así podría manejarlo con más facilidad. Por su parte, él asumió el cargo de ministro de Defensa en el nuevo gabinete y, por primera vez, dejó de actuar entre bambalinas. Como ministro de Asuntos Exteriores quedó el hasta entonces embajador en Londres, Konstantin von Neurath; como ministro del Interior, el barón Wilhelm von Gayl; como ministro de Alimentación, el barón Magnus von Braun, que también provenía de la antigua nobleza terrateniente de Prusia Oriental. El Ministerio de Finanzas quedó a cargo del director ministerial, el conde Lutz Schwerin von Krosigk; el Ministerio de Correos y Transporte, a cargo del barón Paul von Eltz-Rübenach, hasta entonces presidente de la Dirección de Ferrocarriles Nacionales en Karlsruhe; el Ministerio de Trabajo, a cargo de Hugo Schäffer, que antes fuera director de las fábricas Krupp. El Departamento de Justicia lo asumió Franz Gürtner, quien le había brindado a Hitler su mano protectora siendo ministro de Justicia en Baviera. Y Hermann Warmbold regresó al gabinete como ministro de Economía.

«En la cuna del nuevo gobierno están los grandes terratenientes de Prusia Oriental, que quieren aferrarse a sus propiedades endeudadas a toda costa, incluso a costa de la entrega de la Nación», observó el *Vossische Zeitung*.[134] De hecho, los representantes ultraconservadores de los *Junker* del este del Elba eran una clara mayoría. El *Vorwärts* habló con acierto de un «gabinete de los barones». Tan estrecha como su base social era la base política del nuevo gobierno. No solo le declararon la guerra el SPD y el KPD, sino que también el Partido de Centro le negó el apoyo a Papen por su ignominiosa traición a Brüning. El canciller designado ya había anunciado su salida del partido el 31 de mayo.[135] El 4 de julio, Hindenburg disolvió el Parlamento, tal como se había acordado. La nueva fecha para las elecciones se fijó en el 31 de julio. El 16 de julio se levantó la prohibición de la SA y la SS. Con ello se cumplía también la segunda condición de Hitler.

El 31 de julio trajo la esperada victoria electoral fulminante de los nacionalsocialistas. Obtuvieron el 37,8 por ciento de los votos —un aumento de 19 puntos porcentuales— y pasaron a ser, con 230 diputados, la facción más fuerte del Parlamento. El SPD cayó del 24,5 al 21,6 por ciento. Incluso en conjunto con el KPD, que subió un poco y llegó al 14,5 por ciento, los escaños obtenidos por las dos fuerzas de izquierda no alcanzaban para igualar a los del NSDAP. Lo que se mantuvo estable fue el sector católico: el Partido de Centro subió del 11,8 al 12,5 por ciento; el BVP, del 3 al 3,2 por ciento. El DNVP sufrió pérdidas una vez más. Su porcentaje cayó del 7 al 5,9 por ciento. El DVP (con el 1,2 por ciento) y el Partido del Estado Alemán (con el 1 por ciento) quedaron marginados por completo.[136] Juntos, los nacionalsocialistas y los comunistas poseían la mayoría absoluta en el Parlamento y podían desempeñar su papel destructivo de manera aún más efectiva.

Tampoco había sido inevitable esta evolución. En la lucha por la democracia de Weimar, el modo en que había de desarrollarse la historia dependió una y otra vez, más que de cualquier presión estructural, de decisiones individuales en situaciones concretas. Las personas involucradas tuvieron en sus manos, hasta el final, la posibilidad de decidir de una manera o de otra. Si Hindenburg no hubiera sido presionado por sus asesores para despedir a Brüning, las elecciones al Parlamento nacional no se habrían celebrado hasta el final del periodo legislativo, en septiembre de 1934, momento en el que, con toda probabilidad, la coyuntura económica habría mejorado y el poder de atracción de los partidos radicales habría disminuido. En cambio, Hitler pudo obtener un nuevo triunfo el 31 de julio de 1932 y cimentar su pretensión de ser canciller, mientras que Schleicher y el canciller por obra y gracia suya, Papen, quedaron más débiles que antes. De su compromiso de tolerar el gabinete de Papen, el jefe del NSDAP se desentendió en el acto. «Ahora tenemos que llegar al poder y erradicar el marxismo —comentó Goebbels—. Será de un modo o de otro. Algo debe suceder. La época de la oposición ha terminado. Ahora, ¡hechos!».[137]

El 14 de julio, dos semanas antes de las elecciones al Parlamento, Klaus Mann tuvo por casualidad la oportunidad de observar a Hitler con su séquito en el café del hotel Carlton, en Múnich. En su diario anotó: «En la mesa de al lado: Adolf Hitler, en la compañía más estúpida. Impresionante su inferioridad. Desprovisto al extremo de dotes, la fascinación que ejerce, la vergüenza más grande de la historia».[138] El hijo mayor de Thomas Mann consideraba imposible que un hombre con una apariencia tan repulsiva pudiera llegar a ser canciller de la Nación. Estaba, como tantos otros, profundamente equivocado.

CAPÍTULO IX

La hora de los barones. El golpe de Estado de Papen contra Prusia

El «*Preußenschlag*» [Golpe en Prusia] del 20 de julio de 1932: las tropas de las Fuerzas Armadas se posicionan frente al Ministerio de Estado de Prusia en la Wilhelmstraße.

En la mañana del 20 de julio de 1932, alrededor de las once menos cuarto, un funcionario de la Cancillería de la Nación llama a la puerta de una pequeña casa del barrio de Zehlendorf de Berlín, donde se encuentra retirado el primer ministro de Prusia, Otto Braun. Le entrega al sorprendido dueño de la vivienda una carta cerrada con sello oficial. El explosivo contenido consiste en una sola frase: «Tras ser nombrado por el señor presidente de la Nación mediante el decreto del 20 de julio de 1932 como comisionado de la Nación para el estado de Prusia, lo relevo de su cargo de primer ministro de Prusia». Firma: «v. Papen».[1] Braun decide dirigirse en el acto al Ministerio de Estado. Sin embargo, el director ministerial Eduard Nobis lo informa por comunicación telefónica de que el edificio ha sido ocupado por tropas de las Fuerzas Armadas y el coche oficial ha sido confiscado. Entonces, responde Braun, irá en taxi a la oficina y se dejará arrestar allí.

En la Cancillería de la Nación, este mensaje despierta preocupación. Un primer ministro de Prusia legalmente en funciones arrestado por un comando de las Fuerzas Armadas frente a su lugar de trabajo: ¿qué impresión dará, dentro y fuera del país? Se discuten distintos modos de disuadir al prominente político del SPD de su propósito, pero al poco rato se suspende la alarma: Braun ha telefoneado a su colaborador Herbert Weichmann para comunicarle que ha cambiado de opinión y quiere quedarse en casa. Su arresto podría haber «dado lugar quizá a una noticia sensacional en la prensa», pero, aparte de eso, habría sido «inútil»: así explicó su cambio de postura en sus memorias *Von Weimar zu Hitler* [«De Weimar a Hitler»], escritas en el exilio.[2] Un retroceso de importancia simbólica: el otrora tan poderoso «zar rojo» de Prusia ya no piensa en la resistencia. En su interior ha capitulado hace tiempo.

Braun había gobernado en Prusia desde marzo de 1920, con breves interrupciones en 1921 y 1925. Bajo su liderazgo, el estado alemán más grande con diferencia parecía haberse convertido en un bastión de la República. En cualquier caso, la situación política allí, donde el SPD cooperaba con el Partido de Centro y con el DDP, era mucho más estable que en la Nación, donde los gobiernos cambiaban con más frecuencia y los partidos de la Coalición de Weimar no contaban con mayoría desde 1920.

Sin embargo, a principios de los años treinta, cuando las consecuencias de la crisis económica mundial afectaron a Alemania con toda su fuerza, quedó claro que los cimientos del bastión republicano se habían ido resquebrajando. El DDP (desde 1930, Partido del Estado Alemán) se redujo a partido minoritario. La tolerancia de los gabinetes de Brüning, a la que la cúpula del SPD se vio obligada a acceder, condenó al gobierno de Braun en Prusia a la inmovilidad, ya que este no quería poner en peligro la coalición con el Centro. Además, la situación financiera de Prusia era verdaderamente desesperada y obligaba a hacer recortes presupuestarios cada vez más drásticos.

En estas condiciones, que las elecciones al Parlamento estatal de Prusia del 24 de abril de 1932 iban a resultar desfavorables para la coalición gobernante era algo previsible. Aun así, la magnitud de la derrota sorprendió incluso a sus oponentes. El NSDAP logró aumentar el número de escaños de 9 a 162. Con ello pasó a ser casi tan fuerte como el SPD, el Partido de Centro y el Partido del Estado Alemán juntos, que alcanzaron 163 escaños (de un total de 423), con lo que quedaron lejos de obtener la mayoría parlamentaria. El espectacular incremento del NSDAP, sin embargo, no era suficiente para formar un gobierno de derecha, ya que, por un lado, el DNVP y el DVP habían perdido votos y, por otro lado, el KPD había crecido de manera significativa. Juntos, los nacionalsocialistas y los comunistas, con 219 escaños, tenían una mayoría negativa.[3]

Como si hubieran anticipado la situación de empate, el 12 de abril de 1932 los partidos que formaban parte del gobierno dentro del antiguo Parlamento estatal habían logrado introducir una modificación del reglamento. Según ella, solo podía ser elegido primer ministro quien obtuviera más de la mitad de los votos. La norma anterior, que permitía que una mayoría relativa fuera suficiente en la segunda vuelta, quedó abolida. Otto Braun y el ministro del Interior de Prusia, Carl Severing, se opusieron a esta modificación porque no querían dar la impresión de estar aferrándose al poder por todos los medios. Un día antes de las elecciones, Braun había sufrido un colapso grave del que solo se fue recuperando con el correr del tiempo. «Estoy casi al límite de mis fuerzas —le escribió a un amigo a principios de

Elecciones al Parlamento estatal de Prusia, 24 de abril de 1932: el primer ministro de Prusia Otto Braun con su esposa de camino al centro electoral en el barrio de Zehlendorf en Berlín.

mayo—, y ansío el día en que pueda dejar el cargo, ya que en las condiciones actuales no puedo aportar nada más».[4]

Pero este deseo no se cumplió de inmediato. Aunque el gabinete de Braun presentó su dimisión antes de la apertura del nuevo Parlamento estatal el 24 de mayo, al no haber mayoría absoluta para elegir a un nuevo primer ministro, el antiguo gobierno tuvo que seguir en funciones. Ya en la segunda sesión, el 25 de mayo, se produjeron peleas entre los diputados del NSDAP y el KPD. Braun se retiró en señal de protesta. El 4 de junio se dio vacaciones y dejó sus asuntos en manos de un suplente, el ministro de Bienestar, Heinrich Hirtsiefer, del Partido de Centro. Al parecer, quería despedirse por completo de la política y quizá abandonar pronto el país, dado que el 30 de mayo había solicitado, para sustituir el carnet laboral que solía usar, un pasaporte con la inscripción: «Sin ocupación».[5]

Era el día en que Hindenburg había destituido a Brüning. El nuevo canciller de la Nación, Franz von Papen, y el nuevo ministro de Defensa, Kurt von Schleicher, el hombre fuerte del gabinete, tenían el objetivo común de integrar al NSDAP en el régimen presidencial autoritario, con la esperanza de minar su poder de encantamiento. El «movimiento joven de Adolf Hitler, que se extiende sin pausa a nuevos círculos», debía, según la descripción de la tarea hecha por el nuevo ministro del Interior, el barón Wilhelm von Gayl, «ser liberado de las cadenas impuestas por Brüning y Severing para que la reconstrucción del pueblo pueda hacer uso de las fuerzas nacionales que están vivas en él».[6]

Condición necesaria para que ello sucediese era que el poder del «gobierno negro y rojo de Prusia» fuera quebrado de manera definitiva. «Tenía poco sentido avanzar hacia un mejor ordenamiento de las cosas a nivel nacional si este no se podía replicar en Prusia al mismo tiempo»: así intentó Papen justificar su política en sus memorias, *Der Wahrheit eine Gasse* [«Un callejón para la verdad»] (1952).[7] Ya a principios de junio de 1932 comenzaron a circular rumores sobre el nombramiento de un comisionado de la Nación en Prusia. De todos modos, Papen quería probar antes otra solución: el 6 de junio exhortó al presidente del Parlamento prusiano, el nacionalsocialista Hans Kerrl, a procurar que se formara «de inmediato» un nuevo gobierno compuesto por miembros del NSDAP, el DNVP y el Partido de Centro, lo cual era una afrenta contra el gobierno prusiano en funciones, al que ni siquiera se informó.[8]

Pero las negociaciones entre el Partido de Centro y el NSDAP para llegar a la coalición no prosperaron. Los nacionalsocialistas de ningún modo pensaban compartir el poder. «Nos quieren ligar al poder en Prusia —anotó Goebbels el 7 de junio—. Seguiremos en la oposición hasta que tengamos todo el poder para actuar sin restricciones». Y tres días después escribió: «El asunto de Prusia: le imponemos al Centro condiciones imposibles de cumplir. ¡Bien hecho!».[9] Una de estas condiciones era que quedasen en manos del NSDAP tanto el cargo de primer ministro de Prusia como el de ministro del Interior de Prusia. Por su parte, el Partido de Centro estaba dispuesto a aceptar como primer ministro, llegado el caso, a un nacionalista alemán, pero no a un nacionalsocialista. Además, Hirtsiefer, el suplente de Braun, era un defensor convencido de la coalición de gobierno con los socialdemócratas. Para él, no cabía la opción de colaborar con los hombres que habían derrocado a Brüning. A principios de julio de 1932, las negociaciones para llegar a un acuerdo entre el NSDAP y el Partido de Centro se daban por fracasadas; el Parlamento estatal quedó suspendido por tiempo indefinido.

De este modo cobró fuerza y pasó al primer plano la segunda opción, la intervención federal contra Prusia. El 11 de junio, Gayl había desmentido esta posibilidad en una reunión con los primeros ministros de los estados: una medida de este tipo, según dijo, era «la *ultima ratio* en caso de que estuviera en juego la vida de la Nación», una garantía que Papen repitió al día siguiente casi con las mismas palabras en un encuentro de los primeros ministros con el presidente de la Nación.[10] Sin embargo, en el gobierno en funciones de Prusia seguía reinando la desconfianza. El intento del gobierno de Papen de apretarle las clavijas financieras, haciendo que la Nación sencillamente dejara de cumplir sus obligaciones, Hirtsiefer pudo frenarlo con la ayuda del ministro de Finanzas prusiano, Otto Klepper: mediante un drástico decreto de austeridad, el 8 de junio de 1932, consiguieron evitar que Prusia se volviera insolvente.[11]

Severing, especialmente, se empeñaba con esmero en mostrar buen comportamiento para no darle motivos al gobierno nacional para iniciar una intervención. Contra la derogación de la prohibición de la SA el 16 de junio protestaron sobre todo los estados del sur de Alemania, pero no el ministro del Interior de Prusia, aunque él sin duda también era consciente de las consecuencias que ello implicaba: la intensificación del terror nacionalsocialista. A mediados de junio, Severing llegó a sugerirle al ministro del Interior, Gayl, que, en caso de que se produjeran disturbios tras las elecciones al Parlamento nacional del 31 de julio, se podría pensar en unificar los recursos de control de la Nación y las fuerzas policiales de Prusia. Gayl interpretó esta propuesta como un gesto de apoyo al nombramiento de un comisionado de la Nación, cosa que Severing negó con vehemencia. Como fuera, en el «gabinete de los barones» podían concluir, a partir de las declaraciones de Severing, que no se esperaba que el gobierno de Prusia en funciones opusiera gran resistencia a una intervención federal, siempre que se preservara la forma de una aparente legalidad.[12]

Lo que muchos temían ocurrió: en cuanto se derogó la prohibición de la SA, los actos de violencia motivados por razones políticas aumentaron de manera repentina. Nacionalsocialistas y comunistas se enfrentaban casi a diario en sangrientos combates callejeros. «Entretanto pasamos a vivir más o menos en un manicomio», escribió Dorothy von Moltke.[13] Y el conde Harry Kessler anotó: «Es una matanza de San Bartolomé continua, día tras día y domingo tras domingo».[14] La escalada de violencia resultó muy oportuna para el gobierno de Papen, pues parecía demostrar que la policía de Prusia era incapaz de controlar el terror en las calles. El 8 de julio, el presidente de la facción nacionalista alemana en el Parlamento estatal, Friedrich von Winterfeldt, en una conversación con el secretario de Estado en la Cancillería de la Nación, Erwin Planck, sucesor de Hermann Pünder, pidió «una intervención rápida del Estado nacional» en Prusia, «antes de las elecciones al Parlamento nacional, porque cuando llegue ese momento ya podrían haberse producido situaciones de las más peligrosas». El mismo día, en una carta al canciller de la Nación lanzó la alarma: «Se han producido ahora en Prusia situaciones que se asemejan a una guerra civil abierta». Para apoyar su demanda de intervención del Estado nacional, Winterfeldt afirmó que los jefes de policía socialdemócratas habían «establecido estrechos vínculos con los comunistas», sin ofrecer el más mínimo rastro de pruebas.[15]

A pesar de ello, sus invenciones surtieron efecto. En una reunión de ministros, el 11 de julio, justo cuando Papen regresó de la conferencia sobre las reparaciones en Lausana, en la que el canciller cosechó los frutos de la política de Brüning, el ministro del Interior Gayl declaró que, tras una «muy cuidadosa reflexión», había arribado a la conclusión de que «para el gobierno nacional, el momento psicológico para intervenir había llegado». La policía de Prusia, según él, estaba concentrando todas sus fuerzas en la lucha contra los nacionalsocialistas, mientras que las acciones de defensa contra el «peligro comunista» eran por completo «insuficientes». Schleicher manifestó su acuerdo de manera explícita: también él opinaba que «la autoridad del gobierno estatal en Prusia se tambaleaba». Como resultado de la reunión, Papen hizo constar en actas que en el gabinete nacional «había consenso respecto del nombramiento de un comisionado de la Nación en Prusia»: «La fundamentación y la formulación del decreto que ha de emitirse queda a cargo del ministro del Interior de la Nación y del ministro de Justicia de la Nación».[16]

El gabinete debatió el decreto el día siguiente. El secretario de Estado Meissner, que estaba presente, llamó la atención sobre el hecho de que el decreto debía poder sostenerse ante el Tribunal Estatal; «por ende, Prusia debería aparecer ante la opinión pública como culpable». En este contexto, Gayl reveló un asunto: en teoría, el secretario de Estado en el Ministerio del Interior prusiano, Wilhelm Abegg, había estado negociando «a propósito de una posible fusión del SPD y el KPD». En realidad, lo que Abegg había hecho, en una conversación con dos diputados del KPD a principios de junio, fue insistir en que el partido prescindiera de toda forma de violencia, pues no podía ser de su interés que los nacionalsocialistas llegaran al poder ni que se instalara a un comisionado de la Nación en Prusia. El consejero gubernamental Rudolf Diels, futuro jefe de la Gestapo, que se encontraba presente, informó de inmediato al ministro del Interior de la Nación, quien construyó con ello la absurda historia del complot comunista-socialdemócrata.[17]

El 12 de julio, el gabinete también abordó la cuestión, planteada por el ministro de Economía, Hermann Warmbold, de qué debería ocurrir «en caso de que, como consecuencia del nombramiento de un comisionado de la Nación en Prusia, se declarara una huelga general». En ese caso, sostuvo Gayl de forma categórica, debía «imponerse el estado de excepción militar». Al final, el gabinete aprobó el borrador del decreto de emergencia. Se citaría a los ministros prusianos Hirtsiefer, Severing y Klepper la mañana del 20 de julio en la Cancillería de la Nación y se les comunicaría el nombramiento del comisionado de la Nación en Prusia.[18]

Severing hizo todo lo posible por detener la inminente intervención federal. El 12 de julio hizo un llamamiento a la población para que mostrara moderación en las disputas políticas y dio instrucciones a las autoridades policiales de que «evaluaran de manera rigurosa, respecto de las solicitudes para reuniones y manifestaciones al aire libre, [...] si las fuerzas policiales a disposición eran suficientes para proteger a los participantes»; de lo contrario, las manifestaciones deberían ser prohibidas. Con ello, según informó Gayl el 13 de julio en el gabinete, Severing había «despojado por el momento al gobierno de la Nación del terreno necesario para llevar a cabo la acción planeada en Prusia». Habría que «esperar a ver cómo impacta el decreto».[19]

El 14 de julio, Papen, Gayl y el secretario de Estado Meissner viajaron a la finca de Neudeck con el fin de que el presidente de la Nación les diera carta blanca para el golpe planeado. Hindenburg no presentó objeciones de ningún tipo: veía la eliminación del último bastión de poder socialdemócrata como una forma coherente de prolongar el programa que él había iniciado con la destitución de Brüning. Firmó sin demoras el «Decreto sobre la restauración de la seguridad y el orden en el territorio del estado de Prusia» sin indicar la fecha, con lo cual dejaba en manos del gobierno nacional la elección del momento de hacer uso del poder presidencial.[20] En el gobierno nacional solo esperaban la ocasión indicada para poner en vigor el decreto.

Esa ocasión llegó el 17 de julio de 1932 con el «domingo sangriento de Altona». El presidente del gobierno de Schleswig había aprobado —tras consultar con Severing— la provocadora marcha de siete mil hombres de la SA por los barrios rojos de Altona. En aquel entonces, esta ciudad a orillas del Elba aún no pertenecía a Hamburgo, sino a Prusia. El resultado era predecible. Se produjeron unos tiroteos salvajes. Al final hubo dieciocho muertos y muchos heridos. «La conmoción por este nuevo domingo sangriento es generalizada y grande», observó el conde Harry Kessler.[21]

Al día siguiente, el presidente del DNVP, Alfred Hugenberg, exigió la eliminación del «espectro marxista» en Prusia.[22] Y su compañero de partido Kerrl planteó en carta a Papen «si no sería mejor que el Estado nacional asumiera el poder de la policía hasta que las condiciones constitucionales estén restauradas en Prusia».[23]

En realidad, ya no hacían falta llamamientos de ese tipo, puesto que hacía tiempo que el gobierno de Papen estaba decidido a actuar. El 18 de julio, tal como se había acordado el día 12, se citó a Hirtsiefer, Severing y Klepper para el 20 de julio, a las diez de la mañana, en la Cancillería de la Nación. Qué era lo que allí les esperaba —el nombramiento de un comisionado de la Nación en Prusia— ya lo dijeron los periódicos matutinos con gran contundencia. El *Vorwärts* hizo, bajo el título «¡Quiten las manos de Prusia!», la advertencia siguiente: «El comisionado de la Nación no significa orden, sino caos; no significa menos sangre, sino más, ¡y nadie sabe cuánta más! Comisionado de la Nación es el nombre del instrumento con el cual una minoría violenta se hace con el poder político».[24]

Finalmente, la reunión decisiva no tuvo lugar en la Cancillería de la Nación, sino en el ministerio de Estado de Prusia, quizá para mostrarles a los ministros prusianos su desautorización como un hecho consumado. Papen les comunicó sin rodeos que en Prusia el orden público y la seguridad ya no se podían garantizar y que, por esa razón, había solicitado poderes especiales al presidente Hindenburg y los había recibido. Luego leyó el decreto de Hindenburg que lo nombraba a él «comisionado de la Nación» y destituía a Braun y a Severing de sus cargos. El canciller añadió que él asumiría también los asuntos oficiales del primer ministro y que había confiado la dirección interina del ministerio del Interior prusiano al alcalde de Essen, Franz Bracht.

Severing protestó: las medidas del gobierno violaban la Constitución. De ningún modo iba a abandonar su puesto por propia voluntad, sino que «cedería solo por la fuerza». Y dijo: «Quien siembra viento, cosecha tempestades. Temo que se desate una guerra civil como resultado de las acciones del gobierno nacional». Hirtsiefer se unió a la protesta: el proceder del gobierno nacional era «tan inaudito» que «no conocía ningún ejemplo similar en la historia». Se los había mandado «por así decir, a recibir órdenes», sin haberles dado la oportunidad de ser escuchados antes. Papen, por su parte, no dio la menor muestra de estar impresionado: contestó que tenían todo el derecho de recurrir al Tribunal Estatal.[25] Inmediatamente después de la reunión proclamó el estado de excepción militar en Berlín y la Marca de Brandeburgo.

La autoridad para hacer cumplir el decreto fue confiada al teniente general Gerd von Rundstedt, quien alcanzaría el rango de mariscal de campo general en la Wehrmacht de Hitler. El 20 de julio al mediodía declaró destituido al director de la policía de Berlín, Albert Grzesinski, y le ordenó abandonar su puesto. Grzesinski se negó, y por la tarde aparecieron en la oficina central de la policía unos soldados de las Fuerzas Armadas provistos de granadas de mano que arrestaron a Grzesinski, al vicedirector de la policía, Bernhard Weiß, y al comandante de la policía de seguridad, Magnus Heimannsberg. «Los funcionarios se apretujan junto a las ventanas y puertas, nos saludan y gritan "¡Libertad!", "¡Viva la República!" y "¡Vivan nuestros jefes!"», recordó Grzesinski en su autobiografía, escrita en el exilio, en 1933. Los arrestados fueron llevados a la prisión militar de Moabit y por la noche fueron puestos de nuevo en libertad, una vez que se hubieron comprometido a abstenerse de tomar «cualquier otra medida oficial».[26]

Mientras tanto, por medio de un escrito dirigido al canciller de la Nación, los miembros del gobierno prusiano destituido presentaron una reclamación oficial por la violación de la Constitución y anunciaron que iban a apelar de inmediato al Tribunal Estatal. Además rechazaron la invitación de Papen a una reunión del ministerio de Estado bajo su dirección.[27] Con ello quedaba claro que la resistencia contra el golpe de Papen había de mantenerse estrictamente dentro de los límites de la legalidad, lo cual equivalía a una semicapitulación. Tampoco se percibió ningún espíritu de lucha cuando, la tarde del 20 de julio, se reunieron importantes representantes de los sindicatos, la socialdemocracia y la Reichsbanner. Otto Wels, el presidente del partido, calificó con acierto el proceder del gobierno de Papen como un «manifiesto golpe de Estado», pero, al igual que los demás presentes, estaba «desorientado respecto de qué había que hacer». Ni uno solo de los participantes se declaró en favor de una huelga general o de otras acciones de lucha. La consigna era más bien asegurar las elecciones al Parlamento nacional del 31 de julio; como si de su resultado hubiera podido esperarse

El comandante de la policía de seguridad de Berlín Magnus Heimannsberg es conducido frente a la oficina central de la policía en la Alexanderplatz. Sus funcionarios lo saludan en un gesto de solidaridad.

algo positivo para el SPD. El mismo 20 de julio por la noche, la comisión directiva del SPD pidió conservar la «más estricta disciplina»: «¡Hay que oponer resistencia a las consignas salvajes de quienes no tienen legitimidad! ¡Ahora, sobre todo, reuniendo fuerzas, vamos por la victoria de la socialdemocracia el 31 de julio!».[28]

Las principales organizaciones sindicales procedieron de igual manera al dirigirse a sus miembros. La «disciplina ejemplar de los obreros, empleados y funcionarios alemanes» debía «mantenerse bajo cualquier circunstancia, incluso en estos días difíciles»: «No dejaremos que los enemigos de los sindicatos nos impongan el momento de actuar».[29]

Con la confianza de tener el triunfo asegurado, Papen habló por la noche a la población alemana a través de todas las emisoras de radio. Justificó la acción sorpresiva aludiendo a una supuesta amenaza comunista contra la cual el gobierno prusiano no había hecho lo suficiente. Más bien había provocado «la equiparación política y moral de comunistas y nacionalsocialistas». Así habría sido como «se formó ese frente antinatural que alineó a las fuerzas antiestatales del comunismo en un frente de unidad contra el creciente movimiento del NSDAP».[30] El canciller de la Nación no podría haber manifestado de manera más clara su simpatía con los batallones marrones de Hitler.

Los nacionalsocialistas también se mostraron muy satisfechos con el hecho de que el «golpe de Papen» hubiera transcurrido sin contratiempos. «En Berlín, todo tranquilo —anotó Goebbels—. El SPD y los sindicatos, completamente quietitos. No hacen nada. Las Fuerzas Armadas avanzan. Bravo. Ahora los cerdos han sido expulsados del poder».[31]

¿Era posible oponer resistencia? Sobre esta cuestión se ha debatido mucho desde los días del exilio socialdemócrata, y hasta hoy la investigación histórica no ha llegado aún a un consenso al respecto. Lo que es seguro es que el gobierno nacional habría respondido a una movilización de la policía de seguridad prusiana haciendo intervenir a las Fuerzas Armadas, y sobre quién habría prevalecido en ese caso no cabe dudar. Además, una parte de la policía de seguridad, en particular los rangos más altos, no mostraba para nada una lealtad hacia la República tan firme como su imagen posterior podría hacer creer. En cualquier caso, no se podía esperar que los oficiales de policía se posicionaran de manera unánime del lado del gobierno prusiano en funciones. La decisión de Severing de evitar una prueba de fuerza con el gobierno nacional y las Fuerzas Armadas estaba, en ese sentido, justificada.[32] Y los ministros prusianos tampoco podían confiar del todo en sus funcionarios. No pocos de ellos presintieron que les llegaba una oportunidad y comenzaron a alinearse con los nuevos señores.

En donde más vivo se encontraba el espíritu de lucha, por lo visto, era entre los activistas de la Reichsbanner, y la decepción por la pasividad de la dirección del SPD también era aquí la más grande. «En aquellos días vi a gente de la Reichsbanner llorar —recordó Otto Buchwitz, secretario del distrito de Baja Silesia—. Antiguos funcionarios nos arrojaban sus carnets de socio».[33] Sin embargo, acerca de la magnitud real de la predisposición para la lucha, tales impresiones subjetivas dicen poco. Y si se observa con calma la situación, hay que reconocer que la Reichsbanner difícilmente habría estado en condiciones de enfrentarse a las agrupaciones paramilitares de los nacionalsocialistas.

El mecanismo de respuesta más eficaz habría sido una huelga general, y era eso lo más temido no solo en el «gabinete de los barones», sino también en el círculo de Hitler. «¿Viene una huelga general? No lo creo —anotó Goebbels—. A esperar. ¡Qué tensión febril!».[34] Afloraba, en todo esto, el recuerdo del golpe de Kapp-Lüttwitz, que había fracasado debido a una huelga general. Sin embargo, la situación de 1932 difería de las circunstancias de la primavera de 1920 en lo más fundamental. En aquel entonces había pleno empleo; ahora había más de seis millones de parados, y todo indicaba que un llamamiento a la huelga no lograría gran resonancia. «¿Tenemos hoy a la masa del pueblo tan unida detrás de nosotros como en 1920?», preguntó Otto Wels en la reunión con representantes de los sindicatos y la Reichsbanner el 20 de julio, y, acto seguido, él mismo respondió: «Los comunistas y los nacionalsocialistas estarían en nuestra contra. El poder estatal, es decir, las Fuerzas Armadas, lo mismo. Y de igual modo los funcionarios públicos y los más amplios sectores de la burguesía».[35]

Además, la inconstitucionalidad del «golpe de Prusia» no resultaba tan evidente como había sido el caso en el pasado. En aquella ocasión, los conspiradores de derecha habían hecho un levantamiento contra el poder legítimo del Estado; esta vez, la acción provenía del gobierno nacional y del presidente de la Nación mismo, y se dirigía contra un gobierno estatal que había perdido su mayoría parlamentaria.

La socialdemocracia y los sindicatos apenas pueden ser culpados de temer el riesgo de una guerra civil. Sin embargo, seguramente sí cabe reprocharles el no haber hecho nada y haber dejado que las cosas siguieran su marcha. Ni siquiera se consideró seriamente la protección de la sede del gobierno en la Wilhelmstraße con unidades fiables de la policía de seguridad. Tal vez el gobierno de Papen habría abandonado su plan si hubiera percibido una decidida voluntad de resistencia. Por el contrario, se dio a entender con claridad que no era de esperar nada semejante. La evacuación sin lucha del «baluarte democrático» tuvo un efecto desmoralizador entre los partidarios de la República y envalentonó a sus enemigos.

Inmediatamente después del golpe de Estado, los enviados de Papen comenzaron a hacer limpieza en el aparato administrativo de Prusia. La mayoría de los funcionarios leales a la República —secretarios de Estado, directores ministeriales, presidentes de gobierno, jefes de policía— tuvieron que dejar sus puestos. De los cuatro presidentes regionales socialdemócratas, solo uno se salvó: Gustav Noske.[36] La derecha sabía cuánto le debía a su actuación en la contrarrevolución de 1919-1920. Por lo demás, el gobierno se puso manos a la obra de una manera tan concienzuda que algún nacionalsocialista incluso llegó a inquietarse por si se estaba procediendo con exagerada anticipación. «Eso sí, evitemos hacer demasiado, así nos queda algo pendiente», advirtió Goebbels.[37] Karl Dietrich Bracher definió con razón el «golpe de Prusia» como un «preludio» a la «toma del poder» del 30 de enero de 1933.[38]

El 25 de julio, el Tribunal Estatal en Leipzig rechazó la solicitud del gobierno prusiano destituido de que, por medio de una resolución provisional, se prohibiera al comisionado de la Nación ejercer sus funciones. El 25 de octubre se emitió la sentencia definitiva. No podría haber resultado más contradictoria: por un lado, reafirmaba el derecho del presidente de la Nación a nombrar en Prusia a un comisionado de la Nación; por otro lado, declaraba ilegítima la destitución del gobierno prusiano. El fallo no modificó en lo más mínimo el desplazamiento del poder que se había llevado a cabo. El gobierno prusiano en funciones fue formalmente rehabilitado, pero desde entonces tuvo, igual que el mando del comisionado de la Nación, una existencia casi ilusoria.[39] En febrero de 1933, a Otto Braun se lo despojó por completo de su cargo. Habiendo sido advertido de que podía ser arrestado, huyó a Suiza a principios de marzo.

Con este golpe de Estado sin violencia, la vieja élite de Prusia volvió a tener, una vez más, el poder en sus manos. «En cierto modo —resume el historiador británico Christopher Clark—, se podría decir que el 20 de julio de 1932 la vieja Prusia destruyó a la nueva».[40] Pero la victoria tuvo un costo elevado. Derribó uno de los últimos pilares de la democracia y le allanó el camino a Hitler, a quien la camarilla de Hindenburg creía que podría poner al servicio de sus fines reaccionarios y que, en cambio, había de desplazarla a ella hacia los márgenes, sin ningún esfuerzo, después de 1933. Tarde, demasiado tarde, los *Junker* del este del Elba y los oficiales de las Fuerzas Armadas caerían en la cuenta de lo que habían generado. Visto de esta manera, el atentado contra Hitler del 20 de julio de 1944 sería también un intento desesperado de reparación.

CAPÍTULO X

En la línea de meta. El traspaso del poder a Hitler

30 de enero de 1933: a la noche, Hitler, en la ventana de la Cancillería de la Nación en la Wilhelmstraße, es aclamado por la multitud.

Es el 30 de enero de 1933. Por la mañana, los seguidores de Hitler se reúnen en su residencia berlinesa, el hotel Kaiserhof, en la Mohrenstraße, cerca de la Cancillería de la Nación. Reina una tensión febril. A las once, el presidente de la Nación, Paul von Hindenburg, debe tomar juramento al nuevo «gabinete de concentración nacional» dirigido por el presidente del NSDAP. La espera se alarga, pues parece que hay complicaciones. Por fin, poco después de las doce, Hitler, acompañado del aplauso de sus seguidores, regresa al hotel. «Ha llegado el momento. [...] Hitler es el canciller de la Nación. ¡Es como un cuento de hadas! [...] Todos tenemos lágrimas en los ojos. Le damos la mano a Hitler. Se lo ganó. ¡Qué gran júbilo!», anota Joseph Goebbels, el jefe de distrito de Berlín y jefe de propaganda de su partido.[1]

Por la noche, los nacionalsocialistas celebran el evento con una procesión de antorchas que dura horas. «Berlín posee esta noche puro ánimo de carnaval», observa el conde Harry Kessler, quien se sorprende tanto como muchos de sus contemporáneos por el nombramiento del líder del NSDAP. «No me hubiera esperado esta solución, y mucho menos así de rápido».[2] Desde la ventana iluminada de su nuevo despacho, Hitler saluda a las columnas de la SA que pasan desfilando. A pocas ventanas de distancia se encuentra Hindenburg, casi inmóvil como una estatua, y recibe las alabanzas del público. En un discurso por radio, Hermann Göring, quien forma parte del nuevo gabinete en calidad de ministro sin cartera, compara el ánimo general con el de agosto de 1914, cuando «también se levantó una nación» para «defender todo lo que poseía».[3] Así empieza a sonar la melodía de la propaganda nacionalsocialista, que pronto convertirá el 30 de enero de 1933 en el idealizado «día de la ascensión nacional».

«¿Estoy soñando o estoy despierto? —le escribe a su esposa Rudolf Heß, el secretario privado de Hitler, a la mañana siguiente—. Estoy sentado en el despacho del canciller, en la Cancillería de la Nación frente a la Wilhelmplatz. Los funcionarios ministeriales se acercan en silencio avanzando sobre blandas alfombras con documentos "para el señor canciller de la Nación", que [...] está preparando los primeros actos de gobierno». Aun así, dijo, hacía unas pocas horas creía que todo podía desmoronarse en el último minuto. Y también su jefe le había confiado que «en algunos momentos estuvo todo en la cuerda floja».[4]

De hecho, el camino de Hitler hacia el poder no fue la marcha victoriosa, imparable y triunfal, que Goebbels idealizó en su libro *Vom Kaiserhof zur Reichskanzlei* [«Del Palacio Imperial a la Cancillería de la Nación»], publicado en 1934, sino una larga partida de incierto desenlace. Es verdad que los nacionalsocialistas habían coronado el ascenso meteórico que venían teniendo desde 1929-1930 con las elecciones al Parlamento nacional del 31 de julio de 1932. Con un 37,3 por ciento de los votos, el NSDAP se había convertido en el más poderoso de los partidos. Parecían tener la puerta de la Wilhelmstraße abierta de par en par. Confiado en su victoria electoral, sin embargo, Hitler lo apostó todo a una sola carta: exigió para sí la Cancillería y, al mismo tiempo, que los ministerios clave se les dieran a los suyos. El 5 de agosto de 1932, en una reunión secreta con Kurt von Schleicher, el hombre fuerte del gabinete de Papen, creyó haberse ganado al ministro de Defensa para este propósito. «Todavía no puedo creerlo. Estamos en los umbrales del poder», anotó Goebbels en su diario una vez que Hitler lo hubo informado sobre el resultado de su reunión con Schleicher.[5]

Sin embargo, la decisión recaía en el presidente de la Nación, y este tenía serias reservas respecto del «cabo bohemio», como acostumbraba a referirse a Hitler en círculos de confianza. «El viejo se resiste. No quiere a Hitler como canciller. Y esa es la *conditio sine qua non*», tuvo que admitir Goebbels el 12 de agosto.[6] Dos días antes, Hindenburg había dado a entender a Papen que quería aferrarse al gabinete presidencial bajo su dirección. Por mucho que apoyara «la incorporación del movimiento nacionalsocialista para que coopere», no podía responsabilizarse de nombrar a Hitler canciller de la Nación: «Hitler es el líder del partido y su gabinete conducido por él sería entonces un gabinete también del partido que no sería suprapartidista, sino unilateral». Además, Hindenburg se había tomado a mal que Hitler no hubiera cumplido su promesa acerca de dar tolerancia al gabinete de Papen. No ofrecía ninguna garantía de que, una vez nombrado canciller, fuera a «preservar el carácter de un gobierno presidencial», es decir, que respetaría el campo de acción del presidente de la Nación.[7]

En la reunión del gabinete de ese mismo día, la mayoría de los ministros se manifestó a favor de que el NSDAP pasara a tener participación en la responsabilidad gubernamental, pero sin confiarle a Hitler la dirección del Estado. En las futuras negociaciones, según el resumen de Papen del resultado de la discusión, había de establecerse «en qué medida se debía permitir la participación de los nacionalsocialistas en el gobierno para evitar que quedaran ubicados en la oposición».[8] La mañana del 13 de agosto, Hitler se enteró por boca de Schleicher y Papen de lo que ya le habían comunicado: que Hindenburg se negaba a otorgarle la Cancillería. Papen le ofreció el cargo de vicecanciller, pero Hitler lo rechazó de forma categórica: como líder del partido más fuerte, no se le podía exigir que se «subordinara a otro canciller». Su movimiento exigía verlo «al frente de los asuntos del gobierno».[9] Schleicher y Papen intentaron convencer a Hitler «como a un caballo enfermo» de que renunciara a sus demandas más elevadas, pero él se mantuvo firme, según el elogio de Goebbels.[10]

En la cúpula del NSDAP todavía se abrigaba la esperanza de que Hitler podría hacer cambiar de opinión al presidente de la Nación en la audiencia que tenía programada con él para esa tarde. Sin embargo, Hindenburg no le dio al líder del partido la oportunidad de desplegar su arte de persuasión por medio de largas disquisiciones. Nada más comenzar le planteó a Hitler la pregunta decisiva de si «estaría dispuesto a participar en el gobierno actual de Papen». Hitler repitió lo que ya había manifestado por la mañana a Schleicher y Papen: dada la fortaleza del movimiento nacionalsocialista, debía «exigir» la dirección del gobierno «en todo su alcance para él y su partido». «El señor presidente de la Nación respondió [...] que a esa demanda debía contestar con un claro y firme "No"—según hizo constar Meissner en el acta—. No podía hacerse cargo ante Dios, ante su conciencia y ante la patria de transferir todo el poder gubernamental a un partido, y menos aún a un partido que estuviera en contra de los disidentes de forma unilateral». La negativa no podía haber sido más clara, si bien Hindenburg, al final de la audiencia, de casi media hora, se expresó en un tono reconciliatorio: «Nosotros somos viejos camaradas y queremos seguir siéndolo, puesto que más tarde el camino, a pesar de todo, nos volverá a reunir».[11]

El comunicado oficial de la noche del 13 de agosto presentó el contenido de la conversación de manera abreviada, de tal forma que Hitler quedaba en evidencia. Afirmaba que había exigido «la dirección del gobierno nacional y el poder estatal completo en todo su alcance», algo que el presidente de la Nación había tenido que rechazar.[12] Según le confió Erwin Planck, secretario de Estado en la Cancillería de la Nación, a su predecesor, Hermann Pünder, unos días después, había redactado el comunicado teniendo en mente el «Telegrama de Ems», con el que Bismarck provocó a Napoleón III en 1870 para que entrara en guerra.[13]

La debacle del 13 de agosto de 1932 significó una seria derrota para Hitler, la más seria desde el fallido golpe de Estado de noviembre de 1923. Había hecho una apuesta demasiado arriesgada y ahora se veía de cara a la opinión pública como un hombre al que no le importaba el bienestar del país, sino solo alcanzar el poder absoluto para él y su movimiento. «Para ella, Hitler está ahora por completo desprestigiado —informó el conde Harry Kessler sobre una visita en Weimar a Elisabeth Förster-Nietzsche, la hermana de Friedrich Nietzsche—. Dijo que no pudo perdonarle el 13 de agosto. Que ese día demostró que no era un estadista».[14] Y Dorothy von Moltke reprodujo en una carta la «opinión general» de su entorno, según la cual «Hitler ha perdido su oportunidad y ha superado el pico de su poder».[15] «¡Qué salto, qué caída!», comentó Julius Elbau en el *Vossische Zeitung*, y también él profetizó el derrumbe del NSDAP. «Fue único este súbito ascenso de Ícaro que lo condujo demasiado cerca del Sol».[16] En la SA, que ya se había estado preparando para asumir el gobierno, la decepción fue grande. Mantener a sus hombres bajo control, explicó Ernst Röhm, el líder de la SA, «es ahora lo más difícil».[17]

A todo esto, la frustración de las columnas marrones ya se había ido desbordando, desde principios de agosto, en una serie de actos violentos que causaron numerosas víctimas fatales. En respuesta, el 9 de agosto el gabinete implementó un decreto de emergencia según el cual, en el futuro, «el homicidio por móviles políticos» sería castigado con la pena de muerte.[18] Muy poco tiempo después, la noche del 9 al 10 de agosto, se produjo en Potempa, una pequeña localidad de la Alta Silesia, un asesinato particularmente aborrecible: unos hombres de la SA irrumpieron en la casa de un seguidor del KPD y lo mataron con crueldad ante la mirada de su madre. El 22 de agosto, el tribunal especial de Beuthen condenó a muerte a cinco de los acusados. (El 2 de septiembre las sentencias fueron convertidas en penas de cadena perpetua, con la dudosa justificación de que en el momento del crimen los condenados no estaban al tanto de las disposiciones del decreto de emergencia en que se endurecían las penas). En un telegrama, Hitler expresó su solidaridad con los autores del crimen: a la vista de la «escandalosa sentencia sanguinaria», se sentía «unido» a ellos «por una lealtad incondicional».[19]

Con esto, Hitler se quitó la máscara y dejó ver que sus declaraciones sobre el respeto por la legalidad eran puros engaños. «¿Quién [...] podrá entender que el líder de un gran movimiento político sea tan inescrupuloso como para brindarles un reconocimiento honorífico a los borrachos homicidas?», se horrorizó Benno Reifenberg en el *Frankfurter Zeitung*.[20] Junto con la negativa humillante recibida el 13 de agosto, este era otro motivo para que los simpatizantes de su movimiento comenzaran a tomar distancia. El conde Harry Kessler ya hablaba en su diario de una «desilusión» del NSDAP: «El 13 de agosto y Potempa actúan como veneno corriendo por su cuerpo».[21] En esas circunstancias, nada le resultaba más temible a la dirección del nacionalsocialismo que unas nuevas elecciones parlamentarias, en las que, según todas las previsiones, tendrían que afrontar un retroceso.

Sin embargo, a fines de agosto Papen consiguió que Hindenburg le diera carta blanca para una posible disolución del Parlamento. E hizo uso de ella el 12 de septiembre, después de que el Parlamento le impusiera a su gabinete una moción de censura con una abrumadora mayoría de 512 votos contra 42 —una demostración clara del escaso respaldo que poseía su gobierno. La fecha de las nuevas elecciones se fijó para el 6 de noviembre.[22]

«Perspectivas electorales bastante pesimistas —anotó Goebbels a fines de septiembre—. Debemos trabajar hasta reventar. Entonces quizá lo logremos».[23] Tras las agotadoras campañas de los meses anteriores y la decepción del 13 de agosto, a esta altura eran insoslayables los indicios de un cierto agotamiento electoral en el partido. En muchos lugares se comentaba que el estado de ánimo era de abatimiento.[24] Además, la sucesión de rondas de elecciones habían generado un profundo agujero en las arcas del partido. Las pesadas deudas y la caída de los ingresos por donaciones y cuotas de afiliados obligaron a hacer recortes significativos en la propaganda electoral. «La obtención de dinero es muy difícil. Los peces gordos están con Papen», se lamentaba Goebbels.[25] El gobierno de Papen se había ganado la simpatía de la gran industria con un programa económico favorable a los empresarios, cuyas donaciones fueron destinadas casi con exclusividad a los dos partidos que apoyaban el «gabinete de los barones», es decir, el DNVP y el DVP.[26]

A pesar de la desfavorable posición de partida, Hitler se mostró confiado en la victoria. Sabía cuánto se jugaban en las elecciones. Si no lograba mantener, al menos, los resultados del 31 de julio, existía el peligro de que se revirtiera la tendencia que hasta el momento había llevado a su movimiento de éxito en éxito. Una vez más, el *Führer* del NSDAP se sometió a una agotadora gira de campaña electoral. En todos sus discursos se esforzó por justificar su decisión del 13 de agosto, lo cual era un indicio de lo mucho que lo incomodaba el fracaso en su intento de tomar el poder. En esta ocasión, Hitler combinó sus intensos ataques contra Papen y su camarilla reaccionaria con unas invectivas antisemitas que en las campañas anteriores todavía había controlado, en gran medida para evitar irritar a los votantes burgueses.[27]

Asimismo, llamó la atención que en la propaganda del partido se utilizara de nuevo un tono anticapitalista. «Ahora debería propugnarse el socialismo más radical», había exigido Goebbels a fines de septiembre.[28] Y los hechos siguieron a las palabras: a principios de noviembre, unos pocos días antes de las elecciones, el NSDAP participó en la huelga de empleados de la Berliner Verkehrs-Gesellschaft [«Compañía de Transportes de Berlín»] (BVG). En una acción conjunta, los miembros de la Nationalsozialistische Betriebszellenorganisation [«Organización de Células Empresariales Nacionalsocialistas»] (NSBO) y los de la Revolutionäre Gewerkschafts-Opposition [«Oposición Sindical Revolucionaria»] (RGO), controlada por los comunistas, paralizaron el tráfico en la capital de la Nación. «Ayer: huelga todo el día —anotó Goebbels el 5 de noviembre—. Nuestra gente al frente. [...] En Berlín, un ambiente revolucionario.

¡Adelante, ahora! [...] Estoy en contacto permanente con Hitler. Aprueba mi postura».[29] Con su respaldo a la huelga, Hitler y Goebbels esperaban poder sumar puntos entre la clase trabajadora. Para los simpatizantes burgueses, en cambio, la colaboración entre comunistas y nacionalsocialistas debió de resultar muy desconcertante.

«Es probable que nunca unas elecciones hayan tensado tanto los ánimos como estas», escribió la profesora de Hamburgo Luise Solmitz el 6 de noviembre.[30] El resultado confirmó los peores temores de los nacionalsocialistas. Perdieron más de dos millones de votos; su porcentaje cayó 4,2 puntos, hasta el 33,1 por ciento; su número de escaños se redujo de 230 a 196. Entre los ganadores se encontraban el DNVP, que logró subir del 5,9 al 8,9 por ciento, y el KPD, que incrementó su porcentaje de votos del 14,5 al 16,9 e ingresó en el Parlamento con 100 diputados. Con ello, el KPD se acercó mucho al SPD, al que le tocó sufrir ligeras pérdidas (del 21,6 al 20,4 por ciento). También los partidos católicos tuvieron pequeñas pérdidas: el Partido de

Elección al Parlamento nacional, 6 de noviembre de 1932: aún de buen humor, emite su voto el jefe del distrito de Berlín y jefe de propaganda del NSDAP Joseph Goebbels. El resultado de la elección le deparó al NSDAP una dura derrota.

Centro retrocedió del 12,5 al 11,9 por ciento; el BVP, del 3,2 al 3,1 por ciento. El DVP ganó algo de terreno (del 1,2 al 1,9 por ciento), mientras que el Partido del Estado Alemán se mantuvo en el 1 por ciento. La participación electoral cayó, en comparación con julio, del 84,1 al 80,6 por ciento, lo cual tuvo consecuencias negativas, sobre todo, para el NSDAP.[31]

Para los nacionalsocialistas, el resultado de las elecciones fue desolador. «Hemos sufrido una dura derrota», reconoció Goebbels sin rodeos.[32] En la opinión pública republicana reinaba una gran alegría. Aunque fuera todavía la facción más poderosa, se veía al NSDAP ya de capa caída. «Cualquier partido que tenga carácter y un programa puede soportar y superar una derrota, pero no un partido que se basa en pura demagogia —escribió el periodista liberal de izquierda Hellmut von Gerlach en *Die Weltbühne*—. A un partido de este tipo le hace falta la sugestión del saberse invencible. Si esta desaparece, se hunde en la consunción».[33] Similar fue el comentario en el *Vossische Zeitung*: «Los nacionalsocialistas aún no han vivido su Jena el 6 de noviembre, pero sí han sufrido su primera gran derrota. [...] La fe en la misión del nacionalsocialismo se tambalea, la convicción de su invencibilidad y su ímpetu arrollador se han roto. [...] Ahora que ingresarán en el Parlamento en un número más modesto, ¿serán los nacionalsocialistas más modestos también en sus demandas?».[34]

Hitler dio una respuesta clara a esta pregunta pocas semanas después. En el marco de las conversaciones con los líderes de los partidos a propósito de la reestructuración del gobierno, los días 19 y 21 de noviembre, Hindenburg recibió también al líder del NSDAP y le pidió que no se siguiera negando a su deseo de que participara en un gobierno de «concentración nacional». Hitler, sin embargo, se mantuvo firme en su postura de agosto: solo aceptaría formar parte del gobierno si el presidente de la Nación le concedía el mismo puesto que le había otorgado «hasta ahora a todos los depositarios del poder presidencial», es decir, si le concedía los plenos poderes del canciller de la Nación en un gabinete presidencial, tal como los habían recibido Brüning y Papen. Pero Hindenburg todavía no estaba dispuesto a hacer eso. Sin embargo, esta vez le planteó a Hitler la perspectiva de nombrarlo canciller en caso de que lograse presentar «una mayoría segura y operativa con un programa de trabajo firme y de unidad en el Parlamento».[35] Hitler, no obstante, el 23 de noviembre rechazó el encargo que iba de la mano de esta propuesta: entablar negociaciones al respecto con los partidos, por considerarlo impracticable.

Al día siguiente, Hindenburg respondió a la exigencia de Hitler sobre encabezar un gabinete presidencial con una negativa que se basaba en lo mismo que argumentó el 13 de agosto: no podía «ante su juramento y su conciencia» hacerse responsable de «otorgar plenos poderes presidenciales al líder de un partido que ha subrayado una y otra vez su exclusividad y que ha adoptado, en su mayoría, una postura contraria tanto respecto de su persona como de las medidas políticas y económicas que él considera necesarias».[36] La cúpula del nacionalsocialismo ya contaba con esta respuesta y Hitler no se mostró tampoco nada sorprendido: «El viejo no confía en él. El sentimiento es mutuo —comentó Goebbels—. Los barones han vuelto a ganar. ¿Por cuánto tiempo?».[37] Hitler «ha perdido otra batalla», escribió Hellmut von Gerlach en *Die Weltbühne*, pero añadió una advertencia: «Se nos podrá reprochar el mismo error que cometió él si lo damos por acabado. Su corona pierde una punta tras otra. Pero sigue siendo un peligro muy grande para la República».[38]

Tras el fracaso del intento de formar un gabinete de «concentración nacional» que incluyera a los nacionalsocialistas, a Hindenburg solo le quedaba la alternativa siguiente: o volvía a poner a Papen a cargo de la Cancillería, o nombraba a otro hombre de su confianza. Dadas las circunstancias, este solo podía ser el general Von Schleicher, el *spiritus rector* del gobierno presidencial. El ministro de Defensa estaba decidido a abandonar a Papen, que había esquivado su tutela y había encontrado el modo de granjearse el favor de Hindenburg. La noche del 1 de diciembre, el presidente de la Nación recibió a Papen y a Schleicher para hablar con ellos. Schleicher informó sobre el fracaso de su intento de convencer a Hitler para que reconsiderase su decisión, pero al mismo tiempo abogó por «esperar a ver cómo evoluciona el campo nazi». Hindenburg, no obstante, declaró que «no soportaría postergar de nuevo la decisión» y le pidió a Papen que siguiera liderando el gobierno. Papen se declaró dispuesto a hacerlo, aunque solo bajo la condición de que el presidente de la Nación «pusiera a su disposición todos los derechos presidenciales para afrontar el conflicto con el Parlamento que sin duda cabía esperar». Hindenburg se lo aseguró.[39]

Así fue como se tomó la decisión de crear un «gabinete de combate» que implementaría los planes de emergencia estatal que se habían acordado en lo más sustantivo a fines de agosto, pero que el gobierno de Papen no se había decidido a aplicar en aquel momento. En esencia, estos planes consistían en disolver el Parlamento, posponer las nuevas elecciones por tiempo indeterminado y, mientras tanto, ir impulsando la transformación de la República en un «Nuevo Estado» conservador-autoritario con fuertes elementos estamentales. Todo esto habría supuesto una violación flagrante de la Constitución, que podría haber provocado disturbios similares a los de una guerra civil.[40]

La mañana del 2 de diciembre, Papen informó a sus colegas ministros sobre la decisión de Hindenburg. La reunión tomó un cariz dramático. Con la excepción del ministro de Transporte, Eltz-Rübenach, todos los demás se manifestaron en contra de un «gabinete de combate». Cuando el secretario de Estado Meissner, que se encontraba presente, señaló que Hindenburg no se dejaría disuadir de su resolución, Schleicher jugó su mayor triunfo. Una semana antes su ministerio había realizado un simulacro para determinar si las Fuerzas Armadas estaban o no en condiciones de afrontar con éxito los disturbios internos defendiendo al mismo tiempo las fronteras exteriores. Entonces llamó a la reunión al teniente coronel Eugen Ott para que diera su informe sobre el mal resultado del ejercicio. La exposición de Ott provocó en todos los presentes una «impresión estremecedora», según lo que anotó el ministro de Finanzas, Schwerin von Krosigk, en su diario.[41] A Papen no le quedó más remedio que devolver el encargo de formar gobierno. «Así, pues, en el nombre de Dios, debemos dejar que pruebe suerte el señor Von Schleicher»: con estas palabras despidió Hindenburg a su canciller favorito.[42] «Este gabinete es un final y un comienzo»: así celebró el *Tägliche Rundschau*, un periódico cercano a Schleicher, el nuevo gobierno. «La generación anterior ha sacado hoy a relucir, en la figura del general, a su más fuerte y último representante. A partir de ahora ya no le quedan reservas».[43]

Después de que en noviembre fracasara de nuevo su intento de alcanzar el poder, el prestigio de Hitler estaba debilitado. En las bases del partido, su obstinación intransigente en ocupar el puesto de canciller en un gabinete presidencial encontraba cada vez menos comprensión. Surgieron las primeras dudas serias sobre su clarividencia estratégica. Y el asunto se complicó aún más: en las elecciones municipales de Turingia del 4 de diciembre, a pesar de que Hitler se había involucrado mucho, el NSDAP sufrió graves pérdidas. En comparación con las elecciones al Parlamento de julio, perdió el 40 por ciento de los votos. Para el *Frankfurter Zeitung* era la demostración de que «el señor Hitler no se revela con cada vez más derecho, sino con cada vez menos, de exhibir su particular pretensión de ser el guía de la Nación»: «Este 4 de diciembre ha colocado al señor Hitler en la misma línea de los restantes líderes de partido, que es a donde pertenece». Y también el socialdemócrata *Vorwärts* mostró seguridad: «Como barómetro de los ánimos políticos, las elecciones en Turingia reflejan el rápido y continuo decaimiento de la ola nacionalsocialista, y eso en el estado alemán en que habían "alcanzado el poder" por primera vez».[44]

La depresión en el partido se intensificó. En caso de haber nuevas elecciones, temían una caída en picado. En Múnich, la policía política observó en diciembre los primeros signos de disolución: el número de renuncias aumentaba y las cuotas de afiliación llegaban con cuentagotas. «El partido da la impre-

Intrigantes reunidos: el canciller de la Nación Franz von Papen y el ministro de Defensa Kurt von Schleicher en el Gran Premio de Berlín, el 17 de julio de 1932.

sión de haber quedado extenuado por todas partes: en la organización política, en la SA y en la SS. La idea de que se ha superado el punto álgido y de que quizá se hayan desaprovechado oportunidades favorables es moneda corriente entre muchos nacionalsocialistas».[45] El NSDAP corría el riesgo de desmoronarse si no lograba cosechar por fin los frutos de su participación en el poder.

El 8 de diciembre, Gregor Straßer, jefe nacional del partido y su hombre más importante después de Hitler, renunció a todas sus funciones dentro de la formación. Se había esforzado en vano por convencer a Hitler de que abandonara su inflexible estrategia de todo o nada y persuadirlo para que entrara en el gobierno del general Kurt von Schleicher. Schleicher creía haber dado con un concepto que habría de brindarle a su gabinete un mayor apoyo social y político: el de «frente transversal», que abarcaría desde los sindicatos hasta las fuerzas dispuestas a cooperar dentro del NSDAP.[46] Que ofreciera a Straßer el puesto de vicecanciller inmediatamente después de ser nombrado canciller con la intención de dividir al NSDAP, como afirmó después Goebbels en su libro *Vom Kaiserhof zur Reichskanzlei*, es algo que no se corresponde con la realidad.[47] En la carta en la que le comunicaba a Hitler su renuncia, Straßer le aseguró que no tenía intención de convertirse en el punto de cristalización de un movimiento opositor del tipo que fuera, sino que deseaba retirarse «a las filas de los simples miembros del partido sin resentimientos personales».[48]

Sin embargo, esta carta, entregada por la mañana en el hotel Kaiserhof, les cayó a Hitler y a su entorno como una bomba. El líder del partido temió que la crisis pudiera crecer hasta transformarse en una revolución palaciega e inició frenéticas medidas de reacción. Por la tarde se cercioró, en una actuación melodramática, de la lealtad de los inspectores regionales del partido presentes en Berlín, ante quienes Straßer había explicado con anterioridad los motivos de su decisión. A última hora de la noche, ese mismo día, Hitler convocó a Goebbels, Himmler y Röhm a una reunión de crisis en el hotel Kaiserhof. El *Tägliche Rundschau* había informado con gran despliegue de medios sobre la retirada de Straßer y había expresado la opinión de que él era el único que habría estado en condiciones de sacar al NSDAP de su situación crítica. Hitler interpretó que esto confirmaba su sospecha de que estaba ante un complot a gran escala. «Si el partido se desmorona, termino con todo en tres minutos», lo citó Goebbels en su diario.[49] No era la primera vez que Hitler amenazaba con suicidarse, ni sería la última antes de terminar, en efecto, quitándose la vida en el búnker de la Cancillería de la Nación a fines de abril de 1945.

La intención de Straßer, sin embargo, no era desafiar en serio a Hitler. Liberó el campo sin luchar y se tomó unas largas vacaciones. Así fracasó también el intento de Schleicher de integrar a algunos sectores del NSDAP en las tareas de gobierno por medio de Straßer. El 9 de diciembre, Hitler reunió a los principales funcionarios del partido y luego a los diputados de la facción parlamentaria para que volvieran a confirmarle su lealtad. «La gente llora de furia y dolor —anotó Goebbels—. Gran éxito absoluto de Hitler. Al final hubo declaraciones espontáneas de fidelidad. Todos estrechan la mano de Hitler. Straßer está aislado. ¡Es hombre muerto!».[50]

Pero la crisis del partido no había terminado. La dimisión de Straßer provocó inquietud entre las bases y aumentó las dudas sobre la sabiduría del presidente del partido. A mediados de diciembre, durante una gira por los distritos, este intentó, sin lograrlo del todo, recomponer el ánimo de sus seguidores. En su diario, Goebbels se quejaba de la desoladora situación financiera y de la escasa concurrencia a las reuniones. «Todo el año 1932 fue una racha continua de mala suerte. Habría que hacerlo añicos», fue su amargo balance en la Nochebuena de 1932.[51] Sin que lo afectaran las crecientes críticas desde sus propias filas, Hitler se mostró intransigente en el mensaje de Año Nuevo que dirigió al partido: dijo que estaba «decidido, hoy más que nunca, a no vender el derecho de primogenitura de nuestro movimiento a cambio del plato de lentejas que es la participación en un gobierno sin poder». Lucharía «hasta el último aliento» en contra de que «la elevación más orgullosa y grande del pueblo alemán» traicione «su misión a cambio de un par de cargos ministeriales».[52] Con ello parecía quedar definido el camino hacia el aislamiento político.

Cuando empezó el año 1933, en los círculos republicanos reinaba el alivio. «El enérgico ataque nacionalsocialista contra el Estado democrático ha sido rechazado —proclamó Rudolf Kircher, jefe de redacción del *Frankfurter Zeitung*, en su edición de Año Nuevo—. Hoy lo sabemos: el carro no está atascado de modo inamovible».[53] Ese era también el tono en otros grandes periódicos liberales. «El año de la decisión», tituló el *Vossische Zeitung* su retrospectiva anual: la República, dijeron, ha sido salvada. «No porque se la haya defendido, sino porque los atacantes se eliminaron entre ellos. Fue un camino, cruzando la garganta del diablo, hacia el que no se puede volver la mirada sin sentir un escalofrío», lo cual llevaba al editorialista Julius Elbau a plantearse la pregunta siguiente: «Desengañado por el fracaso, ¿encontrará por fin Hitler, que en su éxtasis de victoria quiso ser César y el Mesías al mismo tiempo, el camino hacia una forma responsable de cooperación?».[54]

En la revista teórica socialdemócrata *Die Gesellschaft*, Rudolf Hilferding, antiguo ministro de Finanzas, señalaba la fecha en la que se había dado el «giro decisivo»: el 13 de agosto, el día en que Hindenburg se negó a nombrar a Hitler canciller de la Nación. «Es esta la peripecia del drama». A partir de ese momento, dijo, se había reducido el riesgo de que Hitler y Schleicher llegasen a un acuerdo, «porque un partido que está en declive tiene muchas menos posibilidades de conquistar el poder absoluto desplazando a sus socios de gobierno que uno que está en ascenso».[55] La revista satírica *Simplicissimus* abrió su edición de Año Nuevo de 1933 con estos versos: «*Eins nur lässt sich sicher sagen, und das freut uns rundherum: Hitler geht es an den Kragen. Dieses "Führers" Zeit ist um*» [«Solo una cosa sabemos, y es algo que a todos alegra: a Hitler lo tienen del cuello. De este *Führer* se acabó la era»].[56]

Hubo muchos observadores extranjeros que también creyeron que el ascenso de Hitler se había frenado y que su caída era inevitable. El embajador francés, André François-Poncet, que había asumido su cargo en Berlín en el otoño de 1931, constató en un telegrama del 29 de diciembre que la desintegración del movimiento hitleriano se había ido acelerando a un ritmo que nadie habría imaginado.[57] Harold Laski, politólogo y político laborista británico, escribió a fines de 1932 que probablemente Hitler terminaría su carrera como «un viejo en un pueblo bávaro» que «por las noches les cuenta a sus amigos en la cervecería que una vez estuvo a punto de derrocar al Estado alemán».[58]

Por su parte, los competidores de Hitler en el campo de la derecha política constataban con igual satisfacción la caída de los nacionalsocialistas. En una reunión del Comité Ejecutivo de la Liga Pangermana, a mediados de diciembre de 1932, su presidente, Heinrich Claß, declaró que «en lo esencial, el NSDAP ya ha cumplido su papel», «aun cuando haya de seguir disponiendo de millones de seguidores durante años».[59] El 10 de diciembre, el canciller Schleicher, hablando con el primer ministro bávaro, Heinrich Held, expresó su confianza en que «el peligro nacionalsocialista [...] ha sido superado»; aun así, tuvo que reconocer que la retirada de Straßer había echado a perder su concepto de «frente transversal»: de todos modos, tampoco veía «ningún camino para llevar a los nacionalsocialistas a que cooperasen de una manera práctica».[60]

No obstante, se oyeron voces que desaconsejaban dar por acabado al partido de Hitler de manera prematura. Al comienzo de su balance anual en *Die Weltbühne*, Carl von Ossietzky afirmó: «Al inicio del año 1932, la dictadura nazi llamaba a las puertas, el aire estaba inundado de olor a sangre y que se cumpliera el programa de Boxheim parecía ser una mera cuestión de tiempo. A su fin, el partido de Hitler está siendo sacudido por una intensa crisis, los largos sables volvieron a descansar quietos en sus vainas y a la vista solo quedan las orejas largas del *Führer*». Sin embargo, el periodista advertía contra las «expectativas excesivas», pues la situación económica, decía, seguía «siendo aún propicia para la generación de fanáticos radicales». Solo un rápido repunte de la coyuntura económica podría contribuir a «desenmascarar a fondo al nacionalfascismo, y ni siquiera los optimistas más audaces se atreven a preverlo en el futuro cercano».[61]

De hecho, a fines de 1932, el desempleo, con 5,8 millones de desocupados, seguía siendo muy alto; en enero de 1933 volvió a superar los 6 millones. Con todo, el incremento estacional fue menor al del año anterior. Para Leopold Schwarzschild, al terminar el año 1932 era evidente que se había iniciado un giro hacia la mejoría. Por primera vez, «las curvas económicas [...] abandonaron su acostumbrada inclinación descendente». Después de mucho tiempo podía «verse una rendija en el muro de nubes [...] en el horizonte».[62] El pozo más profundo de la crisis económica parecía haber quedado atrás. «¡Tierra!», era el titular de la sección económica del *Frankfurter Zeitung* a comienzos de 1933.[63]

Cuatro semanas después ocurrió algo con lo que ya no contaba prácticamente nadie: Hitler era canciller de la Nación. Este giro sorprendente no se debió a la genial estrategia del *Führer*, como Goebbels, su jefe de propaganda, repetía sin descanso después de 1933, sino que era el resultado de un tenebroso juego de intrigas entre bambalinas con unos pocos actores moviendo los hilos. La figura decisiva, de la cual siguió dependiendo todo tanto como hasta entonces, fue el presidente Paul von Hindenburg, de ochenta y cinco años. Lejos de ser un anciano medio demente, como se hizo costumbre describirlo después de 1945 para exculparlo, Hindenburg poseía una frescura intelectual asombrosa y fue en todo momento consciente de sus decisiones.[64] Sus principales colaboradores eran el antiguo canciller de la Nación, Von Papen, el secretario de Estado Otto Meissner y su hijo, Oskar von Hindenburg.

El preludio fue un encuentro de Papen con Hitler, que Karl Dietrich Bracher calificó con razón de «la hora del nacimiento del "Tercer Reich"».[65] La iniciativa la había tenido el banquero de Colonia Kurt von Schröder. Este pertenecía a un círculo cercano a Wilhelm Keppler, un empresario de clase media a quien Hitler había nombrado asesor en asuntos de política económica en la primavera de 1932. A instancias del antiguo presidente del Reichsbank, Hjalmar Schacht, que entretanto se había vuelto un ferviente seguidor de Hitler, se había creado una «oficina de trabajo», bautizada con el nombre de Keppler, cuyo objetivo era armonizar las ideas sobre política económica de los nacionalsocialistas con las de la economía privada.[66] El 16 de diciembre de 1932, Schröder se encontró con Papen en una cena en el exclusivo Herrenklub de Berlín. En esa ocasión, el antiguo canciller de la Nación sugirió organizar una reunión con Hitler en la que todos pudieran dialogar y disipar los recelos mutuos. Schröder se lo comunicó enseguida a Keppler, a quien la idea le pareció «de suma importancia», pues Papen era quien mejor podía evaluar cómo se encontraba «el ánimo del viejo y cómo se podían superar las resistencias que yacían allí». No obstante, dijo que era «absolutamente indispensable que nadie se entere de este encuentro».[67] El 19 de diciembre, Keppler se puso en contacto con Hitler y se ofreció para actuar de mediador. Como lugar de reunión propuso la casa de Schröder en Colonia; de la «fiabilidad sin límites» del banquero podía dar fe.[68] Hitler aceptó, y el 26 de diciembre, Keppler informó a Schröder de que la mañana del 4 de enero el *Führer* llegaría a Colonia. No le ocultó, eso sí, que Hitler aún le guardaba rencor a Papen por el trato recibido el 13 de agosto, hecho que había vivido como una derrota. Confiaba, de todos modos, en que la destreza del anfitrión le permitiría «hacer a un lado los últimos escrúpulos».[69]

Tanto para Papen como para Hitler, el encuentro planificado ofrecía perspectivas prometedoras. Papen aún tenía cuentas pendientes con Schleicher, desde que este lo había forzado a abandonar el cargo a principios de diciembre de 1932. Estaba profundamente herido y buscaba venganza. En un posible entendimiento con Hitler veía la oportunidad de derrocar él a Schleicher y de desempeñar al menos un papel destacado en un nuevo gobierno en caso de no lograr regresar a la Cancillería. Hitler, por su parte, veía en un acuerdo con Papen la ocasión de escapar del callejón sin salida en el que había metido a su partido y pasar página de un modo que, no obstante las crisis internas, pudiera resultarle provechoso. Era consciente de que Hindenburg se había separado de Papen muy a su pesar y que deseaba volver a tenerlo cerca como asesor. Confiaba en que, si conseguía cerrar un pacto con Papen, podría superar por fin la resistencia de Hindenburg a nombrarlo canciller.[70]

Hitler llegó en compañía de Himmler y Heß; Keppler viajó desde Berlín. Poco después de su llegada, Hitler y Papen se retiraron al despacho de Schröder; el anfitrión asistió como testigo silencioso a la conversación, que duró dos horas. Según su recuerdo, Hitler adoptó de entrada una postura ofensiva y una vez más reprochó encendidamente a Papen su manejo del caso Potempa durante su gobierno. Papen respondió que era mejor dejar atrás los enfrentamientos del pasado y concentrarse, más bien, en cómo podrían hacer caer al gabinete de Schleicher y encontrar una base común para un nuevo gobierno. Estaba proponiendo, al parecer, una división del poder entre él y Hitler —una suerte de duunvirato—, y procuró que a este último le resultara atractiva la solución ofreciéndoles a los nacionalsocialistas dos ministerios clave: Defensa e Interior. Hitler explicó, mediante largas disertaciones, por qué debía mantenerse firme en su demanda de ocupar la cancillería, si bien se mostró dispuesto, por otro lado, a incorporar a seguidores de Papen en un gabinete dirigido por él. No se llegó a ningún acuerdo, pero se separaron con la promesa de continuar el diálogo iniciado.[71]

En una carta del 6 de enero, Hjalmar Schacht le agradeció a Schröder su «valiente iniciativa». Confiaba, dijo, en que la conversación en su casa «adquiriría algún día una importancia histórica».[72] En eso acertaría el antiguo presidente del Reichsbank. Gracias al encuentro en Colonia, Hitler, cuyo movimiento parecía, a fines de diciembre, arrojado a un declive imparable, fue catapultado de golpe una vez más al juego por el poder. Con Papen se habían puesto de acuerdo en suspender las animosidades mutuas y en que habían de procurar juntos el derrocamiento de Schleicher. Si bien la decisiva cuestión de la cancillería aún no había quedado aclarada, en cualquier caso se había dado un primer paso importante. Pocos días después, Hitler informó a su confidente Goebbels: «Papen está decidido a ir en contra de Schleicher. Quiere derribarlo y dejarlo por completo fuera. El viejo todavía lo escucha. Sigue estando con él. Ha preparado el acuerdo con nosotros. O bien la cancillería, o bien los ministerios con poder: Defensa e Interior. Suena bien».[73]

Sin embargo, no se consiguió mantener el encuentro en secreto. La noticia se filtró en Berlín. Un reportero fotografió a Papen en el momento de descender del taxi frente a la villa de Schröder. El 5 de enero, el *Tägliche Rundschau* apareció con el titular «Hitler y Papen contra Schleicher».[74] La noticia causó sensación en todo el mundo. Durante días se especuló en los periódicos acerca de cuáles habrían sido los planes urdidos por ambos conspiradores. En una declaración publicada el mismo 5 de enero, Papen desmintió la sospecha de que su conversación con Hitler hubiera «tenido malas intenciones respecto del canciller de la Nación o del gobierno actual». Se había tratado, por el contrario, de abordar la cuestión que llevaba ya medio año generando debates: la cuestión de la «integración del NSDAP en la concentración nacional».[75] En un comunicado conjunto publicado al día siguiente, Papen y Hitler insistieron en que solo habían estado evaluando «la posibilidad de un gran frente político nacional de unidad»; la posición del gabinete en funciones «no había sido tocada en absoluto».[76] No obstante, los observadores críticos no se dejaron engañar. El *Vossische Zeitung* reconoció con claridad que el objetivo de Hitler había sido aprovechar el aprecio que Hindenburg sentía por Papen en su propio beneficio: «Papen debería hacer valer su no escasa influencia en la residencia presidencial para despejar el camino de Hitler hacia la cancillería». El periódico aún no podía confirmar, no obstante, si Papen en efecto se había puesto a disposición para «el rol de *pacemaker* para Hitler».[77]

Al principio, el canciller Schleicher no pareció preocuparse demasiado. El 6 de enero, tomando el té con el embajador francés François-Poncet, no hizo de su desprecio por su predecesor ningún misterio. «Mi querido Francisquito, ya se te ha escapado un nuevo desliz»: eso pretendía decirle la próxima vez que se encontraran.[78] El 9 de enero ambos tuvieron ocasión de hablar. Papen intentó convencer a su rival de que el 4 de enero su único propósito había sido persuadir a Hitler para que se incorporara al gabinete de Schleicher. Que el general, que en materia de intrigas podía sentar cátedra, creyera esta evidente falsedad, o que incluso, según afirmó Papen en sus memorias, la recibiera «con gran satisfacción», puede ser puesto en duda. Sin embargo, para guardar las apariencias, Schleicher le siguió el juego a Papen. En un comunicado oficial, ambos declararon que su conversación había demostrado «la completa falta de fundamento» de todos los informes de la prensa que hablaban de desavenencias entre ellos.[79]

El mismo día, Papen se dirigió a Hindenburg. A juzgar por las memorias del secretario de Estado Meissner, Papen continuó con Hindenburg su juego de engaños, puesto que presentó como el principal resultado de la reunión del 4 de enero el hecho de que Hitler había renunciado a exigir la Cancillería y estaba dispuesto a integrarse en un gobierno de coalición con los partidos de derecha. Basándose en esta información, Hindenburg encargó a Papen que continuara las negociaciones con Hitler «en persona y en estricta confidencialidad».[80] Con ello, el presidente de la Nación legitimaba con su autoridad una intriga que apuntaba a formar, a espaldas del canciller Schleicher, un nuevo gobierno de «concentración nacional», que era para Hindenburg el escenario ideal.[81]

Schleicher tenía razones de sobra para estar preocupado. Podía temer que el presidente de la Nación le retirara su confianza. El 10 de enero, Goebbels supo que el canciller de la Nación ya no podía contar con la orden presidencial de disolución en caso de que el Parlamento, cuando fuera convocado de nuevo, le retirara la confianza. Se encontraba «de capa caída».[82] Tampoco los empresarios daban seguridad a la posición de Schleicher. En su declaración gubernamental del 15 de diciembre de 1932, transmitida por radio, se presentó en el poco habitual papel de «general social» para el cual «la perspectiva social» había de ser la determinante a la hora de tomar resoluciones. Prometió no solo poner en marcha «un ambicioso programa de creación de empleo», sino también revocar el decreto del gabinete de Papen de principios de septiembre de 1932 que permitía a los empleadores pagar por debajo del salario estipulado en los convenios colectivos. Aún más: declaró que no era «partidario ni del capitalismo ni del socialismo», y que para él «conceptos como el de "economía privada" o "planificada"» habían «perdido su carácter aterrador».[83] Con estas heréticas afirmaciones, Schleicher irritó a parte de la gran industria. Paul Reusch, el presidente del consejo directivo de la Gutehoffnungshütte, consideraba que el canciller de la Nación atendía de un modo peligrosamente solícito los deseos de los sindicatos.[84] Puesto que la situación económica había mejorado desde fines de 1932, Reusch temía que el proyecto para la destrucción total de la democracia de

Weimar pudiera peligrar estando ya en su etapa final. «Precisamente ahora, todavía durante la crisis, es cuando deben realizarse los recortes decisivos en el organismo estatal», le advirtió a Schleicher.[85]

Al mismo tiempo, la Liga Rural Nacional, el poderoso *lobby* de los terratenientes del este del Elba, se movilizó contra el gobierno de Schleicher. Le reprochaba no hacer lo suficiente para proteger la agricultura frente a las importaciones de víveres baratos y frente a las ejecuciones judiciales de propiedades agrícolas en bancarrota. La mañana del 11 de enero, Hindenburg recibió a la directiva de la Liga Rural Nacional, uno de cuyos cuatro miembros era el nacionalsocialista Werner Wilkens, para tener con ellos un intercambio de opiniones. El conde Von Kalckreuth, presidente ejecutivo, pintó un cuadro sombrío: la situación de la agricultura era «mucho más catastrófica» de lo que se había supuesto hasta entonces. Las dificultades eran «tan grandes que se debe tener presente el peligro acuciante de disturbios en lo inmediato». Visiblemente impresionado, Hindenburg solicitó al canciller de la Nación, al ministro de Agricultura, el barón Magnus von Braun, y al ministro de Economía, Hermann Warmbold, que escucharan, en una nueva reunión aquella tarde, las quejas de los agricultores y que llegaran a un acuerdo sobre qué medidas tomar.[86] Nada más terminar esta reunión se supo que la directiva de la Liga Rural Nacional había entregado a la prensa, antes incluso de su encuentro con Hindenburg, una resolución que atacaba al gabinete de Schleicher con palabras durísimas: «La depauperización de la agricultura —se decía allí— ha cobrado, con la tolerancia del gobierno actual, dimensiones que ni siquiera bajo un gobierno puramente marxista se habrían considerado posibles». Schleicher vivió este salto hacia la opinión pública como una grosera deslealtad y declaró que en el futuro no emprendería ninguna negociación más con representantes de la Liga Rural Nacional.[87]

En algunos sentidos, la agitación de la Liga Rural Nacional recordaba a la campaña contra el supuesto «bolchevismo agrario» del canciller de la Nación Heinrich Brüning, que había contribuido de forma significativa a su caída ocho meses atrás. En Hindenburg, que siempre había sido receptivo a los intereses del sector agrícola, los *Junker* encontraron las puertas abiertas de par en par también en esta oportunidad. En cualquier caso, Schleicher ya no podía dar por sentado el respaldo del presidente de la Nación. A ello se sumó que, mientras tanto, su vínculo de amistad con el hijo de Hindenburg, Oskar, se había ido enfriando de forma notable. Cuáles fueron las causas de la desavenencia no está del todo claro. Al parecer, Schleicher, que era conocido por sus comentarios frívolos, había herido profundamente al joven Hindenburg con una observación desatenta. Como fuere, el canciller perdió con él un recurso que hasta entonces le había asegurado el acceso al presidente de la Nación.[88]

También el Partido Nacional Alemán se distanció de Schleicher. El 13 de enero, el líder del partido, Alfred Hugenberg, le ofreció al canciller ingresar en su gabinete como ministro de Economía y de Agricultura, pero con la condición de que el jefe del gobierno se independizara por completo del Parlamento. Schleicher rechazó la oferta. En su declaración gubernamental del 15 de diciembre había dejado claro que «a largo plazo no se puede gobernar sin un amplio apoyo popular».[89] El 21 de enero, la facción parlamentaria del DNVP le declaró la guerra con encono al gobierno de Schleicher: dijeron que se estaba inclinando, en cuanto a la política económica, hacia «conceptos socialistas-internacionalistas», y que, además, estaba promoviendo «la liquidación del pensamiento autoritario que el señor presidente de la Nación había dejado establecido con el nombramiento del gabinete de Papen».[90] Fue precisamente la perspectiva de estabilización lo que llevó a los opositores de la República a actuar y la que introdujo a Hitler de nuevo en el juego, pues temían que la crisis terminara de pasar sin que se hubiera dado el golpe decisivo. Schleicher se encontraba cada vez más aislado.

Entretanto, sus adversarios no habían permanecido inactivos. La noche del 10 al 11 de enero, Hitler y Papen se reunieron en la villa de Joachim von Ribbentrop, comerciante de licores, en el barrio de Dahlem, en Berlín. Ribbentrop, a quien la boda con la hija del productor de espumosos Henckell le había reportado cierto buen pasar, había conversado con Hitler por primera vez en el verano de 1932 y poco después se había afiliado al NSDAP. Como poseía ciertas conexiones en cuanto miembro del Herrenklub de Berlín, se ofreció para actuar de mediador entre los conservadores y los nacionalsocialistas. No hay documentos detallados sobre lo que Hitler y Papen discutieron en esta segunda reunión a solas. Al parecer, no avanzaron demasiado, puesto que al día siguiente Hitler canceló a última hora una invitación para continuar la conversación al mediodía. «Todo está en el aire todavía —anotó Goebbels—. Ahora todo depende de Lippe».[91]

De hecho, esos días Hitler ponía toda su atención en las elecciones al Parlamento estatal de Lippe-Detmold, dado que con ellas esperaba poder demostrar que el NSDAP había superado su crisis y recuperado su antiguo vigor. Durante las dos primeras semanas de enero, este pequeño estado, que contaba con apenas 174.000 habitantes, de los cuales 117.000 podían votar, fue realmente inundado por una ola de propaganda. «No habrá cabaña en Lippe donde no se hable de Adolf Hitler y su orgulloso movimiento», anunció el *Lippischer Kurier*, el órgano del NSDAP.[92] En diez días, Hitler dio dieciséis discursos, a los que se sumaron varias figuras del NSDAP, entre ellos Göring, Goebbels y Frick. «¡Debe andar muy mal el NSDAP si el gran *Führer* tiene que ir en persona a los pequeños pueblos!», comentó el *Lippische Landes-Zeitung*.[93] También Carl von Ossietzky se burló: «Hitler recorre ahora como un querusco un poco más sudoriental los 1.215 kilómetros cuadrados del estadito de Lippe con un alboroto que no se oía en la zona desde las trompetas de los legionarios».[94]

De hecho, Hitler invocaba en sus discursos el mito del príncipe querusco Arminio y procuraba aprovecharlo para los fines de su propaganda de la *Volksgemeinschaft* [«comunidad nacional»]. Estaban, según él, en un «territorio histórico», en el que había tenido lugar «la primera aparición conjunta, potente y exitosa de la nación alemana liderada por Hermann el querusco contra la dominación opresiva romana». Hitler añadía: «La división interna y el derroche de fuerzas han infligido graves heridas al pueblo alemán en todas las épocas. La comunidad nacional del nacionalsocialismo pondrá fin a esta situación».[95]

La noche del 15 de enero se dio a conocer el resultado. Con 39.064 votos (el 39,5 por ciento), el NSDAP quedó como el partido más fuerte. Eran alrededor de 6.000 votos más que en noviembre, pero seguían siendo unos 3.500 votos menos que en las elecciones de julio de 1932. Para el periódico del Centro, el *Kölnische Volkszeitung*, con esto quedaba demostrado que Hitler había perdido en su propia «batalla de Teutoburgo», a pesar del inmenso despliegue de propaganda. Y también el *Vossische Zeitung* vio aquí una prueba de que la «exigencia de tener el poder absoluto por parte de Hitler» era una «arrogación vacía», que estaba «compuesta de engaño y autoengaño».[96] Por el contrario, la prensa nacionalsocialista celebró el resultado como una gran victoria. El *Völkischer Beobachter* escribió que el NSDAP había «superado por completo» su estancamiento y comenzado «un nuevo movimiento al alza». Era, según ellos, «la conclusión política inevitable de estas elecciones, de la que nadie puede escapar».[97] Goebbels también se mostró satisfecho: «El partido está una vez más en marcha hacia adelante. Ha valido la pena, después de todo».[98]

Hitler había puesto todo su prestigio en juego y había logrado consolidar de nuevo su posición. En la reunión de los jefes de distrito celebrada en Weimar el 16 de enero prometió «no aflojar ni un segundo, sino permanecer de cara al enemigo y continuar la lucha con la mayor intensidad».[99] El líder del partido aprovechó la ocasión para ajustar cuentas con Straßer, y no se alzó ninguna de las voces que tomaron partido por el antiguo jefe de organización nacional. «Hitler ha logrado una victoria total. El caso Straßer está resuelto —escribió Goebbels con satisfacción—. Se lo ganó este impostor. Terminará siendo un don nadie, como se merece».[100] Hitler no olvidó cuán difícil había sido la situación en que lo había puesto su antiguo compañero a principios de diciembre de 1932 y, el 30 de junio de 1934, en el contexto del sangriento golpe contra la directiva de la SA, lo mandó asesinar.

Tras la reunión, Hitler, fortalecido por el éxito psicológico de las elecciones de Lippe, se dirigió a Berlín para retomar sus conversaciones secretas. El 17 de enero se encontró con Hugenberg y el líder de la facción del DNVP en el Parlamento, Otto Schmidt-Hannover. Aunque los socios del Frente de Harzburg, formado en octubre de 1931, se habían estado enfrentando con violencia durante todo el año 1932, las relaciones entre ellos, entre tanto, se habían vuelto a destensar. El 28 de diciembre, Hugenberg le había preguntado a Hitler en una carta privada si no sería buena idea reunirse para intentar hallar el modo de restablecer «la unidad dentro del movimiento nacional».[101] Después de que Schleicher lo rechazara el 13 de enero, Hugenberg esperaba recibir una mejor acogida por parte de Hitler. De hecho, el líder del NSDAP le hizo saber al magnate de los medios que le reservaría un puesto importante en su gabinete en caso de asumir la Cancillería. Ante el reparo de Hugenberg, quien señaló que todo dependía al fin y al cabo de Hindenburg, Hitler se expresó de forma muy despectiva respecto del presidente de la Nación: dijo que no era «un factor independiente», que hablaba como «un disco de gramófono» y que su vocabulario político estaba compuesto por apenas unas ochenta frases. Después de que Hugenberg lo informara esa misma noche sobre el resultado de la reunión, Reinhold Quaatz, diputado por el DNVP, anotó que le parecía que el líder de su partido «se ha entendido bastante bien con Hitler, aunque no se alcanzó un acuerdo completo».[102]

El 18 de enero, a las doce del mediodía, Hitler, acompañado por Himmler y Röhm, se reunió una vez más con Papen en la villa de Ribbentrop, en Dahlem. Insistió, incluso con más firmeza que en los dos encuentros anteriores, en exigir para él la Cancillería. Según las anotaciones de Ribbentrop, Papen respondió, en esta ocasión sin rodeos, que «conseguirlo era algo que requería una influencia sobre Hindenburg superior a la que él poseía». Las negociaciones, pues, parecían estancadas. Se separaron sin acordar una nueva fecha de encuentro. De todos modos, Ribbentrop sugirió reunir a Oskar von Hindenburg con Hitler para aumentar la presión sobre el presidente de la Nación también desde el ámbito familiar y así superar su bloqueo.[103] Papen estaba visiblemente decepcionado. «En este tiempo he procurado por todos los medios avanzar en la concentración nacional —le escribió el 20 de enero a Fritz Springorum, un industrial de la región del Ruhr—, pero me encuentro, debido a las elecciones en Lippe, con una gran resistencia por parte de Hitler para desempeñar un rol subordinado en un gabinete».[104] Papen aún no había renunciado a la idea de regresar a la Cancillería.

A pesar del estricto secreto, se filtraron noticias sobre el nuevo encuentro entre Papen y Hitler. El *Vossische Zeitung* publicó un informe al respecto con el título «Agitada actividad entre bambalinas», pero interpretó de manera incorrecta el papel de Papen: este, decía el informe, había continuado «intentando tender un puente entre el gobierno y los nacionalsocialistas».[105] El periódico liberal no llegó a la conclusión de que Papen, por el contrario, pretendía derrocar al gobierno de Schleicher, a pesar de que era una consideración obvia.

La noche del 22 de enero, Hitler, esta vez acompañado por el presidente del Parlamento, Göring, y el líder de la facción parlamentaria del NSDAP, Frick, se dirigió a Dahlem, donde Papen ya lo estaba esperando. Este último, retomando la sugerencia que hizo Ribbentrop el 20 de enero, había conseguido convencer a Oskar von Hindenburg y al secretario de Estado Otto Meissner de que también asistieran. Poco después de su llegada, Hitler se retiró con el hijo del presidente, con quien conversó a solas durante dos horas. Se ha especulado mucho sobre lo que se habló allí. Que Hitler, según supuso Joachim Fest, amenazara con revelar que Hindenburg había transferido la finca de Neudeck que le habían regalado en 1927 directamente a su hijo para evitar el pago del impuesto de sucesión parece poco plausible.[106] Aunque sí es probable que prometiera interceder, en caso de obtener la Cancillería, para que se liquidaran las considerables deudas que pesaban sobre la finca.[107] Sin embargo, para Hitler lo central era exponer de forma exhaustiva las razones por las cuales se le debía encargar la dirección de un nuevo gabinete presidencial, y por lo visto consiguió impresionar al joven Hindenburg. Al menos parece que este se manifestó en ese sentido durante el viaje de regreso con Meissner.[108] Hitler, por su parte, no quedó tan encantado con su interlocutor: «El joven Oskar es un particular modelo de estupidez», deslizó en su círculo de confianza.[109]

No obstante, las negociaciones del 22 de enero lograron un avance importante en un punto: tras la conversación a solas con el hijo del presidente, tuvo lugar una entrevista entre Hitler y Papen, en la que el favorito de Hindenburg dio a entender por primera vez que estaba dispuesto a abogar por el nombramiento de Hitler como canciller y a conformarse con el puesto de vicepresidente.[110] Al amanecer del día siguiente, Papen acudió a Hindenburg e intentó convencerlo de apuntar a esta solución. El presidente de la Nación, sin embargo, se mantuvo en su postura de rechazo y dejó entrever que, en caso de que se relevara a Schleicher, era Papen quien debía ocupar su lugar. Ribbentrop se hizo cargo de informar a Hitler de la respuesta negativa de Hindenburg.[111] La noche del 23 de enero, el presidente del partido viajó a Múnich para tomarse unos días de descanso. Allí, al día siguiente, en una conversación con Goebbels, se mostró confiado respecto de la evolución futura de los acontecimientos: «Terreno allanado. [...] Papen quiere ser vicecanciller. [...] La posición de Schleicher está muy debilitada. Él parece no sospechar nada todavía».[112]

Durante la ausencia de Hitler, Göring y Frick continuaron las negociaciones con Papen en Dahlem. Se convino que la resistencia de Hindenburg a una Cancillería liderada por Hitler podría superarse antes si se cumplía su más ferviente deseo: un «gabinete de concentración nacional» en el que estuviera representado todo el espectro del Frente de Harzburg. «Resolución sobre un frente nacional para apoyar a Papen ante el viejo Hindenburg», anotó Ribbentrop el 24 de enero. Y al día siguiente, tras una nueva conversación con Oskar von Hindenburg, señaló:

«Resulta que una Cancillería de Hitler bajo los auspicios de un nuevo frente nacional no es algo por completo inviable».[113] El 21 de enero, el secretario de Estado Meissner había hecho saber a Hugenberg que Hindenburg otorgaría a Hitler «plenos poderes de vasto alcance» como canciller de la Nación «siempre que estuviera flanqueado en el gabinete por los nacionalistas alemanes y el Partido de Centro». Para el presidente de la Nación era de particular importancia la cooperación de los nacionalistas alemanes. Por lo demás, reservaba para sí la decisión sobre quién debía ocupar los ministerios de Defensa y de Asuntos Exteriores.[114]

Mientras tanto, la pérdida de poder de Schleicher se aceleró a un ritmo vertiginoso. El 22 de enero, el Consejo de Ancianos del Parlamento nacional decidió convocar de nuevo a sus miembros para el 31 de enero. Era de esperar que, tal como ocurriera con el Parlamento anterior, este también le expresara su desconfianza al canciller de la Nación con una abrumadora mayoría. Schleicher ya había anunciado el 16 de enero en el gabinete que, en caso de que la moción de censura figurara como el primer punto en el orden del día, «enviaría al Parlamento una orden de disolución por escrito». En este contexto, retomó el plan de emergencia que ya había considerado el gabinete Papen, consistente en posponer las nuevas elecciones más allá del plazo constitucional de sesenta días, hasta el otoño de 1933. Para entonces, calculaba Schleicher, el programa de creación de empleo puesto en marcha habría surtido efecto y el desempleo habría disminuido de forma visible.[115] La cuestión, no obstante, era si Hindenburg estaría dispuesto a aceptar una violación tal de la Constitución, después de que el propio Schleicher, a principios de diciembre de 1932, hubiera torpedeado el plan de Papen, con el pretexto de que podría provocar una guerra civil, y provocado así su destitución. Si Schleicher no hubiera hecho el intento, condenado al fracaso desde el principio, de ganar cierto apoyo popular con su concepto de «frente transversal», Papen, como canciller de la Nación, se habría enfrentado al NSDAP en lugar de ayudarlo a llegar al poder. Es probable que el resultado hubiera sido un «nuevo Estado» de acuerdo con la concepción de Papen y de Gayl, el ministro del Interior, pero de ningún modo el Tercer Reich. Esto muestra una vez más que la situación estaba abierta: la Cancillería de Hitler no fue en ningún momento un desenlace forzoso.

En su reunión con el presidente de la Nación, el 23 de enero, Schleicher recibió una respuesta contundente. Cuando propuso disolver el Parlamento y posponer las elecciones «por unos meses», Hindenburg contestó que todavía debía «considerar la cuestión de la disolución del Parlamento», pero que no podía «aceptar en este momento la postergación de las elecciones más allá del plazo previsto en la Constitución», ya que «un paso semejante sería interpretado por todos los sectores como una violación constitucional». Antes de tomar tal decisión, debía quedar aclarado con los líderes de los partidos si «estaban dispuestos a reconocer la situación de emergencia estatal y a no acusar a nadie de violar la Constitución».[116]

En realidad, a Schleicher no debería haberlo sorprendido la negativa de Hindenburg, puesto que al recurrir al plan de emergencia había reconocido de forma implícita el fracaso de su intento de obtener un apoyo social y político más amplio para su gabinete. Al parecer, llegado este punto, el presidente de la Nación ya estaba decidido a abandonar al canciller de la Nación. A través de Papen, se mantenía permanentemente informado sobre el progreso de las negociaciones secretas con Hitler, y sabía así que por esa vía se estaba preparando una solución alternativa que le resultaba más aceptable.

Es probable que en la decisión de Hindenburg también influyese otro acontecimiento: pocos días antes, los representantes del Partido de Centro en la comisión de presupuesto del Parlamento habían sacado a colación que los terratenientes del este del Elba habían utilizado de forma indebida fondos públicos para sanear sus propiedades endeudadas. El llamado «escándalo de la ayuda al Este» generó un gran revuelo en la prensa. La exposición de estos desaguisados amenazaba con desacreditar incluso el nombre de Hindenburg, en particular porque su amigo y vecino, Elard von Oldenburg-Januschau, estaba involucrado en los hechos. Los grandes terratenientes se tomaron mal que Schleicher no interviniera para defenderlos e intensificaron los ataques en su contra.[117]

En círculos del Partido de Centro y de la socialdemocracia, los rumores sobre los planes de emergencia de Schleicher despertaban preocupación. En una carta dirigida al canciller de la Nación el 26 de enero, el presidente del Partido de Centro, Ludwig Kaas, advertía contra el aplazamiento de la fecha de las elecciones. Sería «una violación constitucional innegable», y su partido jamás lo aprobaría.[118] Ese mismo 26 de enero, el *Vorwärts* publicó una declaración de la junta directiva del SPD y de la junta directiva de la fracción parlamentaria del partido. Los socialdemócratas expresaban en ella su «más enérgica protesta contra el plan de un llamado derecho estatal de emergencia» que terminaría en un golpe de Estado.[119] Lo que el Partido de Centro y el SPD no pensaron fue que el mayor de los peligros no provenía de Schleicher, sino de Papen y su propósito de lograr que al presidente de la Nación le resultara atractivo un gobierno de «concentración nacional» dirigido por Hitler.

La mañana del 28 de enero se reunió el gabinete. Schleicher anunció que solo comparecería ante el Parlamento el 31 de enero con su declaración de gobierno si Hindenburg le otorgaba con anterioridad la orden de disolución. Sin embargo, como era de prever que este no sería el caso, planeaba presentar su renuncia al presidente de la Nación para evitar ofrecer «el espectáculo inútil de una derrota segura» a la opinión pública. El canciller temía, según les manifestó a los ministros, que «lo peor está por venir». Hindenburg seguía sin estar dispuesto a nombrar a Hitler canciller. Pero la formación de un gabinete presidencial Papen-Hugenberg, que era la única solución que quedaba, «tendría como consecuencia inmediata, dado que el ánimo de amplias masas se opondría de la manera más enérgica, una crisis del Estado y del presidente de la Nación».[120]

Todos los miembros del gabinete apoyaron la propuesta de Schleicher. Poco después de las doce, el canciller interrumpió la reunión y fue al encuentro de Hindenburg. Apenas veinte minutos después regresó: como era de esperar, Hindenburg había rechazado su requerimiento. Reconocía, por cierto, que el canciller había intentado «ganarse a los nacionalsocialistas y formar una mayoría en el Parlamento», pero como no lo había conseguido, era necesario ahora dirigir la mirada hacia «otras posibilidades». Antes de retirarse, Schleicher pidió al presidente de la Nación que no confiara el Ministerio de Defensa a «ningún partidario de Hitler». Hindenburg respondió que no tenía «en absoluto» la intención de hacer algo así.[121]

Schleicher tuvo la sensación de estar hablando «contra una pared», según informó a los ministros al final de la reunión, y agregó que «el viejo no había interiorizado para nada sus argumentos, sino que le recitó un discurso mecánico aprendido de memoria». «Quedamos todos profundamente impactados —anotó el ministro de Finanzas, Schwerin von Krosigk—. El gabinete de Schleicher cae después de dos meses por la retirada de la confianza del presidente de la Nación».[122]

Goebbels celebró con júbilo: «Como sea, nos hemos librado de Schleicher. El viejo prácticamente lo expulsó. El castigo que le corresponde a este Fouché».[123] Bajo el título «Camarilla», Carl von Ossietzky comentó con sarcasmo, sobre la caída de Schleicher: «El "general social", que intentó levantar todos los pesos pesados a la vez, cae expuesto como un diletante, derrotado incluso en su espacio más familiar, la intriga».[124] En el *Vossische Zeitung*, Julius Elbau lamentó la dimisión del canciller: «Este soldado de una fortuna casi proverbial es destituido antes de librar su primera batalla. [...] La crisis de gobierno, que ha quedado declarada de manera permanente desde la caída de Brüning, ha adoptado ahora una configuración tal que se requiere por parte de todas las fuerzas de la Nación la más extrema vigilancia, pero también muy buen juicio».[125]

Inmediatamente después de la dimisión de Schleicher, Papen recibió de Hindenburg el encargo oficial de iniciar las negociaciones para formar un nuevo gobierno. El día anterior, el 27 de enero, Hitler había regresado a Berlín desde Múnich. Ribbentrop lo había puesto al corriente del estado de las negociaciones en Dahlem y lo había convencido de buscar una vez más un encuentro con Hugenberg. Por la tarde, Hitler y Frick se reunieron en la residencia oficial de Göring con el presidente del DNVP y su compañero Schmidt-Hannover. Göring inició la conversación con la noticia de que Papen apoyaba ahora el nombramiento de Hitler como canciller. Sin embargo, Hugenberg seguía oponiéndose. Rechazó la pretensión de Hitler de colocar provisionalmente en el Ministerio del Interior prusiano uno de sus hombres de confianza, puesto que con ello los nacionalsocialistas tendrían el control de la policía en el mayor estado alemán. Además, Hugenberg exigió que los puestos de jefe de la Cancillería de la Nación y portavoz de prensa de la Nación fueran otorgados a gente suya. Hitler se negó a aceptarlo. Y se separaron, según anotó Ribbentrop, «con bronca». Hitler estaba tan enfurecido que quiso partir en el acto hacia Múnich. A Göring y Ribbentrop les costó un gran esfuerzo disuadirlo.[126]

La desconfianza invadía a Hitler. El antiguo temor de que los conservadores, tal como había ocurrido el pasado agosto, volvieran a cerrarle en las narices la puerta del poder en el último momento resurgió con fuerza renovada. «Hitler está aún muy escéptico y receloso —observó Goebbels—. Con razón. ¡Esos de allá son una gran banda de tramposos! Gentuza peleándose, gentuza reconciliándose».[127] Los rumores que circulaban en Berlín sobre la posibilidad de que a Papen, tras la caída de Schleicher, se le confiaría la dirección de un «gabinete de combate» solo podían fortalecer los recelos de Hitler. El 27 de enero incluso canceló la nueva reunión prevista con Papen. Una vez más, las negociaciones estuvieron al borde del fracaso.

No fue otro sino Papen mismo quien resolvió la situación. La noche del 27 de enero, durante una conversación con Ribbentrop en Dahlem, declaró que no se debían sobrevalorar las diferencias con Hugenberg. Lo más importante era que él, Papen, «ahora apoyaba de manera plena y total la cancillería de Hitler» y que haría todo lo que estuviera a su alcance para conseguir que Hindenburg la aprobara.[128] Y de hecho Papen logró, en el transcurso del 28 de enero, disipar las últimas reservas del presidente de la Nación respecto de la cancillería de Hitler. Prometió ocuparse de mantener bajo control al canciller Hitler y a su movimiento, implementando las salvaguardias que hicieran falta. Hindenburg insistió en que la formación del gobierno debía atenerse al marco de la Constitución.[129]

Incluso Hugenberg, con quien Papen estuvo negociando la tarde del 28 de enero, se mostró más dispuesto a llegar a un acuerdo una vez que se conoció la renuncia de Schleicher. Coincidía con Papen en que si se llegaba a un pacto con Hitler, habría que intentar «restringir al máximo sus prerrogativas». Para sí mismo, el emperador de los medios exigió los ministerios de Economía tanto de la Nación como de Prusia, que «debían estar en una única mano para poder llevar adelante una política razonable». Hitler le hizo saber a Papen que Hindenburg podía «otorgar todos los ministerios como mejor le pareciera», «siempre y cuando los ministros se consideraran independientes de vínculos políticos de partido». Por su parte, solo exigía el cargo de ministro del Interior de la Nación para un hombre de su partido, y, para sí, además de la Cancillería de la Nación, el puesto de comisionado de la Nación para Prusia.[130] El ministro de Finanzas, Schwerin von Krosigk, a quien Papen convocó esa misma tarde, declaró estar dispuesto a incorporarse a un gabinete liderado por Hitler con la condición que se le «permitiera trabajar con profesionalidad».[131] También el ministro Neurath, de Asuntos Exteriores, y el ministro Eltz-Rübenach, de Transporte, aseguraron querer mantenerse en sus cargos.

El mismo 28 de enero, a última hora, Papen puso al presidente de la Nación al corriente del resultado de sus negociaciones. Hindenburg se mostró satisfecho por la aparente moderación demostrada ese día por Hitler. Le gustó en particular que la mayoría de los ministros conservadores que apreciaba y que ya habían estado en funciones bajo Papen y Schleicher fueran a participar también en el nuevo gobierno. El Ministerio de Defensa quería dárselo a un hombre de su confianza. El puesto recayó sobre el teniente general Werner von Blomberg, comandante del Distrito Militar I en Prusia Oriental, quien en ese momento se encontraba en la conferencia sobre desarme de Ginebra como miembro de la delegación alemana. Para el presidente de la Nación, hablaba bien de él el hecho de que los terratenientes de Prusia Oriental se hubieran expresado respecto de su persona en términos positivos, así como que para Hitler fuera aceptable. Al final, Blomberg se reveló como demasiado «abierto a la derecha», lo cual fue otro error de cálculo en esta fase final, tan rica en desaciertos, de la República de Weimar. La mañana del 29 de enero, Hindenburg encargó a su hijo que convocara a Blomberg por telégrafo para que viajara a Berlín y así poder presentarlo como el sucesor de Schleicher.[132] No obstante, en el entorno de Hitler nadie descartaba que Hindenburg cambiase de opinión en el último momento. «El viejo es impredecible. Nada de ilusiones», advirtió Goebbels.[133]

El 29 de enero se tomó la decisión. Por la mañana, Papen y Hitler acordaron la composición del gabinete. Papen aceptó la propuesta de Hitler de nombrar a Frick ministro del Interior de la Nación y a Göring ministro del Interior prusiano interino. A cambio, Hitler tuvo que aceptar el deseo del presidente de la Nación de que no fuera él, sino Papen, quien asumiera el cargo de comisionado de la Nación en Prusia. «Hitler tragó esta evidente decepción con un enfado que le costó disimular», informó Papen en sus memorias. Lo que omitió decir en ellas fue que él no se opuso a otra condición de Hitler, a saber, que se convocaran elecciones otra vez y se votara a continuación una ley de plenos poderes.[134] Es evidente que Hitler contaba con que, una vez en el gobierno, podría obtener un significativo aumento de votos en unas nuevas elecciones y alcanzar la mayoría de dos tercios necesaria para aprobar la ley de plenos poderes en el Parlamento.

Por la tarde, Papen consiguió dispersar las últimas reservas de los nacionalistas alemanes contra un gabinete de Hitler. Ofreció a Hugenberg los ministerios de Economía y Agricultura, tanto de la Nación como de Prusia. Para el presidente del DNVP, la perspectiva de dirigir un superministerio de este tipo era demasiado atractiva para seguir negándose. También Franz Seldte, el primer líder nacional del Stahlhelm, se manifestó dispuesto a incorporarse al gabinete como ministro de Trabajo. Theodor Duesterberg, segundo líder nacional, a quien la prensa nacionalsocialista había atacado con violencia unos pocos meses antes a causa de su abuelo judío, advirtió a Hugenberg sobre la falta de escrúpulos de los nacionalsocialistas: «Una noche tendrá que huir en calzoncillos por los jardines ministeriales para evitar ser arrestado». Hugenberg, sin embargo, confiaba en haber establecido, con la predominancia de los conservadores en el gabinete, suficientes garantías: «Tenemos rodeado, pues, a Hitler».[135]

Tras la reunión, Papen informó a Göring y a Ribbentrop de que a partir de entonces todos los obstáculos quedaban eliminados. Göring transmitió la noticia a los allegados que esperaban en el hotel Kaiserhof. De todos modos seguía habiendo dudas sobre si, a pesar de todo, no se interpondría alguna otra dificultad. «Todavía no nos atrevemos a creerlo. ¿Es sincero Papen? ¿Quién sabe?», confió Goebbels a su diario.[136] En Berlín, algunos medios operaban a toda máquina generando rumores. Se especulaba que Hindenburg, al final, podría acabar decidiéndose por un «gabinete de combate» de Papen y Hugenberg sin participación del NSDAP, y que, en tal caso, las Fuerzas Armadas estaban planeando incluso un golpe de Estado.[137]

Aunque pronto se comprobó que los rumores carecían de fundamento, lo cierto es que aceleraron el curso de los acontecimientos. La misma noche del 29 de enero, Papen le presentó a Hindenburg la lista del gabinete de Hitler. Este incluiría a cuatro ministros independientes provenientes del gobierno de Schleicher: Neurath (Asuntos Exteriores), Schwerin von Krosigk (Finanzas), Eltz-Rübenach (Correos y Transporte) y Günther Gereke como comisionado de la Nación para la creación de empleo. Los nuevos miembros serían Hugenberg (Economía y Agricultura), Seldte (Trabajo) y Blomberg (Defensa). Para los nacionalsocialistas solo hubo dos cargos ministeriales: Frick (Interior) y Göring como ministro sin cartera, comisionado de la Nación para la aviación y ministro del Interior prusiano interino. Lo único que restaba era nombrar un ministro de Justicia. Papen hizo creer a Hindenburg que aún se estaban llevando a cabo negociaciones con el Partido de Centro sobre su participación en el gobierno y que, por esa razón, era necesario mantener un ministerio vacante. La jura del gabinete tendría lugar el día siguiente a las once de la mañana.[138]

Llegó el 30 de enero. Al amanecer, cuando Blomberg entró en la estación de tren de Anhalter, Oskar von Hindenburg ya lo estaba esperando. Lo llevó enseguida a la Wilhelmstraße, donde el presidente de la Nación le tomó juramento como nuevo ministro de Defensa apenas pasadas las nueve de la mañana. También a primera hora de la mañana, Hugenberg, Schmidt-Hannover y los dos líderes nacionales del Stahlhelm fueron a la residencia de Papen, en el Ministerio del Interior. Allí encontraron al futuro vicecanciller visiblemente agitado: «Si no está formado un nuevo gobierno antes de las once, van a marchar las Fuerzas Armadas. Estamos al borde de una dictadura militar bajo Schleicher y Hammerstein», parece que exclamó, según el recuerdo de Duesterberg. Si Papen creía realmente en la posibilidad de un golpe militar o si la utilizó solo como pretexto para bloquear cualquier objeción contra el apresurado nombramiento de Hitler, no está nada claro. Poco tiempo después llegaron también Hitler y Göring. Una vez más, el jefe del NSDAP demostró sus dotes para fingir. Se acercó con prisa a Duesterberg y le manifestó, con aparente emoción y lágrimas en los ojos, lo mucho que lamentaba los ataques llenos de odio contra él: «Le doy mi palabra de que no los he ordenado yo».[139]

Hacia las once menos cuarto, quince minutos antes de la hora prevista para la jura, el grupo se dirigió a pie a la residencia oficial de Hindenburg, donde ya se encontraban los demás ministros designados (con la excepción de Eltz-Rübenach, que estaba enfermo). Fue entonces cuando Hitler desembuchó frente a Hugenberg que había acordado con Papen disolver el Parlamento y convocar nuevas elecciones. El presidente del DNVP, que temía que otras elecciones le hicieran perder a su partido lo que había ganado en las de noviembre, se opuso con

El «gabinete de concentración nacional» acto seguido de la jura. Sentados, de izquierda a derecha: Hermann Göring, Adolf Hitler, Franz von Papen. De pie, de izquierda a derecha: Franz Seldte, Günther Gereke, el conde Lutz Schwerin von Krosigk, Wilhelm Frick, Werner von Blomberg, Alfred Hugenberg. Falta Paul von Eltz-Rübenach.

vehemencia. Ni siquiera cuando Hitler le dio su palabra de honor de que, fuera cual fuese el resultado de las elecciones, la composición del gabinete no se modificaría, logró disuadirlo de su negativa. La formación del gobierno estuvo literalmente a punto de fracasar en el último minuto. Mientras tanto, la hora de la jura había pasado. Meissner irrumpió en la sala con un reloj en la mano: «Son las once y cuarto. No pueden hacer esperar más al señor presidente de la Nación». Entonces Hugenberg cedió; Hitler había ganado esta incierta partida.[140]

Hindenburg dio la bienvenida al nuevo gabinete y manifestó su «satisfacción por la finalmente alcanzada unidad de la derecha nacional». Papen leyó la lista de ministros. Tras la jura, Hitler tomó la palabra y pronunció un breve discurso, en el que solicitó la confianza del presidente de la Nación para él y su gabinete. Aseguró que conduciría al gobierno respetando la Constitución y la observancia de los derechos del presidente de la Nación y de los demás órganos constitucionales. Esperaba poder reunir consigo una mayoría operativa tras las nuevas elecciones parlamentarias y así cumplir un antiguo deseo de Hindenburg.[141] Alrededor del mediodía, la ceremonia había concluido. El presidente de la Nación terminó «muy conmovido», según llegó a saber Goebbels. «Mejor así. Ahora debemos ganárnoslo por completo».[142]

El triunfo de Hitler no fue de ningún modo un «accidente» de la historia alemana, como se afirmó durante mucho tiempo, pero tampoco fue el resultado inevitable o forzoso de la crisis estatal de Weimar. Incluso a fines de enero de 1933 existían todavía dos opciones para mantenerlo alejado del poder: Hindenburg podía o bien haber mantenido a Schleicher en funciones en su cargo si el Parlamento emitía contra él un voto de censura, o bien haberle ofrecido al canciller lo que ya había concedido en principio a Papen, es decir, disolver el Parlamento y posponer las nuevas elecciones más allá del plazo constitucional de sesenta días. Esta solución habría desembocado en una dictadura militar apenas disimulada, pero las probabilidades de ganar de ese modo un poco de tiempo hasta que la situación económica hubiera mejorado visiblemente no eran malas.

Que en tales circunstancias Hitler osara movilizar a la SA para dar un contragolpe y envolverla en un enfrentamiento con las Fuerzas Armadas parece algo muy dudoso. La postura de Hindenburg fue decisiva. Se había dejado convencer por Papen y otros consejeros de que un «gabinete de concentración nacional», en el que Hitler pudiera ser al mismo tiempo «rodeado» y «domesticado» gracias a la mayor presencia de ministros conservadores, constituía la menos arriesgada de las alternativas. No pasaría mucho tiempo hasta que se advirtiera que esta suposición había sido una peligrosa ilusión.

CAPÍTULO XI

Esperar en calma. Reacciones al 30 de enero de 1933

Gesto simulado de sumisión: Hitler se inclina ante Hindenburg en el «Día de Potsdam», el 21 de marzo de 1933.

¿Hay motivos para preocuparse? Al hamburgués Nikolaus Sieveking, empleado del Archivo de Economía Mundial, le parece que no: Hitler «tendrá que desarrollar una destreza diplomática sobrehumana si no quiere ser puesto contra la pared por los señores nacionalistas alemanes», anota el 30 de enero de 1933 en su diario. Y no duda de que al *Führer* del NSDAP le faltará esa capacidad. Lo único positivo de este día, dice, es «el hecho de que la comunidad política de impostores, que durante más de dos años ha convertido a Alemania en escenario y objeto de la peor inseguridad política, ahora está obligada a dar una demostración definitiva de su maliciosa ignorancia». El balance de Sieveking es el siguiente: «Alborotarse por el hecho de que Hitler es canciller me parece algo tan infantil que puede quedar reservado para sus fieles seguidores».[1]

Como Sieveking, muchos alemanes no perciben el 30 de enero de 1933, en un primer momento, como un dramático punto de inflexión. Hay muy poca gente que intuya lo que implica en realidad la designación de Hitler como canciller de la Nación. Una de los pocos que sí lo hacen es Dorothy von Moltke: «Así que ahora Hitler es canciller de la Nación —escribe ese mismo día—. La situación es muy grave porque prácticamente todos los miembros del nuevo gabinete están decididos a violar la Constitución. Son una cuadrilla aterradora. [...] Es muy triste. Y aquí estamos ahora, catorce años después de la revolución».[2] Gran parte de los contemporáneos, en cambio, reaccionan al acontecimiento con una sorprendente indiferencia. En el transcurso de 1932 se cambió dos veces de canciller de los gabinetes presidenciales: Heinrich Brüning fue sucedido a principios de junio por Franz von Papen, y este, a principios de diciembre, por Kurt von Schleicher. La gente casi se ha acostumbrado al ritmo de los cambios de gobierno. ¿Por qué la administración de Hitler habría de ser algo más que un mero episodio?

Hitler no había ocultado jamás, ni en *Mi lucha* ni en los numerosos discursos que dio antes de 1933, lo que pensaba hacer cuando tuviera el poder: eliminar por completo el «sistema» democrático de Weimar, «exterminar» el «marxismo» (con lo que se aludía a comunistas y a socialdemócratas por igual) y «expulsar» a los judíos de Alemania, por los medios que hicieran falta. En cuanto a la política exterior, tampoco disimuló que para él primero había que revisar de forma exhaustiva el Tratado de Versalles, pero que el objetivo a largo plazo apuntaba a la conquista de «espacio vital en el Este».

La camarilla que rodeaba al presidente Hindenburg, la que con su juego de intrigas había alzado a Hitler al poder, coincidía con él en el objetivo de impedir el retorno a la democracia parlamentaria, en el de romper las cadenas del Tratado de Versalles, en el de rearmar por completo al ejército y en el de devolver a Alemania su posición de primera potencia de Europa. En lo tocante a las demás declaraciones de intenciones de Hitler, sus aliados conservadores tendían a minimizarlas como meros gestos retóricos. Una vez en el cargo, pensaban, terminaría entrando en razón. Además, creían haberlo «rodeado» de manera tal que podrían refrenar sus ambiciones de poder y mantener bajo control la dinámica destructiva de su movimiento.

A un conocido que lo advirtió sobre las ansias de poder de Hitler, Papen, el principal artífice de la alianza del 30 de enero, le respondió: «Se equivoca usted, lo hemos contratado para nosotros».[3] Y a los reproches del terrateniente pomerano Ewald von Kleist-Schmenzin respondió el vicecanciller: «¿Qué pretende usted? Tengo la confianza de Hindenburg. En dos meses habremos acorralado a Hitler de tal modo que no podrá hacer más que quejarse».[4]

No se podía haber subestimado de una forma más imprudente la voluntad de poder de Hitler. Si bien los ocho ministros conservadores del «gabinete de concentración nacional» superaban con diferencia el número de ministros nacionalsocialistas, que eran tres, Hitler se había asegurado de que sus hombres ocuparan dos ministerios clave: el Ministerio del Interior de la Nación, a cargo de Frick, y el Ministerio del Interior de Prusia, a cargo de Göring. Este último obtuvo así el control de la policía en el estado más grande de Alemania, un importante requisito para instaurar la dictadura.

A Hugenberg, que había recibido los ministerios de Economía y Agricultura tanto de la Nación como de Prusia, se lo tenía por el hombre fuerte del gabinete. Que ya el 31 de enero reconociera ante Carl Goerdeler, alcalde de Leipzig, que había cometido «la mayor estupidez» de su vida al aliarse con el «mayor demagogo de la historia mundial» resulta poco creíble.[5] Porque el nuevo superministro, al igual que Papen y los restantes ministros conservadores, estaba convencido de que podría mantener a raya a Hitler y manejarlo de acuerdo a sus propias pretensiones.

Esta ilusión la compartía con algunos representantes de la gran industria. Fritz Klein, jefe de redacción del *Deutsche Allgemeine Zeitung*, un periódico cercano al sector de la industria pesada, se mostró, en un editorial, complacido por el hecho de que «la reconciliación entre Hindenburg y Hitler, entre el Stahlhelm y los nacionalsocialistas, entre todas las facciones del movimiento de derecha alemán [...] por fin se concretó». El nuevo gabinete podía contar con una «evaluación absolutamente objetiva y favorable» de parte de la gran industria. El nombramiento de Hitler, igualmente, había sido una «decisión arriesgada y audaz». Era probable que la colaboración con los nacionalsocialistas resultase «difícil y agotadora»; de todos modos, había sido necesario «dar el salto al vacío» porque el movimiento hitleriano se había convertido en el «factor de mayor peso, con gran diferencia, en la vida política» de Alemania. Ahora, el líder del NSDAP tendría que mostrar «si posee madera de estadista».[6] En las bolsas no se percibió intranquilidad; en un primer momento, se esperó a ver qué pasaba.[7]

No solo los apoyos conservadores de Hitler, sino también sus adversarios en el ámbito de los partidarios de la República se hacían ideas equivocadas sobre la verdadera distribución del poder. El 31 de enero, el conde Harry Kessler relató una conversación con Hugo Simon, que había sido un estrecho colaborador de Walther Rathenau, el ministro de Asuntos Exteriores asesinado en 1922: «Él ve a Hitler como un prisionero de Hugenberg y Papen». Kessler compartía claramente esta mirada, dado que unos pocos días después profetizó que el nuevo gobierno no tendría una larga vida, porque lo mantenían unido «solo las exhibiciones de fanfarronería de Papen y sus juegos de intrigas». «Hitler ya debe haber notado que cayó víctima de un engaño. Está atado de pies y manos en este gobierno y no puede avanzar ni retroceder. Ya en las elecciones se enzarzarán él y Hugenberg, y mucho más aún después, cuando llegue el momento de actuar».[8]

En su *Historia de un alemán*, escrita durante el exilio en Inglaterra, en 1939, el periodista Sebastian Haffner recordaba el «espanto glacial» que lo había invadido seis años antes, cuando le llegó la noticia, siendo pasante judicial en el Tribunal de Cámara de Berlín, del nombramiento de Hitler. Por un instante había sentido «casi físicamente el olor a sangre y suciedad alrededor de este hombre, Hitler». Sin embargo, esa misma noche había hablado con su padre, un pedagogo reformista liberal, de las perspectivas del nuevo gobierno, y enseguida habían coincidido en que seguramente provocaría alguna desgracia pero no se mantendría mucho tiempo. «Un gobierno ultrarreaccionario en su conjunto, con Hitler como portavoz. Dejando de lado este último agregado, se diferenciaba poco de los dos anteriores que habían sucedido a Brüning. [...] No, viendo el asunto en su conjunto, este gobierno no era motivo de preocupación».[9]

Al final no sería tan malo; ese era también el tono de los grandes periódicos liberales. Theodor Wolff, el jefe de redacción del *Berliner Tageblatt*, veía en el nuevo gabinete la realización de lo que la derecha reunida ya había previsto en su congreso de Bad Harzburg en octubre de 1931: «Se logró. Hitler es canciller de la Nación; Papen, vicecanciller; Hugenberg, dictador económico. Los puestos quedaron distribuidos como los señores del "Frente de Harzburg" deseaban»: así iniciaba su editorial del 31 de enero. El nuevo gobierno no dejaría nada sin intentar «a la hora de intimidar y hacer callar a sus adversarios». La prohibición del Partido Comunista formaba parte del programa y se podía dar por descontada una restricción de la libertad de prensa. Pero ni siquiera la fantasía de este periodista, por lo demás tan clarividente, alcanzó para idear una previsión siquiera medianamente atinada de las posibilidades de que se instaurase una dictadura totalitaria. Creyó que existía «un límite más allá del cual la violencia no avanza». En el pueblo alemán, que siempre había estado orgulloso de «la libertad de pensamiento y de expresión», se alzaría una «resistencia anímica y espiritual» que pondría coto a cualquier apetito dictatorial.[10]

En el *Frankfurter Zeitung*, el redactor a cargo de política interior, Benno Reifenberg, expresó sus dudas respecto de si Hitler estaba «humanamente cualificado» para el cargo de canciller de la Nación, pero no descartó que al asumir la responsabilidad pudiera cambiar y ganarse el respeto. «No tiramos la toalla, pero no podemos olvidar, mientras los hechos no nos hayan convencido».[11]

También se mostró preocupado Julius Elbau, jefe de redacción del *Vossische Zeitung*. «Hay tormenta en el horizonte —fue su primer comentario—. ¿Qué garantías hay de que el líder nacionalsocialista va a ejercer el poder que se le ha concedido solo dentro del marco de la Constitución y sobre la base del orden legal?». Al mismo tiempo, el periódico intentó tranquilizar a sus lectores: Hitler no había podido imponerse en su pretensión de ostentar el poder en exclusiva. «No es un gabinete de Hitler, sino un gobierno de Hitler, Papen y Hugenberg». A pesar de todas sus contradicciones internas, este triunvirato estaba de acuerdo en «romper por completo con lo anterior». Ante esta perspectiva, el periódico advertía: «Un experimento peligroso que solo se puede seguir con una profunda preocupación y la más estricta desconfianza».[12]

Similar fue el juicio de Carl von Ossietzky en *Die Weltbühne*: el nuevo gobierno era «el producto de mediaciones empeñosas, improvisaciones sorprendentes y juegos ocultos entre bastidores». Estaba «cargado a reventar de disarmonías sociales» y podía «desaparecer con tanta rapidez y vaguedad como el gabinete de Schleicher». Sin embargo, Ossietzky advirtió que no se partiera de la base de que el gobierno había de irse pronto a pique. Si conseguía «estabilizar la miseria alemana en un nivel apenas tolerable», tendría todas las posibilidades de «crear un sistema que permanezca una buena generación».[13]

También la izquierda estaba alarmada. «En el gabinete de Hitler, Papen y Hugenberg ha resurgido el Frente de Harzburg», decía un llamamiento de la junta directiva del SPD y de su facción parlamentaria del 30 de enero, en el que pedían a sus seguidores que no siguieran un «comportamiento indisciplinado». Había que dar «la lucha sobre la base de la Constitución». Cualquier intento del gobierno de violar la Constitución chocaría contra «la resistencia más extrema de la clase obrera y de todos los sectores populares de mentalidad liberal».[14] Al aferrarse de manera estricta a su programa de legalidad, la dirigencia del SPD pasaba por alto que la Constitución democrática de Weimar ya había sido minada en buena medida durante los anteriores gobiernos presidenciales y que Hitler no iba a vacilar a la hora de destruir los últimos restos.

Asimismo, el KPD erró el cálculo al convocar un «paro general contra la dictadura fascista de Hitler, Hugenberg y Papen». Dada la existencia de seis millones de desempleados, entre los trabajadores había poca disposición, como ya había ocurrido en julio de 1932 tras el «golpe de Prusia» de Papen, a declararse en huelga. El llamamiento a formar un frente de defensa común encontró, a su vez, poca recepción entre los socialdemócratas, que no podían olvidar tan pronto que los comunistas los habían difamado poco antes llamándolos «socialfascistas».[15]

Tampoco los sindicatos tuvieron ninguna intención de realizar acciones extraparlamentarias. «Organización, no manifestación: ¡esa es la consigna del momento! —proclamó el presidente de la Federación General de Sindicatos Alemanes, Theodor Leipart, el 31 de enero—. Los sindicatos han actuado durante décadas respetando este espíritu. Seguirán siendo fieles a este lema, mediante una actividad de difusión reforzada, también en el tiempo por venir». No había que dejarse llevar por «puntos de vista sentimentales», lo secundó Peter Graßmann, el vicepresidente. Que la clase trabajadora quisiera «defenderse de este gobierno socialmente reaccionario más que nada por medio una acción directa» era «comprensible desde el punto de vista humano, pero erróneo en términos objetivos»: «No cabe duda de que los sindicatos perjudicarían los intereses de la clase obrera alemana si cedieran ante estos impulsos».[16]

Para los representantes del movimiento obrero socialdemócrata, Hitler era un lacayo de las antiguas élites socialmente reaccionarias de los grandes terratenientes al este del Elba y de la industria pesada de Renania-Westfalia. A principios de febrero de 1933, el diputado del Parlamento nacional del SPD, Kurt Schumacher, en un discurso que dio en Augsburgo, calificó al líder del NSDAP como un mero «adorno»: «El gabinete lleva el nombre de Adolf Hitler, pero es el gabinete de Alfred Hugenberg. Adolf Hitler puede hablar, pero Alfred Hugenberg actuará».[17] No se podía subestimar de un modo más grotesco el peligro que emanaba de Hitler. La mayoría de los líderes socialdemócratas y sindicalistas se habían criado en el Imperio alemán; muchos habían sufrido incluso la persecución bajo Bismarck. En el peor de los casos podían imaginar una represión como la de la Ley de los Socialistas de aquel entonces, pero no que los nacionalsocialistas se tomarían en serio el desmantelamiento completo del movimiento obrero.

Que con Hitler hubiera llegado al poder un fanático antisemita debería haber alarmado seriamente a los judíos que vivían en Alemania. Sin embargo, este no fue para nada el caso. «Por lo demás, hoy en día es particularmente válida la consigna: ¡Esperar en calma!». Así concluía la declaración de la junta directiva del Centralverein deutscher Staatsbürger jüdischen Glaubens [«Comité Central de los Ciudadanos Alemanes de Creencia Judía»] del 30 de enero. «Los judíos alemanes miran hacia el futuro con seriedad y preocupación», explicó el director del Comité Central, Ludwig Holländer, en su editorial para el periódico de la asociación. No había que dejarse engañar sobre el peligro que representaba el hecho de que algunos hombres prominentes de un partido antijudío estuvieran en el gobierno, pero «Ni siquiera en estos tiempos los judíos alemanes perderán la calma que les da la conciencia de una conexión inquebrantable con todo lo verdaderamente alemán».[18] En el *Jüdische Rundschau* del 31 de enero, un editorial recordaba que la igualdad de derechos civiles de los judíos estaba consagrada en la Constitución, y que el presidente de la Nación, que había nombrado a Hitler, tenía una obligación en nombre de su «juramento por la Constitución, de su autoridad moral y de su reputación internacional». Existía el convencimiento, decía, «de que también en el pueblo alemán están despiertas aún las fuerzas que se opondrían a una política bárbara antijudía».[19] Al cabo de unas pocas semanas todas estas suposiciones se habrían disuelto en el aire.

Por último, se hicieron una falsa idea sobre la naturaleza del cambio de poder los diplomáticos extranjeros. El cónsul general estadounidense en Berlín, George S. Messersmith, si bien afirmó en su informe del 3 de febrero que era imposible hacer una predicción clara sobre el futuro del gobierno de Hitler, manifestó su suposición de que solo era una fase de transición hacia condiciones políticas más estables («only a phase in the development towards more stable political conditions»).[20] El embajador británico Horace Rumbold recomendó al Foreign Office adoptar una actitud expectante hacia el nuevo gobierno. También él veía a Hitler en un papel más débil y a Papen como el auténtico maquinador: «It may be said that the Hitler movement has been saved for the time being, largely owing to the instrumentality of Herr von Papen» [«Se puede decir que el movimiento de Hitler se ha salvado por el momento, en gran medida gracias a la mediación de herr Von Papen»]. No obstante, profetizó que pronto se desatarían conflictos entre los socios desiguales de la coalición, puesto que el objetivo de Papen y Hugenberg, es decir, la restauración monárquica, no era compatible con los planes de Hitler.[21]

El embajador francés, André François-Poncet, calificó el gabinete de Hitler, Papen y Hugenberg de «experimento peligroso» («une expérience hasardeuse»), pese a lo cual aconsejó a su gobierno que mantuviera la calma y esperara a ver cómo seguía evolucionando. Cuando conoció a Hitler, la noche del 8 de febrero en una recepción ofrecida por el presidente de la Nación al cuerpo diplomático, se sintió aliviado. El nuevo canciller de la Nación le pareció «débil y mediocre» («terne et médiocre»), una especie de edición en miniatura de Mussolini. Por eso, seguramente, los asesores del presidente de la Nación habían dicho también que sería más bien fácil controlarlo y dirigirlo.[22]

Al enviado suizo Paul Dinichet, la noticia del nombramiento de Hitler le llegó mientras almorzaba con «personalidades alemanas de alto nivel». «Sacudieron la cabeza. "¿Cuánto podrá durar?". "En fin, podría haber resultado incluso peor"»: así describió su reacción en el informe que envió a Berna el 2 de febrero. Dinichet también reconoció que Papen había sido el cerebro de la instalación del nuevo gabinete. Pero se equivocó, como la mayoría de los comentaristas, cuando describió el resultado en estos términos: «Hitler, el viejo aspirante a un gobierno en soledad y sin restricciones, con dos de sus discípulos, sujetado, clavado o apretado —como se quiera ilustrar— entre sus colegas Papen y Hugenberg».[23]

Rara vez un proyecto político se ha revelado con tanta rapidez como una quimera como la aspiración de los conservadores sobre la «domesticación» de los nacionalsocialistas. En lo tocante a la astucia táctica, Hitler estaba muy por encima de sus compañeros y oponentes en el gabinete. En poco tiempo los había acorralado, había desplazado a Papen de su posición privilegiada ante Hindenburg y había forzado a Hugenberg a dimitir. Apenas si hubo resistencia; al contrario, en casi todas las instituciones y grupos sociales se advirtió una gran disposición a llegar a un acuerdo con el nuevo régimen y a brindarle apoyo. «A todas las fuerzas opositoras se las tragó la tierra —observó Victor Klemperer ya en marzo de 1933—. Este colapso total de un poder que aún existía hace poco... No, su completa desaparición [...] me conmociona tanto».[24]

Cinco meses, nada más, precisó Hitler para consolidar su poder. Con el Decreto para la Protección del Pueblo y del Estado promulgado después del incendio del Parlamento del 28 de febrero de 1933, los derechos básicos más importantes —la libertad personal, la libertad de expresión, de prensa, de asociación y de reunión y el secreto postal y telefónico, así como la inviolabilidad de la vivienda y la propiedad— fueron suspendidos, y al mismo tiempo se crearon las condiciones necesarias para la unificación forzada de los estados que aún no estaban gobernados por los nacionalsocialistas. Con la Ley para solucionar los Peligros que acechan al Pueblo y al Estado —la ley Habilitante— del 23 de marzo, la Constitución nacional de Weimar quedó derogada de forma definitiva, pues el gobierno de Hitler se independizó del Parlamento y del derecho a emitir decretos de emergencia del presidente de la Nación. Con la Ley para la Restauración de la Función Pública del 7 de abril, quedó suprimida la igualdad jurídica de los judíos. Con la ocupación de las sedes sindicales el 2 de mayo comenzó el desmantelamiento de los sindicatos libres agrupados en la Federación General de Sindicatos Alemanes. Y con un decreto del 21 de junio dirigido a los gobiernos de los estados, el ministro del Interior, Frick, prohibió por fin el SPD (el KPD ya había sido prohibido *de facto* a fines de febrero de 1933). Los partidos burgueses se disolvieron por su cuenta o fueron forzados a disolverse. «Todo lo que existía en Alemania fuera del partido nacionalsocialista —concluyó François-Poncet a principios de julio de 1933— fue destruido, dispersado, disuelto, anexado o absorbido». Hitler había «ganado la partida con un esfuerzo mínimo»: «Solo tuvo que soplar y el edificio de la política alemana se desmoronó como un castillo de naipes».[25]

EPÍLOGO Y AGRADECIMIENTOS

En el semestre de invierno de 1962-1963 —mi segundo semestre en la Universidad de Hamburgo—, Fritz Fischer pronunció una conferencia en el Aula Magna sobre «La disolución de la República de Weimar». El historiador había causado furor con su libro *Griff nach der Weltmacht* [«Arrebatar el poder mundial»], publicado un año antes. En él rompía con todo lo que hasta entonces se había tenido por conocimientos establecidos por la investigación histórica sobre el estallido de la guerra en 1914. El Imperio alemán, según su tesis central, no había «ido a parar» a la guerra como todas las demás potencias, sino que la había provocado de forma deliberada para, mediante objetivos de guerra desmesurados, lograr dar el paso definitivo hacia la hegemonía en Europa y de ese modo alcanzar una posición de poder mundial inexpugnable. De inmediato, esta provocativa tesis hizo mundialmente famoso al erudito hamburgués. En la República Federal Alemana, en cambio, al principio provocó una especie de *shock*, ya que abría una vieja herida: el artículo 231 del Tratado de Versalles sobre la culpa de la guerra, contra el cual en su momento se había lanzado toda la derecha de Weimar, incluida la comunidad de historiadores. Así fue como comenzó la «controversia Fischer», la primera y más importante disputa entre historiadores en la historia de la República Federal Alemana.

El gran destructor de tabúes fue atrayendo a un número creciente de estudiantes. Yo tampoco desperdicié la oportunidad de asistir a su curso en el semestre de invierno de 1962-1963.

Fischer mencionaba una y otra vez el nombre de un politólogo e historiador de Bonn: Karl Dietrich Bracher. Este había publicado, a mediados de los años cincuenta, una extensa tesis de habilitación titulada *Die Auflösung der Weimarer Republik. Eine Studie zum Problem des Machtverfalls in der Demokratie* [«La desintegración de la República de Weimar. Un estudio sobre el problema del deterioro del poder en la democracia»]. Me compré el libro, que en 1960 había aparecido en una tercera edición corregida y aumentada, lo leí y quedé electrizado. Junto con *Griff nach der Weltmacht* de Fischer, el estudio innovador de Bracher fue el libro de historia que me influyó del modo más persistente durante mi carrera universitaria. Su perspicaz análisis de los tres gobiernos presidenciales sucesivos, de Brüning a Schleicher, pasando por Papen, no ha sido superado hasta hoy, por más que la investigación histórica de las décadas posteriores haya aportado alguna corrección en los detalles.

Con el presente libro vuelvo, pues, en cierto modo al periodo inicial de mis estudios de historia. Sigo sintiéndome deudor de Bracher, aunque no considere la historia de la primera democracia alemana exclusivamente desde la perspectiva de su «deterioro del poder» y me pregunte, en cambio, por las posibles acciones alternativas que quizá podían haber evitado el fracaso. También debo algunos puntos de vista fundamentales, sobre todo, a la gran historia de la República de Weimar de Heinrich August Winkler de 1993, que se encuentra entre lo mejor que la historiografía alemana ha producido después de Bracher.

Este libro se lo dedico también a la memoria de mi esposa, Gudrun, fallecida en abril de 2022, mi compañera durante cincuenta y siete años. La pregunta de cómo se pudo llegar a la ruptura de la civilización del periodo 1933-1945 en Alemania fue el tema central de nuestra vida en común. Mi esposa escribió su segundo examen estatal en 1969 a propósito del «Radicalismo de derecha en la República Federal Alemana». En aquel entonces, el Nationaldemokratische Partei Deutschlands [«Partido Nacionaldemócrata de Alemania»] (NPD) había estado a punto de entrar en el Parlamento Federal en las elecciones legislativas de septiembre de 1969, con un 4,3 por ciento de los votos; en algunos estados federados ya había logrado meterse en los parlamentos regionales, como ocurrió en Baden-Württemberg, con un 9,8 por ciento.

Hoy, Alternativa para Alemania (AfD), un partido entre conservador de derecha y de extrema derecha, cuenta con una facción de fuerza considerable en el Parlamento Federal y tiene buenas posibilidades de convertirse en el partido más poderoso en algunos estados federados. Y esto a pesar de que no existe una miseria generalizada como la que había en la etapa tardía de la República de Weimar y a pesar de que el partido no dispone de un líder carismático del estilo de Hitler. El hecho de que muchas ciudadanas y muchos ciudadanos se expresen, en grandes manifestaciones, contra la nueva amenaza de la derecha es, no obstante, una señal alentadora. A la primera democracia alemana le faltaba, al final, el respaldo de la sociedad civil.

Mi mayor agradecimiento es para nuestro hijo Sebastian, quien en octubre de 2023 asumió el cargo de jefe de redacción en C. H. Beck como sucesor de Detlef Felken. Él tuvo la idea de este libro y contribuyó de manera decisiva a su realización con sus estimulantes críticas. Agradezco a Peter Zolling su alentador apoyo y su lectura crítica.

Para la obtención de los materiales bibliográficos conté una vez más con la ayuda de Dorothee Mateika, de la Forschungsstelle für Zeitgeschichte [«Centro de Investigación en Historia Contemporánea»] en Hamburgo, y de Mirjam Zimmer y su equipo de documentación de *Die Zeit*. Klaus Wernecke puso a mi disposición la imprescindible edición en varios volúmenes de las *Akten der Reichskanzlei* [«Actas de la Cancillería de la Nación»] correspondientes a los años de la República de Weimar.

Como en libros anteriores, también para este he recurrido con asiduidad a personas de la época que registraron sus pensamientos en diarios, cartas y memorias. Una fuente en especial informativa, sobre todo acerca de los años de Weimar, son los diarios del conde Harry Kessler, que están disponibles desde hace algunos años en una edición excelente. Además, he consultado importantes periódicos y revistas, entre ellos el *Berliner Tageblatt*, el *Vossische Zeitung* y *Die Weltbühne*. La investigación sobre la República de Weimar sigue sin haber prestado aún atención suficiente a la gran prensa liberal de la capital. En cuanto a la calidad de los reportajes y la brillantez estilística de muchos de sus autores, posee un nivel que rara vez se encuentra en los medios actuales.

Para este libro he podido apoyarme en trabajos previos, entre ellos mi pequeña historia de la Revolución de 1918-1919 (2009), el primer tomo de mi biografía de Hitler (2013) y la obra *Deutschland 1923. Das Jahr am Abgrund* [«Alemania 1923. El año al borde del abismo»] (2022). Los capítulos II, IX y XI son versiones reelaboradas y muy ampliadas de artículos que escribí para la página de historia de *Die Zeit*.

Hamburgo, abril de 2024

VOLKER ULLRICH

NOTAS

INTRODUCCIÓN

1 Véase Sebastian Ullrich, *Stabilitätsanker oder Hysterisierungsagentur. Der Weimar-Komplex in der Geschichte der Bundesrepublik*, en Hanno Hochmuth, Martin Sabrow y Tilmann Siebeneichner, eds., *Weimars Wirkung. Das Nachleben der ersten deutschen Republik*, Gotinga, 2020, pp. 182-196; aquí, p. 192 y s. Véase, del mismo autor, más en detalle, *Der Weimar-Komplex. Das Scheitern der ersten deutschen Demokratie und die politische Kultur der Bundesrepublik*, Gotinga, 2009.

2 Véase Nadine Rossol y Benjamin Ziemann, eds., *Aufbruch und Abgründe. Das Handbuch der Weimarer Republik*, Darmstadt, 2021; Sabine Becker, *Experiment Weimar. Eine Kulturgeschichte Deutschlands 1918-1933*, Darmstadt, 2018; Anthony McElligott, *Rethinking the Weimar Republic. Authority und Authoritarianism 1916-1936*, Londres, 2014.

3 Hagen Schulze, *Vom Scheitern einer Republik*, en Karl Dietrich Bracher, Manfred Funke y Hans-Adolf Jacobsen, eds., *Die Weimarer Republik 1918-1933. Politik, Wirtschaft, Gesellschaft*, Düsseldorf, 1987, pp. 617-625; aquí, p. 617.

4 Véase Frank Werner, «Wir müssen über Weimar reden», *Die Zeit*, n.º 45, del 3 de noviembre de 2022.

CAPÍTULO I. EL ENCANTO DE LOS INICIOS. LA REVOLUCIÓN DE 1918-1919

1 Harry Graf Kessler, *Das Tagebuch*, vol. 6 («1916-1918»), Günter Riederer, ed., con la colaboración de Christoph Hilse, Stuttgart, 2006, p. 613 (del 3 de noviembre de 1918).

2 Theodor Wolff, *Tagebücher 1914-1919. Teil II*, Bernd Sösemann, intr. y ed., Boppard am Rhein, 1984, p. 647 (del 9 de noviembre de 1918).

3 Príncipe Maximiliano de Baden, *Erinnerungen und Dokumente*, Berlín y Leipzig, 1927, p. 638.

4 Véase Manfred Jessen-Klingenberg, «Die Ausrufung der Republik durch Philipp Scheidemann am 9. November 1918», en *Geschichte in Wissenschaft und Unterricht*, año 19 (1968), pp. 649-656.

5 Gerhard Ritter y Susanne Miller, eds., *Die deutsche Revolution 1918-1919. Dokumente*, Hamburgo, 1975, p. 78 y s. Véase Helmut Trotnow, *Karl Liebknecht. Eine politische Biographie*, Colonia, 1980, p. 256.

6 Gustav Mayer, *Als deutsch-jüdischer Historiker in Krieg und Revolution 1914-1920. Tagebücher, Aufzeichnungen, Briefe*, Gottfried Niedhardt, ed. e intr., Múnich, 2009, p. 184 (del 9 de noviembre de 1918).

7 *Deutsche Zeitung*, n.º 574, del 10 de noviembre de 1918: «Berlin am Nachmittag des Umschwungs».

8 *Berliner Tageblatt*, n.º 576, del 10 de noviembre de 1918. También reproducido en Bernd Sösemann, ed., *Theodor Wolff. Der Journalist. Berichte und Leitartikel*, Düsseldorf *et al.*, 1993, pp. 127-130 (cita: p. 127).

9 Harry Graf Kessler, *Das Tagebuch*, vol. 6, *op. cit.*, p. 628 (del 10 de noviembre de 1918). Véase *Berliner Morgenpost*, n.º 312, del 10 de noviembre de 1918: «Igual que un torbellino, los acontecimientos rugen pasando por encima de nosotros. Muchas cosas que ayer aún se alzaban en orgullosas alturas, hoy yacen derrumbadas».

10 Volker Ullrich, *Kriegsalltag. Hamburg im Ersten Weltkrieg*, Colonia, 1982, p. 65.

11 *Ibid.*, p. 87.

12 *Ibid.*, p. 132. Véase Volker Ullrich, «Der Januarstreik 1918 in Hamburg, Kiel und Bremen. Eine vergleichende Studie zur Geschichte der Streikbewegungen im Ersten Weltkrieg», en *Zeitschrift des Vereins für Hamburgische Geschichte*, año 71 (1985), pp. 45-74.

13 Bernd Ulrich y Benjamin Ziemann, eds., *Frontalltag im Ersten Weltkrieg. Wahn und Wirklichkeit. Quellen und Dokumente*, Frankfurt, 1994, p. 164.

14 *Ibid.*, p. 129.

15 *Ibid.*, p. 202.

16 Véase Volker Ullrich, *Die nervöse Großmacht 1871-1918. Aufstieg und Untergang des deutschen Kaiserreichs. Erweiterte Neuausgabe*, Frankfurt, 2013, p. 566.

17 Citado en Gerhard Ritter, *Staatskunst und Kriegshandwerk. Das Problem des «Militarismus» in Deutschland*, vol. 4 («Die Herrschaft des deutschen Militarismus und die Katastrophe von 1918»), Múnich, 1968, p. 458.

18 Annelise Thimme, ed., *Friedrich Thimme 1868-1938. Ein politischer Historiker, Publizist und Schriftsteller in seinen Briefen*, Boppard am Rhein, 1994, p. 177.

19 Véase Wilhelm Deist, «Die Politik der Seekriegsleitung und die Rebellion der Flotte Ende 1918», *Vierteljahrshefte für Zeitgeschichte*, año 14 (1968), pp. 341-368.

20 Harry Graf Kessler, *Das Tagebuch*, vol. 6, *op. cit.*, p. 619 (del 7 de noviembre de 1918).

21 Príncipe Maximiliano de Baden, *Erinnerungen und Dokumente*, *op. cit.*, p. 600.

22 Sigurd von Ilsemann, *Der Kaiser in Holland. Aufzeichnungen des letzten Flügeladjutanten Kaiser Wilhelms II. aus Amerongen und Doorn 1918-1923*, Múnich, 1967, p. 35 (del 8 de noviembre de 1918). Véase John C. G. Röhl, *Wilhelm II. Der Weg in den Abgrund 1900-1941*, Múnich, 2008, p. 1243 y s.

23 Véase Eduard Bernstein, *Die deutsche Revolution von 1918/19. Geschichte und Entstehung der ersten Arbeitsperiode der deutschen Republik*, Heinrich August Winkler, ed. e intr., notas de Teresa Löwe, Bonn, 1998, p. 63.

24 *Die Regierung der Volksbeauftragten 1918/19*, primera parte, Erich Matthias, ed., reelaborada por Susanne Miller con la colaboración de Heinrich Potthoff, Düsseldorf, 1969, n.º 3, p. 20 y s.

25 Véase *Die Regierung der Volksbeauftragten 1918/19*, *op. cit.*, primera parte, pp. XXXI-XLVIII (Introducción).

26 *Groß-Berliner Arbeiter- und Soldatenräte in der Revolution 1918/19. Dokumente des Vollzugsrates vom Ausbruch der Revolution bis zum 1. Reichsrätekongress*, Gerhard Engel, Bärbel Holtz e Ingo Materna, eds., Berlín, 1993, documento 12, p. 18.

27 Véase Heinrich August Winkler, *Von der Revolution zur Stabilisierung. Arbeiter und Arbeiterbewegung in der Weimarer Republik, 1918-1924*, Berlín y Bonn, 1984, p. 56 y s.

28 Véase Susanne Miller, *Die Bürde der Macht. Die deutsche Sozialdemokratie 1918-1920*, Düsseldorf, 1978, p. 99.

29 «Das Programm des Rats der Volksbeauftragten», *Die Regierung der Volksbeauftragten 1918/19*, *op. cit.*, primera parte, n.º 9, del 12 de noviembre de 1918, p. 37 y s.

30 Citado en Joachim Käppner, *1918. Aufstand für die Freiheit. Die Revolution der Besonnenen*, Múnich, 2017, p. 237 y s.

31 *Berliner Volkszeitung*, n.º 534, del 10 de noviembre de 1918: «Nach dem Neunten».

32 Ernst Troeltsch, *Die Fehlgeburt einer Republik. Spektator in Berlin 1918 bis 1922*, ed. y epílogo de Johann Hinrich Claussen, Frankfurt, 1994, p. 9.

33 Thomas Mann, *Tagebücher 1918-1921*, Peter de Mendelssohn, ed., Frankfurt, 1979, p. 67 (del 10 de noviembre de 1918).

34 Harry Graf Kessler, *Das Tagebuch*, vol. 6, *op. cit.*, p. 632 (del 12 de noviembre de 1918).

35 Dorothy von Moltke, *Ein Leben in Deutschland. Briefe aus Kreisau und Berlin 1907-1934*, Beate Ruhm von Oppen, intr., trad. y ed., Múnich, 1999, p. 57 (del 19 de noviembre de 1918).

36 Karl Hampe, *Kriegstagebuch 1914-1919*, Folker Reichert y Eike Wolgast, eds., Múnich, 2004, pp. 780 (del 14 de noviembre de 1918) y 775 (del 10 de noviembre de 1918). A propósito de este asunto, véase Hans-Joachim Bieber, *Bürgertum in der Revolution. Bürgerräte und Bürgerstreiks in Deutschland 1918-1920*, Hamburgo, 1992.

37 *Die Regierung der Volksbeauftragten*, *op. cit.*, primera parte, n.º 30, p. 153.

38 Citado en Susanne Miller, *Die Bürde der Macht*, *op. cit.*, p. 107.

39 *Groß-Berliner Arbeiter- und Soldatenräte in der Revolution 1918/19*, *op. cit.*, documento 61, p. 154.

40 Rosa Luxemburgo, «Der Anfang», en *Die Rote Fahne* del 18 de noviembre de 1918; «Die Nationalversammlung», en *Die Rote Fahne* del 20 de noviembre de 1918; *Gesammelte Werke,* vol. 4 («August 1914 bis Januar 1919»), Berlín, 1974, pp. 397-400, 407-410. Véase Ernst Piper, *Rosa Luxemburg. Ein Leben*, Múnich, 2018, pp. 626-629.

41 Gustav Mayer, *Als deutsch-jüdischer Historiker in Krieg und Revolution*, *op. cit.*, p. 188 (del 14 de noviembre de 1918).

42 Véase Mark Jones, *Am Anfang war Gewalt. Die deutsche Revolution 1918/19 und der Beginn der Weimarer Republik*, Berlín, 2017, pp. 85-94.

43 Theodor Wolff, *Tagebücher 1914-1919*, *op. cit.*, parte II, p. 652 (del 12 de noviembre de 1918).

44 Gustav Mayer, *Als deutsch-jüdischer Historiker in Krieg und Revolution*, *op. cit.*, p. 186 (del 11 de noviembre de 1918) y p. 193 (del 22 de noviembre de 1918).

45 Facsímil en Lindau y Thomas Frölich, eds., *Illustrierte Geschichte der deutschen Revolution*, Berlín, 1929, p. 241.

46 *Aus den Geburtsstunden der Weimarer Republik. Das Tagebuch des Obersten Ernst van den Bergh*, Wolfram Wette, ed., Düsseldorf, 1991, p. 61 (del 19 de diciembre de 1918). Para el concepto de «reflejo anti-caos», que se remonta al politólogo Richard Löwenthal, véase Heinrich August Winkler, *Weimar 1918-1933. Die Geschichte der ersten deutschen Demokratie*, Múnich, 1993, p. 14.

47 Wilhelm Groener, *Lebenserinnerungen. Jugend, Generalstab, Weltkrieg*, Gotinga, 1957, p. 467 y s.

48 Gerhard Ritter y Susanne Miller, eds., *Die deutsche Revolution*, *op. cit.*, p. 101 y s. Véase Ulrich Kluge, *Soldatenräte und Revolution. Studien zur Militärpolitik in Deutschland 1917/18*, Gotinga, 1975, p. 140 y s.; Heinrich August Winkler, *Von der Revolution zur Stabilisierung*, *op. cit.*, p. 71.

49 *Die Regierung der Volksbeauftragten*, *op. cit.*, primera parte, n.º 18, p. 111.

50 Harry Graf Kessler, *Das Tagebuch*, vol. 6, *op. cit.*, p. 694 (del 17 de diciembre de 1918).

51 Gerhart Hauptmann, *Diarium 1917-1933*, Martin Machatzke, ed., Frankfurt, Berlín y Viena, 1980, p. 29 y s. (del 12 de diciembre de 1918).

52 Gustav Mayer, *Als deutsch-jüdischer Historiker in Krieg und Revolution*, *op. cit.*, p. 185 (del 11 de noviembre de 1918).

53 Véase *Die Regierung der Volksbeauftragten*, *op. cit.*, primera parte, pp. LXI-LXXII (Introducción).

54 *Ibid.*, n.º 30, p. 180 y s. Véase Heinrich August Winkler, *Von der Revolution zur Stabilisierung*, *op. cit.*, pp. 72-75; Joachim Käppner, *1918*, *op. cit.*, p. 246 y ss.

55 Gerhard Ritter y Susanne Miller, eds., *Die deutsche Revolution*, *op. cit.*, p. 226 y s.

56 Heinrich August Winkler, *Von der Revolution zur Stabilisierung*, *op. cit.*, pp. 84-89; Jens Flemming, *Landwirtschaftliche Interessen und Demokratie. Ländliche Gesellschaft, Agrarverbände und Staat 1890-1925*, Bonn, 1978, pp. 252-258.

57 *Die Regierung der Volksbeauftragten 1918/19*, *op. cit.*, primera parte, n.º 16, p. 104. Para la cuestión de la socialización, véase Heinrich August Winkler, *Von der Revolution zur Stabilisierung*, *op. cit.*, pp. 81-84.

58 Citado en Hans-Joachim Bieber, *Gewerkschaften in Krieg und Revolution. Arbeiterbewegung, Industrie, Staat und Militär in Deutschland 1914-1920*, parte II, Hamburgo, 1981, p. 614. Para el Acuerdo Stinnes-Legien, véase allí mismo, p. 595 y ss.; Heinrich August Winkler, *Von der Revolution zur Stabilisierung*, *op. cit.*, p. 45 y s.

59 *Groß-Berliner Arbeiter- und Soldatenräte in der Revolution 1918/19*, *op. cit.*, documento 53, p. 105 y s.

60 *Allgemeiner Kongreß der Arbeiter- und Soldatenräte Deutschlands. Vom 16. bis 21. Dezember 1918 im Abgeordnetenhause zu Berlin. Stenographische Berichte*, Berlín, 1919, p. 6.

61 *Ibid.*, p. 141 y s.

62 *Ibid.*, p. 114.
63 *Ibid.*, pp. 144-151. Véase Joachim Käppner, *1918*, *op. cit.*, pp. 311-314.
64 *Allgemeiner Kongreß der Arbeiter- und Soldatenräte Deutschlands*, *op. cit.*, p. 172.
65 *Ibid.*, pp. 64-72 y 90-96. Texto de los «Puntos de Hamburgo» en Gerhard Ritter y Susanne Miller, eds., *Die deutsche Revolution*, *op. cit.*, p. 155 y s. Sobre las decisiones de política militar del Congreso de Consejos véase Ulrich Kluge, *Soldatenräte und Revolution*, *op. cit.*, pp. 250-260.
66 *Die Regierung der Volksbeauftragten 1918/19*, *op. cit.*, segunda parte, n.º 62, pp. 3-15 (citas: p. 4 y s. y 13 y s.). Véase Heinrich August Winkler, *Von der Revolution zur Stabilisierung*, *op. cit.*, p. 106 y s.
67 Harry Graf Kessler, *Das Tagebuch*, vol. 6, *op. cit.*, p. 704 (del 23 de diciembre de 1918).
68 Arthur Rosenberg, *Geschichte der Weimarer Republik*, Kurt Kersten, ed., Frankfurt, 1961, p. 46. Para los enfrentamientos de Navidad, véase Heinrich August Winkler, *Von der Revolution zur Stabilisierung*, *op. cit.*, p. 109 y s.; Joachim Käppner, *1918*, *op. cit.*, pp. 326-351.
69 Harry Graf Kessler, *Das Tagebuch*, vol. 6, *op. cit.*, p. 713 (del 29 de noviembre de 1918).
70 *Die Regierung der Volksbeauftragten 1918/19*, *op. cit.*, segunda parte, n.º 77, pp. 73-107 (citas: pp. 95 y 101).
71 *Ibid.*, n.º 85, p. 145.
72 *Ibid.*, n.º 82, p. 142. Para el rol de Noske en Kiel, véase Wolfram Wette, *Gustav Noske. Eine politische Biographie*, Düsseldorf, 1987, p. 198 y ss.
73 *Berliner Tageblatt*, n.º 1 del 1 de enero de 1919; citado en Ruth Glatzer, *Berlin zur Weimarer Zeit. Panorama einer Metropole 1919-1933*, Berlín, 2000, p. 21 y s.
74 Karl Hampe, *Kriegstagebuch 1914-1919*, *op. cit.*, pp. 810 y 811 (del 31 de diciembre de 1918 y el 1 de enero de 1919).
75 Harry Graf Kessler, *Das Tagebuch*, vol. 6, *op. cit.*, p. 715 (del 31 de enero de 1918).

76 Victor Klemperer, *Leben sammeln, nicht fragen wozu und warum. Tagebücher 1918-1924*, Walter Nowojski, ed., con la colaboración de Christian Löser, Berlín, 1996, p. 42 (del 31 de diciembre de 1918).

77 Gustav Mayer, *Als deutsch-jüdischer Historiker in Krieg und Revolution*, *op. cit.*, p. 207.

78 Hedwig Pringsheim, *Tagebücher*, vol. 6 («1917-1922»), Cristina Herbst, ed. y comentario, Gotinga, 2017, p. 247 (del 31 de diciembre de 1918).

79 Véase, sobre los radicales de izquierda de Hamburgo y Bremen, Volker Ullrich, *Die Hamburger Arbeiterbewegung vom Vorabend des Ersten Weltkriegs bis zur Revolution 1918/19*, Hamburgo, 1976, vol. 1, pp. 404-437, 550-566, 604-610.

80 *Der Gründungsparteitag der KPD. Protokoll und Materialien*, Hermann Weber, ed. e intr., Frankfurt, 1969, pp. 99 y 101.

81 *Ibid.*, p. 108.

82 Rosa Luxemburgo a Clara Zetkin, 11 de enero de 1919; Rosa Luxemburgo, *Gesammelte Briefe*, vol. 5, 2.ª ed., Berlín, 1987, p. 426. Véase Annelies Laschitza, *Im Lebensrausch, trotz alledem. Rosa Luxemburg. Eine Biographie*, Berlín, 1996, p. 615 y s.

83 *Der Gründungsparteitag der KPD*, *op. cit.*, p. 126.

84 Véase, para lo que sigue, Heinrich August Winkler, *Von der Revolution zur Stabilisierung*, *op. cit.*, p. 120 y ss.; Mark Jones, *Am Anfang war Gewalt*, *op. cit.*, p. 152 y ss.; Joachim Käppner, *1918*, *op. cit.*, p. 386 y ss.

85 *Die Rote Fahne*, n.º 6, del 6 de enero de 1919. Véase Mark Jones, *Am Anfang war Gewalt*, *op. cit.*, p. 154 y s.

86 Véase Ottokar Luban, «Demokratische Sozialistin oder "blutige Rosa"? Rosa Luxemburg und die KPD-Führung im Berliner Januaraufstand 1919», en *Internationale Wissenschaftliche Korrespondenz zur Geschichte der deutschen Arbeiterbewegung*, año 36 (1999), pp. 176-207; Ernst Piper, *Rosa Luxemburg*, *op. cit.*, p. 659.

87 Citado en Wolfram Wette, *Gustav Noske. Eine politische Biographie*, *op. cit.*, p. 300. Véase *ibid.*, p. 297 y ss. también para lo que sigue.

88 *Die Regierung der Volksbeauftragten 1918/19*, *op. cit.*, segunda parte, n.º 96, p. 198.

89 Véase Mark Jones, *Am Anfang war Gewalt*, *op. cit.*, pp. 193-200.

90 Harry Graf Kessler, *Das Tagebuch*, vol. 7 («1919-1923»), Angela Rheinthal, ed., con la colaboración de Janna Brechmacher y Christoph Hilse, Stuttgart, 2007, p. 90 (del 12 de enero de 1919).

91 Rosa Luxemburgo, *Gesammelte Werke*, vol. 4, *op. cit.*, pp. 533-538 (cita: p. 538). Véase Ernst Piper, *Rosa Luxemburg*, *op. cit.*, p. 675.

92 Véase Klaus Gietinger, *Eine Leiche schwimmt im Landwehrkanal. Die Ermordung Rosa Luxemburgs*, Hamburgo, 2008, p. 104 y s. Sobre el arresto y el asesinato de Luxemburgo y Liebknecht, véase *ibid.*, p. 18 y ss.; Mark Jones, *Am Anfang war Gewalt*, *op. cit.*, pp. 217-220; Joachim Käppner, *1918*, *op. cit.*, pp. 411-415.

93 Véase Mark Jones, *Am Anfang war Gewalt*, *op. cit.*, p. 221 y s.

94 Hermann Müller, *Die November-Revolution. Erinnerungen*, Berlín, 1928, p. 272. Véase Walter Mühlhausen, *Friedrich Ebert 1871-1925. Reichspräsident der Weimarer Republik*, Bonn, 2006, p. 148.

95 *Die Regierung der Volksbeauftragten 1918/19*, *op. cit.*, parte 2, n.º 109, p. 281.

96 Véase Klaus Gietinger, *Eine Leiche schwimmt im Landwehrkanal*, *op. cit.*, p. 38 y ss.; Mark Jones, *Am Anfang war Gewalt*, *op. cit.*, pp. 227-229.

97 Käthe Kollwitz, *Die Tagebücher 1908-1945*, Jutta Bohnke-Kollwitz, ed. y epílogo, Múnich, 2007, p. 402 (del 25 de enero de 1919).

98 *Die Freiheit*, n.º 601, del 11 de diciembre de 1919. Véase Susanne Miller, *Die Bürde der Macht*, *op. cit.*, p. 235.

99 Harry Graf Kessler, *Das Tagebuch*, vol. 7, *op. cit.*, p. 105 (del 19 de enero de 1919).

100 Véase Thomas Mergel, «Wahlen, Wahlkämpfe und Demokratie», en Nadine Rossol y Benjamin Ziemann, eds., *Aufbruch und Abgründe. Das Handbuch der Weimarer Republik*, Darmstadt, 2021, pp. 198-222 (aquí, p. 200 y s.).

101 Véase el análisis exhaustivo de las elecciones en Heinrich August Winkler, *Von der Revolution zur Stabilisierung*, *op. cit.*, pp. 135-144.

102 *Die Regierung der Volksbeauftragten 1918/19*, *op. cit.*, segunda parte, n.º 103a, p. 225. Véase Heiko Holste, *Warum Weimar. Wie*

Deutschlands erste Republik zu ihrem ersten Geburtsort kam, Viena, 2017.

103 Extractos del discurso de Ebert del 6 de febrero de 1919, en Peter Longerich, ed., *Die Erste Republik. Dokumente zur Geschichte des Weimarer Staates*, Múnich y Zúrich, 1992, pp. 99-103 (cita: p. 102).

104 *Berliner Tageblatt*, n.º 56, del 7 de febrero de 1919. Véase Walter Mühlhausen, *Friedrich Ebert*, *op. cit.*, p. 166.

105 Harry Graf Kessler, *Das Tagebuch*, vol. 7, *op. cit.*, p. 124 (del 6 de febrero de 1919).

106 Véase, sobre la formación de la Coalición de Weimar y la elección de Ebert, Walter Mühlhausen, *Friedrich Ebert*, *op. cit.*, pp. 171-185.

107 Wolfram Wette, ed., *Aus den Geburtsstunden der Weimarer Republik*, *op. cit.*, p. 88 (del 13 de febrero de 1919).

108 Véase Wolfram Wette, *Gustav Noske*, *op. cit.*, pp. 399-401.

109 Mark Jones, *Am Anfang war Gewalt*, *op. cit.*, p. 238. Véase, sobre los enfrentamientos de marzo en Berlín, *ibid.*, p. 238 y ss.; Wolfram Wette, *Gustav Noske*, *op. cit.*, p. 410 y ss.

110 *Vorwärts*, n.º 126, del 10 de marzo de 1919. Véase Wolfram Wette, *Gustav Noske*, *op. cit.*, p. 420; Mark Jones, *Am Anfang war Gewalt*, *op. cit.*, p. 255.

111 Citado en Wolfram Wette, *Gustav Noske*, *op. cit.*, p. 421. Véase Mark Jones, *Am Anfang war Gewalt*, *op. cit.*, p. 254.

112 Véase Mark Jones, *Am Anfang war Gewalt*, *op. cit.*, pp. 261-265.

113 Véase Ernst Piper, *Rosa Luxemburg*, *op. cit.*, p. 679 y s.

114 Harry Graf Kessler, *Das Tagebuch*, vol. 7, *op. cit.*, p. 194 y s. (del 19 de marzo de 1919).

115 Véase Bernhard Grau, *Kurt Eisner 1867-1919. Eine Biographie*, Múnich, 2001, p. 388 y ss.

116 Véase Mark Jones, *Am Anfang war Gewalt*, *op. cit.*, p. 293 y ss.

117 Victor Klemperer, *Man möchte immer weinen und lachen in einem. Revolutionstagebuch 1919*, Berlín, 2015, p. 162 y s. (del 2 de mayo de 1919).

118 Erich Mühsam, *Tagebücher (1910-1924)*, Chris Hirte, ed. y epílogo, Múnich, 1994, p. 191 (del 7 de mayo de 1919).

119 Ernst Troeltsch, *Die Fehlgeburt einer Republik*, *op. cit.*, p. 61 y s. (del 26 de junio de 1919).

120 Gerhard Ritter a sus padres, 18 de mayo de 1919; citado en Christoph Cornelißen, *Gerhard Ritter. Geschichtswissenschaft und Politik im 20. Jahrhundert*, Düsseldorf, 2001, p. 94.

121 T(heodor) W(olff), «Nein!», *Berliner Tageblatt*, n.º 206, del 8 de mayo de 1919. Véase, para lo que sigue, Jörn Leonhard, *Der überforderte Frieden. Versailles und die Welt 1918-1923*, Múnich, 2018, p. 971 y ss.

122 Véase Eberhard Kolb, *Der Frieden von Versailles*, Múnich, 2005, pp. 58-69; Heinrich August Winkler, *Weimar*, *op. cit.*, p. 90 y s.

123 Véase Heinrich August Winkler, *Weimar*, *op. cit.*, pp. 87-89.

124 Véase *ibid.*, p. 91 y s.; Wolfram Wette, *Gustav Noske*, *op. cit.*, p. 463 y s.

125 Citado en Walter Mühlhausen, *Friedrich Ebert*, *op. cit.*, p. 258.

126 Véase Wolfram Wette, *Gustav Noske*, *op. cit.*, p. 466 y s.

127 Véase, para la «guerra de notas», Jörn Leonhard, *Der überforderte Frieden*, *op. cit.*, pp. 993-1008; Eckart Conze, *Die große Illusion. Versailles 1919 und die Neuordnung der Welt*, Múnich, 2018, pp. 359-362.

128 Harry Graf Kessler, *Das Tagebuch*, vol. 7, *op. cit.*, p. 245 (del 17 de junio de 1919).

129 Véase Heinrich August Winkler, *Weimar*, *op. cit.*, pp. 92-94; Eberhard Kolb, *Der Frieden von Versailles*, *op. cit.*, pp. 80-82.

130 Véase Heinrich August Winkler, *Weimar*, *op. cit.*, p. 94 y s.; Eberhard Kolb, *Der Frieden von Versailles*, *op. cit.*, pp. 82-85. Para la ceremonia en Versalles del 28 de junio de 1919, véase Jörn Leonhard, *Der überforderte Frieden*, *op. cit.*, pp. 1024-1031; Eckart Conze, *Die große Illusion*, *op. cit.*, pp. 372-377.

131 *Berliner Tageblatt*, n.º 289, del 28 de junio de 1919. También reproducido en Bernd Sösemann, ed., *Theodor Wolff. Der Journalist. Berichte und Leitartikel*, *op. cit.*, pp. 139-142 (cita: p. 141).

132 Hedwig Pringsheim, *Tagebücher*, vol. 6, *op. cit.*, p. 298 (del 30 de junio de 1919).

133 Véase Heinrich August Winkler, *Weimar*, *op. cit.*, p. 99; Heiko Bollmeyer, *Der steinige Weg zur Demokratie. Die Weimarer Natio-*

nalversammlung zwischen Kaiserreich und Republik, Frankfurt y Nueva York, 2007, p. 219 y s.

134 Véase Heiko Bollmeyer, *Der steinige Weg zur Demokratie*, *op. cit.*, pp. 221-228.

135 *Die Regierung der Volksbeauftragten 1918/19*, *op. cit.*, segunda parte, n.º 104 y 105, pp. 237-266.

136 Véase Heiko Bollmeyer, *Der steinige Weg zur Demokratie*, *op. cit.*, p. 318.

137 Véase Heinrich August Winkler, *Weimar*, *op. cit.*, p. 99 y s.

138 Citado en *ibid.*, p. 101. Véase, para las disputas por el cargo de presidente de la nación, también Heiko Bollmeyer, *Der steinige Weg zur Demokratie*, *op. cit.*, pp. 340-344.

139 Oliver F. R. Haardt y Christopher Clark, «Die Weimarer Reichsverfassung als Moment der Geschichte», en Horst Dreier y Christian Waldhoff, eds., *Das Wagnis der Demokratie. Eine Anatomie der Weimarer Reichsverfassung*, Múnich, 2018, pp. 9-44 (cita: p. 29).

140 Véase Michael Stolleis, «Die soziale Problematik der Weimarer Reichsverfassung», en Horst Dreier y Christian Waldhoff, eds., *op. cit.*, pp. 195-218.

141 Véase Heinrich August Winkler, *Weimar*, *op. cit.*, p. 103 y s. Citado en Nadine Rossol, «Republikanische Gruppen, Ideen und Identitäten», en Nadine Rossol y Benjamin Ziemann, eds., *Aufbruch und Abgründe*, *op. cit.*, p. 326.

142 Citado en Heiko Bollmeyer, *Der steinige Weg zur Demokratie*, *op. cit.*, p. 363 y s.

143 Harry Graf Kessler, *Das Tagebuch*, vol. 7, *op. cit.*, p. 265 (del 21 de agosto de 1919). Véase Walter Mühlhausen, *Friedrich Ebert*, *op. cit.*, p. 203 y s.

144 Citado en Oliver F. R. Haardt y Christopher Clark, «Die Weimarer Reichsverfassung…», en Horst Dreier y Christian Waldhoff, eds., *op. cit.*, p. 29.

145 Wilhelm Dittmann, *Erinnerungen*, Jürgen Rojahn, ed. e intr., Frankfurt y Nueva York, 1995, vol. 2, p. 631.

146 Heinrich August Winkler, *Die Deutschen und die Revolution. Eine Geschichte von 1848 bis 1989*, Múnich, 2023, p. 67.

147 Alexander Gallus, «Die umkämpfte Revolution», en *ZEIT-Geschichte*, fascículo 6 (2018), pp. 14-20 (aquí, p. 15).

148 *Berliner Tageblatt*, n.º 534, del 10 de noviembre de 1919. Parcialmente reproducido en Bernd Sösemann, ed., *Theodor Wolff. Der Journalist. Berichte und Leitartikel*, *op. cit.*, pp. 247-249.

CAPÍTULO II. LA MARCHA SOBRE BERLÍN. EL GOLPE DE KAPP-LÜTTWITZ

1 Véase, para el desarrollo de la reunión, Johannes Erger, *Der Kapp-Lüttwitz-Putsch. Ein Beitrag zur deutschen Innenpolitik 1919/20*, Düsseldorf, 1967, pp. 141-146 (citas: p. 143 y 146); Wolfram Wette, *Gustav Noske*, *op. cit.*, pp. 637-639; Heinrich August Winkler, *Weimar*, *op. cit.*, p. 121 y s.

2 Véase, para el desarrollo de la reunión de gabinete, el informe de Reinhardt del 15 de marzo de 1920; *Akten der Reichskanzlei. Das Kabinett Bauer 21. Juni 1919 bis 27. März 1920*, Anton Golecki, ed., Boppard am Rhein, 1980, n.º 188, pp. 672-676; apuntes de Koch-Weser (del 13 de marzo de 1920), en Erwin Könnemann y Gerhard Schulze, eds., *Der Kapp-Lüttwitz-Ludendorff-Putsch*, Múnich, 2002, n.º 91, p. 137 y s.; Johannes Erger, *Der Kapp-Lüttwitz-Putsch*, *op. cit.*, pp. 146-148; Wolfram Wette, *Gustav Noske*, *op. cit.*, pp. 640-642; Heinrich August Winkler, *Weimar*, *op. cit.*, p. 122.

3 Otto Meissner, *Staatssekretär unter Ebert-Hindenburg-Hitler*, Hamburgo, 1950, p. 89.

4 Apuntes de Koch-Weser (del 13 de marzo de 1920); Erwin Könnemann y Gerhard Schulze, eds., *Der Kapp-Lüttwitz-Ludendorff-Putsch*, *op. cit.*, n.º 91, p. 138.

5 Harry Graf Kessler, *Das Tagebuch*, vol. 7, *op. cit.*, p. 269 (del 2 de septiembre de 1919).

6 Ernst Troeltsch, *Die Fehlgeburt einer Republik*, *op. cit.*, p. 101 (del 19 de diciembre de 1919).

7 Erwin Könnemann y Gerhard Schulze, eds., *Der Kapp-Lüttwitz-Ludendorff-Putsch*, *op. cit.*, n.º 12, p. 19.

8 Acta de la reunión de Ebert con los generales Lüttwitz y Maercker, 19 de agosto de 1919, *ibid.*, n.º 15, p. 23.

9 Véase, para la cuestión de la reducción de las tropas, Wolfram Wette, *Gustav Noske*, *op. cit.*, pp. 544-551.

10 Véase Gabriele Krüger, *Die Brigade Ehrhardt*, Hamburgo, 1971, p. 11 y ss. Para los «Baltikumern», véase Wolfram Wette, *Gustav Noske*, *op. cit.*, pp. 561-576; Heinrich August Winkler, *Weimar*, *op. cit.*, p. 114 y s.

11 Véase Erwin Könnemann y Gerhard Schulze, eds., *Der Kapp-Lüttwitz-Ludendorff-Putsch*, *op. cit.*, p. XIX y XV y s. (Introducción); Gerald D. Feldman, *Hugo Stinnes. Biographie eines Industriellen 1870-1924*, Múnich, 1998, p. 601.

12 Kapp al coronel Heye, 5 de julio de 1919, en Erwin Könnemann y Gerhard Schulze, eds., *Der Kapp-Lüttwitz-Ludendorff-Putsch*, *op. cit.*, n.º 7, pp. 11-13.

13 Margarethe Ludendorff, *Als ich Ludendorffs Frau war*, Walther Ziersch, ed., Múnich, 1929, p. 209. Véase Manfred Nebelin, *Ludendorff. Diktator im Ersten Weltkrieg*, Múnich, 2010, p. 508.

14 Anotación de Below sobre el encuentro del 8 de julio de 1919, en Erwin Könnemann y Gerhard Schulze, eds., *Der Kapp-Lüttwitz-Ludendorff-Putsch*, *op. cit.*, n.º 8, p. 13 y s.

15 Memorándum de Kapp del 18 de septiembre de 1919, *ibid.*, n.º 20, pp. 28-35 (cita: p. 28).

16 Véase Wolfram Wette, *Gustav Noske*, *op. cit.*, pp. 508-514; Klaus Gietinger, *Der Konterrevolutionär. Waldemar Pabst – eine deutsche Karriere*, Hamburgo, 2008, pp. 189-194.

17 Entrada del diario de Hopmann del 14 de agosto de 1919; Gerald D. Feldman, *Hugo Stinnes*, *op. cit.*, p. 601. Para el financiamiento de la Unión Nacional, véase *ibid.*, p. 601 y s.; Erwin Könnemann y Gerhard Schulze, eds., *Der Kapp-Lüttwitz-Ludendorff-Putsch*, *op. cit.*, p. XVI (Introducción).

18 Véase Johannes Erger, *Der Kapp-Lüttwitz-Putsch*, *op. cit.*, pp. 90-92; Klaus Gietinger, *Der Konterrevolutionär*, *op. cit.*, p. 199 y s.

19 Véase Johannes Erger, *Der Kapp-Lüttwitz-Putsch*, *op. cit.*, p. 115 y s.; Wolfram Wette, *Gustav Noske*, *op. cit.*, p. 627 y s.

20 Véase Johannes Erger, *Der Kapp-Lüttwitz-Putsch*, *op. cit.*, pp. 116-121; Wolfram Wette, *Gustav Noske*, *op. cit.*, pp. 629-631.

21 Véase Gustav Noske, *Von Kiel bis Kapp. Zur Geschichte der deutschen Revolution*, Berlín, 1920, p. 207; Johannes Erger, *Der Kapp-*

Lüttwitz-Putsch, *op. cit.*, p. 121 y s. y 317 y s. (documento 20); Wolfram Wette, *Gustav Noske*, *op. cit.*, p. 631 y s.; Walter Mühlhausen, *Friedrich Ebert*, *op. cit.*, p. 316 y s.

22 Véase Johannes Erger, *Der Kapp-Lüttwitz-Putsch*, *op. cit.*, p. 125.

23 Véase *ibid.*, p. 318 y s. (documento 21); carta de Kapp a un amigo de Prusia Oriental del 22 de septiembre de 1920; Erwin Könnemann y Gerhard Schulze, eds., *Der Kapp-Lüttwitz-Ludendorff-Putsch*, *op. cit.*, n.º 348, p. 523.

24 Informe del comisario estatal Von Berger del 8 de marzo de 1920, en *Akten der Reichskanzlei. Das Kabinett Bauer*, *op. cit.*, n.º 183, pp. 653-656 (cita: p. 653 y 656). Noske no leyó el informe hasta el 10 de marzo de 1920. Gustav Noske, *Von Kiel bis Kapp*, *op. cit.*, p. 204.

25 Véase Johannes Erger, *Der Kapp-Lüttwitz-Putsch*, *op. cit.*, p. 124; Erwin Könnemann y Gerhard Schulze, eds., *Der Kapp-Lüttwitz-Ludendorff-Putsch*, *op. cit.*, n.º 87, p. 132 (nota 2).

26 Reunión del gabinete del 12 de marzo de 1920, en *Akten der Reichskanzlei. Das Kabinett Bauer*, *op. cit.*, n.º 186, p. 667 y s.

27 Véase Johannes Erger, *Der Kapp-Lüttwitz-Putsch*, *op. cit.*, p. 133; Wolfram Wette, *Gustav Noske*, *op. cit.*, p. 635 y s.

28 Informe de Trotha sobre su inspección del campamento de Döberitz del 12 de marzo de 1920, en *Akten der Reichskanzlei. Das Kabinett Bauer*, *op. cit.*, n.º 187, pp. 670-672. Véase Johannes Erger, *Der Kapp-Lüttwitz-Putsch*, *op. cit.*, p. 136 y s.; Wolfram Wette, *Gustav Noske*, *op. cit.*, p. 634 y s.; Gabriele Krüger, *Die Brigade Ehrhardt*, *op. cit.*, p. 50 y s.

29 Informe de Reinhardt sobre los acontecimientos en Berlín la noche del 12 al 13 de marzo de 1920, en Erwin Könnemann y Gerhard Schulze, eds., *Der Kapp-Lüttwitz-Ludendorff-Putsch*, *op. cit.*, n.º 152, pp. 213-217 (aquí, p. 214 y s.). Véase Johannes Erger, *Der Kapp-Lüttwitz-Putsch*, *op. cit.*, p. 139 y s.; Wolfram Wette, *Gustav Noske*, *op. cit.*, p. 637 y s.; Gabriele Krüger, *Die Brigade Ehrhardt*, *op. cit.*, p. 51 y s.

30 Ruth Glatzer, *Berlin zur Weimarer Zeit*, *op. cit.*, p. 67. Para lo anterior, véase *ibid.*, p. 65 y s.; Johannes Erger, *Der Kapp-Lüttwitz-Putsch*, *op. cit.*, p. 161 y s.

31 Käthe Kollwitz, *Die Tagebücher*, *op. cit.*, p. 457 (del 13 de marzo de 1920).

32 Gabriele Krüger, *Die Brigade Ehrhardt*, *op. cit.*, p. 55. Véase Klaus Gietinger, *Der Konterrevolutionär*, *op. cit.*, p. 215; Erwin Könnemann y Gerhard Schulze, eds., *Der Kapp-Lüttwitz-Ludendorff-Putsch*, *op. cit.*, p. XXIII (Introducción).

33 Informe del subsecretario de Estado Albert, en *Akten der Reichskanzlei. Das Kabinett Bauer*, *op. cit.*, n.º 189, pp. 677-679; informe de un funcionario ministerial, en Erwin Könnemann y Gerhard Schulze, eds., *Der Kapp-Lüttwitz-Ludendorff-Putsch*, *op. cit.*, n.º 90, p. 136 y s.; informe de Schiffer; *ibid.*, n.º 92, p. 140 y s.

34 *Ibid.*, p. XXIII (Introducción), n.º 386, p. 603 (carta del coronel Von Heyes a Friedrich von Rabenau del 27 de marzo de 1940).

35 *Ibid.*, n.º 93, 94 y 95, pp. 142-144.

36 *Ibid.*, n.º 99, pp. 148-150.

37 Informe sobre la conferencia de prensa; en *ibid.*, n.º 116, p. 167 y s. Declaración del subsecretario de Estado Von Falkenhausen en Leipzig del 27-28 de marzo de 1920, *ibid.*, n.º 299-300, pp. 420-428 (aquí, p. 421 y 425).

38 Véase Erger, *Der Kapp-Lüttwitz-Putsch*, *op. cit.*, p. 167 y s.

39 *Ibid.*, p. 151.

40 Kapp al conde Westarp, 20 de agosto de 1920, en Erwin Könnemann y Gerhard Schulze, eds., *Der Kapp-Lüttwitz-Ludendorff-Putsch*, *op. cit.*, n.º 346, pp. 517-519 (cita: p. 518).

41 Harry Graf Kessler, *Das Tagebuch*, vol. 7, *op. cit.*, p. 291 (del 15 de marzo de 1920).

42 Erwin Könnemann y Gerhard Schulze, eds., *Der Kapp-Lüttwitz-Ludendorff-Putsch*, *op. cit.*, n.º 500, p. 780. Véase Wilhelm Ribhegge, *August Winnig. Eine historische Persönlichkeitsanalyse*, Bonn y Bad Godesberg, 1973, p. 226 y s.

43 Véase Erwin Könnemann y Gerhard Schulze, eds., *Der Kapp-Lüttwitz-Ludendorff-Putsch*, *op. cit.*, pp. VII-IX (Introducción), n.º 616, pp. 950-953. Véase Diethard Hennig, *Johannes Hoffmann. Sozialdemokrat und Bayerischer Ministerpräsident*, Múnich *et al.*, 1990, pp. 428-435.

44 Erwin Könnemann y Gerhard Schulze, eds., *Der Kapp-Lüttwitz-Ludendorff-Putsch*, *op. cit.*, n.º 98, pp. 146-148.

45 *Ibid.*, n.º 139, p. 196 y s. (cita: p. 197). Véase Hans Meier-Welcker, *Seeckt*, Frankfurt, 1967, p. 263 y s.

46 Wolfram Pyta, *Hindenburg. Herrschaft zwischen Hohenzollern und Hitler*, Múnich, 2007, p. 451.

47 Véase Gerald D. Feldman, *Hugo Stinnes*, *op. cit.*, pp. 602-604; Heinrich August Winkler, *Von der Revolution zur Stabilisierung*, *op. cit.*, p. 306.

48 Erwin Könnemann y Gerhard Schulze, eds., *Der Kapp-Lüttwitz-Ludendorff-Putsch*, *op. cit.*, n.º 151, pp. 211-213 (cita: p. 212).

49 Erwin Könnemann y Hans-Joachim Krusch, *Aktionseinheit contra Kapp-Putsch. Der Kapp-Putsch im März 1920 und der Kampf der deutschen Arbeiterklasse sowie anderer Werktätiger gegen die Errichtung der Militärdiktatur und für demokratische Verhältnisse*, Berlín Oriental, 1972, p. 283 y s.

50 Véase Johannes Erger, *Der Kapp-Lüttwitz-Putsch*, *op. cit.*, pp. 206-219, en *Akten der Reichskanzlei. Das Kabinett Bauer*, *op. cit.*, n.º 218, p. 771 y s.

51 Erwin Könnemann y Gerhard Schulze, eds., *Der Kapp-Lüttwitz-Ludendorff-Putsch*, *op. cit.*, n.º 123, p. 176 y s.

52 *Ibid.*, n.º 100, pp. 151-155. Véase Ludwig Richter, *Die Deutsche Volkspartei 1918-1933*, Düsseldorf, 2002, pp. 90-94.

53 Erwin Könnemann y Gerhard Schulze, eds., *Der Kapp-Lüttwitz-Ludendorff-Putsch*, *op. cit.*, n.º 103 y 104, p. 157 y s.

54 *Ibid.*, n.º 97, p. 145.

55 Véase, para la génesis del llamamiento, Susanne Miller, *Die Bürde der Macht*, *op. cit.*, p. 378 y s.; Wolfram Wette, *Gustav Noske. Eine politische Biographie*, *op. cit.*, pp. 650-652.

56 Erwin Könnemann y Gerhard Schulze, eds., *Der Kapp-Lüttwitz-Ludendorff-Putsch*, *op. cit.*, n.º 126 y 128, p. 180 y s. y 181 y s.

57 *Ibid.*, n.º 101, p. 155 y s. Véase Johannes Erger, *Der Kapp-Lüttwitz-Putsch*, *op. cit.*, pp. 195-197; Heinrich August Winkler, *Von der Revolution zur Stabilisierung*, *op. cit.*, p. 302 y s.

58 Erwin Könnemann y Gerhard Schulze, eds., *Der Kapp-Lüttwitz-Ludendorff-Putsch*, *op. cit.*, n.º 105, pp. 158-160 (cita: p. 159) y n.º 117, pp. 169-171. Véase Johannes Erger, *Der Kapp-Lüttwitz-*

Putsch, *op. cit.*, pp. 200-202; Heinrich August Winkler, *Von der Revolution zur Stabilisierung*, *op. cit.*, p. 303 y s.

59 Gustav Mayer, *Als deutsch-jüdischer Historiker in Krieg und Revolution*, *op. cit.*, n.º 99, p. 444.

60 Alfred Kerr, *Berlin wird Berlin. Briefe aus der Reichshauptstadt 1897-1922*, Deborah Vietor-Engländer, ed., vol. 4 («1917-1922»), Gotinga, 2021, p. 208 y s. (del 31 de marzo de 1920).

61 Wolfram Wette, ed., *Aus den Geburtsstunden der Weimarer Republik*, *op. cit.*, p. 130 (del 17 de marzo de 1920).

62 Véase Erwin Könnemann y Hans-Joachim Krusch, *Aktionseinheit contra Kapp-Putsch*, *op. cit.*, p. 187; Johannes Erger, *Der Kapp-Lüttwitz-Putsch*, *op. cit.*, p. 203.

63 Erwin Könnemann y Gerhard Schulze, eds., *Der Kapp-Lüttwitz-Ludendorff-Putsch*, *op. cit.*, n.º 136, pp. 190-193.

64 *Ibid.*, n.º 157, p. 221; n.º 168, p. 237. Véase Gabriele Krüger, *Die Brigade Ehrhardt*, *op. cit.*, pp. 57-59; Gerald D. Feldman, *Hugo Stinnes*, *op. cit.*, p. 604.

65 Anotación de Koch-Weser del 13 de marzo de 1920; Erwin Könnemann y Gerhard Schulze, eds., *Der Kapp-Lüttwitz-Ludendorff-Putsch*, *op. cit.*, n.º 91, p. 139.

66 Véase Walter Mühlhausen, *Friedrich Ebert*, *op. cit.*, p. 322 y s.; Wolfram Wette, *Gustav Noske. Eine politische Biographie*, *op. cit.*, pp. 643-645; anotación del consejero gubernamental Doehle sobre su viaje a Dresde del 13 y 14 de marzo de 1920, en *Akten der Reichskanzlei. Das Kabinett Bauer*, *op. cit.*, n.º 190, pp. 679-681; informe del consejero gubernamental Otto Meissner del 1 de abril de 1920, en Erwin Könnemann y Gerhard Schulze, eds., *Der Kapp-Lüttwitz-Ludendorff-Putsch*, *op. cit.*, n.º 312, pp. 444-447.

67 Reunión conjunta del ministerio de Estado de Wurtemberg y el gabinete nacional, el 15 de marzo de 1920 (a las cuatro de la tarde), en *Akten der Reichskanzlei. Das Kabinett Bauer*, *op. cit.*, n.º 193, p. 685.

68 Anotación de Koch-Weser del 15-16 de marzo de 1920, en Erwin Könnemann y Gerhard Schulze, eds., *Der Kapp-Lüttwitz-Ludendorff-Putsch*, *op. cit.*, n.º 158, p. 221.

69 Koch-Weser a Schiffer, 15 de marzo de 1920, en *Akten der Reichskanzlei. Das Kabinett Bauer*, *op. cit.*, n.º 194, p. 686 y s.

70 Anotación de Koch-Weser sobre la reunión de gabinete del 16 de marzo de 1920, *ibid.*, n.º 198, pp. 695-699. Véase Johannes Erger, *Der Kapp-Lüttwitz-Putsch*, *op. cit.*, pp. 244-248; Walter Mühlhausen, *Friedrich Ebert*, *op. cit.*, p. 326 y s.; Wolfram Wette, *Gustav Noske. Eine politische Biographie*, *op. cit.*, p. 647 y s.

71 Véase Johannes Erger, *Der Kapp-Lüttwitz-Putsch*, *op. cit.*, pp. 252-260 (cita: p. 260); Ludwig Richter, *Die Deutsche Volkspartei*, *op. cit.*, pp. 99-101.

72 Kapp a Schiffer, 17 de marzo de 1920, en *Akten der Reichskanzlei. Das Kabinett Bauer*, *op. cit.*, n.º 200, p. 701 y s. El anuncio oficial de dimisión del 17 de marzo de 1920 era similar; Johannes Erger, *Der Kapp-Lüttwitz-Putsch*, *op. cit.*, p. 266.

73 Heye a Friedrich von Rabenau, 27 de marzo de 1940, en Erwin Könnemann y Gerhard Schulze, eds., *Der Kapp-Lüttwitz-Ludendorff-Putsch*, *op. cit.*, n.º 386, p. 604. Véase, para la renuncia de Lüttwitz, Johannes Erger, *Der Kapp-Lüttwitz-Putsch*, *op. cit.*, pp. 273-278.

74 Anotación de Schiffer del 17 de marzo de 1920; Erwin Könnemann y Gerhard Schulze, eds., *Der Kapp-Lüttwitz-Ludendorff-Putsch*, *op. cit.*, n.º 190, p. 258. Véase Hans Meier-Welcker, *Seeckt*, *op. cit.*, p. 268 y s.

75 Véase Gabriele Krüger, *Die Brigade Ehrhardt*, *op. cit.*, p. 62.

76 Carl von Ossietzky, «Die demokratische Parole», en *Sämtliche Schriften*, vol. I («1911-1921»), Mathias Bertram, Ute Maak, Christoph Schottes, eds., Reinbek, 1994, p. 191 (del 1 de abril de 1920).

77 T(heodor) W(olff): «Nach dem Sieg des Volkes», *Berliner Tageblatt*, n.º 135, del 24 de marzo de 1920.

78 Erwin Könnemann y Gerhard Schulze, eds., *Der Kapp-Lüttwitz-Ludendorff-Putsch*, *op. cit.*, n.º 201 y 202, p. 270 y s. Véase Heinrich August Winkler, *Von der Revolution zur Stabilisierung*, *op. cit.*, p. 309 y s.

79 Erwin Könnemann y Gerhard Schulze, eds., *Der Kapp-Lüttwitz-Ludendorff-Putsch*, *op. cit.*, n.º 91, p. 139.

80 Wolfram Wette, ed., *Aus den Geburtsstunden der Weimarer Republik*, *op. cit.*, p. 134 (del 17 de marzo de 1920).

81 Wolfram Wette, *Gustav Noske. Eine politische Biographie*, *op. cit.*, p. 657 y s.; anotación de Koch-Weser del 18 de marzo de 1920, en Erwin Könnemann y Gerhard Schulze, eds., *Der Kapp-Lüttwitz-Ludendorff-Putsch*, *op. cit.*, n.º 209, p. 276. También en sus memorias Noske se mostró terco: sostuvo que él había sido el «chivo expiatorio de los errores de otros». Gustav Noske, *Von Kiel bis Kapp*, *op. cit.*, p. 210.

82 Reunión del gabinete del 20 de marzo de 1920, en *Akten der Reichskanzlei. Das Kabinett Bauer*, *op. cit.*, n.º 206, pp. 728-732. Véase Wolfram Wette, *Gustav Noske*, *op. cit.*, p. 662 y s.

83 Véase Wolfram Wette, *Gustav Noske*, *op. cit.*, p. 663 y s.; Walter Mühlhausen, *Friedrich Ebert*, *op. cit.*, p. 335 y s.

84 Véase Heinrich August Winkler, *Von der Revolution zur Stabilisierung*, *op. cit.*, pp. 310-314.

85 Véase Heinrich August Winkler, *Weimar*, *op. cit.*, p. 128 y s.; Wolfram Wette, *Gustav Noske*, *op. cit.*, pp. 665-675; Susanne Miller, *Die Bürde der Macht*, *op. cit.*, p. 395 y s. y 398 y s.

86 Véase Hagen Schulze, *Otto Braun oder Preußens demokratische Sendung*, Frankfurt, Berlín y Viena, 1977, pp. 297-303; Heinrich August Winkler, *Weimar*, *op. cit.*, pp. 129-131; Susanne Miller, *Die Bürde der Macht*, *op. cit.*, pp. 399-401.

87 Hedwig Pringsheim, *Meine Manns. Briefe an Maximilian Harden 1900-1922*, Helga y Manfred Neumann, eds., Berlín, 2006, p. 244 (del 2 de mayo de 1920).

88 Ignaz Wrobel (Kurt Tucholsky), «Kapp-Lüttwitz», *Die Weltbühne*, año 16, n.º 12-14 (25 de marzo de 1920), p. 363.

89 Véase Wolfram Wette, *Gustav Noske*, *op. cit.*, p. 685 y s.

90 Carl von Ossietzky, «Die demokratische Parole», *op. cit.*, p. 192 (del 1 de abril de 1920). Véase, sobre el «Ejército Rojo del Ruhr», la obra fundamental de Erhard Lucas, *Märzrevolution 1920*, 3 vols., Frankfurt, 1970, 1973, 1978. Resumido, en Heinrich August Winkler, *Weimar*, *op. cit.*, pp. 131-135.

91 Véase Erwin Könnemann y Gerhard Schulze, eds., *Der Kapp-Lüttwitz-Ludendorff-Putsch*, *op. cit.*, n.º 270, p. 381 y s., nota 2;

Gerald D. Feldman, *Hugo Stinnes, op. cit.*, p. 606; Klaus Gietinger, *Der Konterrevolutionär, op. cit.*, pp. 220-223.

92 Klaus Gietinger, *Der Konterrevolutionär, op. cit.*, p. 220.

93 Véase Heinrich August Winkler, *Weimar, op. cit.*, p. 138 y s. y 140; Ursula Büttner, *Weimar. Die überforderte Republik 1918-1933*, Stuttgart, 2008, p. 147 y s.

94 Arthur Rosenberg, *Geschichte der Weimarer Republik, op. cit.*, p. 99.

CAPÍTULO III. EL ENEMIGO ESTÁ A LA DERECHA. EL ASESINATO DE WALTHER RATHENAU

1 *Vossische Zeitung*, n.º 297, del 25 de junio de 1922. Véase Martin Sabrow, *Die verdrängte Verschwörung. Der Rathenau-Mord und die deutsche Gegenrevolution*, Frankfurt, 1999, p. 82.

2 Citado en Martin Sabrow, *Der Rathenaumord. Rekonstruktion einer Verschwörung gegen die Republik von Weimar*, Múnich, 1994, p. 88.

3 Citado en Christian Schölzel, *Walther Rathenau. Eine Biographie*, Paderborn, 2006, p. 373.

4 Citado en Lothar Gall, *Walther Rathenau. Portrait einer Epoche*, Múnich, 2009, p. 243.

5 Citado en Heinrich August Winkler, *Weimar, op. cit.*, p. 173.

6 Citado en Harry Graf Kessler, *Walther Rathenau. Sein Leben und Werk*, Berlín-Grunewald, sin año, p. 365 (antes: Wiesbaden, 1928).

7 Harry Graf Kessler, *Das Tagebuch*, vol. 7, *op. cit.*, p. 312 (del 25 de mayo de 1920). Véase Hans Paasche, *«Ändert Euren Sinn!» Schriften eines Revolutionärs*, Helmut Donat y Helga Paasche, eds., Bremen, 1992.

8 Theobald Tiger (Kurt Tucholsky), «Paasche», *Die Weltbühne*, año 16, n.º 23 (3 de junio de 1920), p. 659.

9 Véase también, para lo que sigue, Martin Sabrow, *Der Rathenaumord, op. cit.*, pp. 27-44 (cita: p. 34).

10 Véase *ibid.*, pp. 17-27, 49-56.

11 Véase *ibid.*, pp. 56-68.

12 Harry Graf Kessler, *Das Tagebuch*, vol. 7, *op. cit.*, p. 425 (del 20 de marzo de 1922).

13 Citado en Ernst Schulin, *Walther Rathenau. Repräsentant, Kritiker und Opfer seiner Zeit*, Gotinga, 1979, p. 133.

14 Walther Rathenau, *Briefe*, tomo 2 («1914-1922»), Alexander Jaser, Clemens Picht und Ernst Schulin, eds., Düsseldorf, 2006, p. 2602.

15 Regina Scheer, *«Wir sind die Liebermanns». Die Geschichte einer Familie*, Berlín, 2006, p. 391.

16 Alfred Kerr, *Walther Rathenau. Erinnerungen eines Freundes*, Ámsterdam, 1935, p. 11. Véase Christian Schölzel, *Walther Rathenau*, *op. cit.*, p. 370.

17 Harry Graf Kessler, *Das Tagebuch*, vol. 7, *op. cit.*, p. 524 (del 24 de junio de 1922).

18 Erich Marcks a Heinrich Wölfflin, 30 de junio de 1922; citado en Jens Nordalm, *Erich Marcks (1861-1938) in der deutschen Geschichtswissenschaft*, Berlín, 2003, p. 344.

19 Peter-André Alt, *Franz Kafka. Der ewige Sohn. Eine Biographie*, Múnich, 2005, p. 628.

20 Walter Mühlhausen, *Friedrich Ebert*, *op. cit.*, p. 514.

21 *Berliner Tageblatt*, n.º 294, del 24 de junio de 1922. Extractos también en Bernd Sösemann, ed., *Theodor Wolff. Der Journalist. Berichte und Leitartikel*, pp. 178-180.

22 Stefan Zweig a Romain Rolland, 25 de junio de 1922; en Stefan Zweig, *Briefe 1920-1931*, Knut Beck y Jeffrey B. Berlin, eds., Frankfurt, 2000, pp. 68-70 (versión francesa; cita: p. 70); traducción alemana: pp. 408 y s. (cita: p. 408).

23 Georg Bernhard, «Wer schützt die Republik?», *Vossische Zeitung*, n.º 296, del 24 de junio de 1922.

24 Erich Dombrowski, «Die gestrige Reichstagssitzung», *Vossische Zeitung*, n.º 295, del 25 de junio de 1922.

25 Harry Graf Kessler, *Das Tagebuch*, vol. 7, *op. cit.*, p. 525 (del 24 de junio de 1922).

26 Véase Martin Sabrow, *Der Rathenaumord*, *op. cit.*, p. 161.

27 Harry Graf Kessler, *Das Tagebuch*, vol. 7, *op. cit.*, p. 526 (del 25 de junio de 1922).

28 Citado en Heinrich Küppers, *Joseph Wirth. Parlamentarier, Minister und Kanzler der Weimarer Republik*, Stuttgart, 1997, p. 189 y s.

29 Georg Bernhard, «Die Verteidigung der Republik», *Vossische Zeitung*, n.º 298, del 26 de junio de 1922.

30 Harry Graf Kessler, *Das Tagebuch*, vol. 7, *op. cit.*, p. 528 (del 27 de junio de 1922).

31 Citado en Walter Mühlhausen, *Friedrich Ebert*, *op. cit.*, p. 515.

32 Harry Graf Kessler, *Das Tagebuch*, vol. 7, *op. cit.*, p. 529 (del 27 de junio de 1922).

33 Friedrich Stampfer, *Die ersten 14 Jahre der Deutschen Republik*, Offenbach, 1947, p. 186 y s.

34 Victor Klemperer, *Tagebücher 1918-1924*, *op. cit.*, p. 598 (del 28 de junio de 1922).

35 Thomas Mann, «Von deutscher Republik», en *Essays II 1914-1926*, Hermann Kurzke, ed. y responsable de la edición crítica, Frankfurt, 2002, pp. 514-559. Véase Klaus Harpprecht, *Thomas Mann. Eine Biographie*, Reinbek, 1995, pp. 503-511.

36 Hedwig Pringsheim, *Tagebücher*, vol. 6, *op. cit.*, p. 505 (del 26 de junio de 1922).

37 Véase Gerhard Hecker, *Walther Rathenau und sein Verhältnis zu Militär und Krieg*, Boppard am Rhein, 1983, p. 499 y s.

38 Véase Richard Albrecht, *Der militante Sozialdemokrat. Carlo Mierendorff 1897 bis 1943. Eine Biographie*, Berlín-Bonn, 1987, p. 53 y ss.

39 Véase Dietz Bering, *Kampf um Namen. Bernhard Weiß gegen Joseph Goebbels*, Stuttgart, 1991, p. 43 y ss.

40 Véase Martin Sabrow, *Der Rathenaumord*, *op. cit.*, pp. 89-103. También, para el detalle de las investigaciones, Wolfgang Brenner, *Walther Rathenau. Deutscher und Jude*, Múnich y Zúrich, 2005, pp. 478-499.

41 Véase Ernst Schulin, *Walther Rathenau*, *op. cit.*, p. 138; Ernst Schulin y Wolfgang Michalka, *Walther Rathenau im Spiegel seines Moskauer Nachlasses*, Heidelberg, 1993, p. 12.

42 Citado en Wilhelm von Sternburg, *Joseph Roth. Eine Biographie*, Colonia, 2009, p. 261. Véase, para el juicio ante el Tribunal Estatal, Martin Sabrow, *Der Rathenaumord*, *op. cit.*, pp. 103-114.

43 Citado en Heinrich Hannover y Elisabeth Hannover-Drück, *Politische Justiz 1918-1933*, Frankfurt, 1966, p. 123.

44 Véase Martin Sabrow, *Der Rathenaumord*, *op. cit.*, pp. 206-215 (cita: p. 213).

45 Theobald Tiger (Kurt Tucholsky), «Rathenau», *Die Weltbühne*, año 18, n.º 26 (29 de junio de 1922), p. 653.

46 Citado en Martin Sabrow, *Die verdrängte Verschwörung*, *op. cit.*, p. 143.

CAPÍTULO IV. TIEMPOS DE LOCURA. LA OCUPACIÓN DEL RUHR Y LA HIPERINFLACIÓN

1 «Die Besetzung Essens», *Berliner Tageblatt*, n.º 19, del 12 de enero de 1923.

2 Victor Klemperer, *Tagebücher 1918-1924*, *op. cit.*, p. 650 (del 5 de enero de 1923).

3 Ebert a Walther Reinhardt, 8 de febrero de 1921; Walter Mühlhausen, *Friedrich Ebert*, *op. cit.*, p. 442. Véase también, para lo que sigue, Gerd Meyer, «Die Reparationspolitik. Ihre außen- und innenpolitischen Rückwirkungen», en Karl Dietrich Bracher, Manfred Funke y Hans-Adolf Jacobsen, eds., *Die Weimarer Republik 1918-1933. Politik-Wirtschaft-Gesellschaft*, Düsseldorf, 1987, pp. 327-342.

4 Viscount D'Abernon, *Ein Botschafter der Zeitenwende. Memoiren*, vol. II («Ruhrbesetzung»), Leipzig, sin año [1932], p. 189 (del 21 de enero de 1923).

5 «Katastrophenstimmung im Ruhrgebiet», *Vossische Zeitung*, n.º 27, del 17 de enero de 1923.

6 Gerhart Hauptmann, *Diarium*, *op. cit.*, p. 83 (del 1 de febrero de 1923).

7 Véase también, para lo que sigue, Volker Ullrich, *Deutschland 1923. Das Jahr am Abgrund*, Múnich, 2022, p. 41 y ss.; Peter Longerich, *Außer Kontrolle. Deutschland 1923*, Viena y Graz, 2022, p. 32 y ss.

8 Friedrich Stampfer, «Einen Monat Ruhrkrieg», *Vorwärts*, n.º 71, del 12 de febrero de 1923.

9 Klaus Wisotzky, «Der "blutige Karsamstag" 1923 bei Krupp», en Gerd Krumeich y Joachim Schröder, eds., *Der Schatten des Welt-*

kriegs. Die Ruhrbesetzung 1923, Essen, 2004, pp. 265-287 (cita: p. 277).

10 Véase Hans Hecker, «Karl Radeks Werben um die deutsche Rechte. Die Sowjetunion und der Ruhrkampf», en Gerd Krumeich y Joachim Schröder, eds., *Der Schatten des Weltkriegs*, *op. cit.*, pp. 187-205; Heinrich August Winkler, *Weimar*, *op. cit.*, p. 195 y s.

11 Véase Gerald D. Feldman, *The Great Disorder. Politics, Economics, and Society in the German Inflation, 1914-1924*, Oxford y Nueva York, 1997.

12 Harry Graf Kessler, *Das Tagebuch*, vol. 7, *op. cit.*, p. 567 (del 7 de noviembre de 1922).

13 Véase la tabla en Gerald D. Feldman, *The Great Disorder*, *op. cit.*, p. 643.

14 Citado en Ron Chernow, *Die Warburgs. Odyssee einer Familie*, Berlín, 1994, p. 295.

15 Victor Klemperer, *Tagebücher 1918-1924*, *op. cit.*, p. 725 (del 2-3 de agosto de 1923).

16 Véase Frederick Taylor, *Inflation. Der Untergang des Geldes in der Weimarer Republik und die Geburt eines deutschen Traumas*, Múnich, 2013, p. 211 y ss.

17 Frank Faßland, «Wirtschaftsführer. Hugo Stinnes», *Die Weltbühne*, año 18, n.º 11 (16 de marzo de 1922). Véase Gerald D. Feldman, *Hugo Stinnes*, *op. cit.*, p. 759 y ss. Para lo anterior, véase también Volker Ullrich, *Deutschland 1923*, *op. cit.*, pp. 80-85.

18 Citado en Wolfgang Martynkewicz, *1920. Am Nullpunkt des Sinns*, Berlín, 2019, p. 76.

19 «Die Auslandsmissionen in Berlin. Von einem Deutschen», *Die Weltbühne*, año 18, n.º 48 (30 de noviembre de 1922), p. 566.

20 Sebastian Haffner, *Geschichte eines Deutschen. Die Erinnerungen 1914-1933*, Stuttgart-Múnich, 2000, p. 61. Véase, para las repercusiones sociales de la hiperinflación, Volker Ullrich, *Deutschland 1923*, *op. cit.*, pp. 87-104; Peter Longerich, *Außer Kontrolle*, *op. cit.*, pp. 122-163.

21 Klaus Mann, *Der Wendepunkt. Ein Lebensbericht*, Frankfurt, 1963, p. 108.

22 Citado en Ulrich Linse, *Barfüßige Propheten. Erlöser der zwanziger Jahre*, Berlín, 1983, p. 34.

23 Walter Benjamin, *Gesammelte Schriften*, vol. IV, 1, Tilman Rexroth, ed., Frankfurt, 1991, p. 98.

24 Georg Bernhard, «Der Leidensweg der Mark», *Vossische Zeitung*, n.º 348, del 22 de julio de 1923.

25 Morus (Richard Lewinsohn), «Hochbetrieb», *Die Weltbühne*, año 18, n.º 44 (2 de noviembre de 1922), p. 478.

26 Victor Klemperer, *Tagebücher 1918-1924*, *op. cit.*, p. 697 (del 27 de mayo de 1923).

27 Sebastian Haffner, *Geschichte eines Deutschen*, *op. cit.*, p. 57.

28 George Grosz, *Ein kleines Ja und ein großes Nein. Sein Leben von ihm selbst erzählt*, Reinbek, 1974, p. 120.

29 Klaus Mann, *Der Wendepunkt*, *op. cit.*, p. 112 y s.

30 Véase Lothar Fischer, *Anita Berber. Ein getanztes Leben*, Berlín, 2014.

31 Carl Zuckmayer, *Als wär's ein Stück von mir. Horen der Freundschaft*, Stuttgart y Hamburgo, 1966, p. 305.

32 Friedrich Kroner, «Überreizte Nerven», *Berliner Illustrierte Zeitung*, n.º 34, del 26 de agosto de 1923. Citado en Hans Ostwald, *Sittengeschichte der Inflation. Ein Kulturdokument aus den Jahren des Marksturzes*, Berlín, 1931, p. 74.

33 Jens Bisky, *Berlin. Biographie einer großen Stadt*, Berlín, 2019, p. 467.

34 Memorándum de Hamm del 16 de junio de 1923, en *Akten der Reichskanzlei. Weimarer Republik. Das Kabinett Cuno. 22. November 1922 bis 12. August 1923*, Karl-Heinz Harbeck, ed., Boppard am Rhein, 1968, n.º 192, pp. 575-577 (cita: p. 575).

35 *Germania*, n.º 205, del 27 de julio de 1923; *ibid.*, n.º 233, p. 695, nota 1.

36 Citado en Eberhard Kolb, *Gustav Stresemann*, Múnich, 2003, p. 76.

37 Véase Kurt Koszyk, *Gustav Stresemann. Der kaisertreue Demokrat. Eine Biographie*, Colonia, 1989, p. 262.

38 Véase Jonathan Wright, *Gustav Stresemann 1878-1929. Weimars größter Staatsmann*, Múnich, 2006, p. 225; Volker Ullrich, *Deutschland 1923*, *op. cit.*, pp. 120-122.

39 Véase Bernhard H. Bayerlein *et al.*, eds., *Deutscher Oktober 1923. Ein Revolutionsplan und sein Scheitern*, Berlín, 2003.

40 Larissa Reissner, *Hamburg auf den Barrikaden. Erlebtes und Erhörtes aus dem Hamburger Aufstand*, Berlín, 1925, p. 33. Véase Heinz Habedank, *Zur Geschichte des Hamburger Aufstands 1923*, Berlín Oriental, 1958.

41 Thea Sternheim, *Tagebücher 1903-1971*, vol. 1 («1903-1925»), Thomas Ehrmann y Regula Wyss, eds., Gotinga, 2002, p. 672 (del 23 de octubre de 1923).

42 Véase Volker Ullrich, *Deutschland 1923*, *op. cit.*, pp. 157-168.

43 Véase *ibid.*, pp. 176-180; Peter Longerich, *Außer Kontrolle*, *op. cit.*, pp. 177-181.

44 Véase la carta del embajador Houghton al ministro de Asuntos Exteriores Hughes del 23 de septiembre de 1923, en George W. F. Hallgarten, *Hitler, Reichswehr und Industrie. Zur Geschichte 1918-1933*, Frankfurt, 1955, p. 67 y s.

45 Véase Felix Kellerhoff, *Die NSDAP. Eine Partei und ihre Mitglieder*, Stuttgart, 2017, p. 172.

46 Stefan Großmann, «Die Hitlerei», *Das Tage-Buch*, fascículo 16, año 4 (21 de abril de 1923), pp. 550-554 (cita: p. 552). Sobre la retórica de Hitler, véase Volker Ullrich, *Adolf Hitler. Biographie*, vol. 1 («Die Jahre des Aufstiegs 1889-1939»), Frankfurt, 2013, pp. 113-122.

47 Hitler, *Sämtliche Aufzeichnungen 1905-1924*, Eberhard Jäckel junto con Axel Kuhn, eds., Stuttgart, 1980, n.º 592, p. 1049 y s. Para los antecedentes del golpe de Hitler, véase Volker Ullrich, *Adolf Hitler*, vol. 1, *op. cit.*, pp. 162-169; Sven Felix Kellerhoff, *Der Putsch. Hitlers erster Griff nach der Macht*, Stuttgart, 2023, p. 115 y ss.

48 Ernst Deuerlein, ed., *Der Hitler-Putsch. Bayerische Dokumente zum 8./9. November 1923*, Stuttgart, 1962, documento 86, p. 310.

49 Sobre el transcurso del golpe, véase Volker Ullrich, *Adolf Hitler*, vol. 1, *op. cit.*, pp. 170-179; Sven Felix Kellerhoff, *Der Putsch*, *op. cit.*, p. 215 y ss.

50 Véase Dirk Walter, *Antisemitische Kriminalität und Gewalt. Judenfeindschaft in der Weimarer Republik*, Bonn, 1999, pp. 119-136.

51 Citado en *ibid.*, p. 151. Véase también, para los disturbios del Scheunenviertel, Traude Maurer, *Ostjuden in Deutschland 1918-1933*, Hamburgo, 1986, pp. 329-338.

52 Ernst Feder, «Das Ende der Hanswurstiade», *Berliner Tageblatt*, n.º 529, del 10 de noviembre de 1923.

53 Citado en David Clay Large, *Hitlers München. Aufstieg und Fall der Hauptstadt der Bewegung*, Múnich, 1998, p. 242.

54 Sobre el juicio y sus consecuencias, véase Wolfgang Niess, *Der Hitlerputsch 1923. Geschichte eines Hochverrats*, Múnich, 2023, pp. 239-267.

55 Véase Volker Ullrich, *Deutschland 1923*, *op. cit.*, p. 211 y s.

56 Dorothy von Moltke, *Ein Leben in Deutschland*, *op. cit.*, p. 80 (del 2 de noviembre de 1923).

57 Véase la tabla en Gerald D. Feldman, *The Great Disorder*, *op. cit.*, p. 782.

58 Véase *ibid.*, p. 795.

59 Victor Klemperer, *Tagebücher 1918-1924*, *op. cit.*, p. 761 (del 4 de diciembre de 1923).

60 Dorothy von Moltke, *Ein Leben in Deutschland*, *op. cit.*, p. 86 (del 26 de diciembre de 1923).

61 Harry Graf Kessler, *Das Tagebuch*, vol. 8 («1923-1926»), Angela Reinthal, Günter Riederer y Jörg Schuster, eds., Stuttgart, 2009, p. 167 (del 4 de diciembre de 1923).

62 Gustav Stresemann, *Vermächtnis. Der Nachlass in drei Bänden*, Henry Bernhard, ed., vol. I, Berlín, 1932, p. 245.

63 Véase Volker Ullrich, *Deutschland 1923*, *op. cit.*, pp. 264-268.

64 Viscount D'Abernon, *Memoiren*, vol. II, *op. cit.*, p. 337 y s. (del 31 de diciembre de 1923).

65 Stefan Zweig, *Die Welt von gestern. Erinnerungen eines Europäers*, Stuttgart y Hamburgo, sin año, p. 364 y s. y 367.

66 Sebastian Haffner, *Geschichte eines Deutschen*, *op. cit.*, p. 53.

67 Citado en Hermann Kurzke, *Thomas Mann. Das Leben als Kunstwerk*, Múnich, 1999, p. 353.

68 Arthur Rosenberg, *Geschichte der Weimarer Republik*, *op. cit.*, p. 129.

CAPÍTULO V. EL GIRO CONSERVADOR. LA MUERTE DE EBERT Y LA ELECCIÓN DE HINDENBURG

1 Véase, para la enfermedad y muerte de Ebert, Walter Mühlhausen, *Friedrich Ebert*, *op. cit.*, pp. 967-974.

2 Para la campaña de desprestigio en contra de Ebert, véase *ibid.*, pp. 911-936.

3 Véase *ibid.*, pp. 936-939 (cita: p. 939).

4 Véase, para el juicio de Magdeburgo, *ibid.*, pp. 936-953 (citas: p. 939 y 952).

5 Véase *ibid.*, pp. 956-966.

6 Gustav Stresemann, *Vermächtnis*, *op. cit.*, vol. II, pp. 37-41 (citas: p. 37 y 39). Véase Ludwig Richter, *Die Deutsche Volkspartei*, *op. cit.*, p. 370; Jonathan Wright, *Gustav Stresemann*, *op. cit.*, p. 309.

7 Georg Bernhard, «Der Retter», *Vossische Zeitung*, n.º 102, del 1 de marzo de 1925.

8 Erich Dombrowski, «Friedrich Ebert», *Berliner Tageblatt*, n.º 101, del 28 de febrero de 1925.

9 Citado en Heinrich August Winkler, *Der Schein der Normalität. Arbeiter und Arbeiterbewegung in der Weimarer Republik 1924 bis 1930*, Berlín y Bonn, 1985, p. 231 y s.

10 Katia Mann a Thomas Mann, 4 de marzo de 1925; citado en Tilman Lahme, *Die Manns. Geschichte einer Familie*, Frankfurt, 2015, p. 30 y s.

11 Véase Walter Mühlhausen, *Friedrich Ebert*, *op. cit.*, pp. 975-979. Extracto del discurso de Luther en Hans Luther, *Politiker ohne Partei. Erinnerungen*, Stuttgart, 1960, p. 328 y s.

12 Véase más arriba, p. 63 y s.

13 Véase *Akten der Reichskanzlei. Die Kabinette Luther I und II*, Karl-Heinz Minuth, ed., Boppard am Rhein, 1977, n.º 36, p. 137 (del 3 de marzo de 1925).

14 Véase Wolfram Pyta, *Hindenburg*, *op. cit.*, p. 462 y s.; Ulrich von Hehl, *Wilhelm Marx 1863-1946. Eine politische Biographie*, Maguncia, 1987, p. 335 y s.; Hans Meier-Welcker, *Seeckt*, *op. cit.*, pp. 463-465; Ludwig Richter, *Die Deutsche Volkspartei*, *op. cit.*, p. 368 y s. y 370 y s. Para el Consejo de Ciudadanos de la Nación, fundado a comienzos de enero de 1919, véase Hans-Joachim Bieber, *Bürgertum in der Revolution*, *op. cit.*, pp. 78-81.

15 Véase Hagen Schulze, *Otto Braun*, *op. cit.*, p. 471. Para la crisis de gobierno en Prusia, *ibid.*, pp. 467-470. Véase Ludwig Richter,

Die Deutsche Volkspartei, *op. cit.*, p. 363 y s.; Friedrich Stampfer, *Die ersten 14 Jahre der Deutschen Republik*, *op. cit.*, p. 442 y s.

16 *Vossische Zeitung*, n.º 114, del 8 de marzo de 1925.

17 Véase Ulrich von Hehl, *Wilhelm Marx*, *op. cit.*, p. 336 y s.

18 Véase *ibid.*, p. 337; Wolfram Pyta, *Hindenburg*, *op. cit.*, p. 463 y s.; Ludwig Richter, *Die Deutsche Volkspartei*, *op. cit.*, p. 371 y s.

19 Stresemann a Geßler, 11 de marzo de 1925; Gustav Stresemann, *Vermächtnis*, *op. cit.*, vol. II, p. 44 y s. Para el rechazo de Stresemann de la candidatura de Geßler, véase Ludwig Richter, *Die Deutsche Volkspartei*, *op. cit.*, pp. 372-374; Wolfram Pyta, *Hindenburg*, *op. cit.*, p. 464; Jonathan Wright, *Gustav Stresemann*, *op. cit.*, p. 309 y s.

20 Theodor Wolff, «Hellpach», en Bernd Sösemann, ed., *Theodor Wolff. Der Journalist. Berichte und Leitartikel*, Düsseldorf *et al.*, 1993, pp. 202-204 (cita: p. 202).

21 Véase Volker Ullrich, *Adolf Hitler*, vol. 1, *op. cit.*, p. 213 y s. y 216.

22 Véase VVAA, *Ernst Thälmann. Eine Biographie*, 3.ª ed., Berlín Oriental, 1980, p. 222.

23 Véase el análisis de la elección en Heinrich August Winkler, *Der Schein der Normalität*, *op. cit.*, p. 235 y s.

24 Véase Volker Ullrich, *Adolf Hitler*, vol. 1, *op. cit.*, p. 217.

25 Véase Ulrich von Hehl, *Wilhelm Marx*, *op. cit.*, p. 339 y s.; Hagen Schulze, *Otto Braun*, *op. cit.*, p. 473 y s.; Heinrich August Winkler, *Weimar*, *op. cit.*, p. 279 y s.

26 Ulrich von Hehl, *Wilhelm Marx*, *op. cit.*, p. 340 y s. Véase también «Der Volksblock», *Vossische Zeitung*, n.º 160, del 4 de abril de 1925. El intento del canciller de la Nación, Luther, de proponer como candidato de todas las facciones al presidente del Tribunal Nacional y vicepresidente de la Nación, Walter Simon, fracasó debido a la oposición del SPD y el Partido de Centro, que declararon haberse comprometido ya con la candidatura de Marx. Véase *Akten der Reichskanzlei. Die Kabinette Luther I und II*, *op. cit.*, vol. 1, n.º 64-65, pp. 231-236 (del 3 de abril de 1925).

27 Véase Wolfram Pyta, *Hindenburg*, *op. cit.*, 465 y s.; Heinrich August Winkler, *Weimar*, *op. cit.*, p. 280.

28 Véase Wolfram Pyta, *Hindenburg*, *op. cit.*, pp. 443-451.

29 Hindenburg a Ludendorff, 21 de marzo de 1925; Walther Hubatsch, *Hindenburg und der Staat. Aus den Papieren des Generalfeldmarschalls und Reichspräsidenten von 1878 bis 1934*, Gotinga, 1966, p. 69.

30 Véase Ludwig Richter, *Die Deutsche Volkspartei*, *op. cit.*, p. 379 y s.

31 *Ibid.*, p. 380. Texto del telegrama de Hindenburg, *ibid.*, nota 68. Véase Wolfram Pyta, *Hindenburg*, *op. cit.*, p. 467 y s.

32 Véase Ludwig Richter, *Die Deutsche Volkspartei*, *op. cit.*, pp. 381-383; Wolfram Pyta, *Hindenburg*, *op. cit.*, p. 486 y s.

33 Véase Ulrich von Hehl, *Wilhelm Marx*, *op. cit.*, p. 342.

34 Citado en Heinrich August Winkler, *Der Schein der Normalität*, *op. cit.*, p. 238 y s. Véase VVAA, *Ernst Thälmann*, *op. cit.*, p. 227.

35 Véase *Vossische Zeitung*, n.º 164, del 9 de abril de 1925: «Warnende Stimmen»; n.º 179, del 16 de abril de 1925: «Ruinöse Wirkung».

36 Citado en Heinrich August Winkler, *Der Schein der Normalität*, *op. cit.*, p. 239.

37 Thomas Mann, *Essays II. 1914-1926*, *op. cit.*, p. 978.

38 «Das Opfer», *Vossische Zeitung*, n.º 167, del 8 de abril de 1925.

39 Harry Graf Kessler, *Das Tagebuch,* vol. 8, *op. cit.*, p. 670 y s. (del 19 de abril de 1925).

40 Gustav Stresemann, *Vermächtnis*, *op. cit.*, vol. II, p. 50 (del 19 de abril de 1925).

41 *Ibid.*, pp. 50-52 (cita: p. 52).

42 Max von Stockhausen, *Sechs Jahre Reichskanzlei. Von Rapallo bis Locarno. Erinnerungen und Tagebuchnotizen 1922-1927*, Walter Görlitz, ed., Bonn, 1954, p. 155 (del 15 de abril de 1925).

43 Citado en Ulrich von Hehl, *Wilhelm Marx*, *op. cit.*, p. 344 y s.

44 «Der Retter», *Vossische Zeitung*, n.º 187, del 21 de abril de 1925.

45 Wolfram Pyta, *Hindenburg*, *op. cit.*, p. 474 y s.

46 Véase Ulrich von Hehl, *Wilhelm Marx*, *op. cit.*, p. 346 y s.; Wolfram Pyta, *Hindenburg*, *op. cit.*, p. 475; «Wilhelm Marx in Ostpreußen», *Vossische Zeitung*, n.º 176, del 15 de abril de 1925; «Marx vor den Republikanern Berlins», *Vossische Zeitung*, n.º 182, del 18 de abril de 1925; «Wilhelm Marx in Stuttgart», *Berliner Tageblatt*, n.º 192, del 24 de abril de 1925.

47 Betty Scholem y Gershom Scholem, *Mutter und Sohn im Briefwechsel 1917-1946*, Itta Shedletzky, ed., Múnich, 1989, p. 129 (del 26 de abril de 1925). Véase «An Alle! Die Rundfunk-Ansprachen», *Vossische Zeitung*, n.º 194, del 25 de abril de 1925.

48 Reproducido en Theodor Lessing, *«Wir machen nicht mit!». Schriften gegen den Nationalismus und zur Judenfrage*, Jörg Wollenberg, ed., con la colaboración de Helmut Donat, Bremen, 1997, p. 87-91 (cita: p. 91). Véase, para el «caso Lessing», el epílogo de Jörg Wollenberg, *ibid.*, p. 252 y ss.; Rainer Marwedel, *Theodor Lessing. Eine Biographie*, Darmstadt y Neuwied, 1987, p. 258 y ss.

49 Harry Graf Kessler, *Das Tagebuch*, vol. 8, *op. cit.*, p. 680 (del 26 de abril de 1925).

50 Véase Heinrich August Winkler, *Der Schein der Normalität*, *op. cit.*, p. 240.

51 Heinrich August Winkler, *Weimar*, *op. cit.*, p. 281; Ulrich von Hehl, *Wilhelm Marx*, *op. cit.*, p. 348.

52 Véase el análisis de la elección en Heinrich August Winkler, *Der Schein der Normalität*, *op. cit.*, pp. 240-243; Ulrich von Hehl, *Wilhelm Marx*, *op. cit.*, p. 348 y s.; Wolfram Pyta, *Hindenburg*, *op. cit.*, p. 475 y s.

53 Citado en Volker Ullrich, *Adolf Hitler*, vol. 1, *op. cit.*, p. 217.

54 *Berliner Börsen-Zeitung*, n.º 194, del 27 de abril de 1925.

55 Gustav Stresemann, *Vermächtnis*, *op. cit.*, vol. II, p. 56 (del 27 de abril de 1925).

56 *Berliner Tageblatt*, n.º 197, del 27 de abril de 1925. Véase Heinrich August Winkler, *Weimar*, *op. cit.*, p. 282.

57 Harry Graf Kessler, *Das Tagebuch*, vol. 8, *op. cit.*, p. 681 (del 26 de abril de 1925).

58 Thea Sternheim, *Tagebücher*, vol. 1, *op. cit.*, p. 722 (del 28 de abril de 1923).

59 Victor Klemperer, *Leben sammeln, nicht fragen wozu und warum. Tagebücher 1925-1932*, Walter Nowojski, ed., con la colaboración de Christian Löser, Berlín, 1996, p. 49 (del 27 de abril de 1925).

60 Ignaz Wrobel (Kurt Tucholsky), «Was nun?», *Die Weltbühne*, año 21, n.º 18 (5 de mayo de 1925), pp. 645-648 (citas: pp. 648 y 646).

61 Citado en Hagen Schulze, *Weimar. Deutschland 1917-1933*, Berlín, 1982, p. 296 y s.
62 Max von Stockhausen, *Sechs Jahre Reichskanzlei*, *op. cit.*, p. 158 (del 28 de abril de 1925).
63 Gustav Stresemann, *Vermächtnis*, *op. cit.*, vol. II, p. 56 (del 28 de abril de 1925). Véase también la reunión ministerial del 28 de abril de 1925, en *Akten der Reichskanzlei. Die Kabinette Luther I und II*, *op. cit.*, vol. 1, n.º 77, p. 260 y s.
64 Véase Wolfram Pyta, *Hindenburg*, *op. cit.*, p. 484 y s.; Max von Stockhausen, *Sechs Jahre Reichskanzlei*, *op. cit.*, p. 161; Walther Hubatsch, *Hindenburg und der Staat*, *op. cit.*, p. 76.
65 Harry Graf Kessler, *Das Tagebuch*, vol. 8, *op. cit.*, p. 685 (del 12 de mayo de 1925).
66 Walther Hubatsch, *Hindenburg und der Staat*, *op. cit.*, p. 77.
67 Harry Graf Kessler, *Das Tagebuch*, vol. 8, *op. cit.*, p. 685 y s. (del 12 de mayo de 1925).
68 Gustav Stresemann, *Vermächtnis*, *op. cit.*, vol. II, p. 59 (del 12 de mayo de 1925).
69 Hans Luther, *Politiker ohne Partei*, *op. cit.*, p. 337. Véase Otto Meissner, *Staatssekretär unter Ebert-Hindenburg-Hitler*, *op. cit.*, p. 148.
70 Gustav Stresemann, *Vermächtnis*, *op. cit.*, vol. II, p. 60 y s. (del 19 de mayo y el 9 de junio de 1925). Véase Jonathan Wright, *Gustav Stresemann*, *op. cit.*, p. 311.
71 Véase Ulrich Herbert, *Geschichte Deutschlands im 20. Jahrhundert*, Múnich, 2014, p. 221 y s.
72 Citado en Wolfram Pyta, *Hindenburg*, *op. cit.*, p. 486.
73 Heinrich August Winkler, *Weimar*, *op. cit.*, p. 284. Véase Wolfram Pyta, *Hindenburg*, *op. cit.*, p. 461 y 486; Eberhard Kolb, *Die Weimarer Republik*, 2.ª ed., Múnich, 1988, p. 81 y s.

CAPÍTULO VI. UN DÍA NEGRO. LA RUPTURA DE LA ÚLTIMA GRAN COALICIÓN

1 Véase Heinrich Brüning, *Memoiren 1918-1934*, Stuttgart, 1970, pp. 150-152; Johannes Hürter, *Wilhelm Groener. Reichswehrminister am Ende der Weimarer Republik (1928-1932)*, Múnich, 1993,

p. 242 y s.; Herbert Hömig, *Brüning. Kanzler in der Krise. Eine Weimarer Biographie*, Paderborn, 2000, p. 134 y s.

2 Véase Heinrich Brüning, *Memoiren*, *op. cit.*, pp. 158-161 (cita: p. 160); Johannes Hürter, *Wilhelm Groener*, *op. cit.*, p. 243 y s.; Herbert Hömig, *Brüning*, *op. cit.*, p. 135.

3 Registro de Brüning sobre una conversación con Hindenburg, 1 de marzo de 1930; en *Politik und Wirtschaft in der Krise 1930-1932. Quellen zur Ära Brüning*, intr. de Gerhard Schulz; Ilse Maurer y Udo Wengst, eds., con la colaboración de Jürgen Heideking, primera parte, Düsseldorf, 1980, n.º 24, p. 61 y s.

4 Véase el análisis de la elección en Heinrich August Winkler, *Der Schein der Normalität*, *op. cit.*, pp. 521-527.

5 Ernst Feder, «Der Zusammenbruch der Rechtskoalition», *Berliner Tageblatt*, n.º 237, del 21 de mayo de 1928.

6 Victor Klemperer, *Tagebücher 1925-1932*, *op. cit.*, p. 434 (del 25 de mayo de 1928).

7 Véase Hagen Schulze, *Otto Braun*, *op. cit.*, pp. 539-541; Heinrich August Winkler, *Weimar*, *op. cit.*, p. 335.

8 *Akten der Reichskanzlei. Weimarer Republik. Das Kabinett Müller II. 28. Juni 1928 bis 27. März 1930*, vol. 1 («Juni 1928 bis Juli 1929»), Martin Vogt, ed., Boppard am Rhein, 1970, n.º 1, p. 1, nota 2. Véase Peter Reichel, *Der tragische Kanzler. Hermann Müller und die SPD in der Weimarer Republik*, Múnich, 2018, p. 256 y s.; Heinrich August Winkler, *Weimar*, *op. cit.*, p. 335.

9 Véase Hagen Schulze, *Otto Braun*, *op. cit.*, pp. 542-544; Ludwig Richter, *Die Deutsche Volkspartei*, *op. cit.*, pp. 486-488.

10 Véase Heinrich August Winkler, *Weimar*, *op. cit.*, p. 336; Ludwig Richter, *Die Deutsche Volkspartei*, *op. cit.*, p. 491.

11 Gustav Stresemann, *Vermächtnis. Der Nachlass in drei Bänden*, Henry Bernhard, ed., vol. II, Berlín, 1933, p. 298 y s.

12 Véase Ludwig Richter, *Die Deutsche Volkspartei*, *op. cit.*, pp. 494-497; Heinrich August Winkler, *Der Schein der Normalität*, *op. cit.*, p. 536.

13 Véase Heinrich August Winkler, *Weimar*, *op. cit.*, p. 337.

14 Véase, para el reparto del gabinete, *Akten der Reichskanzlei. Weimarer Republik. Das Kabinett Müller II*, *op. cit.*, vol. 1, pp. IX-XV (Introducción).

15 Palabras de Heinrich August Winkler, *Weimar*, *op. cit.*, p. 338. El *Berliner Tageblatt* (n.º 294, del 26 de junio de 1928) habló de un «gabinete con una crisis permanente incorporada».

16 Véase la reunión de ministros del 3 de julio de 1928, en *Akten der Reichskanzlei. Weimarer Republik. Das Kabinett Müller II*, *op. cit.*, vol. 1, n.º 5, p. 13; Heinrich August Winkler, *Weimar*, *op. cit.*, p. 338 y s.

17 Véase, para lo que sigue, Wolfgang Wacker, *Der Bau des Panzerschiffs «A» und der Reichstag*, Tubinga, 1959, p. 90 y ss.; Heinrich August Winkler, *Der Schein der Normalität*, *op. cit.*, p. 533 y s., 541-555; Peter Reichel, *Der tragische Kanzler*, *op. cit.*, pp. 264-275.

18 *Akten der Reichskanzlei. Weimarer Republik. Das Kabinett Müller II*, *op. cit.*, vol. 1, n.º 15, pp. 61-64.

19 Reunión de ministros del 14 de noviembre de 1928, *ibid.*, n.º 64, p. 225.

20 Reunión de ministros del 15 de noviembre de 1928, *ibid.*, n.º 65, p. 227.

21 Palabras de Heinrich August Winkler, *Weimar*, *op. cit.*, p. 340.

22 Gustav Stresemann, *Vermächtnis*, *op. cit.*, vol. II, pp. 428-433 (cita: p. 432).

23 Véase Heinrich August Winkler, *Musste Weimar scheitern? Das Ende der ersten Deutschen Republik und die Kontinuität der deutschen Geschichte*, Múnich, 1991, p. 15; Ursula Büttner, *Weimar*, *op. cit.*, p. 499 y s.

24 Véase también, para lo que sigue, Bernd Weisbrod, *Schwerindustrie in der Weimarer Republik. Interessenpolitik zwischen Stabilisierung und Krise*, Wuppertal, 1978, pp. 415-456; Heinrich August Winkler, *Der Schein der Normalität*, *op. cit.*, pp. 557-572.

25 Citado en Bernd Weisbrod, *Schwerindustrie in der Weimarer Republik*, *op. cit.*, p. 420 y s.

26 Reunión del gabinete con posterior reunión de ministros del 28 de noviembre de 1928, en *Akten der Reichskanzlei. Weimarer Republik. Das Kabinett Müller II*, *op. cit.*, vol. 1, n.º 73, pp. 250-257 (cita: p. 254).

27 Véase Ulrich Herbert, *Geschichte Deutschlands im 20. Jahrhundert*, *op. cit.*, p. 260.

28 Citado en Klaus Wernecke, *Der vergessene Führer. Alfred Hugenberg. Pressemacht und Nationalsozialismus*, Hamburgo, 1982, p. 146. Para el grupo de Hugenberg, véase *ibid.*, p. 67 y ss.; Heidrun Holzbach, *Das «System» Hugenberg. Die Organisation bürgerlicher Sammlungspolitik vor dem Aufstieg der NSDAP*, Stuttgart, 1981, p. 259 y ss.; Hans Mommsen, *Die verspielte Freiheit. Der Weg der Republik von Weimar in den Untergang, 1918 bis 1933*, Berlín, 1989, pp. 261-264.

29 Véase Rudolf Morsey, «Die Deutsche Zentrumspartei», en Erich Matthias y Rudolf Morsey, eds., *Das Ende der Parteien 1933*, Düsseldorf, 1960, p. 283 y ss. (cita: p. 291). Véase Heinrich August Winkler, *Weimar*, *op. cit.*, p. 343 y s.; Hans Mommsen, *Die verspielte Freiheit*, *op. cit.*, p. 268 y s.; Ursula Büttner, *Weimar*, *op. cit.*, p. 387.

30 Citado en Heinrich August Winkler, *Der Schein der Normalität*, *op. cit.*, p. 662. Véase también, para lo que sigue, *ibid.*, pp. 661-697; Heinrich August Winkler, *Weimar*, *op. cit.*, pp. 349-352; Ursula Büttner, *Weimar*, *op. cit.*, p. 385 y s.

31 Véase Hermann Weber y Bernhard H. Bayerlein, eds., *Der Thälmann-Skandal. Geheime Korrespondenzen mit Stalin*, Berlín, 2003.

32 Véase Thomas Kurz, *Blutmai. Sozialdemokraten und Kommunisten im Brennpunkt der Berliner Ereignisse von 1929*, Berlín y Bonn, 1986.

33 Hermann Müller a Otto Wels, 12 de febrero de 1929; citado en Heinrich August Winkler, *Der Schein der Normalität*, *op. cit.*, p. 576.

34 Reunión de gabinete del 10 de abril de 1929, en *Akten der Reichskanzlei. Weimarer Republik. Das Kabinett Müller II*, *op. cit.*, vol. 1, n.º 168, p. 542 y s.; véase, para la reestructuración del gobierno, *ibid.*, pp. XV-XVII (Introducción); Heinrich August Winkler, *Weimar*, *op. cit.*, pp. 344-346; Peter Reichel, *Der tragische Kanzler*, *op. cit.*, pp. 282-287.

35 Julius Curtius, *Der Young-Plan. Entstehung und Wahrheit*, Stuttgart, 1970, p. 17. Véase, para los antecedentes del Plan Young, Peter Krüger, *Die Außenpolitik der Republik von Weimar*, 2.ª ed., Darmstadt, 1993, p. 428 y ss.; Heinrich August Winkler, *Weimar*,

op. cit., p. 342 y s.; Ursula Büttner, *Weimar*, *op. cit.*, p. 353 y s.; Peter Longerich, *Deutschland 1918-1933. Die Weimarer Republik. Handbuch zur Geschichte*, Hannover, 1995, p. 251 y s.

36 Véase Christopher Kopper, *Hjalmar Schacht. Aufstieg und Fall von Hitlers mächtigstem Bankier*, Múnich y Viena, 2006, p. 133 y s., 137 y s. y 141 y s.

37 Véase, para las negociaciones de París y el rol de Schacht, *ibid.*, pp. 144-155; Heinrich August Winkler, *Weimar*, *op. cit.*, p. 346 y s. Para la reacción del gabinete de Müller ante el proceder de Schacht, véase Peter Reichel, *Der tragische Kanzler*, *op. cit.*, pp. 304-309.

38 Véase Heinrich August Winkler, *Weimar*, *op. cit.*, p. 347 y s.; Ursula Büttner, *Weimar*, *op. cit.*, p. 355 y s.; Peter Longerich, *Deutschland 1918-1933*, *op. cit.*, p. 252.

39 *Akten der Reichskanzlei. Weimarer Republik. Das Kabinett Müller II*, *op. cit.*, vol. 1, n.º 226, p. 738.

40 Stresemann a Löbe, 19 de septiembre de 1929; Gustav Stresemann, *Vermächtnis*, *op. cit.*, vol. III, p. 568. Véase Jonathan Wright, *Gustav Stresemann*, *op. cit.*, p. 480.

41 Véase Volker R. Berghahn, *Der Stahlhelm. Bund der Frontsoldaten 1918-1935*, Düsseldorf, 1966, p. 115 y ss.; Klaus Wernecke, *Der vergessene Führer*, *op. cit.*, p. 148 y s.; Volker Ullrich, *Adolf Hitler*, vol. 1, *op. cit.*, p. 247 y s.

42 Texto del proyecto de ley, entre otras cosas, en Friedrich Stampfer, *Die ersten 14 Jahre der Deutschen Republik*, *op. cit.*, p. 547. Véase Volker R. Berghahn, *Der Stahlhelm*, *op. cit.*, p. 124 y s.; Heinrich August Winkler, *Weimar*, *op. cit.*, p. 354 y s.; Eberhard Kolb, *Die Weimarer Republik*, *op. cit.*, p. 116.

43 Reunión de ministros del 18 de octubre de 1929, en *Akten der Reichskanzlei. Weimarer Republik. Das Kabinett Müller II*, *op. cit.*, vol. 2, n.º 323, p. 1046.

44 Véase Karl Dietrich Bracher, *Die Auflösung der Weimarer Republik. Eine Studie zum Problem des Machtverfalls in der Demokratie*, 3.ª ed., Villingen, 1960, pp. 318-322; Friedrich Freiherr Hiller von Gaertringen, «Die Deutschnationale Volkspartei», en Erich Matthias y Rudolf Morsey, eds., *Das Ende der Parteien*, *op. cit.*, p. 544 y ss.

45 Hermann Pünder, *Politik in der Reichskanzlei. Aufzeichnungen aus den Jahren 1929-1932*, Thilo Vogelsang, ed., Stuttgart, 1961, p. 25 (del 2 de diciembre de 1929). Véase Heinrich August Winkler, *Weimar*, *op. cit.*, p. 356; Eberhard Kolb, *Die Weimarer Republik*, *op. cit.*, p. 136.

46 Citado en Klaus Wernecke, *Der vergessene Führer*, *op. cit.*, p. 153; véase Volker Ullrich, *Adolf Hitler*, vol. 1, *op. cit.*, p. 248.

47 Véase Volker Ullrich, *Adolf Hitler*, vol. 1, *op. cit.*, p. 248 y 253. Para Turingia, véase el capítulo VII, p. 231 y ss.

48 Harry Graf Kessler, *Das Tagebuch*, vol. 9 («1926-1932»), Sabine Gruber y Ulrich Ott, eds., con la colaboración de Christoph Hilse y Nadin Weiss, Stuttgart, 2010, p. 264 y s. (del 3 y 4 de octubre de 1929).

49 Bernd Sösemann, ed., *Theodor Wolff. Der Journalist. Berichte und Leitartikel*, Düsseldorf, 1993, pp. 262-266 (cita: p. 264).

50 Carl von Ossietzky, «Abschied von Stresemann», en *Sämtliche Schriften*, vol. V («1929-1930»), Bärbel Boldt, Ute Maack y Günther Nickel, eds., Reinbek, 1994, pp. 208-212 (cita: p. 209).

51 Betty Scholem y Gershom Scholem, *Mutter und Sohn im Briefwechsel*, *op. cit.*, p. 207 (del 9 de octubre de 1929).

52 Véase Ludwig Richter, *Die Deutsche Volkspartei*, *op. cit.*, pp. 585-594; *Akten der Reichskanzlei. Weimarer Republik. Das Kabinett Müller II*, *op. cit.*, vol. 1, p. XVII (Introducción).

53 Véase Ursula Büttner, *Weimar*, *op. cit.*, p. 388; Peter Longerich, *Deutschland 1918-1933*, *op. cit.*, p. 254.

54 Véase Helga Timm, *Die deutsche Sozialpolitik und der Bruch der Großen Koalition im März 1930*, Düsseldorf, 1952, pp. 23-25; Eberhard Kolb, *Die Weimarer Republik*, *op. cit.*, p. 89; Ursula Büttner, *Weimar*, *op. cit.*, p. 373 y s.; Karl Christian Führer, «Die Sozialpolitik der Weimarer Republik», en Nadine Rossol y Benjamin Ziemann, eds., *Aufbruch und Abgründe*, *op. cit.*, pp. 338-363 (aquí, p. 364).

55 Véase Helga Timm, *Die deutsche Sozialpolitik*, *op. cit.*, pp. 124-126; Heinrich August Winkler, *Weimar*, *op. cit.*, p. 352 y s.

56 Reunión de gabinete del 6 de mayo de 1929, en *Akten der Reichskanzlei. Weimarer Republik. Das Kabinett Müller II*, *op. cit.*, vol. 1, n.º 196, pp. 638-642 (citas: p. 639 y 641).

57 *Akten der Reichskanzlei. Weimarer Republik. Das Kabinett Müller II*, *op. cit.*, vol. 2, n.º 278, p. 895, n.º 302, p. 963.

58 Véase Helga Timm, *Die deutsche Sozialpolitik*, *op. cit.*, pp. 132-139; Ludwig Richter, *Die Deutsche Volkspartei*, *op. cit.*, pp. 578-582.

59 Véase Heinrich August Winkler, *Der Schein der Normalität*, *op. cit.*, p. 738 y s.

60 Hermann Pünder, *Politik in der Reichskanzlei*, *op. cit.*, p. 26 (del 29 de noviembre de 1929). Véase Christopher Kopper, *Hjalmar Schacht*, *op. cit.*, pp. 159-161.

61 *Akten der Reichskanzlei. Weimarer Republik. Das Kabinett Müller II*, *op. cit.*, vol. 2, pp. 1210-1215 (citas: p. 1212 y s.).

62 Schacht al canciller de la Nación, Müller, 5 de diciembre de 1929, con memorando adjunto, en *Akten der Reichskanzlei. Weimarer Republik. Das Kabinett Müller II*, *op. cit.*, vol. 2, n.º 369, pp. 1219-1229. Véase Christopher Kopper, *Hjalmar Schacht*, *op. cit.*, p. 162 y s.

63 Carl von Ossietzky, «Der Schacht-Putsch», *Sämtliche Schriften*, *op. cit.*, vol. V, pp. 252-254 (cita: p. 252).

64 Hermann Pünder, *Politik in der Reichskanzlei*, *op. cit.*, p. 28 (del 6 de diciembre de 1929).

65 Véanse las reuniones de ministros del 6 de diciembre de 1929, en *Akten der Reichskanzlei. Weimarer Republik. Das Kabinett Müller II*, *op. cit.*, vol. 2, n.º 371 y 372, pp. 1231-1235. Texto de la declaración, *ibid.*, p. 1235, nota 2.

66 Reunión de líderes de facción, 11 de diciembre de 1929, *ibid.*, n.º 376, p. 1246 y s.; véase Ludwig Richter, *Die Deutsche Volkspartei*, *op. cit.*, p. 596; Heinrich August Winkler, *Der Schein der Normalität*, *op. cit.*, pp. 741-745.

67 Reunión de líderes de facción, 14 de diciembre de 1929, en *Akten der Reichskanzlei. Weimarer Republik. Das Kabinett Müller II*, *op. cit.*, vol. 2, n.º 383, pp. 1260-1262 (texto de la moción de confianza: p. 1262, nota 6). Véase Hermann Pünder, *Politik in der Reichskanzlei*, *op. cit.*, pp. 29-32 (del 15 de diciembre de 1929); Heinrich August Winkler, *Der Schein der Normalität*, *op. cit.*, p. 745 y s.; Ludwig Richter, *Die Deutsche Volkspartei*, *op. cit.*, pp. 597-599.

68 Véase el registro de Meissner sobre la conversación entre Schacht y Hindenburg y la reunión de ministros, 16 de diciembre de 1929; *Akten der Reichskanzlei. Weimarer Republik. Das Kabinett Müller II*, *op. cit.*, vol. 2, n.º 387 y 389, p. 1266 y s., y 1270-1272.

69 Véase Heinrich August Winkler, *Der Schein der Normalität*, *op. cit.*, pp. 747-750.

70 Hermann Pünder, *Politik in der Reichskanzlei*, *op. cit.*, p. 32 (del 20 de diciembre de 1929).

71 Hilferding a Müller, 20 de diciembre de 1929; *Akten der Reichskanzlei. Weimarer Republik. Das Kabinett Müller II*, *op. cit.*, vol. 2, n.º 397, p. 1297.

72 Véase *ibid.*, vol. 1, p. XVIII (Introducción).

73 Véase Werner Plumpe, *Carl Duisberg 1861-1935. Anatomie eines Industriellen*, Múnich, 2016, pp. 750-753; Heinrich August Winkler, *Der Schein der Normalität*, *op. cit.*, p. 759 y s.; Ludwig Richter, *Die Deutsche Volkspartei*, *op. cit.*, p. 603.

74 Citado en Werner Plumpe, *Carl Duisberg*, *op. cit.*, p. 755.

75 Gilsa a Reusch, 25 de enero y 29 de enero de 1930; en *Politik und Wirtschaft in der Krise 1930-1932*, *op. cit.*, primera parte, n.º 9, p. 23 y s., n.º 11 a/b, p. 32 y 34 (citas: p. 23 y 34). Véase Heinrich August Winkler, *Der Schein der Normalität*, *op. cit.*, p. 783; Ludwig Richter, *Die Deutsche Volkspartei*, *op. cit.*, p. 605 y s.; Bernd Weisbrod, *Schwerindustrie in der Weimarer Republik*, *op. cit.*, p. 471.

76 Gilsa a Reusch, 5 de febrero de 1930; en *Politik und Wirtschaft in der Krise 1930-1932*, *op. cit.*, primera parte, n.º 14, pp. 41-43 (cita: p. 41 y s.).

77 Citado en Eberhard Kolb, *Die Weimarer Republik*, *op. cit.*, p. 83.

78 Heinrich Brüning, *Memoiren*, *op. cit.*, p. 145. Véase, para los planes de las Fuerzas Armadas y el entorno de Hindenburg en vistas a un gabinete presidencial, Heinrich August Winkler, *Der Schein der Normalität*, *op. cit.*, p. 761 y s.; Johannes Hürter, *Wilhelm Groener*, *op. cit.*, pp. 241-243; Wolfram Pyta, *Hindenburg*, *op. cit.*, pp. 558-567; Herbert Hömig, *Brüning*, *op. cit.*, p. 132 y s.

79 Otto Meissner, *Staatssekretär unter Ebert-Hindenburg-Hitler*, *op. cit.*, p. 188.

80 Citado en Johannes Hürter, *Wilhelm Groener*, *op. cit.*, p. 243.

81 Registro del conde Westarp sobre su conversación con Hindenburg, 15 de enero de 1930; en *Politik und Wirtschaft in der Krise 1930-1932*, *op. cit.*, primera parte, n.º 7, pp. 15-18.

82 Véase, para la conferencia final de La Haya, Julius Curtius, *Der Young-Plan*, *op. cit.*, p. 94 y s.; Helga Timm, *Die deutsche Sozialpolitik*, *op. cit.*, pp. 163-166; Heinrich August Winkler, *Der Schein der Normalität*, *op. cit.*, p. 767 y s.

83 *Die Protokolle der Reichstagsfraktion und des Fraktionsvorstands der Deutschen Zentrumspartei 1926-1933*, Rudolf Morsey, ed., Maguncia, 1969, n.º 503, pp. 376-378 (texto de la resolución: p. 377).

84 Heinrich August Winkler, *Der Schein der Normalität*, *op. cit.*, p. 776.

85 Reunión de ministros, 30 de enero de 1930; en *Akten der Reichskanzlei. Weimarer Republik. Das Kabinett Müller II*, *op. cit.*, vol. 2, n.º 426, pp. 1402-1406 (cita: p. 1403).

86 Reunión de líderes de partido, 7 de febrero de 1930; *ibid.*, n.º 437, p. 1438.

87 Véase Helga Timm, *Die deutsche Sozialpolitik*, *op. cit.*, pp. 168-171; Ludwig Richter, *Die Deutsche Volkspartei*, *op. cit.*, pp. 609-615.

88 Hermann Pünder, *Politik in der Reichskanzlei*, *op. cit.*, p. 41 (del 3 de marzo de 1930).

89 *Akten der Reichskanzlei. Weimarer Republik. Das Kabinett Müller II*, *op. cit.*, vol. 2, n.º 462, pp. 1535-1539 (cita: p. 1538). Véase Heinrich August Winkler, *Der Schein der Normalität*, *op. cit.*, p. 787 y s.

90 Citado en Helga Timm, *Die deutsche Sozialpolitik*, *op. cit.*, p. 172, notas 315 y 316.

91 Reproducido en *Politik und Wirtschaft in der Krise 1930-1932*, *op. cit.*, primera parte, n.º 30, p. 76, nota 1. Véase Heinrich August Winkler, *Der Schein der Normalität*, *op. cit.*, p. 788 y s.; Ludwig Richter, *Die Deutsche Volkspartei*, *op. cit.*, p. 616 y s.

92 Duisberg a Moldenhauer, 14 de marzo de 1930; en *Politik und Wirtschaft in der Krise 1930-1932*, *op. cit.*, primera parte, n.º 34, p. 86.

93 Hermann Pünder, *Politik in der Reichskanzlei*, *op. cit.*, p. 42 (del 9 de marzo de 1930); reunión de ministros, 7 de marzo de 1930; en *Akten der Reichskanzlei. Weimarer Republik. Das Kabinett Müller II*, *op. cit.*, vol. 2, n.º 468, pp. 1550-1554. Véase Christopher Kopper, *Hjalmar Schacht*, *op. cit.*, pp. 173-175.

94 *Die Protokolle der Reichstagsfraktion und des Fraktionsvorstands der Deutschen Zentrumspartei 1926-1933*, *op. cit.*, n.º 542, p. 413. También a Hermann Müller le había dado Hindenburg la misma garantía en la mañana del 11 de marzo, según informó el canciller en la reunión de líderes de partidos el 11 de marzo de 1930. *Akten der Reichskanzlei. Weimarer Republik. Das Kabinett Müller II*, *op. cit.*, vol. 2, n.º 471, p. 1565.

95 Astrid von Pufendorf, *Die Plancks. Eine Familie zwischen Patriotismus und Widerstand*, Berlín, 2006, p. 232.

96 Gilsa a Reusch, 18 de marzo de 1930; en *Politik und Wirtschaft in der Krise 1930-1932*, *op. cit.*, primera parte, n.º 36, p. 87 y s.; véase Heinrich August Winkler, *Weimar*, *op. cit.*, p. 368.

97 Hindenburg a Müller, 18 de marzo de 1930; en *Akten der Reichskanzlei. Weimarer Republik. Das Kabinett Müller II*, *op. cit.*, vol. 2, n.º 480, pp. 1580-1582.

98 Meissner a Schleicher, 19 de marzo de 1930; en *Politik und Wirtschaft in der Krise 1930-1932*, *op. cit.*, primera parte, n.º 38 c, p. 94.

99 Redlhammer a Curtius, 20 de marzo de 1930; *ibid.*, n.º 39, p. 95.

100 Astrid von Pufendorf, *Die Plancks*, *op. cit.*, p. 233.

101 Lo destaca, con razón, Ludwig Richter en *Die Deutsche Volkspartei*, *op. cit.*, p. 622. Véase, para lo anterior, *ibid.*, p. 620 y s.; Heinrich August Winkler, *Weimar*, *op. cit.*, p. 369.

102 Reunión de líderes de partidos, 25 de marzo de 1930; en *Akten der Reichskanzlei. Weimarer Republik. Das Kabinett Müller II*, *op. cit.*, vol. 2, n.º 484, pp. 1594-1598 (cita: p. 1597).

103 *Die Protokolle der Reichstagsfraktion und des Fraktionsvorstands der Deutschen Zentrumspartei 1926-1933*, *op. cit.*, n.º 552, p. 423.

104 Reunión de líderes de partidos, 26 de marzo de 1930; en *Akten der Reichskanzlei. Weimarer Republik. Das Kabinett Müller II*, *op. cit.*, vol. 2, n.º 486, pp. 1600-1602 (cita: p. 1601).

105 Véase *Akten der Reichskanzlei. Weimarer Republik. Das Kabinett Müller II*, *op. cit.*, vol. 2, n.º 487, pp. 1602-1605; n.º 488, pp. 1605-1607.

106 Véase Ludwig Richter, *Die Deutsche Volkspartei*, *op. cit.*, p. 624; Heinrich August Winkler, *Der Schein der Normalität*, *op. cit.*, pp. 805-807.

107 Reunión de ministros, 27 de marzo de 1930, a las cinco y las siete de la tarde; en *Akten der Reichskanzlei. Weimarer Republik. Das Kabinett Müller II*, *op. cit.*, vol. 2, n.º 489, pp. 1608-1610.

108 F(ritz) K(ein), «Wendepunkt», *Deutsche Allgemeine Zeitung*, n.º 147, del 28 de marzo de 1930.

109 «Eine unheilvolle Entscheidung», *Frankfurter Zeitung*, n.º 234, del 28 de marzo de 1930.

110 *Berliner Tageblatt*, del 28 de marzo de 1930, citado en Peter Reichel, *Der tragische Kanzler*, *op. cit.*, p. 340.

111 «Wissell besiegt Müller», *Vossische Zeitung*, n.º 148, del 28 de marzo de 1930.

112 Citado en Hagen Schulze, *Otto Braun*, *op. cit.*, p. 625.

113 Rudolf Hilferding, «Der Austritt aus der Regierung», *Die Gesellschaft*, 7 (1930-1931), pp. 385-392; véase Heinrich August Winkler, *Der Schein der Normalität*, *op. cit.*, p. 812 y s.

114 Karl Dietrich Bracher, *Die Auflösung der Weimarer Republik*, *op. cit.*, p. 331 y ss.

115 Véase Ludwig Richter, *Die Deutsche Volkspartei*, *op. cit.*, p. 627 y s.; Heinrich August Winkler, *Weimar*, *op. cit.*, p. 373 y s.

116 Véase Johannes Hürter, *Wilhelm Groener*, *op. cit.*, p. 248 y s.

117 Véase Heinrich August Winkler, *Weimar*, *op. cit.*, p. 376 y s.

118 Hermann Pünder, *Politik in der Reichskanzlei*, *op. cit.*, p. 46 (del 30 de marzo de 1930).

119 Véase Heinrich August Winkler, *Weimar*, *op. cit.*, p. 377.

120 Véase Heinrich August Winkler, *Der Weg in die Katastrophe. Arbeiter und Arbeiterbewegung in der Weimarer Republik 1930 bis 1933*, Berlín y Bonn, 1987, pp. 189-194.

121 *Vossische Zeitung*, n.º 435, del 15 de septiembre de 1930. Véase también J(ulius) E(lbau), «Zeit der Gärung», *Vossische Zeitung*, n.º 436, del 16 de septiembre de 1930: «El centro, despedazado y molido, se

enfrenta a la pregunta de qué puede hacer para mitigar las graves consecuencias de este duro día, para evitar que continúe la radicalización y para ayudar al Estado a superar la grave crisis del invierno».

122 Victor Klemperer, *Tagebücher 1925-1932*, *op. cit.*, p. 659 (del 15 de septiembre de 1930).

123 Harry Graf Kessler, *Das Tagebuch*, vol. 9, *op. cit.*, p. 375 y 377 (del 15 de septiembre de 1930).

124 Arthur Rosenberg, *Geschichte der Weimarer Republik*, *op. cit.*, p. 211.

125 Véase Larry Eugene Jones, «Von der Demokratie zur Diktatur. Das Ende der Weimarer Republik und der Aufstieg des Nationalsozialismus», en Nadine Rossol y Benjamin Ziemann, eds., *Aufbruch und Abgründe*, *op. cit.*, pp. 120-141 (aquí, p. 120 y s.).

CAPÍTULO VII. EL MODELO DE TURINGIA. LA REVOLUCIÓN CULTURAL MARRÓN DE WILHELM FRICK

1 Klaus Schönhoven y Hans Jochen Vogel, eds., *Frühe Warnungen vor dem Nationalsozialismus. Ein historisches Lesebuch*, Bonn, 1998, pp. 81-92.

2 Georg Witzmann, *Thüringen von 1918-1933. Erinnerungen eines Politikers*, Meisenheim am Glan, 1958, p. 157; «Frick tritt sein Amt an», *Vossische Zeitung*, n.° 40, del 24 de enero de 1930.

3 Véase Donald R. Tracey, «Der Aufstieg der NSDAP bis 1930», en Detlev Heiden y Gunther Mai, eds., *Nationalsozialismus in Thüringen*, Weimar, Colonia y Viena, 1995, pp. 49-72 (aquí, p. 52 y s.); Peter Merseburger, *Mythos Weimar. Zwischen Geist und Macht*, Stuttgart, 1998, p. 312.

4 Véase Peter Merseburger, *Mythos Weimar*, *op. cit.*, p. 308; Volker Mauersberger, *Hitler in Weimar. Der Fall einer deutschen Kulturstadt*, Berlín, 1999, p. 154.

5 Karsten Rudolph, «Untergang auf Raten. Die Auflösung und Zerstörung der demokratischen Kultur in Thüringen 1930 im regionalen Vergleich», en Lothar Ehrlich y Jürgen John, eds., *Weimar 1930. Politik und Kultur im Vorfeld der NS-Diktatur*, Colonia, Weimar y Viena, 1998, pp. 15-29 (cita: p. 16).

6 Véase Adolf Hitler, *Reden Schriften Anordnungen. Februar 1925 bis Januar 1933*, vol. I («Die Wiederbegründung der NSDAP. Februar 1925-Juni 1926»), Clemens Vollnhals, ed. y comentario, Múnich *et al.*, 1992, documentos 17-18, pp. 48-51; documento 78, pp. 184-205.

7 Citado en Volker Mauersberger, *Hitler in Weimar*, *op. cit.*, p. 224. Véase Adolf Hitler, *Reden Schriften Anordnungen*, vol. II, parte 1 («Juli 1926-Juli 1927»), Bärbel Dusik, ed. y comentario, Múnich *et al.*, 1992, documentos 6-7, pp. 15-25.

8 Véase Donald R. Tracey, «Der Aufstieg der NSDAP bis 1930», *op. cit.*, p. 67 y s.; Peter Merseburger, *Mythos Weimar*, *op. cit.*, p. 337 y s.

9 Véase Jochen Lang, «Martin Bormann - Hitlers Sekretär», en Ronald Smelser y Rainer Zitelmann, eds., *Die braune Elite. 22 biographische Skizzen*, Darmstadt, 1989, pp. 1-14 (aquí, p. 3 y s.).

10 Volker Mauersberger, *Hitler in Weimar*, *op. cit.*, p. 211 y s.

11 Véase Donald R. Tracey, «Der Aufstieg der NSDAP bis 1930», *op. cit.*, p. 69 y s.

12 *Berliner Tageblatt*, n.° 580, del 9 de diciembre de 1929.

13 Fritz Dickmann, «Die Regierungsbildung in Thüringen als Modell der Machtergreifung. Ein Brief Hitlers aus dem Jahre 1930», *Vierteljahrshefte für Zeitgeschichte*, año 14 (1966), pp. 454-464 (citas: p. 461).

14 *Die Tagebücher von Joseph Goebbels*, Elke Fröhlich, ed., parte I, vol. 2/I («Dezember 1929-Mai 1931»), Múnich, 2005, p. 58 (del 8 de enero de 1930).

15 Fritz Dickmann, «Die Regierungsbildung in Thüringen», *op. cit.*, p. 461.

16 *Ibid.*, p. 462.

17 *Die Tagebücher von Joseph Goebbels*, *op. cit.*, parte I, vol. 2/I, p. 60 (del 11 de enero de 1930).

18 *Ibid.*, p. 71 (del 24 de enero de 1930).

19 Citado en Georg Witzmann, *Thüringen von 1918-1933*, *op. cit.*, p. 154.

20 Véase Ludwig Richter, *Die Deutsche Volkspartei*, *op. cit.*, p. 607; Heinrich August Winkler, *Der Schein der Normalität*, *op. cit.*, p. 767.

21 Véase Günter Neliba, «Wilhelm Frick und Thüringen als Experimentierfeld für die nationalsozialistische Machtergreifung», en Detlev Heiden y Gunther Mai, eds., *Nationalsozialismus in Thüringen*, *op. cit.*, pp. 75-94 (aquí, p. 78 y s.); Georg Witzmann, *Thüringen von 1918-1933*, *op. cit.*, p. 159.

22 Fritz Dickmann, «Die Regierungsbildung in Thüringen», *op. cit.*, p. 462 y s.

23 Volker Mauersberger, *Hitler in Weimar*, *op. cit.*, p. 264. Véase *Die Tagebücher von Joseph Goebbels*, *op. cit.*, parte I, vol. 2/I, p. 73 (del 28 de enero de 1930): «Frick [...] dio un discurso inaugural a los funcionarios de su ministerio que fue realmente estupendo. Los judíos se quejan a los gritos en los periódicos».

24 Véase Günter Neliba, «Wilhelm Frick und Thüringen als Experimentierfeld», *op. cit.*, p. 79 y s.

25 Citado en *ibid.*, p. 81; véase Heinrich August Winkler, *Der Schein der Normalität*, *op. cit.*, p. 797.

26 Apunte de Pünder del 18 de diciembre de 1930 y esbozo de una propuesta de acuerdo en la disputa entre la Nación y Turingia; en *Staat und NSDAP 1930-1932. Quellen zur Ära Brüning*, intr. de Gerhard Schulz; Ilse Maurer y Udo Wengst, eds., Düsseldorf, 1977, n.° 21a y 21b, pp. 172-174. Véase Günter Neliba, «Wilhelm Frick und Thüringen als Experimentierfeld», *op. cit.*, pp. 81-83; Georg Witzmann, *Thüringen von 1918-1933*, *op. cit.*, p. 167 y s.; Gerhard Schulz, *Von Brüning zu Hitler. Der Wandel des politischen Systems in Deutschland 1930-1933*, Berlín y Nueva York, 1992, pp. 143-145.

27 *Die Tagebücher von Joseph Goebbels*, *op. cit.*, parte I, vol. 2/I, p. 172 (del 7 de junio de 1930).

28 Véase Günter Neliba, «Wilhelm Frick und Thüringen als Experimentierfeld», *op. cit.*, p. 84 y s.; Volker Mauersberger, *Hitler in Weimar*, *op. cit.*, p. 264 y s.

29 Decreto de Frick del 16 de abril de 1930, en Detlev Heiden y Gunther Mai, eds., *Thüringen auf dem Weg ins «Dritte Reich»*, n.° 19a, pp. 225-227; véase Georg Witzmann, *Thüringen von 1918-1933*, *op. cit.*, pp. 168-172.

30 Citado en Peter Merseburger, *Mythos Weimar*, *op. cit.*, p. 330.

31 Detlev Heiden y Gunther Mai, eds., *Thüringen auf dem Weg ins «Dritte Reich»*, n.° 19b, p. 227. Véase Volker Mauersberger, *Hitler in Weimar*, *op. cit.*, p. 271 y s.; Georg Witzmann, *Thüringen von 1918-1933*, *op. cit.*, p. 172.

32 Véase Günter Neliba, «Wilhelm Frick und Thüringen als Experimentierfeld», *op. cit.*, p. 87; Volker Mauersberger, *Hitler in Weimar*, *op. cit.*, p. 266 y s.

33 *Die Tagebücher von Joseph Goebbels*, *op. cit.*, parte I, vol. 2/I, p. 301 (del 10 de diciembre de 1930).

34 Decreto de Frick del 5 de abril de 1930, en Detlev Heiden y Gunther Mai, eds., *Thüringen auf dem Weg ins «Dritte Reich»*, n.° 18, p. 223 y s.; véase Günter Neliba, «Wilhelm Frick und Thüringen als Experimentierfeld», *op. cit.*, p. 87 y s.

35 Véase Peter Merseburger, *Mythos Weimar*, *op. cit.*, p. 326.

36 Klaus Schönhoven y Hans Jochen Vogel, eds., *Frühe Warnungen vor dem Nationalsozialismus*, *op. cit.*, pp. 93-107 (citas: p. 94, 97 y 107).

37 *Die Tagebücher von Joseph Goebbels*, *op. cit.*, parte I, vol. 2/I, p. 175 (del 11 de junio de 1930). Véase Peter Merseburger, *Mythos Weimar*, *op. cit.*, p. 326 y s.; Günter Neliba, «Wilhelm Frick und Thüringen als Experimentierfeld», *op. cit.*, p. 89 y s.

38 Detlev Heiden y Gunther Mai, eds., *Thüringen auf dem Weg ins «Dritte Reich»*, n.° 21, pp. 228-230 (citas: p. 229 y 230).

39 Günter Neliba, «Wilhelm Frick und Thüringen als Experimentierfeld», *op. cit.*, p. 88 y s.; véase Volker Mauersberger, *Hitler in Weimar*, *op. cit.*, pp. 274-276.

40 Citado en Peter Merseburger, *Mythos Weimar*, *op. cit.*, p. 329.

41 Fritz Dickmann, «Die Regierungsbildung in Thüringen», *op. cit.*, p. 465.

42 Véase Günter Neliba, «Wilhelm Frick und Thüringen als Experimentierfeld», *op. cit.*, p. 90; Peter Merseburger, *Mythos Weimar*, *op. cit.*, p. 327 y s.

43 Georg Witzmann, *Thüringen von 1918-1933*, *op. cit.*, p. 175 y s. Véase Bernhard Post, «Vorgezogene Machtübernahme 1932: Die Regierung Sauckel», en Detlev Heiden y Gunther Mai, eds., *Thüringen auf dem Weg ins «Dritte Reich»*, pp. 147-181 (aquí, p. 150 y s.).

44 «Fricks letzte Versuche gescheitert. Volkspartei bleibt fest», *Vossische Zeitung*, n.° 154, del 1 de abril de 1931.

45 Klaus Schönhoven y Hans Jochen Vogel, eds., *Frühe Warnungen vor dem Nationalsozialismus*, *op. cit.*, pp. 107-112 (citas: p. 111 y 112).

46 Véase Hermann Brill, *Gegen den Strom*, Offenbach, 1946, pp. 8-14; Rudolf Morsey, «Hitler als Braunschweigischer Regierungsrat», *Vierteljahrshefte für Zeitgeschichte*, año 8 (1960), pp. 419-448 (aquí, p. 420 y 422-428); Günter Neliba, «Wilhelm Frick und Thüringen als Experimentierfeld», *op. cit.*, p. 91 y s.; Peter Merseburger, *Mythos Weimar*, *op. cit.*, p. 330 y s.

47 *Die Tagebücher von Joseph Goebbels*, *op. cit.*, parte I, vol. 2/II («Juni 1931-September 1932»), Múnich, 2004, p. 212 (del 5 de febrero de 1932).

48 «Fricks missglückte Schiebung», *Vossische Zeitung*, n.° 58, del 4 de febrero de 1932.

49 Véase Bernhard Post, «Vorgezogene Machtübernahme 1932», *op. cit.*, p. 156.

50 Hermann Brill, *Gegen den Strom*, *op. cit.*, p. 8.

51 Adolf Hitler, *Reden Schriften Anordnungen*, vol. IV («Von der Reichstagswahl bis zur Reichspräsidentenwahl Oktober 1930-März 1932»), parte 1 («Oktober 1930-Juni 1931»), Constantin Goschler, ed. y comentario, Múnich *et al.*, 1992, documento 78, p. 245 y s.

CAPÍTULO VIII. EL PRINCIPIO DEL FIN. LA CAÍDA DE BRÜNING

1 Hermann Pünder, *Politik in der Reichskanzlei*, *op. cit.*, p. 127 (del 29 de mayo de 1932).

2 Véase, para el transcurso de la conversación del 29 de mayo de 1932, Heinrich Brüning, *Memoiren*, *op. cit.*, pp. 597-600; informe de Otto Meissner, 10 de junio de 1932; Walther Hubatsch, *Hindenburg und der Staat*, *op. cit.*, p. 329 y s. Véase Heinrich August Winkler, *Weimar*, *op. cit.*, p. 470 y s.; Wolfram Pyta, *Hindenburg*, *op. cit.*, pp. 696-698.

3 Citado en Wolfram Pyta, *Hindenburg*, *op. cit.*, p. 592.

4 Véase Ursula Büttner, *Weimar*, *op. cit.*, p. 423 y s.; Peter Longerich, *Deutschland 1918-1933*, *op. cit.*, p. 283 y s.

5 Citado en Karl Dietrich Bracher, *Die Auflösung der Weimarer Republik*, *op. cit.*, p. 405 y s. Véase, para el establecimiento de prioridades de Brüning en materia de política exterior, Heinrich August Winkler, *Weimar*, *op. cit.*, p. 404, 411 y 420 y s.; Peter Longerich, *Deutschland 1918-1933*, *op. cit.*, p. 279 y s.; Eberhard Kolb, *Die Weimarer Republik*, *op. cit.*, p. 128 y s.

6 Véase Heinrich August Winkler, *Der Weg in die Katastrophe*, *op. cit.*, p. 23 y s.; Peter Longerich, *Deutschland 1918-1933*, *op. cit.*, p. 303.

7 Véase Heinrich August Winkler, *Der Weg in die Katastrophe*, *op. cit.*, pp. 24-55; Peter Longerich, *Deutschland 1918-1933*, *op. cit.*, pp. 303-305; Ursula Büttner, *Weimar*, *op. cit.*, pp. 436-441; Detlev J. K. Peukert, *Die Weimarer Republik. Krisenjahre der klassischen Moderne*, Frankfurt, 1987, p. 247 y s.

8 Citado en Ruth Glatzer, *Berlin zur Weimarer Zeit*, *op. cit.*, p. 395 y s.

9 Véase Heinrich August Winkler, *Weimar*, *op. cit.*, p. 421, 439 y 441; Peter Longerich, *Deutschland 1918-1933*, *op. cit.*, pp. 314-316; Ursula Büttner, *Weimar*, *op. cit.*, p. 425 y 451-453; Hans-Ulrich Wehler, *Deutsche Gesellschaftsgeschichte*, vol. IV, Múnich, 2003, pp. 526-528.

10 Hermann Pünder, *Politik in der Reichskanzlei*, *op. cit.*, p. 62 (del 30 de septiembre de 1930).

11 *Ibid.*, p. 76 (del 23 de noviembre de 1930). Véase, sobre la política de tolerancia del SPD, Karl Dietrich Bracher, *Die Auflösung der Weimarer Republik*, *op. cit.*, p. 371 y s.; Heinrich August Winkler, *Weimar*, *op. cit.*, pp. 394-396; Hagen Schulze, *Otto Braun*, *op. cit.*, p. 640 y s. y 646.

12 *Akten der Reichskanzlei. Die Kabinette Brüning I u. II. 30. März 1930 bis 10. Oktober 1931; 10. Oktober 1931 bis 1. Juni 1932*, vol. 1 («30. März 1930 bis 28. Februar 1931»), Tilman Koops, ed., Boppard am Rhein, 1982, n.° 183, p. 667.

13 Véase Wolfram Pyta, *Hindenburg*, *op. cit.*, p. 589 (cita: *ibid.*).

14 Heinrich Brüning, *Memoiren*, *op. cit.*, p. 378 y s.

15 Véase Peter Longerich, *Deutschland 1918-1933*, *op. cit.*, p. 278; Ursula Büttner, *Weimar*, *op. cit.*, p. 422.

16 Véase Philipp Austermann, *Der Weimarer Reichstag. Die schleichende Ausschaltung, Entmachtung und Zerstörung eines Parlaments*, Viena, Colonia y Weimar, 2020, p. 150 y s.; Hans Mommsen, *Die verspielte Freiheit*, *op. cit.*, p. 365 y s.; Wolfram Pyta, *Hindenburg*, *op. cit.*, p. 599.

17 Citado en Heinrich August Winkler, *Der Weg in die Katastrophe*, *op. cit.*, p. 247.

18 Véase Heinrich August Winkler, *Weimar*, *op. cit.*, p. 400, 407 y 425 y s.; Ursula Büttner, *Weimar*, *op. cit.*, p. 421 y s.; Hagen Schulze, *Otto Braun*, *op. cit.*, pp. 651-653.

19 Así en Heinrich August Winkler, *Musste Weimar scheitern?*, *op. cit.*, p. 20. Véase también Heinrich August Winkler, «Von Weimar zu Hitler. Die gespaltene Arbeiterbewegung und das Scheitern der ersten deutschen Demokratie», en *Streitfragen der deutschen Geschichte. Essays zum 19. und 20. Jahrhundert*, Múnich, 1997, pp. 71-92 (aquí, p. 83-86).

20 Citado en Heinrich August Winkler, *Der Weg in die Katastrophe*, *op. cit.*, p. 387. Véase, para lo anterior, *ibid.*, p. 305 y ss. y 385 y ss.; Ossip K. Flechtheim, *Die KPD in der Weimarer Republik*, Frankfurt, 1969, p. 263 y ss.

21 Rudolf Heß a Fritz Heß, 24 de octubre de 1930; en Rudolf Heß, *Briefe 1908-1933*, Wolf Rüdiger Heß, ed., Múnich-Viena, 1987, p. 405 y s.

22 Cifras de Ernst Deuerlein, ed., *Der Aufstieg der NSDAP in Augenzeugenberichten*, p. 345 y 366. Para la problemática de la estadística, véase Felix Kellerhoff, *Die NSDAP*, *op. cit.*, pp. 171-173.

23 Véase Andreas Heusler, *Das Braune Haus. Wie München «Hauptstadt der Bewegung» wurde*, Múnich, 2008, p. 127 y ss.; Volker Ullrich, *Adolf Hitler*, vol. 1, *op. cit.*, pp. 277-281.

24 Véase Henry A. Turner, *Die Großunternehmer und der Aufstieg Hitlers*, Berlín, 1985, p. 125 y ss.; Volker Ullrich, *Adolf Hitler*, vol. 1, *op. cit.*, p. 282 y s.

25 Werner Jochmann, *Nationalsozialismus und Revolution. Ursprung und Geschichte der NSDAP in Hamburg 1922-1933. Dokumente*, Frankfurt, 1968, p. 405 (del 23 de abril de 1932).

26 Véase Ursula Büttner, *Weimar*, *op. cit.*, p. 444.

27 Adolf Hitler, *Reden Schriften Anordnungen*, vol. III, parte 3 («Januar 1930-September 1930»), Christian Hartmann, ed., Múnich *et al.*, 1995, documento 123, pp. 434-451 (citas, p. 440, 445 y 441). Véase Volker Ullrich, *Adolf Hitler*, vol. 1, *op. cit.*, p. 270 y s.

28 Véase Martin Döring, *«Parlamentarischer Arm der Bewegung». Die Nationalsozialisten im Reichstag der Weimarer Republik*, Düsseldorf, 2001, pp. 268-279; Volker Ullrich, *Adolf Hitler*, vol. 1, *op. cit.*, pp. 272-274.

29 Carl von Ossietzky, «Winterkönig»; en *Die Weltbühne*, año 27, n.° 7, del 17 de febrero de 1931, pp. 235-237 (cita: p. 235); «Brutus schläft»; *ibid.*, n.° 5, del 3 de febrero de 1931, pp. 157-160 (cita: p. 157). Véase Alexander Gallus, *Heimat «Weltbühne». Eine Intellektuellengeschichte im 20. Jahrhundert*, Gotinga, 2012, p. 55.

30 Véase Peter Longerich, *Die braunen Bataillone. Geschichte der SA*, Múnich, 1989, p. 81 y ss., 111 (número de miembros en 1931) y 115 y ss.

31 Véase *ibid.*, p. 120 y ss.

32 Adolf Hitler, *Reden Schriften Anordnungen*, vol. IV, parte 1, *op. cit.*, documento 67, p. 200 y s.

33 Véase Volker Ullrich, *Adolf Hitler*, vol. 1, *op. cit.*, p. 274 y s. y 276 y s.

34 Citado en Heinrich August Winkler, *Weimar*, *op. cit.*, p. 408.

35 Citado en *ibid.*, p. 415. Véase, para la iniciativa de Hoover, Gerhard Schulz, *Von Brüning zu Hitler*, *op. cit.*, pp. 410-420.

36 Thea Sternheim, *Tagebücher*, vol. 2, p. 362 (del 13 de julio de 1931). Véase, para la crisis bancaria, Heinrich August Winkler, *Weimar*, *op. cit.*, p. 416 y s.; Ursula Büttner, *Weimar*, *op. cit.*, p. 431 y s.; Herbert Hömig, *Brüning*, *op. cit.*, p. 345 y s.

37 Betty Scholem y Gershom Scholem, *Mutter und Sohn im Briefwechsel*, *op. cit.*, p. 243 (del 4 de agosto de 1931).

38 *Die Tagebücher von Joseph Goebbels*, *op. cit.*, vol. 2/II, p. 56 (del 14 de julio de 1931).

39 Victor Klemperer, *Tagebücher 1925-1932*, *op. cit.*, p. 370 (del 2 de septiembre de 1931). Véase, para lo anterior, Heinrich August Winkler, *Weimar*, *op. cit.*, p. 419 y s.; Ursula Büttner, *Weimar*, *op. cit.*, p. 434 y s.; Herbert Hömig, *Brüning*, *op. cit.*, pp. 350-353.

40 La Liga Rural Nacional a Hindenburg, 22 de julio de 1931; en *Akten der Reichskanzlei. Die Kabinette Brüning I u. II*, *op. cit.*, vol. 2, n.° 404, p. 1411 y s. (cita: p. 1412).

41 Reusch a Kastl, 6 de septiembre de 1931; Kastl a Reusch, 11 de septiembre de 1931; en *Politik und Wirtschaft in der Krise 1930-1932*, *op. cit.*, segunda parte, n.° 303, p. 944; n.° 307, p. 950.

42 Transcripción de una conversación de Brüning con representantes de la RDI, 18 de septiembre de 1931; en *Politik und Wirtschaft in der Krise 1930-1932*, *op. cit.*, segunda parte, n.° 317, pp. 967-975 (citas: p. 968 y 971). Véase Werner Plumpe, *Carl Duisberg*, *op. cit.*, p. 773.

43 *Akten der Reichskanzlei. Die Kabinette Brüning I u. II*, *op. cit.*, vol. 2, n.° 496, pp. 1464-1469 (citas: p. 1467 y 1469).

44 Gilsa a Reusch, 9 de octubre de 1931; en *Politik und Wirtschaft in der Krise 1930-1932*, *op. cit.*, segunda parte, n.° 337, p. 1031. Véase Ludwig Richter, *Die Deutsche Volkspartei*, *op. cit.*, p. 720 y s.

45 Heinrich Brüning, *Memoiren*, *op. cit.*, p. 385 y s. y 417. Véase, para la campaña contra Brüning en el otoño de 1931, Wolfram Pyta, *Hindenburg*, *op. cit.*, p. 632.

46 Véase Johannes Hürter, *Wilhelm Groener*, *op. cit.*, p. 276 y 288-291; Gerhard Schulz, *Von Brüning zu Hitler*, *op. cit.*, p. 159 y s.

47 Rudolf Heß, *Briefe 1908-1933*, *op. cit.*, p. 414 (del 9 de septiembre de 1931). Para el concepto de «domesticación» de Schleicher, véase Karl Dietrich Bracher, *Die Auflösung der Weimarer Republik*, *op. cit.*, p. 425 y s.; Johannes Hürter, *Wilhelm Groener*, *op. cit.*, p. 292; Larry Eugene Jones, «Taming the Nazi-Beast. Kurt von Schleicher and the End of the Weimar Republic», en Hermann Beck y Larry Eugene Jones, eds., *From Weimar zu Hitler. Studies in the Dissolution of the Weimar Republic and the Establishment of the Third Reich, 1932-1934*, Nueva York y Oxford, 2019, pp. 23-52.

48 *Die Tagebücher von Joseph Goebbels*, *op. cit.*, parte I, vol. 2/II, p. 116 (del 5 de octubre de 1931).

49 Citado en Ernst Deuerlein, ed., *Der Aufstieg der NSDAP in Augenzeugenberichten*, p. 355. Véase, para los contactos Schleicher-Hitler, Thilo Vogelsang, *Reichswehr, Staat und NSDAP. Beiträge zur deutschen Geschichte 1930-1932*, Stuttgart, 1962, pp. 135-137.

50 Apunte del secretario de Estado Pünder, 9 de octubre de 1931; en *Akten der Reichskanzlei. Die Kabinette Brüning I u. II*, *op. cit.*, vol. 2, n.° 512, p. 1817 y s. (cita: p. 1817).

51 Reunión de ministros, 7 de octubre de 1931; en *ibid.*, n.° 511, p. 1815 y s. (cita: p. 1816). Para el proyecto de una unión aduanera alemana-austriaca, véase Gerhard Schulz, *Von Brüning zu Hitler*, *op. cit.*, pp. 298-316.

52 Véase Karl Dietrich Bracher, *Die Auflösung der Weimarer Republik*, *op. cit.*, pp. 416-418; Heinrich August Winkler, *Weimar*, *op. cit.*, p. 429 y s.; Ursula Büttner, *Weimar*, *op. cit.*, p. 449 y s.

53 Anotaciones de Schäffer sobre el segundo gabinete de Brüning; en *Politik und Wirtschaft in der Krise 1930-1932*, *op. cit.*, segunda parte, n.° 338, p. 1032. Véase también Hermann Pünder, *Politik in der Reichskanzlei*, *op. cit.*, p. 106 (del 1 de noviembre de 1931): «La reestructuración no trajo los resultados esperados». En una velada en casa del secretario de Estado Meissner, Schleicher comentó: «Hindenburg está descontento porque Brüning no armó un gabinete de derecha»; en *Die Deutschnationalen und die Zerstörung der Weimarer Republik. Aus dem Tagebuch von Reinhold Quaatz 1928-1933*, Hermann Weiß y Paul Hoser, eds., Múnich, 1989, p. 158 (del 20 de octubre de 1931).

54 *Die Tagebücher von Joseph Goebbels*, *op. cit.*, parte I, vol. 2/II, p. 127 (del 17 de octubre de 1931). Véase Heinrich August Winkler, *Weimar*, *op. cit.*, p. 432.

55 Heinrich Brüning, *Memoiren*, *op. cit.*, p. 391.

56 Citado en Wolfram Pyta, *Hindenburg*, *op. cit.*, p. 1014, nota 43. Véase *ibid.*, pp. 635-637. Para la supuesta «impresión altamente desfavorable» producida por Hitler sobre Hindenburg, véase, entre otros, Herbert Hömig, *Brüning*, *op. cit.*, p. 398.

57 *Die Tagebücher von Joseph Goebbels*, *op. cit.*, parte I, vol. 2/II, p. 121 (del 12 de octubre de 1931).

58 Hans Brosius, «Der Aufmarsch in Harzburg», *Unsere Partei*, n.º 20, del 17 de octubre de 1931. Véase, para lo que sigue, Volker Ullrich, «Das Signal zum Angriff», *Die Zeit*, n.º 41 (6 de octubre de 2011); Volker Ullrich, *Adolf Hitler*, vol. 1, *op. cit.*, pp. 291-293; Gerhard Schulz, *Von Brüning zu Hitler*, *op. cit.*, pp. 554-559.

59 Gilsa a Reusch, 13 de octubre de 1931; en *Politik und Wirtschaft in der Krise 1930-1932*, *op. cit.*, segunda parte, n.° 342, p. 1044.

60 Adolf Hitler, *Reden Schriften Anordnungen*, vol. IV, parte 2 («Juli 1931-Dezember 1931»), Christian Hartmann, ed. y comentario, Múnich *et al.*, 1996, documentos 43 y 44, pp. 123-132.

61 Citado en Willibald Gutsche, *Ein Kaiser im Exil. Der letzte deutsche Kaiser Wilhelm II. in Holland*, Marburgo, 1991, p. 136.

62 *Die Tagebücher von Joseph Goebbels*, *op. cit.*, parte I, vol. 2/II, p. 123 (del 12 de octubre de 1931).

63 Véase Ulrich Herbert, *Best. Biographische Studien über Radikalismus, Weltanschauung und Vernunft 1903-1999*, Bonn, 1999, pp. 112-115.

64 Anotación de Meissner sobre la recepción de Göring por parte de Hindenburg, 11 de diciembre de 1931; en *Akten der Reichskanzlei. Die Kabinette Brüning I u. II*, *op. cit.*, vol. 3 («10. Oktober 1931 bis 30. Mai 1932»), n.º 599, pp. 2091-2093 (cita: p. 2091).

65 Véase Ulrich Herbert, *Best*, *op. cit.*, pp. 116-118; Heinrich August Winkler, *Weimar*, *op. cit.*, pp. 433-435.

66 *Chronik eines Untergangs. Deutschland 1924-1939. Die Beiträge Leopold Schwarzschilds in den Zeitschriften «Das Tage-Buch» und «Das Neue Tage-Buch»*, Andreas P. Wesemann, ed., Viena, 2005, p. 177 (del 26 de diciembre de 1931).

67 Harry Graf Kessler, *Das Tagebuch*, vol. 9, *op. cit.*, p. 400 (del 31 de diciembre de 1931).

68 Erich Krämer, «Jahr des Unheils», *Vossische Zeitung*, n.º 1, del 1 de enero de 1932.

69 Victor Klemperer, *Tagebücher 1925-1932*, *op. cit.*, p. 739 (del 25 de diciembre de 1931).

70 *Die Tagebücher von Joseph Goebbels*, *op. cit.*, parte I, vol. 2/II, p. 186 (del 1 de enero de 1932).

71 Anotación de Pünder sobre una reunión de Hindenburg con Brüning, 5 de enero de 1932; en *Akten der Reichskanzlei. Die Kabinette Brüning I u. II*, *op. cit.*, vol. 3, n.º 617, p. 2139 y s.

72 Véase Heinrich Brüning, *Memoiren*, *op. cit.*, p. 451; Heinrich August Winkler, *Weimar*, *op. cit.*, p. 444; Wolfram Pyta, *Hindenburg*, *op. cit.*, pp. 645-650. Para una visión general del tema, véase Larry Eugene Jones, *Hitler versus Hindenburg. The 1932 Presidential Elections and the End of the Weimar Republic*, Cambridge, 2016, p. 141 y ss.

73 Citado en Johannes Hürter, *Wilhelm Groener*, *op. cit.*, p. 322 y s.

74 Adolf Hitler, *Reden Schriften Anordnungen*, vol. IV, parte 3 («Januar 1932-März 1932»), Christian Hartmann, ed., Múnich, 1997, documento 6, p. 27 y s.; documento 8, pp. 34-44. Véanse las notas de Pünder sobre las negociaciones para la reelección del presidente de la Nación, 8 al 13 de enero de 1932; en *Politik und Wirtschaft in der Krise 1930-1932*, *op. cit.*, segunda parte, n.° 401a, pp. 1208-1215; Volker Ullrich, *Adolf Hitler*, vol. 1, *op. cit.*, p. 328 y s.

75 Véase Hugenberg a Brüning, 12 de enero de 1932; en *Akten der Reichskanzlei. Die Kabinette Brüning I u. II*, *op. cit.*, vol. 3, n.º 622, p. 2153 y s.

76 Heinrich Brüning, *Memoiren*, *op. cit.*, p. 518 y s.

77 Hermann Pünder, *Politik in der Reichskanzlei*, *op. cit.*, p. 114 (del 15 de febrero de 1932); anotación de Pünder sobre la elección del presidente de la Nación, 15 de febrero de 1932, en *Akten der Reichskanzlei. Die Kabinette Brüning I u. II*, *op. cit.*, vol. 3, n.º 673, pp. 2293-2295. Véase Heinrich August Winkler, *Weimar*, *op. cit.*, p. 444 y s.; Wolfram Pyta, *Hindenburg*, *op. cit.*, pp. 659-663; Larry Eugene Jones, *Hitler versus Hindenburg*, *op. cit.*, pp. 154-173.

78 Hindenburg a Oldenburg-Januschau, 17 de febrero de 1932; Thilo Vogelsang, *Reichswehr, Staat und NSDAP*, *op. cit.*, n.º 18, p. 442.

79 *Die Tagebücher von Joseph Goebbels*, *op. cit.*, parte I, vol. 2/II, p. 207 (del 30 de enero de 1932).

80 Véase Volker Ullrich, *Adolf Hitler*, vol. 1, *op. cit.*, pp. 329-331.

81 *Die Tagebücher von Joseph Goebbels*, *op. cit.*, parte I, vol. 2/II, p. 228 (del 26 de febrero de 1932). Véase Rudolf Morsey, «Hitler als Braunschweigischer Regierungsrat», *op. cit.*, pp. 419-448.

82 Citado en Klaus Schönhoven y Hans Jochen Vogel, eds., *Frühe Warnungen vor dem Nationalsozialismus*, *op. cit.*, p. 245 y s.; véase Heinrich August Winkler, *Weimar*, *op. cit.*, p. 446.

83 Citado en Heinrich August Winkler, *Weimar*, *op. cit.*, p. 446; véase Herbert Hömig, *Brüning*, *op. cit.*, p. 511.

84 Heinrich Brüning, *Memoiren*, *op. cit.*, p. 529.

85 Citado en Heinrich August Winkler, *Der Weg in die Katastrophe*, *op. cit.*, p. 512 y s.

86 Citado en *ibid.*, p. 513.

87 Citado en Herbert Hömig, *Brüning*, *op. cit.*, p. 518.

88 *Ibid.*, p. 516 y s. Para la campaña electoral de Brüning, véase Larry Eugene Jones, *Hitler versus Hindenburg*, *op. cit.*, pp. 206-208.

89 Véase *Die Tagebücher von Joseph Goebbels*, *op. cit.*, parte I, vol. 2/II, p. 230 y s. (del 1 de marzo de 1932); Gerhard Paul, *Aufstand der Bilder. Die NS-Propaganda vor 1933*, Bonn, 1990, p. 95 y s.; Larry Eugene Jones, *Hitler versus Hindenburg*, *op. cit.*, pp. 250-259.

90 Adolf Hitler, *Reden Schriften Anordnungen*, vol. IV, parte 3, *op. cit.*, documento 39, p. 191.

91 *Die Tagebücher von Joseph Goebbels*, *op. cit.*, parte I, vol. 2/II, p. 237 (del 9 de marzo de 1932).

92 *Vossische Zeitung*, n.º 125, del 14 de marzo de 1932.

93 *Die Tagebücher von Joseph Goebbels*, *op. cit.*, parte I, vol. 2/II, p. 241 y s. (del 14 de marzo de 1932). Para el resultado de la elección, véase Heinrich August Winkler, *Weimar*, *op. cit.*, p. 448 y s.; Larry Eugene Jones, *Hitler versus Hindenburg*, *op. cit.*, pp. 274-277.

94 Veit Valentin, «Gegen-Angriff», *Vossische Zeitung*, n.º 126, del 15 de marzo de 1932.

95 Heinrich Brüning, *Memoiren*, *op. cit.*, p. 533; véase Wolfram Pyta, *Hindenburg*, *op. cit.*, p. 681.

96 Véase Stephan Malinowski, *Die Hohenzollern und die Nazis. Geschichte einer Kollaboration*, Berlín, 2021, pp. 125-129 y 247-249; Wolfram Pyta, *Hindenburg*, *op. cit.*, pp. 674-677.

97 *Die Tagebücher von Joseph Goebbels*, *op. cit.*, parte I, vol. 2/II, p. 243 (del 16 de marzo de 1932).

98 Véase Volker Ullrich, *Adolf Hitler*, vol. 1, *op. cit.*, p. 336 y s.; Larry Eugene Jones, *Hitler versus Hindenburg*, *op. cit.*, p. 293 y s.

99 Véase Heinrich August Winkler, *Weimar*, *op. cit.*, p. 453; Larry Eugene Jones, *Hitler versus Hindenburg*, *op. cit.*, pp. 308-312.

100 Wolfram Pyta, *Hindenburg*, *op. cit.*, p. 683.

101 Hermann Pünder, *Politik in der Reichskanzlei*, *op. cit.*, p. 118 (del 11 de abril de 1932). Véase Heinrich Brüning, *Memoiren*, *op. cit.*, p. 541; Heinrich August Winkler, *Weimar*, *op. cit.*, p. 414; Wolfram Pyta, *Hindenburg*, *op. cit.*, p. 685.

102 Groener a Brüning, 10 de abril de 1932; en *Akten der Reichskanzlei. Die Kabinette Brüning I u. II*, *op. cit.*, vol. 3, n.º 714, pp. 2426-2429 (cita: p. 2428).

103 Hermann Pünder, *Politik in der Reichskanzlei*, *op. cit.*, p. 118 (del 11 de abril de 1932). Véase, para lo anterior, Johannes Hürter, *Wilhelm Groener*, *op. cit.*, pp. 332-344; Heinrich August Winkler, *Weimar*, *op. cit.*, pp. 449-451; Herbert Hömig, *Brüning*, *op. cit.*, pp. 525-530.

104 Adolf Hitler, *Reden Schriften Anordnungen*, vol. V, parte 1 («April 1932-September 1932»), Klaus A. Lankheit, ed. y comentario, Múnich *et al.*, 1996, documento 36, pp. 54-56 (cita: p. 56).

105 Citado en Damar Bussiek, *Benno Reifenberg 1892-1970. Eine Biographie*, Gotinga, 2011, p. 232.

106 Véase Heinrich August Winkler, *Weimar*, *op. cit.*, p. 454 y s.; Herbert Hömig, *Brüning*, *op. cit.*, p. 533. Goebbels anotó: «La prensa, respecto de la prohibición de la S. A., está a favor de nosotros de un modo fabuloso»; en *Die Tagebücher von Joseph Goebbels*, *op. cit.*, parte I, vol. 2/II, p. 261 (del 15 de abril de 1932).

107 Hindenburg a Groener, 15 de abril de 1932; en *Politik und Wirtschaft in der Krise 1930-1932*, *op. cit.*, segunda parte, n.° 467, p. 1383. Véase Johannes Hürter, *Wilhelm Groener*, *op. cit.*, p. 346.

108 Carl von Ossietzky, «Dank vom Hause Hindenburg», *Die Weltbühne*, del 26 de abril 1932; reproducido también en *Sämtliche Schriften*, vol. VI («1931-1933»), Gerhard Kraiker, Günther Nic-

kel, Renke Siems y Elke Suhr, eds., Reinbek, 1994, pp. 359-361 (cita: p. 360).

109 Groener al general de división retirado Von Gleich, 25 de abril de 1932; en *Politik und Wirtschaft in der Krise 1930-1932*, *op. cit.*, segunda parte, n.° 477, p. 1408.

110 Reunión de ministros, 3 de mayo de 1932; en *Akten der Reichskanzlei. Die Kabinette Brüning I u. II*, *op. cit.*, vol. 3, n.° 733, pp. 2483-2485. Véase Johannes Hürter, *Wilhelm Groener*, *op. cit.*, p. 347.

111 Heuss a Reinhold Maier, 14 de mayo de 1932; en Theodor Heuss, *Bürger der Weimarer Republik. Briefe 1918-1933*, Michael Dorrmann, ed., Múnich, 2008, p. 465. Véase Hermann Pünder, *Politik in der Reichskanzlei*, *op. cit.*, p. 120 (del 10 de abril de 1932): «La impresión catastrófica provocada por el discurso fue, sin embargo, universal».

112 Heinrich Brüning, *Memoiren*, *op. cit.*, p. 587.

113 Hermann Pünder, *Politik in der Reichskanzlei*, *op. cit.*, p. 121 (del 11 de mayo de 1932).

114 Véase Johannes Hürter, *Wilhelm Groener*, *op. cit.*, p. 350 y s.; Heinrich August Winkler, *Weimar*, *op. cit.*, p. 464 y s.

115 Hermann Pünder, *Politik in der Reichskanzlei*, *op. cit.*, p. 122 y s. (del 13 de mayo de 1932).

116 Véase Warmbold a Hindenburg, 28 de abril de 1932; en *Politik und Wirtschaft in der Krise 1930-1932*, *op. cit.*, segunda parte, n.° 485, p. 1423 y s.; Ursula Büttner, *Weimar*, *op. cit.*, p. 459.

117 *Die Tagebücher von Joseph Goebbels*, *op. cit.*, parte I, vol. 2/II, p. 271 (del 29 de abril de 1932), 274 (del 5 de mayo de 1932) y 276 (del 9 de mayo de 1932).

118 Véase Heinrich Brüning, *Memoiren*, *op. cit.*, p. 586.

119 *Die Tagebücher von Joseph Goebbels*, *op. cit.*, parte I, vol. 2/II, p. 281 (del 14 de mayo de 1932), 283 (del 18 de mayo de 1932), 284 (del 19 de mayo de 1932), 285 (del 20 de mayo de 1932) y 288 (del 25 de mayo de 1932).

120 Barón Von Gayl a Hindenburg, 24 de mayo de 1932; en *Politik und Wirtschaft in der Krise 1930-1932*, *op. cit.*, segunda parte, n.° 512b, p. 1486 y s. Véase, para la discusión sobre la cuestión de

los asentamientos, Gerhard Schulz, *Von Brüning zu Hitler*, *op. cit.*, pp. 843-857.

121 Conde de Kalckreuth a Hindenburg, 24 de mayo de 1932; en *ibid.*, n.º 513, p. 1496.

122 Anotación de Meissner del 14 de junio de 1932; en Walther Hubatsch, *Hindenburg und der Staat*, *op. cit.*, p. 327 y s.; Hermann Pünder, *Politik in der Reichskanzlei*, *op. cit.*, p. 126 (del 26 de mayo de 1932).

123 Anotación de Meissner del 14 de junio de 1932; en Walther Hubatsch, *Hindenburg und der Staat*, *op. cit.*, p. 329; Heinrich Brüning, *Memoiren*, *op. cit.*, p. 601; Hermann Pünder, *Politik in der Reichskanzlei*, *op. cit.*, p. 129 (del 29 de mayo de 1932).

124 Anotación de Pünder sobre la reunión de ministros, del 30 de mayo de 1932; en *Akten der Reichskanzlei. Die Kabinette Brüning I u. II*, *op. cit.*, vol. 3, n.º 773, pp. 2585-2587; Herbert Hömig, *Brüning*, *op. cit.*, p. 568.

125 Heinrich Brüning, *Memoiren*, *op. cit.*, p. 601 y s.; véase Wolfram Pyta, *Hindenburg*, *op. cit.*, p. 698.

126 *Die Tagebücher von Joseph Goebbels*, *op. cit.*, parte I, vol. 2/II, p. 293 (del 30 de mayo de 1932).

127 Thea Sternheim, *Tagebücher*, *op. cit.*, vol. 2, p. 409 (del 31 de mayo de 1932).

128 Harry Graf Kessler, *Das Tagebuch*, vol. 9, *op. cit.*, p. 427 (del 30 de mayo de 1932).

129 Hanns-Erich Kaminski, «Brüning», *Die Weltbühne*, año 28, n.º 23 (7 de junio de 1932), pp. 844-847 (cita: p. 846).

130 Heinrich August Winkler, *Weimar*, *op. cit.*, p. 472.

131 Véase Heinrich August Winkler, *Musste Weimar scheitern?*, *op. cit.*, p. 22 y s.

132 *Die Tagebücher von Joseph Goebbels*, *op. cit.*, parte I, vol. 2/II, p. 293 (del 30 de mayo de 1932). Véase el apunte de Meissner del 30 de mayo de 1932; Thilo Vogelsang, *Reichswehr, Staat und NSDAP*, *op. cit.*, p. 458 y s.

133 Véase Joachim Petzold, *Franz von Papen. Ein deutsches Verhängnis*, Múnich y Berlín, 1995, p. 15 y ss.; Heinrich August Winkler, *Weimar*, *op. cit.*, p. 477 y s.

134 J(ulius) E(lbau), «Der Stein im Rollen», *Vossische Zeitung*, n.º 262, del 1 de junio de 1932.

135 Véase Heinrich August Winkler, *Weimar*, *op. cit.*, pp. 478-480.

136 Véase *ibid.*, p. 505 y s.

137 *Die Tagebücher von Joseph Goebbels*, *op. cit.*, parte I, vol. 2/II, p. 330 (del 1 de agosto de 1932).

138 Klaus Mann, *Tagebücher 1931 bis 1933*, Joachim Heimannsberg, Peter Laemmle y Wilfried F. Schoeller, eds., Múnich, 1989, p. 64 (del 14 de julio de 1932).

CAPÍTULO IX. LA HORA DE LOS BARONES. EL GOLPE DE ESTADO DE PAPEN CONTRA PRUSIA

1 Citado en Hagen Schulze, *Otto Braun*, *op. cit.*, p. 745.

2 Citado en *ibid.*, p. 746.

3 Véase Heinrich August Winkler, *Weimar*, *op. cit.*, p. 457 y s.

4 Citado en Hagen Schulze, *Otto Braun*, *op. cit.*, p. 729.

5 *Ibid.*, p. 733.

6 Citado en *ibid.*, p. 736.

7 Franz von Papen, *Der Wahrheit eine Gasse*, Múnich, 1952, p. 215.

8 Papen a Kerrl, 6 de junio de 1932; en *Akten der Reichskanzlei. Das Kabinett von Papen. 1. Juni bis 3. Dezember 1932*, vol. 1 («Juni bis September 1932»), Karl-Heinz Minuth, ed., Boppard am Rhein, 1989, n.º 10, p. 22 y s.

9 *Die Tagebücher von Joseph Goebbels*, *op. cit.*, parte I, vol. 2/II, p. 298 (del 7 de junio de 1932) y 300 (del 10 de junio de 1932).

10 *Akten der Reichskanzlei. Das Kabinett von Papen*, *op. cit.*, vol. 1, n.º 18, p. 57 y n.º 21, p. 66.

11 Véase Heinrich August Winkler, *Weimar*, *op. cit.*, p. 486.

12 Véase *ibid.*, p. 486 y s.

13 Dorothy von Moltke, *Ein Leben in Deutschland*, *op. cit.*, p. 205 (del 14 de julio de 1932).

14 Harry Graf Kessler, *Das Tagebuch*, vol. 9, *op. cit.*, p. 461 y s. (del 12 de julio de 1932).

15 *Akten der Reichskanzlei. Das Kabinett von Papen*, *op. cit.*, vol. 1, n.º 53, p. 190 y s. y n.º 54, p. 192 y s.

16 *Ibid.*, n.º 57, pp. 204-208.

17 Véase Heinrich August Winkler, *Weimar*, *op. cit.*, p. 491; Thomas Alexander, *Carl Severing. Sozialdemokrat aus Westfalen mit preußischen Tugenden*, Bielefeld, 1992, p. 199 y s.

18 *Akten der Reichskanzlei. Das Kabinett von Papen*, *op. cit.*, vol. 1, n.º 59, p. 211 y s.

19 *Ibid.*, n.º 60, p. 217. El decreto de Severing del 2 de julio de 1932; en *ibid.*, p. 217, nota 17.

20 Véase la reunión de ministros, 16 de julio de 1932, en *ibid.*, n.º 63, p. 240 (informes de Gayl sobre la reunión con Hindenburg del 14 de julio de 1932). Para la posición de Hindenburg, véase Wolfram Pyta, *Hindenburg*, *op. cit.*, p. 712 y s.

21 Harry Graf Kessler, *Das Tagebuch*, vol. 9, *op. cit.*, p. 465 (del 18 de julio de 1932). Véase, para el «Domingo sangriento de Altona», Heinrich August Winkler, *Der Weg in die Katastrophe*, *op. cit.*, pp. 650-652.

22 Karl Dietrich Bracher, *Die Auflösung der Weimarer Republik*, *op. cit.*, p. 581.

23 Kerrl a Papen, 18 de julio de 1932; en *Akten der Reichskanzlei. Das Kabinett von Papen*, *op. cit.*, vol. 1, n.º 64, pp. 241-245 (cita: p. 244 y s.).

24 Citado en Heinrich August Winkler, *Der Weg in die Katastrophe*, *op. cit.*, p. 656.

25 Reunión con los ministros de Estado prusianos, 20 de julio de 1932; en *Akten der Reichskanzlei. Das Kabinett von Papen*, *op. cit.*, vol. 1, n.º 69a, pp. 257-259. Anotaciones de Hirtsiefer y Severing sobre la reunión; en *ibid.*, n.º 69b, pp. 259-262.

26 Albert Grzesinski, *Im Kampf um die Republik. Erinnerungen eines Sozialdemokraten*, Eberhard Kolb, ed., Múnich, 2001, pp. 271-273.

27 El gobierno estatal prusiano a Papen, 20 de julio de 1932; en *Akten der Reichskanzlei. Das Kabinett von Papen*, *op. cit.*, vol. 1, n.º 71, p. 263 y s.

28 Heinrich August Winkler, *Der Weg in die Katastrophe*, *op. cit.*, p. 660 y s. y 662.

29 *Quellen zur Geschichte der deutschen Gewerkschaftsbewegung im 20. Jahrhundert*, vol. 4 («Die Gewerkschaften in der Endphase der

Republik 1930-1933»), Peter Jahn, ed., con la colaboración de Detlev Brunner, Colonia, 1988, documento 110, p. 625 y s.

30 Citado en Heinrich August Winkler, *Weimar*, *op. cit.*, p. 500.

31 *Die Tagebücher von Joseph Goebbels*, *op. cit.*, parte I, vol. 2/II, p. 324 (del 21 de julio de 1932).

32 Véase Peter Leßmann, *Die preußische Schutzpolizei in der Weimarer Republik. Streifendienst und Straßenkampf*, Düsseldorf, 1989, pp. 366-370.

33 Citado en Heinrich August Winkler, *Der Weg in die Katastrophe*, *op. cit.*, p. 671.

34 *Die Tagebücher von Joseph Goebbels*, *op. cit.*, parte I, vol. 2/II, p. 324 (del 20 de julio de 1932).

35 Citado en Heinrich August Winkler, *Weimar*, *op. cit.*, p. 498.

36 Véase *ibid.*, p. 503.

37 *Die Tagebücher von Joseph Goebbels*, *op. cit.*, parte I, vol. 2/II, p. 325 (del 23 de julio de 1932).

38 Karl Dietrich Bracher, *Die Auflösung der Weimarer Republik*, *op. cit.*, p. 590.

39 Véase Heinrich August Winkler, *Weimar*, *op. cit.*, p. 504 y 530 y s.

40 Christopher Clark, *Preußen. Aufstieg und Niedergang 1600-1947*, Múnich, 2007, p. 741.

CAPÍTULO X. EN LA LÍNEA DE META. EL TRASPASO DEL PODER A HITLER

1 *Die Tagebücher von Joseph Goebbels*, *op. cit.*, parte I, vol. 2/III («Oktober 1932-März 1934»), Angela Hermann, ed., Múnich, 2000, p. 120 (del 31 de enero de 1933).

2 Harry Graf Kessler, *Das Tagebuch*, vol. 9, *op. cit.*, p. 536 y s. (del 30 de enero de 1933).

3 Citado en Lothar Machtan, *Der Kaisersohn bei Hitler*, Hamburgo, 2006, p. 279.

4 Heß, *Briefe 1908-1933*, *op. cit.*, p. 424 y s. (del 31 de enero de 1933).

5 *Die Tagebücher von Joseph Goebbels*, *op. cit.*, parte I, vol. 2/II, p. 334 (del 7 de agosto de 1932).

6 *Ibid.*, p. 338 (del 12 de agosto de 1932).
7 Anotación de Meissner del 11 de agosto de 1932; en Walther Hubatsch, *Hindenburg und der Staat*, *op. cit.*, pp. 335-338 (citas: p. 336).
8 Reunión de ministros, 10 de agosto de 1932; en *Akten der Reichskanzlei. Das Kabinett von Papen*, *op. cit.*, vol. 1, n.º 99, pp. 378-386 (cita: p. 385).
9 Franz von Papen, *Der Wahrheit eine Gasse*, *op. cit.*, p. 222 y s.
10 *Die Tagebücher von Joseph Goebbels*, *op. cit.*, parte I, vol. 2/II, p. 340 (del 14 de agosto de 1932).
11 Anotación de Meissner del 13 de agosto de 1932; en *Akten der Reichskanzlei. Das Kabinett von Papen*, *op. cit.*, vol. 1, n.º 101, p. 391 y s.
12 *Ibid.*, n.º 101, p. 392, nota 5.
13 Hermann Pünder, *Politik in der Reichskanzlei*, *op. cit.*, p. 141 (del 18 de agosto de 1932). Véase Gerhard Schulz, *Von Brüning zu Hitler*, *op. cit.*, p. 964.
14 Harry Graf Kessler, *Das Tagebuch*, vol. 9, *op. cit.*, p. 519 (del 24 de octubre de 1932).
15 Dorothy von Moltke, *Ein Leben in Deutschland*, *op. cit.*, p. 209 (del 3 de septiembre de 1932).
16 Julius Elbau, «Das Wort hat der Reichstag», *Vossische Zeitung*, n.º 389, del 14 de agosto de 1932.
17 *Die Tagebücher von Joseph Goebbels*, *op. cit.*, parte I, vol. 2/II, p. 341 (del 14 de agosto de 1932).
18 Reunión de ministros, 9 de agosto de 1932; en *Akten der Reichskanzlei. Das Kabinett von Papen*, *op. cit.*, vol. 1, n.º 98, pp. 374-377.
19 Adolf Hitler, *Reden Schriften Anordnungen*, vol. V, parte 1, *op. cit.*, documento 174, p. 317. Véase Paul Kluke, «Der Fall Potempa», *Vierteljahrshefte für Zeitgeschichte*, año 5 (1957), pp. 279-297.
20 Citado en Damar Bussiek, *Benno Reifenberg*, *op. cit.*, p. 237.
21 Harry Graf Kessler, *Das Tagebuch*, vol. 9, *op. cit.*, p. 496 (del 28 de agosto de 1932).
22 Véase Heinrich August Winkler, *Weimar*, *op. cit.*, p. 523 y s. y 528.

23 *Die Tagebücher von Joseph Goebbels*, *op. cit.*, parte I, vol. 2/II, p. 372 (del 28 de septiembre de 1932) y 373 (del 29 de septiembre de 1932).

24 Véase Wolfgang Horn, *Der Marsch zur Machtergreifung. Die NSDAP bis 1933*, Königstein im Taunus, 1980, p. 357; Mathias Rösch, *Die Münchner NSDAP 1925-1933. Eine Untersuchung zur inneren Struktur der NSDAP in der Weimarer Republik*, Múnich, 2002, p. 365 y s.

25 *Die Tagebücher von Joseph Goebbels*, *op. cit.*, parte I, vol. 2/III, p. 38 (del 16 de octubre de 1932).

26 Véase Henry A. Turner, *Die Großunternehmer und der Aufstieg Hitlers*, *op. cit.*, p. 358.

27 Véase Volker Ullrich, *Adolf Hitler*, vol. 1, *op. cit.*, pp. 366-368.

28 *Die Tagebücher von Joseph Goebbels*, *op. cit.*, parte I, vol. 2/II, p. 370 (del 25 de septiembre de 1932).

29 *Ibid.*, vol. 2/III, p. 51 (del 5 de noviembre de 1932). Para el paro de transportes en Berlín, véase Heinrich August Winkler, *Der Weg in die Katastrophe*, *op. cit.*, pp. 765-773.

30 Citado en Werner Jochmann, *Nationalsozialismus und Revolution*, *op. cit.*

31 Véase Heinrich August Winkler, *Weimar*, *op. cit.*, p. 535 y s.

32 *Die Tagebücher von Joseph Goebbels*, *op. cit.*, parte I, vol. 2/III, p. 53 (del 7 de noviembre de 1932).

33 Hellmuth von Gerlach, «Der neue Reichstag», *Die Weltbühne*, año 18, n.º 45 (8 de noviembre de 1932), p. 672.

34 «Ohne Mehrheit», *Vossische Zeitung*, n.º 534, del 7 de noviembre de 1932.

35 Anotaciones de Meissner sobre las conversaciones de Hindenburg con Hitler, del 19 y 21 de noviembre de 1932; en *Akten der Reichskanzlei. Das Kabinett von Papen*, *op. cit.*, vol. 2, n.º 222, pp. 984-986; n.º 224, pp. 988-992 (citas: p. 990 y 988).

36 Meissner a Hitler, 24 de noviembre de 1932; en *ibid.*, n.º 227, pp. 998-1000 (cita: p. 999).

37 *Die Tagebücher von Joseph Goebbels*, *op. cit.*, parte I, vol. 2/III, p. 67 (del 25 de noviembre de 1932) y 68 (del 26 de noviembre de 1932).

38 Hellmuth von Gerlach, «Talmudist Hitler», *Die Weltbühne*, año 18, n.º 48 (29 de noviembre de 1932), pp. 783-786 (cita: p. 785).

39 Apunte de Meissner sobre conversaciones con Hindenburg del 1 y 2 de diciembre de 1932; Walther Hubatsch, *Hindenburg und der Staat*, *op. cit.*, n.º 103, p. 366 y s. Véase también Wolfram Pyta, *Hindenburg*, *op. cit.*, pp. 759-766; Volker Ullrich, *Adolf Hitler*, vol. 1, *op. cit.*, pp. 374-378.

40 Véase Eberhard Kolb, «Die Staatsnotstandsplanung unter den Regierungen Papen und Schleicher», en *Umbrüche deutscher Geschichte 1866/71, 1918/19, 1929/33. Ausgewählte Aufsätze*, Dieter Langewiesche y Klaus Schönhoven, ed., Múnich, 1993, pp. 331-358. Para el concepto de Papen de un «Estado nuevo», véase Karl Dietrich Bracher, *Die Auflösung der Weimarer Republik*, *op. cit.*, pp. 536-545; Hans Mommsen, *Die verspielte Freiheit*, *op. cit.*, pp. 483-485.

41 Anotación en el diario de Schwerin von Krosigk sobre la conversación de ministros del 2 de diciembre de 1932; en *Akten der Reichskanzlei. Das Kabinett von Papen*, *op. cit.*, vol. 2, n.º 239b, pp. 1036-1038.

42 Franz von Papen, *Der Wahrheit eine Gasse*, *op. cit.*, p. 250.

43 *Tägliche Rundschau*, n.º 286, del 4 de diciembre de 1932.

44 Citado en Eberhard Kolb, «Die Weimarer Republik und das Problem der Kontinuität vom Kaiserreich zum "Dritten Reich"», en *Umbrüche deutscher Geschichte*, *op. cit.*, p. 367.

45 Citado en Henry A. Turner, *Hitlers Weg zur Macht. Der Januar 1933*, Múnich, 1996, p. 81. Véase Mathias Rösch, *Die Münchner NSDAP 1925-1933*, *op. cit.*, p. 370 y s.

46 Véase, para los planes de Schleicher de formar un «Frente transversal», Axel Schildt, *Militärdiktatur auf Massenbasis? Die Querfrontkonzeption der Reichswehrführung um General Schleicher am Ende der Weimarer Republik*, Frankfurt y Nueva York, 1981; Benjamin Carter Hett, *The Death of Democracy. Hitler's Rise to Power and the Downfall of the Weimar Republic*, Nueva York, 2018, pp. 164-166.

47 Véase Peter Longerich, *Hitler. Biographie*, Múnich, 2015, p. 279.

48 Citado en Udo Kissenkötter, *Gregor Straßer und die NSDAP*, Stuttgart 1978, p. 172.

49 *Die Tagebücher von Joseph Goebbels*, *op. cit.*, parte I, vol. 2/III, p. 78 (del 9 de diciembre de 1932). Para lo anterior, véase Volker Ullrich, *Adolf Hitler*, vol. 1, *op. cit.*, pp. 381-383.

50 *Die Tagebücher von Joseph Goebbels*, *op. cit.*, parte I, vol. 2/III, p. 79 (del 10 de diciembre de 1932).

51 *Ibid.*, p. 89 (del 24 de diciembre de 1932).

52 Adolf Hitler, *Reden Schriften Anordnungen*, vol. V, parte 2 («Oktober 1932-Januar 1933»), Christian Hartmann y Klaus A. Lankheit, ed. y comentario, Múnich, 1998, documento 107, pp. 297-311 (citas: p. 310 y s.).

53 Citado en Günther Gillessen, *Auf verlorenem Posten. Die Frankfurter Zeitung im Dritten Reich*, Berlín, 1986, p. 86.

54 Julius Elbau, «Jahr der Entscheidung»; *Vossische Zeitung*, n.º 1, del 1 de enero de 1933.

55 Citado en Eberhard Kolb, *Umbrüche deutscher Geschichte*, *op. cit.*, p. 368.

56 Citado en Hagen Schulze, *Weimar*, *op. cit.*, p. 393.

57 Claus W. Schäfer, *André François-Poncet als Botschafter in Berlin (1931-1938)*, Múnich, 2004, p. 160.

58 Citado en Joachim Fest, *Hitler. Eine Biographie*, Frankfurt-Berlín-Viena, 1973, p. 495.

59 Citado en Rainer Hering, *Konstruierte Nation. Der Alldeutsche Verband 1890-1939*, Hamburgo, 2003, p. 484 y s.

60 *Akten der Reichskanzlei. Das Kabinett von Schleicher. 3. Dezember 1932 bis 30. Januar 1933*, Anton Golecki, ed., Boppard am Rhein, 1986, n.º 16, p. 57.

61 Carl von Ossietzky, «Wintermärchen», *Die Weltbühne*, año 29, n.º 1 (3 de enero de 1933), pp. 1-6 (citas: p. 1 y 3). Reproducido también en *Sämtliche Schriften*, vol. VI, *op. cit.*, pp. 437-443.

62 *Chronik eines Untergangs*, *op. cit.*, p. 232 (del 31 de diciembre de 1932).

63 Citado en Henry A. Turner, *Hitlers Weg zur Macht*, *op. cit.*, p. 46.

64 Véase Wolfram Pyta, *Hindenburg*, *op. cit.*, p. 791.

65 Karl Dietrich Bracher, *Die Auflösung der Weimarer Republik*, *op. cit.*, p. 691.

66 Véase Henry A. Turner, *Die Großunternehmer und der Aufstieg Hitlers*, *op. cit.*, pp. 293-301.

67 Keppler a Schroeder, 19 de diciembre de 1932; en Eberhard Czichon, *Wer verhalf Hitler zur Macht? Zum Anteil der deutschen Industrie an der Zerstörung der Weimarer Republik*, Colonia, 1967, n.º 18, pp. 74-76.

68 Citado en Heinrich Muth, «Das "Kölner Gespräch" am 4. Januar 1933», parte 2, en *Geschichte in Wissenschaft und Unterricht*, año 37 (1986), p. 531.

69 Keppler a Schroeder, 26 de diciembre de 1932; en Eberhard Czichon, *Wer verhalf Hitler zur Macht?*, *op. cit.*, n.º 19, p. 76 y s.

70 Véase Henry A. Turner, *Hitlers Weg zur Macht*, *op. cit.*, pp. 60-62.

71 Véase, para el desarrollo y el contenido de la conversación, la declaración jurada de Kurt von Schroeder del 21 de julio de 1947; en Eberhard Czichon, *Wer verhalf Hitler zur Macht?*, *op. cit.*, n.º 21, pp. 77-79; Henry A. Turner, *Hitlers Weg zur Macht*, *op. cit.*, p. 63 y s.; Heinrich Muth, «Das "Kölner Gespräch"», *op. cit.*, pp. 533-536.

72 Schacht a Schroeder, 6 de enero de 1933; en Eberhard Czichon, *Wer verhalf Hitler zur Macht?*, *op. cit.*, n.º 22, p. 79.

73 *Die Tagebücher von Joseph Goebbels*, *op. cit.*, parte I, vol. 2/III, p. 103 (del 10 de enero de 1933).

74 Henry A. Turner, *Hitlers Weg zur Macht*, *op. cit.*, p. 67.

75 «Eine Erklärung Papens», *Vossische Zeitung*, n.º 9, del 6 de enero de 1933.

76 Adolf Hitler, *Reden Schriften Anordnungen*, vol. V, parte 2, *op. cit.*, n.º 116, p. 332.

77 «Hitler und Papen», *Vossische Zeitung*, n.º 8, del 5 de enero de 1933.

78 Citado en Henry A. Turner, *Hitlers Weg zur Macht*, *op. cit.*, p. 70; véase Benjamin Carter, *The Death of Democracy*, *op. cit.*, p. 171 y s.

79 Franz von Papen, *Der Wahrheit eine Gasse*, *op. cit.*, p. 260 y s.; véase Henry A. Turner, *Hitlers Weg zur Macht*, *op. cit.*, p. 70 y s. El 13 de enero de 1933 Schleicher se enteró, a través del príncipe heredero Guillermo, que había colocado a un informante en la «Casa Parda» de Múnich, de que el objetivo de Hitler en la reunión del 4 de enero había sido «convencer al presidente de

la Nación, con la mediación de Papen, de retirar su confianza al canciller antes de las nuevas elecciones y reemplazarlo por una combinación de algún tipo». Guillermo de Prusia a Schleicher, 13 de enero de 1933; en *Akten der Reichskanzlei. Das Kabinett von Schleicher*, *op. cit.*, n.º 54, pp. 220-224 (cita: p. 222).

80 Véase Otto Meissner, *Staatssekretär unter Ebert, Hindenburg, Hitler*, *op. cit.*, p. 261.

81 Véase Wolfram Pyta, *Hindenburg*, *op. cit.*, p. 780.

82 *Die Tagebücher von Joseph Goebbels*, *op. cizt.*, parte I, vol. 2/III, p. 103 (del 10 de enero de 1933).

83 Discurso por radio de Schleicher, 15 de diciembre de 1932; en *Akten der Reichskanzlei. Das Kabinett von Schleicher*, *op. cit.*, n.º 25, pp. 101-117 (citas: p. 109, 103 y 106).

84 Véase Henry A. Turner, *Die Großunternehmer und der Aufstieg Hitlers*, *op. cit.*, p. 370 y s.

85 Citado en Reinhard Neebe, *Großindustrie, Staat und NSDAP 1930-1933. Paul Silverberg und der Reichsverband der Deutschen Industrie in der Krise der Weimarer Republik*, Marburgo, 1979, p. 144. Véase Ulrich Herbert, *Geschichte Deutschlands im 20. Jahrhundert*, *op. cit.*, p. 297.

86 *Akten der Reichskanzlei. Das Kabinett von Schleicher*, *op. cit.*, n.º 50, pp. 206-208 (cita: p. 207), y n.º 51, pp. 208-214.

87 *Ibid.*, n.º 51, p. 214, nota 16.

88 Véase Henry A. Turner, *Hitlers Weg zur Macht*, *op. cit.*, p. 152 y s.; Wolfram Pyta, *Hindenburg*, *op. cit.*, p. 770.

89 Véase *Akten der Reichskanzlei. Das Kabinett von Schleicher*, *op. cit.*, n.º 56, p. 324, nota 15. Cita en *ibid.*, n.º 23, p. 103.

90 Resolución de la facción parlamentaria del DNVP, 21 de enero de 1933; en *ibid.*, n.º 64, p. 283.

91 *Die Tagebücher von Joseph Goebbels*, *op. cit.*, parte I, vol. 2/III, p. 105 (del 13 de enero de 1933). Véase, para lo anterior, Wolfgang Michalka, «Joachim von Ribbentrop - Vom Spirituosenhändler zum Außenminister», en Ronald Smelser y Rainer Zitelmann, eds., *Die braune Elite. 22 biographische Skizzen*, Darmstadt, 1989, pp. 201-211 (aquí, p. 202 y s.); Joachim von Ribbentrop, *Zwischen London und Moskau. Erinnerungen und letzte Aufzeichnungen*,

editado, a partir del legado manuscrito, por Annelies Ribbentrop, Leoni am Starnberger See, 1961, pp. 36-38.

92 Citado en Jutta Ciolek-Kümper, *Wahlkampf in Lippe. Die Wahlkampfpropaganda der NSDAP zur Landtagswahl am 15. Januar 1933*, Múnich, 1976, p. 144.

93 Citado en *ibid.*, p. 147.

94 Carl von Ossietzky, «Bankrott der Autorität», *Die Weltbühne*, año 29, n.º 3 (17 de enero de 1933), pp. 81-85 (cita: p. 83). Reproducido también en *Sämtliche Schriften*, vol. VI, *op. cit.*, pp. 449-455 (cita: p. 452).

95 Adolf Hitler, *Reden Schriften Anordnungen*, vol. V, parte 2, *op. cit.*, documento 117, p. 333.

96 Citado en Jutta Ciolek-Kümper, *Wahlkampf in Lippe*, *op. cit.*, p. 271 y 272. Véase, para el resultado de la elección, Henry A. Turner, *Hitlers Weg zur Macht*, *op. cit.*, p. 89 y s.

97 Citado en *ibid.*, p. 279 y s.

98 *Die Tagebücher von Joseph Goebbels*, *op. cit.*, parte I, vol. 2/III, p. 107 (del 16 de enero de 1933).

99 Adolf Hitler, *Reden Schriften Anordnungen*, vol. V, parte 2, *op. cit.*, documento 140, p. 370.

100 *Die Tagebücher von Joseph Goebbels*, *op. cit.*, parte I, vol. 2/III, p. 108 (del 17 de enero de 1933).

101 Hugenberg a Hitler, 28 de diciembre de 1932; en *Akten der Reichskanzlei. Das Kabinett von Schleicher*, *op. cit.*, n.º 56, p. 232, nota 9. Véase Larry Eugene Jones, «The Greatest Stupidity of My Life: Alfred Hugenberg and the Formation of the Hitler Cabinet, January 1933», *Journal of Contemporary History*, vol. 27 (1992), pp. 63-87 (aquí, p. 70).

102 *Die Deutschnationalen und die Zerstörung der Weimarer Republik*, *op. cit.*, p. 223 (del 17 de enero de 1933).

103 Joachim von Ribbentrop, *Zwischen London und Moskau*, *op. cit.*, p. 39 (del 18 de enero de 1933).

104 Papen a Springorum, 20 de enero de 1933; citado en Heinrich Muth, «Das "Kölner Gespräch"», *op. cit.*, p. 538.

105 «Papen-Hitler-Schleicher. Geschäftiges Spiel hinter den Kulissen», *Vossische Zeitung*, n.º 30, del 18 de enero de 1933.

106 Véase Joachim Fest, Hitler, *op. cit.*, p. 501.

107 Véase Wolfram Pyta, *Hindenburg*, *op. cit.*, p. 787.

108 Franz von Papen, *Der Wahrheit eine Gasse*, *op. cit.*, p. 265; véase también Otto Meissner, *Staatssekretär unter Ebert, Hindenburg, Hitler*, *op. cit.*, p. 263.

109 *Die Tagebücher von Joseph Goebbels*, *op. cit.*, parte I, vol. 2/III, p. 114 (del 25 de enero de 1933). Véase, para las negociaciones del 22 de enero de 1933, Henry A. Turner, *Hitlers Weg zur Macht*, *op. cit.*, pp. 154-156.

110 Joachim von Ribbentrop, *Zwischen London und Moskau*, *op. cit.*, p. 39 (del 22 de enero de 1933).

111 *Ibid.*, p. 39 (del 23 de enero de 1933). Véase Henry A. Turner, *Hitlers Weg zur Macht*, *op. cit.*, p. 157 y s.

112 *Die Tagebücher von Joseph Goebbels*, *op. cit.*, parte I, vol. 2/III, p. 114 (del 25 de enero de 1933).

113 Joachim von Ribbentrop, *Zwischen London und Moskau*, *op. cit.*, p. 39 y s. Véase *Die Tagebücher von Joseph Goebbels*, *op. cit.*, parte I, vol. 2/III, p. 116 (del 26 de enero de 1933): «El Frente de Harzburg reaparece. Frick y Göring negocian».

114 *Die Deutschnationalen und die Zerstörung der Weimarer Republik*, *op. cit.*, p. 224 (del 21 de enero de 1933).

115 Reunión de ministros, 16 de enero de 1933; en *Akten der Reichskanzlei. Das Kabinett von Schleicher*, *op. cit.*, n.º 56, pp. 230-238 (aquí, p. 231).

116 Registro de Meissner sobre la recepción de Schleicher por parte de Hindenburg, 23 de enero de 1933; en *ibid.*, n.º 65, p. 284 y s.

117 Véase Dieter Hoffmann, *Der Skandal. Hindenburgs Entscheidung für Hitler*, Bremen, 2020, p. 38 y ss.; Heinrich August Winkler, *Weimar*, *op. cit.*, pp. 578-581.

118 Kaas a Schleicher, 26 de enero de 1933; en *Akten der Reichskanzlei. Das Kabinett von Schleicher*, *op. cit.*, n.º 70, p. 304 y s.

119 Heinrich August Winkler, *Weimar*, *op. cit.*, p. 582.

120 Reunión de ministros, 28 de enero de 1933; en *Akten der Reichskanzlei. Das Kabinett von Schleicher*, *op. cit.*, n.º 71, pp. 306-309 (cita: p. 307).

121 Registro de Meissner sobre la recepción de Schleicher por parte de Hindenburg, 28 de enero de 1933; en *ibid.*, n.º 72, p. 310 y s.

122 Anotación en el diario de Schwerin von Krosigk sobre los acontecimientos en Berlín entre el 23 y el 28 de enero de 1933; en *ibid.*, n.º 77, pp. 316-319 (cita: p. 317).

123 *Die Tagebücher von Joseph Goebbels*, *op. cit.*, parte I, vol. 2/III, p. 118 (del 29 de enero de 1933).

124 Carl von Ossietzky, «Kamarilla», *Die Weltbühne*, año 29, n.º 5 (31 de enero de 1933), pp. 153-155 (cita: p. 153). Reproducido también en *Sämtliche Schriften*, vol. VI, *op. cit.*, pp. 459-462 (cita: p. 459).

125 Julius Elbau, «Kanzlersturz - und was dann?», *Vossische Zeitung*, n.º 39, del 29 de enero de 1933.

126 Véase Joachim von Ribbentrop, *Zwischen London und Moskau*, *op. cit.*, p. 40 (del 27 de enero de 1933); Henry A. Turner, *Hitlers Weg zur Macht*, *op. cit.*, p. 182 y s.; Larry Eugene Jones, «The Greatest Stupidity of My Life», *op. cit.*, p. 73.

127 *Die Tagebücher von Joseph Goebbels*, *op. cit.*, parte I, vol. 2/III, p. 118 (del 29 de enero de 1933).

128 Joachim von Ribbentrop, *Zwischen London und Moskau*, *op. cit.*, p. 41 (del 27 de enero de 1933).

129 Véase Franz von Papen, *Der Wahrheit eine Gasse*, *op. cit.*, p. 269; Otto Meissner, *Staatssekretär unter Ebert, Hindenburg, Hitler*, *op. cit.*, p. 266.

130 Franz von Papen, *Der Wahrheit eine Gasse*, *op. cit.*, p. 269 y s. Véase Henry A. Turner, *Hitlers Weg zur Macht*, *op. cit.*, p. 185.

131 Anotaciones en el diario de Schwerin von Krosigk; en *Akten der Reichskanzlei. Das Kabinett von Schleicher*, *op. cit.*, n.º 77, p. 318.

132 Véase Franz von Papen, *Der Wahrheit eine Gasse*, *op. cit.*, p. 271; Henry A. Turner, *Hitlers Weg zur Macht*, *op. cit.*, p. 191 y s.; Kirsten A. Schäfer, *Werner von Blomberg. Hitlers erster Feldmarschall. Eine Biographie*, Paderborn, 2006, pp. 97-100.

133 *Die Tagebücher von Joseph Goebbels*, *op. cit.*, parte I, vol. 2/III, p. 118 (del 29 de enero de 1933).

134 Franz von Papen, *Der Wahrheit eine Gasse*, *op. cit.*, p. 271 y s.; Joachim von Ribbentrop, *Zwischen London und Moskau*, *op. cit.*,

p. 42 (del 29 de enero de 1933). Véase Henry A. Turner, *Hitlers Weg zur Macht*, *op. cit.*, p. 192 y s.

135 Theodor Duesterberg, *Der Stahlhelm und Hitler*, Wolfenbüttel y Hannover, 1949, p. 38 y s. Véase Henry A. Turner, *Hitlers Weg zur Macht*, *op. cit.*, pp. 193-195.

136 *Die Tagebücher von Joseph Goebbels*, *op. cit.*, parte I, vol. 2/III, p. 119 (del 30 de enero de 1933).

137 Véase, para los rumores sobre el golpe, Henry A. Turner, *Hitlers Weg zur Macht*, *op. cit.*, p. 197 y s.; Volker Ullrich, *Adolf Hitler*, vol. 1, *op. cit.*, p. 407 y s.

138 Véase Henry A. Turner, *Hitlers Weg zur Macht*, *op. cit.*, pp. 198-201; Otto Meissner, *Staatssekretär unter Ebert, Hindenburg, Hitler*, *op. cit.*, p. 268 y s.

139 Theodor Duesterberg, *Der Stahlhelm und Hitler*, *op. cit.*, p. 39 y s. Véase Henry A. Turner, *Hitlers Weg zur Macht*, *op. cit.*, p. 205 y s.

140 Theodor Duesterberg, *Der Stahlhelm und Hitler*, *op. cit.*, p. 40 y s. Véase Henry A. Turner, *Hitlers Weg zur Macht*, *op. cit.*, p. 206 y s.

141 Anotaciones en el diario de Schwerin-Krosigk sobre la formación del gabinete de Hitler, del 29 y 30 de enero de 1933; en *Akten der Reichskanzlei. Das Kabinett von Schleicher*, *op. cit.*, n.º 79, pp. 320-323 (cita: p. 323); Otto Meissner, *Staatssekretär unter Ebert, Hindenburg, Hitler*, *op. cit.*, p. 270.

142 *Die Tagebücher von Joseph Goebbels*, *op. cit.*, parte I, vol. 2/III, p. 120 (del 31 de enero de 1933).

CAPÍTULO XI. ESPERAR EN CALMA. REACCIONES AL 30 DE ENERO DE 1933

1 Frank Bajohr, Beate Meyer y Joachim Szodrzynski, eds., *Bedrohung, Hoffnung, Skepsis. Vier Tagebücher des Jahres 1933*, Gotinga, 2013, p. 407.

2 Dorothy von Moltke, *Ein Leben in Deutschland*, *op. cit.*, p. 223 (del 30 de enero de 1933).

3 Lutz Graf Schwerin von Krosigk, *Es geschah in Deutschland. Menschenbilder unseres Jahrhunderts*, Tubinga y Stuttgart, 1951, p. 147.

4 Ewald von Kleist-Schmenzin, «Die letzte Möglichkeit. Zur Ernennung Hitlers zum Reichskanzler am 30. Januar 1933», *Politische Studien*, año 10 (1959), p. 92. Véase Henry A. Turner, *Hitlers Weg zur Macht*, *op. cit.*, p. 196.

5 Citado en Gerhard Ritter, *Carl Goerdeler und die deutsche Widerstandsbewegung*, Múnich, 1954, p. 65 y s. Véase Larry Eugene Jones: «The Greatest Stupidity of My Life», *op. cit.*, p. 63.

6 F(ritz) K(lein), «An der Macht», *Deutsche Allgemeine Zeitung*, n.º 50, del 30 de enero de 1933. Véase también Henry A. Turner, *Die Großunternehmer und der Aufstieg Hitlers*, *op. cit.*, p. 391.

7 Véase Wieland Eschenhagen, ed., *Die «Machtergreifung». Tagebuch einer Wende nach Presseberichten vom 1. Januar bis 6. März 1933*, Darmstadt y Neuwied, 1982, p. 125 y 142.

8 Harry Graf Kessler, *Das Tagebuch*, vol. 9, *op. cit.*, p. 538 (del 31 de enero de 1933) y 539 (del 6 de febrero de 1933).

9 Sebastian Haffner, *Geschichte eines Deutschen*, *op. cit.*, p. 104 y s. y 106.

10 Bernd Sösemann, ed., *Theodor Wolff. Der Journalist. Berichte und Leitartikel*, *op. cit.*, pp. 351-353.

11 Citado en Günther Gillessen, *Auf verlorenem Posten*, *op. cit.*, p. 92. Véase Damar Bussiek, *Benno Reifenberg*, *op. cit.*, p. 249.

12 «Der Sprung», *Vossische Zeitung*, n.º 50, del 30 de enero de 1933. Véase también Dirk Blasius, «30. Januar 1933. Tag der Machtergreifung», en Dirk Blasius y Wilfried Loth, eds., *Tage deutscher Geschichte im 20. Jahrhundert*, Gotinga, 2006, pp. 43-58 (aquí, pp. 49-51).

13 Carl von Ossietzky, «Kavaliere und Rundköpfe», *Die Weltbühne*, año 29, n.º 6 (7 de febrero de 1933), pp. 193-195. Reproducido también en *Sämtliche Schriften*, vol. VI, *op. cit.*, pp. 466-470.

14 Citado en Josef Becker y Ruth Becker, eds., *Hitlers Machtergreifung. Vom Machtantritt Hitlers 30. Januar 1933 bis zur Besiegelung des Einparteienstaates 14. Juli 1933*, Múnich, 1983, p. 34. Véase Heinrich August Winkler, *Der Weg in die Katastrophe*, *op. cit.*, p. 867.

15 Heinrich August Winkler, *Der Weg in die Katastrophe*, *op. cit.*, p. 867 y s.

16 Peter Jahn, ed., *Die Gewerkschaften in der Endphase der Weimarer Republik 1930-1933*, Colonia, 1988, documento 170, pp. 830-832 (citas: p. 831 y 832).

17 Citado en Josef Becker y Ruth Becker, eds., *Hitlers Machtergreifung*, *op. cit.*, p. 45.

18 Citado en Wolfgang Benz, ed., *Die Juden in Deutschland 1933-1945. Leben unter nationalsozialistischer Herrschaft*, Múnich, 1999, p. 17. Véase Saul Friedländer, *Das Dritte Reich und die Juden*, vol. 1: «Die Jahre der Verfolgung 1933-1939», Múnich, 1998, p. 27.

19 *Die Verfolgung und Ermordung der europäischen Juden durch das nationalsozialistische Deutschland 1933-1945*, vol. 1: «Deutsches Reich 1933-1937», Wolf Gruner, ed., Múnich, 2008, documento 1, pp. 65-67 (citas: p. 66).

20 Frank Bajohr y Christoph Strupp, eds., *Fremde Blicke auf das «Dritte Reich». Berichte ausländischer Diplomaten über Herrschaft und Gesellschaft in Deutschland 1933-1945*, Gotinga, 2011, p. 356 y s.

21 Véase Detlev Clemens, *Herr Hitler in Germany. Wahrnehmung und Deutungen des Nationalsozialismus in Großbritannien 1920 bis 1939*, Gotinga y Zúrich, 1996, pp. 252-255 (cita: p. 254).

22 Véase Claus W. Schäfer, *André François-Poncet als Botschafter in Berlin*, *op, cit.*, pp. 163-168 y 327-329.

23 Frank Bajohr y Christoph Strupp, eds., *Fremde Blicke auf das «Dritte Reich»*, *op, cit.*, pp. 354-356 (cita: p. 355).

24 Victor Klemperer, *Ich will Zeugnis ablegen bis zum letzten. Tagebücher 1933-1941*, Walter Nowojski, ed., con la colaboración de Hadwig Klemperer, Berlín, 1995, p. 9 (del 10 de marzo de 1933).

25 Citado en Josef Becker y Ruth Becker, eds., *Hitlers Machtergreifung*, *op. cit.*, p. 365 y s.

BIBLIOGRAFÍA

FUENTES IMPRESAS

Akten der Reichskanzlei. Das Kabinett Bauer. 21. Juni 1919 bis 27. März 1920, Anton Golecki, ed., Boppard am Rhein, 1980.

Akten der Reichskanzlei. Das Kabinett Cuno. 22. November 1922 bis 12. August 1923, Karl-Heinz Harbeck, ed., Boppard am Rhein, 1968.

Akten der Reichskanzlei. Das Kabinett Müller II. 28. Juni 1928 bis 27. März 1930. Vol. 1: «Juni 1928 bis Juli 1929»; vol. 2: «August 1929 bis März 1930», Martin Vogt, ed., Boppard am Rhein, 1970.

Akten der Reichskanzlei. Das Kabinett von Papen. 1. Juni bis 3. Dezember 1932. Vol. 1: «Juni bis September 1932»; vol. 2: «September bis Dezember 1932», Karl-Heinz Minuth, ed., Boppard am Rhein, 1989.

Akten der Reichskanzlei. Das Kabinett von Schleicher. 3. Dezember 1932 bis 30. Januar 1933, Anton Golecki, ed., Boppard am Rhein, 1986.

Akten der Reichskanzlei. Die Kabinette Brüning I u. II. Vol. 1: «30. März 1930 bis 28. Februar 1931»; vol. 2: «1. März 1931 bis 10. Oktober 1931»; vol. 3: «10. Oktober 1931 bis 30. Mai 1932», Tilman Koops, ed., Boppard am Rhein, 1982, 1990.

Akten der Reichskanzlei. Die Kabinette Luther I und II, Karl-Heinz Minuth, ed., Boppard am Rhein, 1977.

Allgemeiner Kongress der Arbeiter- und Soldatenräte Deutschlands. Vom 16. bis 21. Dezember 1918 im Abgeordnetenhause zu Berlin. Stenographische Berichte, Berlín, 1919.

BAJOHR, FRANK y CHRISTOPH STRUPP, eds., *Fremde Blicke auf das «Dritte Reich». Berichte ausländischer Diplomaten über Herrschaft und Gesellschaft in Deutschland 1933-1945*, Gotinga, 2011.

BAYERLEIN, BERNHARD H. *et al.*, eds., *Deutscher Oktober 1923. Ein Revolutionsplan und sein Scheitern*, Berlín, 2003.

BECKER, JOSEF y RUTH BECKER, eds., *Hitlers Machtergreifung. Vom Machtantritt Hitlers 30. Januar 1933 bis zur Besiegelung des Einparteienstaates 14. Juli 1933*, Múnich, 1983.

BENJAMIN, WALTER, *Gesammelte Schriften*, vol. IV, 1, Tilman Rexroth, ed., Frankfurt, 1991.

Chronik eines Untergangs. Deutschland 1924-1939. Die Beiträge Leopold Schwarzschilds in den Zeitschriften «Das Tage-Buch» und «Das Neue Tage-Buch», Andreas P. Wesemann, ed., Viena, 2005.

CZICHON, EBERHARD, *Wer verhalf Hitler zur Macht? Zum Anteil der deutschen Industrie an der Zerstörung der Weimarer Republik*, Colonia, 1967.

Der Gründungsparteitag der KPD. Protokoll und Materialien, Hermann Weber, ed. e intr., Frankfurt, 1969.

DEUERLEIN, ERNST, ed., *Der Hitler-Putsch. Bayerische Dokumente zum 8./9. November 1923*, Stuttgart, 1962.

— ed., *Der Aufstieg der NSDAP in Augenzeugenberichten*, Múnich, 1974.

Die Protokolle der Reichstagsfraktion und des Fraktionsvorstands der Deutschen Zentrumspartei 1926-1933, Rudolf Morsey, ed., Maguncia, 1969.

Die Regierung der Volksbeauftragten 1918/19. Primera y segunda parte. Erich Matthias, ed., reelaborada por Susanne Miller con la colaboración de Heinrich Potthoff, Düsseldorf, 1969.

Die Verfolgung und Ermordung der europäischen Juden durch das nationalsozialistische Deutschland 1933-1945, vol. 1: «Deutsches Reich 1933-1937», Wolf Gruner, ed., Múnich, 2008.

ESCHENHAGEN, WIELAND, ed., *Die «Machtergreifung». Tagebuch einer Wende nach Presseberichten vom 1. Januar bis 6. März 1933*, Darmstadt y Neuwied, 1982.

GLATZER, RUTH, *Berlin zur Weimarer Zeit. Panorama einer Metropole 1919-1933*, Berlín, 2000.

Groß-Berliner Arbeiter- und Soldatenräte in der Revolution 1918/19. Dokumente des Vollzugsrates vom Ausbruch der Revolution bis zum 1. Reichsrätekongress, Gerhard Engel, Bärbel Holtz e Ingo Materna, ed., Berlín, 1993.

HITLER, ADOLF, *Sämtliche Aufzeichnungen 1905-1924*, Eberhard Jäckel junto con Axel Kuhn, eds., Stuttgart, 1980.

— *Reden Schriften Anordnungen. Februar 1925 bis Januar 1933*, vol. I: «Die Wiederbegründung der NSDAP. Februar 1925-Juni 1926», Clemens Vollnhals, ed. y comentario, Múnich *et al.*, 1992.

— *Reden Schriften Anordnungen*, vol. II, parte 1: «Juli 1926-Juli 1927», Bärbel Dusik, ed. y comentario, Múnich *et al.*, 1992.

— *Reden Schriften Anordnungen*, vol. III, parte 3: «Januar 1930-September 1930», Christian Hartmann, ed. y comentario, Múnich *et al.*, 1995.

— *Reden Schriften Anordnungen*, vol. IV, parte 1: «Oktober 1930-Juni 1931», Constantin Goschler, ed. y comentario, Múnich *et al.*, 1994.

— *Reden Schriften Anordnungen*, vol. IV, parte 2: «Juli 1931-Dezember 1931», Christian Hartmann, ed. y comentario, Múnich *et al.*, 1996.

— *Reden Schriften Anordnungen*, vol. IV, parte 3: «Januar 1932-März 1932», Christian Hartmann, ed. y comentario, Múnich *et al.*, 1997.

— *Reden Schriften Anordnungen*, vol. V, parte 1: «April 1932-September 1932», Klaus A. Lankheit, ed. y comentario, Múnich *et al.*, 1996.

— *Reden Schriften Anordnungen*, vol. V, parte 2: «Oktober 1932-Januar 1933», Christian Hartmann y Klaus A. Lankheit, ed. y comentario, Múnich *et al.*, 1998.

HUBATSCH, WALTHER, *Hindenburg und der Staat. Aus den Papieren des Generalfeldmarschalls und Reichspräsidenten von 1878 bis 1934*, Gotinga, 1966.

JOCHMANN, WERNER, *Nationalsozialismus und Revolution. Ursprung und Geschichte der NSDAP in Hamburg 1922-1933. Dokumente*, Frankfurt, 1968.

KÖNNEMANN, ERWIN y GERHARD SCHULZ, eds., *Der Kapp-Lüttwitz-Ludendorff-Putsch. Dokumente*, Múnich, 2002.

LESSING, THEODOR, «*Wir machen nicht mit!*». *Schriften gegen den Nationalismus und zur Judenfrage*, Jörg Wollenberg, ed., con la colaboración de Helmut Donat, Bremen, 1997.

LONGERICH, PETER, ed., *Die Erste Republik. Dokumente zur Geschichte des Weimarer Staates*, Múnich y Zúrich, 1992

LUXEMBURG, ROSA, *Gesammelte Werke*, vol. 4: «August 1914 bis Januar 1919», Berlín, 1974.

MANN, THOMAS, *Essays II: 1914-1926*, Hermann Kurzke, ed. y responsable de la edición crítica, Frankfurt, 2002.

OSSIETZKY, CARL VON, *Sämtliche Schriften*, vol. I: «1911-1921», Mathias Bertram, Ute Maak y Christoph Schottes, eds., Reinbek, 1994.

— *Sämtliche Schriften*, vol. V: «1929-1930», Bärbel Boldt, Ute Maak y Günther Nickel, eds., Reinbek, 1994.

— *Sämtliche Schriften*, vol. VI: «1931-1933», Gerhard Kraiker, Günther Nickel, Renke Siems y Elke Suhr, eds., Reinbek, 1994.

PAASCHE, HANS, *«Ändert Euren Sinn!» Schriften eines Revolutionärs*, Helmut Donat y Helga Paasche, eds., Bremen, 1992.

Politik und Wirtschaft in der Krise 1930-1932. Quellen zur Ära Brüning, intr. de Gerhard Schulz; Ilse Maurer y Udo Wengst, eds., con la colaboración de Jürgen Heideking, dos partes, Düsseldorf, 1980.

Quellen zur Geschichte der deutschen Gewerkschaftsbewegung im 20. Jahrhundert, vol. 4 («Die Gewerkschaften in der Endphase der Republik 1930-1933»), Peter Jahn, ed., con la colaboración de Detlev Brunner, Colonia, 1988.

RITTER, GERHARD y SUSANNE MILLER, eds., *Die deutsche Revolution 1918-1919. Dokumente*, Hamburgo, 1975.

SCHÖNHOVEN, KLAUS y HANS JOCHEN VOGEL, eds., *Frühe Warnungen vor dem Nationalsozialismus. Ein historisches Lesebuch*, Bonn, 1998.

Staat und NSDAP 1930-1932. Quellen zur Ära Brüning, intr. de Gerhard Schulz; Ilse Maurer y Udo Wengst, eds., Düsseldorf, 1977.

ULRICH, BERND y BENJAMIN ZIEMANN, eds., *Frontalltag im Ersten Weltkrieg. Wahn und Wirklichkeit. Quellen und Dokumente*, Frankfurt, 1994.

WEBER, HERMANN y BERNHARD H. Bayerlein, eds., *Der Thälmann-Skandal. Geheime Korrespondenzen mit Stalin*, Berlín, 2003.

DIARIOS, CARTAS, MEMORIAS

Aus den Geburtsstunden der Weimarer Republik. Das Tagebuch des Obersten Ernst van den Bergh, Wolfram Wette, ed., Düsseldorf, 1991.

BADEN, PRÍNCIPE MAXIMILIANO DE, *Erinnerungen und Dokumente*, Berlín y Leipzig, 1927.

BAJOHR, FRANK, BEATE MEYER y JOACHIM SZODRZYNSKI, eds., *Bedrohung, Hoffnung, Skepsis. Vier Tagebücher des Jahres 1933*, Gotinga, 2013.

BRILL, HERMANN, *Gegen den Strom*, Offenbach, 1946.

BRÜNING, HEINRICH, *Memoiren 1918-1934*, Stuttgart, 1970.

D'ABERNON, VISCOUNT, *Ein Botschafter der Zeitenwende. Memoiren*, vol. II («Ruhrbesetzung»), Leipzig, sin año [1932].

Die Deutschnationalen und die Zerstörung der Weimarer Republik. Aus dem Tagebuch von Reinhold Quaatz 1928-1933, Hermann Weiß y Paul Hoser, eds., Múnich, 1989.

Die Tagebücher von Joseph Goebbels, Elke Fröhlich, ed., parte I: «Aufzeichnungen 1923-1941», vol. 2/I: «Dezember 1929-Mai 1931», Múnich, 2005.

Die Tagebücher von Joseph Goebbels, Elke Fröhlich, ed., parte I, vol. 2/II: «Juni 1931-September 1932», Múnich, 2004.

Die Tagebücher von Joseph Goebbels, Elke Fröhlich, ed., parte I, vol. 2/III: «Oktober 1932-März 1934», Angela Hermann, ed., Múnich, 2000.

DITTMANN, WILHELM, *Erinnerungen*, Jürgen Rojahn, ed. e intr., Frankfurt y Nueva York, 1995.

DUESTERBERG, THEODOR, *Der Stahlhelm und Hitler*, Wolfenbüttel y Hannover, 1949.

GROENER, WILHELM, *Lebenserinnerungen. Jugend, Generalstab, Weltkrieg*, Gotinga, 1957.

GROSZ, GEORGE, *Ein kleines Ja und ein großes Nein. Sein Leben erzählt von ihm selbst*, Reinbek, 1974.

GRZESINSKI, ALBERT, *Im Kampf um die Republik. Erinnerungen eines Sozialdemokraten*, Eberhard Kolb, ed., Múnich, 2001.

HAFFNER, SEBASTIAN, *Geschichte eines Deutschen. Die Erinnerungen 1914-1933*, Stuttgart y Múnich, 2000.

HAMPE, KARL, *Kriegstagebuch 1914-1919*, Folker Reichert y Eike Wolgast, eds., Múnich, 2004.

HAUPTMANN, GERHARD, *Diarium 1917-1933*, Martin Machatzke, ed., Frankfurt, Berlín y Viena, 1980.

HESS, RUDOLF, *Briefe 1908-1933*, Wolf Rüdiger Heß, ed., Múnich y Viena, 1987.

HEUSS, THEODOR, *Bürger der Weimarer Republik. Briefe 1918-1933*, Michael Dorrmann, ed., Múnich, 2008.

ILSEMANN, SIGURD VON, *Der Kaiser in Holland. Aufzeichnungen des letzten Flügeladjutanten Kaiser Wilhelms II aus Amerongen und Doorn 1918-1923*, Múnich, 1967.

KERR, ALFRED, *Walther Rathenau. Erinnerungen eines Freundes*, Ámsterdam, 1935.

— *Berlin wird Berlin. Briefe aus der Reichshauptstadt 1897-1922*, Deborah Vietor-Engländer, ed., vol. 4: «1917-1922», Gotinga, 2021.

KESSLER, HARRY GRAF, *Das Tagebuch*, vol. 6: «1916-1918», Günther Riederer, ed., con la colaboración de Christoph Hilse, Stuttgart, 2006.

— *Das Tagebuch*, vol. 7: «1919-1923», Angela Rheinthal, ed., con la colaboración de Janna Brechmacher y Christoph Hilse, Stuttgart, 2007.

— *Das Tagebuch*, vol. 8: «1923-1926», Angela Rheinthal, Günter Riederer y Jörg Schuster, eds., Stuttgart, 2009.

— *Das Tagebuch*, vol. 9: «1926-1932», Sabine Gruber y Ulrich Ott, eds., con la colaboración de Christoph Hilse y Nadin Weiss, Stuttgart, 2010.

KLEMPERER, VICTOR, *Ich will Zeugnis ablegen bis zum letzten. Tagebücher 1933-1945*, Walter Nowojski, ed., con la colaboración de Hadwig Klemperer, Berlín, 1995.

— *Leben sammeln, nicht fragen wozu und warum. Tagebücher 1918-1924*, Walter Nowojski, ed., con la colaboración de Christian Löser, Berlín, 1996.

— *Leben sammeln, nicht fragen wozu und warum. Tagebücher 1925-1932*, Walter Nowojski, ed., con la colaboración de Christian Löser, Berlín, 1996.

— *Man möchte immer weinen und lachen in einem. Revolutionstagebuch 1919*, Berlín, 2015.

KOLLWITZ, KÄTHE, *Die Tagebücher 1908-1945*, Jutta Bohnke-Kollwitz, ed., Múnich, 2007.

LUDENDORFF, MARGARETHE, *Als ich Ludendorffs Frau war*, Walther Ziersch, ed., Múnich, 1929.

LUTHER, HANS, *Politiker ohne Partei. Erinnerungen*, Stuttgart, 1960.

LUXEMBURG, ROSA, *Gesammelte Briefe*, vol. 5, 2.ª ed., Berlín, 1987.

MANN, KLAUS, *Der Wendepunkt. Ein Lebensbericht*, Frankfurt, 1963.

— *Tagebücher 1931 bis 1933*, Joachim Heimannsberg, Peter Laemmle y Wilfried F. Schoeller, eds., Múnich, 1989.

MANN, THOMAS, *Tagebücher 1918-1921*, Peter de Mendelssohn, ed., Frankfurt, 1979.

MAYER, GUSTAV, *Als deutsch-jüdischer Historiker in Krieg und Revolution 1914-1920. Tagebücher, Aufzeichnungen, Briefe*, Gottfried Niedhardt, ed., Múnich, 2009.

MEISSNER, OTTO, *Staatssekretär unter Ebert-Hindenburg-Hitler*, Hamburgo, 1950.

MOLTKE, DOROTHY VON, *Ein Leben in Deutschland. Briefe aus Kreisau und Berlin 1907-1934*, Beate Ruhm von Oppen, ed., Múnich, 1999.

MÜHSAM, ERICH, *Tagebücher (1910-1924)*, Chris Hirte, ed. y epílogo, Múnich, 1994.

MÜLLER, HERMANN, *Die November-Revolution. Erinnerungen*, Berlín, 1928.

NOSKE, GUSTAV, *Von Kiel bis Kapp. Zur Geschichte der deutschen Revolution*, Berlín, 1920.

PAPEN, FRANZ VON, *Der Wahrheit eine Gasse*, Múnich, 1952.

PRINGSHEIM, HEDWIG, *Meine Manns. Briefe an Maximilian Harden 1900-1922*, Helga y Manfred Neumann, eds., Berlín, 2006.

— *Tagebücher*, vol. 6: «1917-1922», Cristina Herbst, ed., Gotinga, 2017.

PÜNDER, HERMANN, *Politik in der Reichskanzlei. Aufzeichnungen aus den Jahren 1929-1932*, Thilo Vogelsang, ed., Stuttgart, 1961.

RATHENAU, WALTHER, *Briefe*, vol. 2: «1914-1922», Alexander Jaser, Clemens Picht y Ernst Schulin, eds., Düsseldorf, 2006.

REISSNER, LARISSA, *Hamburg auf den Barrikaden. Erlebtes und Erhörtes aus dem Hamburger Aufstand*, Berlín, 1925.

RIBBENTROP, JOACHIM, *Zwischen London und Moskau. Erinnerungen und letzte Aufzeichnungen*, Annelies Ribbentrop, ed., Leoni am Starnberger See, 1961.

SCHWERIN VON KROSIGK, LUTZ GRAF, *Es geschah in Deutschland. Menschenbilder unseres Jahrhunderts*, Tubinga y Stuttgart, 1951.

SHEDLETZKY, ITTA, ed., *Betty Scholem – Gershom Scholem. Mutter und Sohn im Briefwechsel 1917-1946*, Múnich, 1989.

SÖSEMANN, BERND, ed., *Theodor Wolff. Der Journalist. Berichte und Leitartikel*, Düsseldorf *et al.*, 1993.

STAMPFER, FRIEDRICH, *Die ersten 14 Jahre der Deutschen Republik*, 3.ª ed., Hamburgo, 1947.

STERNHEIM, THEA, *Tagebücher 1903-1971*, vol. 1: «1903-1925»; vol. 2: «1925-1936», Thomas Ehrmann y Regula Wyss, eds., Gotinga, 2002.

STOCKHAUSEN, MAX VON, *Sechs Jahre Reichskanzlei. Von Rapallo bis Locarno. Erinnerungen und Tagebuchnotizen 1922-1927*, Walter Görlitz, ed., Bonn, 1954.

STRESEMANN, GUSTAV, *Vermächtnis. Der Nachlass in drei Bänden*, Henry Bernhard, ed., Berlín, 1932.

THIMME, ANNELISE, ed., *Friedrich Thimme 1868-1938. Ein politischer Historiker, Publizist und Schriftsteller in seinen Briefen*, Boppard, 1994.

TROELTSCH, ERNST, *Die Fehlgeburt einer Republik. Spektator in Berlin 1918 bis 1922*, Johann Hinrich Claussen, ed. y epílogo, Frankfurt, 1994.

WITZMANN, GEORG, *Thüringen von 1918-1933. Erinnerungen eines Politikers*, Meisenheim am Glan, 1958.

WOLFF, THEODOR, *Tagebücher 1914-1919*, vol. 2, Bernd Sösemann, ed., Boppard, 1984.

ZUCKMAYER, CARL, *Als wär's ein Stück von mir. Horen der Freundschaft*, Stuttgart y Hamburgo, 1966.

ZWEIG, STEFAN, *Die Welt von Gestern. Erinnerungen eines Europäers*, Stuttgart y Hamburgo, sin año.

— *Briefe 1920-1931*, Knut Beck y Jeffrey B. Berlín, eds., Frankfurt, 2000.

ESTUDIOS

ALBRECHT, RICHARD, *Der militante Sozialdemokrat. Carlo Mierendorff 1897 bis 1943. Eine Biographie*, Berlín y Bonn, 1987.

ALEXANDER, THOMAS, *Carl Severing. Sozialdemokrat aus Westfalen mit preußischen Tugenden*, Bielefeld, 1992.

ALT, PETER-ANDRÉ, *Franz Kafka. Der ewige Sohn. Eine Biographie*, Múnich, 2005.

AUSTERMANN, PHILIPP, *Der Weimarer Reichstag. Die schleichende Ausschaltung, Entmachtung und Zerstörung eines Parlaments*, Viena, Colonia y Weimar, 2020.

BECKER, SABINE, *Experiment Weimar. Eine Kulturgeschichte Deutschlands 1918-1933*, Darmstadt, 2021.

BERGHAHN, VOLKER, *Der Stahlhelm. Bund der Frontsoldaten 1918-1935*, Düsseldorf, 1966.

BERING, DIETZ, *Kampf um Namen. Bernhard Weiß gegen Joseph Goebbels*, Stuttgart, 1991.

BERNSTEIN, EDUARD, *Die deutsche Revolution von 1918/19. Geschichte und Entstehung der ersten Arbeitsperiode der deutschen Republik*, Heinrich August Winkler, ed. e intr., notas de Teresa Löwe, Bonn, 1998.

BIEBER, HANS-JOACHIM, *Gewerkschaften in Krieg und Revolution. Arbeiterbewegung, Industrie, Staat und Militär in Deutschland 1914-1920*, vol. 2, Hamburgo, 1981.

— *Bürgerräte und Bürgerstreiks in Deutschland 1918-1920*, Hamburgo, 1992.

BISKY, JENS, *Berlin. Biographie einer großen Stadt*, Berlín, 2019.

BLASISUS, DIRK, «30. Januar 1933. Tag der Machtergreifung», en Dirk Blasius y Wilfried Loth, eds., *Tage deutscher Geschichte im 20. Jahrhundert*, Gotinga, 2006, pp. 43-58.

BOLLMEYER, HEIKO, *Der steinige Weg zur Demokratie. Die Weimarer Nationalversammlung zwischen Kaiserreich und Republik*, Frankfurt y Nueva York, 2007.

BRACHER, KARL DIETRICH, *Die Auflösung der Weimarer Republik. Eine Studie zum Problem des Machtverfalls in der Demokratie*, 3.ª ed., Villingen, 1960.

BRENNER, WOLFGANG, *Walther Rathenau. Deutscher und Jude*, Múnich y Zúrich, 2005.

BUSSIEK, DAGMAR, *Benno Reifenberg 1892-1970. Eine Biographie*, Gotinga, 2011.

BÜTTNER, URSULA, *Weimar. Die überforderte Republik 1918-1933*, Stuttgart, 2008.

CHERNOW, RON, *Die Warburgs. Odyssee einer Familie*, Berlín, 1994.

CIOLEK-KÜMPER, JUTTA, *Wahlkampf in Lippe. Die Wahlkampfpropaganda der NSDAP zur Landtagswahl am 15. Januar 1933*, Múnich, 1976.

CLARK, CHRISTOPHER, *Preußen. Aufstieg und Niedergang 1600-1947*, Múnich, 2007.

CLEMENS, DETLEV, *Herr Hitler in Germany. Wahrnehmung und Deutungen des Nationalsozialismus in Großbritannien 1920 bis 1939*, Gotinga y Zúrich, 1996.

CONZE, ECKART, *Die große Illusion. Versailles 1919 und die Neuordnung der Welt*, Múnich, 2018.

CORNELISSEN, CHRISTOPH, *Gerhard Ritter. Geschichtswissenschaft und Politik im 20. Jahrhundert*, Düsseldorf, 2001.

CURTIUS, JULIUS, *Der Young-Plan. Entstehung und Wahrheit*, Stuttgart, 1970.

DEIST, WILHELM, «Die Politik der Seekriegsleitung und die Rebellion der Flotte Ende 1918», *Vierteljahrshefte für Zeitgeschichte*, vol. 14 (1968), pp. 341-368.

DICKMANN, FRITZ, «Die Regierungsbildung in Thüringen als Modell der Machtergreifung. Ein Brief Hitlers aus dem Jahre 1930», *Vierteljahrshefte für Zeitgeschichte*, vol. 14 (1966), pp. 454-464.

DÖRING, MARTIN, *«Parlamentarischer Arm der Bewegung». Die Nationalsozialisten im Reichstag der Weimarer Republik*, Düsseldorf, 2001.

ERDMANN, KARL DIETRICH y HAGEN SCHULZE, *Weimar. Selbstpreisgabe einer Demokratie. Eine Bilanz heute*, Düsseldorf, 1984.

ERGER, JOHANNES, *Der Kapp-Lüttwitz-Putsch. Ein Beitrag zur deutschen Innenpolitik 1919/20*, Düsseldorf, 1967.

ESCHENBURG, THEODOR, *Die improvisierte Demokratie. Gesammelte Aufsätze zur Weimarer Republik*, Múnich, 1964.

FALTER, JÜRGEN, THOMAS LINDENBERGER y SIEGFRIED SCHUMANN, *Wahlen und Abstimmungen in der Weimarer Republik. Materialien zum Wahlverhalten 1919-1933*, Múnich, 1986.

FELDMAN, GERALD D., *The Great Disorder. Politics, Economics, and Society in the German Inflation, 1914-1924*, Oxford y Nueva York, 1997.

— *Hugo Stinnes. Biographie eines Industriellen 1870-1924*, Múnich, 1998.

FEST, JOACHIM, *Hitler. Eine Biographie*, Frankfurt, Berlín y Viena, 1973.

FLECHTHEIM, OSSIP K., *Die KPD in der Weimarer Republik*, Frankfurt, 1969.

FLEMMING, JENS, *Landwirtschaftliche Interessen und Demokratie. Ländliche Gesellschaft, Agrarverbände und Staat 1890-1925*, Bonn, 1978.

FRIEDLÄNDER, SAUL, *Das Dritte Reich und die Juden*, vol. 1: *Die Jahre der Verfolgung 1933-1939*, Múnich, 1998.

FÜHRER, KARL CHRISTIAN, «Die Sozialpolitik der Weimarer Republik», en Nadine Rossol y Benjamin Ziemann, eds., *Aufbruch und Abgründe. Das Handbuch der Weimarer Republik*, Darmstadt, 2021, pp. 338-363.

GAERTRINGEN, FRIEDRICH FREIHERR HILLER VON, «Die Deutschnationale Volkspartei», en Erich Matthias y Rudolf Morsey, eds., *Das Ende der Parteien 1933*, Düsseldorf, 1960, pp. 543-621.

GALL, LOTHAR, *Walther Rathenau. Portrait einer Epoche*, Múnich, 2009.

GALLUS, ALEXANDER, *Heimat «Weltbühne». Eine Intellektuellengeschichte im 20. Jahrhundert*, Gotinga, 2012.

— «Die umkämpfte Revolution», en *ZEIT-Geschichte*, fascículo 6 (2018), pp. 14-20.

— ed., *Die vergessene Revolution 1918/19*, Gotinga, 2010.

— y ERNST PIPER, eds., *Die Weimarer Republik als Ort der Demokratiegeschichte. Eine kritische Bestandsaufnahme*, Bonn, 2023.

GIETINGER, KLAUS, *Eine Leiche schwimmt im Landwehrkanal. Die Ermordung Rosa Luxemburgs*, Hamburgo, 2008.

— *Der Konterrevolutionär. Waldemar Pabst - eine deutsche Karriere*, Hamburgo, 2008.

GILLESSEN, GÜNTHER, *Auf verlorenem Posten. Die Frankfurter Zeitung im Dritten Reich*, Berlín, 1986.

GRAU, BERNHARD, *Kurt Eisner 1867-1919. Eine Biographie*, Múnich, 2001.

GUTSCHE, WILLIBALD, *Ein Kaiser im Exil. Der letzte deutsche Kaiser Wilhelm II. in Holland*, Marburgo, 1991.

HAARDT, OLIVER F. R. y CHRISTOPHER CLARK, «Die Weimarer Reichsverfassung als Moment der Geschichte», en Horst Dreier y Christian Waldhoff, eds., *Das Wagnis der Demokratie. Eine Anatomie der Weimarer Reichsverfassung*, Múnich, 2018, pp. 9-44.

HALLGARTEN, GEORGE W. F., *Hitler, Reichswehr und Industrie. Zur Geschichte 1918-1933*, Frankfurt, 1955.

HANNOVER, HEINRICH y ELISABETH HANNOVER-DRÜCK, *Politische Justiz 1918-1933*, Frankfurt, 1966.

HARPPRECHT, KLAUS, *Thomas Mann. Eine Biographie*, Reinbek, 1995.

HECKER, HANS, «Karl Radeks Werben um die deutsche Rechte. Die Sowjetunion und der Ruhrkampf», en Gerd Krumeich y Joachim Schröder, eds., *Der Schatten des Weltkriegs. Die Ruhrbesetzung 1923*, Essen, 2004, pp. 187-205.

HEHL, ULRICH VON, *Wilhelm Marx 1863-1946. Eine politische Biographie*, Maguncia, 1987.

HENNIG, DIETHARD, *Johannes Hoffmann. Sozialdemokrat und Bayerischer Ministerpräsident*, Múnich *et al.*, 1990.

HERBERT, ULRICH, *Best. Biographische Studien über Radikalismus, Weltanschauung und Vernunft 1903-1999*, Bonn, 1999.

— *Geschichte Deutschlands im 20. Jahrhundert*, Múnich, 2014.

HERING, RAINER, *Konstruierte Nation. Der Alldeutsche Verband 1890-1939*, Hamburgo, 2003.

HETT, BENJAMIN CARTER, *The Death of Democracy. Hitler's Rise to Power and the Downfall of the Weimar Republic*, Nueva York, 2018.

HEUSLER, ANDREAS, *Das Braune Haus. Wie München «Hauptstadt der Bewegung» wurde*, Múnich, 2008.

HOFFMANN, DIETER, *Der Skandal. Hindenburgs Entscheidung für Hitler*, Bremen, 2020.

HOLSTE, HEIKO, *Warum Weimar. Wie Deutschlands erste Republik zu ihrem ersten Geburtsort kam*, Viena, 2017.

HOLZBACH, HEIDRUN, *Das «System» Hugenberg. Die Organisation bürgerlicher Sammlungspolitik vor dem Aufstieg der NSDAP*, Stuttgart, 1981.

HÖMIG, HERBERT, *Brüning. Kanzler in der Krise. Eine Weimarer Biographie*, Paderborn, 2000.

HORN, WOLFGANG, *Der Marsch zur Machtergreifung. Die NSDAP bis 1933*, Königstein im Taunus, 1980.

HÜRTER, JOHANNES, *Wilhelm Groener. Reichswehrminister am Ende der Weimarer Republik (1928-1932)*, Múnich, 1993.

JESSEN-KLINGENBERG, MANFRED, «Die Ausrufung der Republik durch Philipp Scheidemann am 9. November 1918», en *Geschichte in Wissenschaft und Unterricht*, vol. 19 (1968), pp. 649-656.

JONES, LARRY EUGENE, «The Greatest Stupidity of My Life. Alfred Hugenberg and the Formation of the Hitler Cabinet, January 1933», *Journal of Contemporary History*, vol. 27 (1992), pp. 63-87.

— *Hitler versus Hindenburg. The 1932 Presidential Elections and the End of the Weimar Republic*, Cambridge, 2016.

— «Taming the Nazi Beast. Kurt von Schleicher and the End of the Weimar Republic», en Hermann Beck y Larry Eugene Jones, eds., *From Weimar to Hitler. Studies in the Dissolution of the Weimar Republic and the Establishment of the Third Reich, 1932-1934*, Nueva York y Oxford, 2019, pp. 23-52.

— «Von der Demokratie zur Diktatur. Das Ende der Weimarer Republik und der Aufstieg des Nationalsozialismus», en Nadine Rossol y Benjamin Ziemann, eds., *Aufbruch und Abgründe. Das Handbuch der Weimarer Republik*, Darmstadt, 2021, pp. 120-141.

JONES, MARK, *Am Anfang war Gewalt. Die deutsche Revolution 1918/19 und der Beginn der Weimarer Republik*, Berlín, 2017.

KÄPPNER, JOACHIM, *1918. Aufstand für die Freiheit. Die Revolution der Besonnenen*, Múnich, 2017.

KELLERHOFF, SVEN FELIX, *Die NSDAP. Eine Partei und ihre Mitglieder*, Stuttgart, 2017.

— *Der Putsch. Hitlers erster Griff nach der Macht*, Stuttgart, 2023.

KERSHAW, IAN, *Hitler. 1889-1936*, Stuttgart, 1998.

KESSLER, HARRY GRAF, *Walther Rathenau. Sein Leben und Werk*, Berlín-Grunewald, sin año (primera edición en Wiesbaden, 1928).

KISSENKÖTTER, UDO, *Gregor Straßer und die NSDAP*, Stuttgart, 1978.

KLUGE, ULRICH, *Soldatenräte und Revolution. Studien zur Militärpolitik in Deutschland 1917/18*, Gotinga, 1975.

KLUKE, PAUL, «Der Fall Potempa», *Vierteljahrshefte für Zeitgeschichte*, vol. 5 (1957), pp. 279-297.

KOLB, EBERHARD, *Die Weimarer Republik*, 2.ª ed., Múnich, 1988.

— *Umbrüche deutscher Geschichte 1866/71, 1918/19, 1929/33. Ausgewählte Aufsätze*, Dieter Langewiesche y Klaus Schönhoven, eds., Múnich, 1993.

— *Gustav Stresemann*, Múnich, 2003.

— *Der Frieden von Versailles*, Múnich, 2005.

KÖNNEMANN, ERWIN y HANS-JOACHIM KRUSCH, *Aktionseinheit contra Kapp-Putsch im März 1920 und der Kampf der deutschen Arbeiterklasse sowie anderer Werktätiger gegen die Errichtung der Militärdiktatur und für demokratische Verhältnisse*, Berlín Oriental, 1972.

KOPPER, CHRISTOPHER, *Hjalmar Schacht. Aufstieg und Fall von Hitlers mächtigstem Bankier*, Múnich y Viena, 2006.

KOSZYK, KURT, *Gustav Stresemann. Der kaisertreue Demokrat. Eine Biographie*, Colonia, 1989.

KRÜGER, GABRIELE, *Die Brigade Ehrhardt*, Hamburgo, 1971.

KRÜGER, PETER, *Die Außenpolitik der Republik von Weimar*, 2.ª ed., Darmstadt, 1993.

KÜPPERS, HEINRICH, *Joseph Wirth. Parlamentarier, Minister und Kanzler der Weimarer Republik*, Stuttgart, 1997.

KURZ, THOMAS, *Blutmai. Sozialdemokraten und Kommunisten im Brennpunkt der Berliner Ereignisse von 1929*, Berlín y Bonn, 1986.

KURZKE, HERMANN, *Thomas Mann. Das Leben als Kunstwerk*, Múnich, 1999.

LAHME, TILMANN, *Die Manns. Geschichte einer Familie*, Frankfurt, 2015.

LANG, JOCHEN, «Martin Bormann - Hitlers Sekretär», en Ronald Smelser y Rainer Zitelmann, eds., *Die braune Elite. 22 biographische Skizzen*, Darmstadt, 1989, pp. 1-14.

LARGE, DAVID CLAY, *Hitlers München. Aufstieg und Fall der Hauptstadt der Bewegung*, Múnich, 1998.

LASCHITZA, ANNELIES, *Im Lebensrausch, trotz alledem. Rosa Luxemburg. Eine Biographie*, Berlín, 1996.

LEONHARD, JÖRN, *Der überforderte Frieden. Versailles und die Welt 1918-1923*, Múnich, 2018.

LESSMANN, PETER, *Die preußische Schutzpolizei in der Weimarer Republik. Streifendienst und Straßenkampf*, Düsseldorf, 1989.

LINSE, ULRICH, *Barfüßige Propheten. Erlöser der zwanziger Jahre*, Berlín, 1983.

LONGERICH, PETER, *Die braunen Bataillone. Geschichte der SA*, Múnich, 1989.

— *Deutschland 1918-1933. Die Weimarer Republik. Handbuch zur Geschichte*, Hannover, 1995.

— *Hitler. Biographie*, Múnich, 2015.

— *Außer Kontrolle. Deutschland 1923*, Viena y Graz, 2022.

LUBAN, OTTOKAR, «Demokratische Sozialistin oder «blutige Rosa»? Rosa Luxemburg und die KPD-Führung im Berliner Januaraufstand 1919», en *Internationale Wissenschaftliche Korrespondenz zur Geschichte der deutschen Arbeiterbewegung*, vol. 36 (1999), pp. 176-207.

LUCAS, ERHARD, *Märzrevolution 1920*, 3 vols., Frankfurt, 1970, 1973, 1978.

MACHTAN, LOTHAR, *Der Kaisersohn bei Hitler*, Hamburgo, 2006.

MALINOWSKI, STEPHAN, *Die Hohenzollern und die Nazis. Geschichte einer Kollaboration*, Berlín, 2021.

MARTYNKEWICZ, WOLFGANG, *1920. Am Nullpunkt des Sinns*, Berlín, 2019.

MARWEDEL, RAINER, *Theodor Lessing. Eine Biographie*, Darmstadt y Neuwied, 1987.

MAUERSBERGER, VOLKER, *Hitler in Weimar. Der Fall einer deutschen Kulturhauptstadt*, Berlín, 1999.

MAURER, TRAUDE, *Ostjuden in Deutschland 1918-1933*, Hamburgo, 1986.

MCELLIGOTT, ANTHONY, *Rethinking the Weimar Republic. Authority and Authoritarianism 1916-1936*, Londres, 2014.

MEIER-WELCKER, HANS, *Seeckt*, Frankfurt, 1967.

MERGEL, THOMAS, «Wahlen, Wahlkämpfe und Demokratie», en Nadine Rossol y Benjamin Ziemann, eds., *Aufbruch und Abgründe. Das Handbuch der Weimarer Republik*, Darmstadt, 2021, pp. 198-222.

MERSEBURGER, PETER, *Mythos Weimar. Zwischen Geist und Macht*, Stuttgart, 1998.

MEYER, GERD, «Die Reparationspolitik. Ihre außen- und innenpolitischen Rückwirkungen», en Karl Dietrich Bracher, Manfred Funke y Hans-Adolf Jacobsen, eds., *Die Weimarer Republik 1918-1933. Politik-Wirtschaft-Gesellschaft*, Düsseldorf, 1987, pp. 327-342.

MICHALKA, WOLFGANG, «Joachim von Ribbentrop - Vom Spirituosenhändler zum Außenminister», en Ronald Smelser y Rainer Zitelmann, eds., *Die braune Elite. 22 biographische Skizzen*, Darmstadt, 1989, pp. 201-211.

MILLER, SUSANNE, *Die Bürde der Macht. Die deutsche Sozialdemokratie 1918-1920*, Düsseldorf, 1978.

MÖLLER, HORST, *Die Weimarer Republik. Demokratie in der Krise*, Múnich, 2018.

MOMMSEN, HANS, *Die verspielte Freiheit. Der Weg der Republik von Weimar in den Untergang 1918 bis 1933*, Berlín, 1989.

MORSEY, RUDOLF, «Die Deutsche Zentrumspartei», en Erich Matthias y Rudolf Morsey, eds., *Das Ende der Parteien 1933*, Düsseldorf, 1960, pp. 281-417.

— «Hitler als braunschweigischer Regierungsrat», *Vierteljahrshefte für Zeitgeschichte*, vol. 8 (1960), pp. 419-448.

MÜHLHAUSEN, WALTER, *Friedrich Ebert 1871-1925. Reichspräsident der Weimarer Republik*, Bonn, 2006.

MUTH, HEINRICH, «Das "Kölner Gespräch" am 4. Januar 1933», en *Geschichte in Wissenschaft und Unterricht*, vol. 37 (1986), parte 1, pp. 463-480; parte 2, pp. 529-541.

NEBELIN, MANFRED, *Ludendorff. Diktator im Ersten Weltkrieg*, Múnich, 2010.

NEEBE, REINHARD, *Großindustrie, Staat und NSDAP 1930-1933. Paul Silverberg und der Reichsverband der Deutschen Industrie in der Krise der Weimarer Republik*, Marburgo, 1979.

NELIBA, GÜNTER, «Wilhelm Frick und Thüringen als Experimentierfeld für die nationalsozialistische Machtergreifung», en Detlev Heiden y Gunther Mai, eds., *Nationalsozialismus in Thüringen*, Weimar, Colonia y Viena, 1995, pp. 75-94.

NIESS, WOLFGANG, *Der Hitlerputsch 1923. Geschichte eines Hochverrats*, Múnich, 2023.

NORDALM, JENS, *Erich Marcks (1861-1938) in der deutschen Geschichtswissenschaft*, Berlín, 2003.

OSTWALD, HANS, *Sittengeschichte der Inflation. Ein Kulturdokument aus den Jahren des Marksturzes*, Berlín, 1931.

PETZOLD, JOACHIM, *Franz von Papen. Ein deutsches Verhängnis*, Múnich y Berlín, 1995.

PEUKERT, DETLEV J. K., *Die Weimarer Republik. Krisenjahre der klassischen Moderne*, Frankfurt, 1987.

PIPER, ERNST, *Rosa Luxemburg. Ein Leben*, Múnich, 2018.

PLUMPE, WERNER, *Carl Duisberg 1861-1935. Anatomie eines Industriellen*, Múnich, 2016.

POST, BERNHARD, «Vorgezogene Machtübernahme 1932: Die Regierung Sauckel», en Detlev Heiden y Gunther Mai, eds., *Nationalsozialismus in Thüringen*, Weimar, Colonia y Viena, 1995, pp. 147-181.

PUFENDORF, ASTRID, *Die Plancks. Eine Familie zwischen Patriotismus und Widerstand*, Berlín, 2006.

PYTA, WOLFRAM, *Hindenburg. Herrschaft zwischen Hohenzollern und Hitler*, Múnich, 2007.

REICHEL, PETER, *Der tragische Kanzler. Hermann Müller und die SPD in der Weimarer Republik*, Múnich, 2018.

RIBHEGGE, WILHELM, *August Winnig. Eine historische Persönlichkeitsanalyse*, Bonn y Bad Godesberg, 1973.

RICHTER, LUDWIG, *Die Deutsche Volkspartei 1918-1933*, Düsseldorf, 2002.

RITTER, GERHARD, *Carl Goerdeler und die deutsche Widerstandsbewegung*, Múnich, 1954.

— *Staatskunst und Kriegshandwerk. Das Problem des «Militarismus» in Deutschland*, vol. 4: «Die Herrschaft des deutschen Militarismus und die Katastrophe von 1918», Múnich, 1968.

RÖHL, JOHN C. G., *Wilhelm II. Der Weg in den Abgrund 1900-1941*, Múnich, 2008.

RÖSCH, MATTHIAS, *Die Münchner NSDAP 1925-1933. Eine Untersuchung zur inneren Struktur der NSDAP in der Weimarer Republik*, Múnich, 2002.

ROSENBERG, ARTHUR, *Geschichte der Weimarer Republik*, Kurt Kersten, ed., Frankfurt, 1961.

ROSSOL, NADINE y BENJAMIN ZIEMANN, eds., *Aufbruch und Abgründe. Das Handbuch der Weimarer Republik*, Darmstadt, 2021.

RUDOLPH, KARSTEN, «Untergang auf Raten. Die Auflösung und Zerstörung der demokratischen Kultur in Thüringen 1930 im regionalen Vergleich», en Lothar Ehrlich y Jürgen John, eds., *Weimar 1930. Politik und Kultur im Vorfeld der NS-Diktatur*, Colonia, Weimar y Viena, 1998, pp. 15-29.

SABROW, MARTIN, *Der Rathenaumord. Rekonstruktion einer Verschwörung gegen die Republik von Weimar*, Múnich, 1994.

— *Die verdrängte Verschwörung. Der Rathenau-Mord und die deutsche Gegenrevolution*, Frankfurt, 1999.

SCHÄFER, CLAUS W., *André François-Poncet als Botschafter in Berlin (1931-1938)*, Múnich, 2004.

SCHÄFER, KIRSTEN A., *Werner von Blomberg. Hitlers erster Feldmarschall. Eine Biographie*, Paderborn, 2006.

SCHEER, REGINA, *«Wir sind die Liebermanns». Die Geschichte einer Familie*, Berlín, 2006.

SCHILDT, AXEL, *Militärdiktatur auf Massenbasis? Die Querfrontkonzeption der Reichswehrführung um General Schleicher am Ende der Weimarer Republik*, Frankfurt y Nueva York, 1981.

SCHÖLZEL, CHRISTIAN, *Walther Rathenau. Eine Biographie*, Paderborn, 2006.

SCHULIN, ERNST, *Walther Rathenau. Repräsentant, Kritiker und Opfer seiner Zeit*, Gotinga, 1979.

— y Wolfgang Michalka, *Walther Rathenau im Spiegel seines Moskauer Nachlasses*, Heidelberg, 1993.

SCHULZ, GERHARD, *Von Brüning zu Hitler. Der Wandel des politischen Systems in Deutschland 1930-1933*, Berlín y Nueva York, 1992.

SCHULZE, HAGEN, *Otto Braun oder Preußens demokratische Sendung*, Frankfurt-Berlín-Viena, 1977.

— *Weimar. Deutschland 1917-1933*, Berlín, 1982.

— «Vom Scheitern einer Republik», en Karl Dietrich Bracher, Manfred Funke y Hans-Adolf Jacobsen, eds., *Die Weimarer Republik 1918-1933. Politik, Wirtschaft, Gesellschaft*, Düsseldorf, 1987, pp. 617-625.

STERNBURG, WILHELM VON, *Joseph Roth. Eine Biographie*, Colonia, 2009.

STOLLEIS, MICHAEL, *Die soziale Problematik der Weimarer Reichsverfassung*, en Horst Dreier y Christian Waldhoff, eds., *Das Wagnis der Demokratie. Eine Anatomie der Weimarer Reichsverfassung*, Múnich, 2018, pp. 195-218.

TAYLOR, FREDERICK, *Inflation. Der Untergang des Geldes in der Weimarer Republik und die Geburt eines deutschen Traumas*, Múnich, 2013.

TIMM, HELGA, *Die deutsche Sozialpolitik und der Bruch der Großen Koalition im März 1930*, Düsseldorf, 1952.

TRACY, DONALD R., «Der Aufstieg der NSDAP bis 1930», en Detlev Heiden y Gunther Mai, eds., *Nationalsozialismus in Thüringen*, Weimar, Colonia y Viena, 1995, pp. 49-72.

TROTNOW, HELMUT, *Karl Liebknecht. Eine politische Biographie*, Colonia, 1980.

TURNER, HENRY A., *Die Großunternehmer und der Aufstieg Hitlers*, Berlín, 1985.

— *Hitlers Weg zur Macht. Der Januar 1933*, Múnich, 1996.

ULLRICH, SEBASTIAN, *Der Weimar-Komplex. Das Scheitern der ersten deutschen Demokratie und die politische Kultur der Bundesrepublik*, Gotinga, 2009.

— «Stabilitätsanker oder Hysterisierungsagentur. Der Weimar-Komplex in der Geschichte der Bundesrepublik», en Hanno Hochmuth, Martin Sabrow y Tilmann Siebeneichner, eds., *Weimars Wirkung. Das Nachleben der ersten deutschen Republik*, Gotinga, 2020, pp. 182-196.

ULLRICH, VOLKER, *Die Hamburger Arbeiterbewegung vom Vorabend des Ersten Weltkriegs bis zur Revolution 1918/19*, 2 vols., Hamburgo, 1976.

— *Kriegsalltag. Hamburg im Ersten Weltkrieg*, Colonia, 1982.

— *Die nervöse Großmacht 1871-1918. Aufstieg und Untergang des deutschen Kaiserreichs*, Frankfurt, 1997 (nueva edición ampliada, 2013).

— *Die Revolution von 1918/19*, Múnich, 2009.

— *Adolf Hitler. Biographie*, vol. 1: *Die Jahre des Aufstiegs 1889-1939*, Frankfurt, 2013.

— *Deutschland 1923. Das Jahr am Abgrund*, Múnich, 2022.

VOGELSANG, THILO, *Reichswehr, Staat und NSDAP. Beiträge zur deutschen Geschichte 1930-1932*, Stuttgart, 1962.

VVAA, *Ernst Thälmann. Eine Biographie*, 3.ª ed., Berlín Oriental, 1980.

WACKER, WOLFGANG, *Der Bau des Panzerschiffs «A» und der Reichstag*, Tubinga, 1959.

WALTER, DIRK, *Antisemitische Kriminalität und Gewalt. Judenfeindschaft in der Weimarer Republik*, Bonn, 1999.

WEHLER, HANS-ULRICH, *Deutsche Gesellschaftsgeschichte*, vol. 4: «Vom Beginn des Ersten Weltkriegs bis zur Gründung der beiden deutschen Staaten 1914-1949», Múnich, 2003.

WEISBROD, BERND, *Schwerindustrie in der Weimarer Republik. Interessenpolitik zwischen Stabilisierung und Krise*, Wuppertal, 1978.

WERNECKE, KLAUS, *Der vergessene Führer Alfred Hugenberg. Pressemacht und Nationalsozialismus*, Hamburgo, 1982.

WERNER, FRANK, «Wir müssen über Weimar reden», *Die Zeit*, n.º 45, del 3 de noviembre de 2022.

WETTE, WOLFRAM, *Gustav Noske. Eine politische Biographie*, Düsseldorf, 1987.

WINKLER, HEINRICH AUGUST, *Von der Revolution zur Stabilisierung. Arbeiter und Arbeiterbewegung in der Weimarer Republik 1918-1924*, Berlín y Bonn, 1984.

— *Der Schein der Normalität. Arbeiter und Arbeiterbewegung in der Weimarer Republik 1924 bis 1930*, Berlín y Bonn, 1985.

— *Der Weg in die Katastrophe. Arbeiter und Arbeiterbewegung in der Weimarer Republik 1930 bis 1933*, Berlín y Bonn, 1987.

— *Musste Weimar scheitern? Das Ende der ersten deutschen Republik und die Kontinuität der deutschen Geschichte*, Múnich, 1991.

— *Weimar 1918-1933. Die Geschichte der ersten deutschen Demokratie*, Múnich, 1993.

— *Streitfragen der deutschen Geschichte. Essays zum 19. und 20. Jahrhundert*, Múnich, 1997.

— *Die Deutschen und die Revolution. Eine Geschichte von 1848 bis 1989*, Múnich, 2023.

— ed., *Weimar im Widerstreit. Deutungen der ersten deutschen Republik im geteilten Deutschland*, Múnich, 2002.

WISOTZKY, KLAUS, «Der "blutige Karsamstag" 1923 bei Krupp», en Gerd Krumeich y Joachim Schröder, eds., *Der Schatten des Weltkriegs. Die Ruhrbesetzung 1923*, Essen, 2004, pp. 265-287.

WRIGHT, JONATHAN, *Gustav Stresemann 1878-1929. Weimars größter Staatsmann*, Múnich, 2006.

ZERBACK, RALF, *Triumph der Gewalt. Drei deutsche Jahre 1932 bis 1934*, Stuttgart, 2022.

CRÉDITOS DE LAS IMÁGENES

Páginas 16, 25 (fotomontaje), 34, 46, 70, 72, 81, 106, 108, 116, 139 (foto: Georg Pahl), 147, 174, 180, 200, 244, 250, 253, 263, 281, 302, 314, 320, 359, 362: akg-images, Berlín.

Página 49: (Museo de Bellas Artes, Leipzig - n.º de inventario: 883): Erich Lessing / akg-images, Berlín.

Páginas 124, 328: Brandstaetter Images / akg-images, Berlín.

Páginas 152, 194, 305: TT News Agency / SVT / akg-images, Berlín.

Página 156: foto: Wilhelm Steffen / akg-images, Berlín.

Página 230: extraído del escrito de propaganda nacionalsocialista «Kampf und Sieg in Thüringen» [«Lucha y victoria en Turingia»], p. 134, editado en ocasión de la celebración del congreso distrital del partido en 1934. La fotografía fue puesta a disposición por el Archivo Estatal de Turingia - Archivo Central del Estado de Weimar - © Photohaus Wieland, Weimar.

Página 233: Scherl / Süddeutsche Zeitung Photo, Múnich.

Páginas 297, 333: Brandstaetter Images / Austrian Archives (S) / akg-images, Berlín.

Lamentablemente, no en todos los casos fue posible localizar a los titulares de los derechos. Es por ello por lo que solicitamos que nos lo notifiquen cuando corresponda. La editorial está dispuesta a realizar las debidas compensaciones por toda reclamación legítima.

ÍNDICE ONOMÁSTICO

Este libro
se terminó de imprimir en
Móstoles, Madrid,
en el mes de mayo de 2025